dix siècles de littérature française

1. DU MOYEN AGE AU XVIIIe SIÈCLE

par

Pierre Deshusses,
ancien élève de l'École Normale Supérieure
de Saint-Cloud, agrégé de l'Université

Léon Karlson,
ancien élève de l'École Normale Supérieure
de Saint-Cloud, agrégé de l'Université

Paulette Thornander,
professeur certifié de Lettres

Bordas

Chez le même éditeur

Un ouvrage de référence

DICTIONNAIRE DES LITTÉRATURES DE LANGUE FRANÇAISE

sous la direction de
Jean-Pierre de BEAUMARCHAIS
Daniel COUTY
Alain REY

3 volumes, 2 896 pages, format 18×26
2 200 articles, index de 17 000 œuvres

Document de couverture :
J.-F. de Le Motte, *Trompe-l'œil,* seconde moitié du XVIIe siècle (Musée de l'Hôtel Sandelin, Saint-Omer). © Bulloz.

ISBN 2.04.011854.3

PRÉFACE

« Dix siècles de littérature » *présente, à travers une histoire littéraire et des extraits d'œuvre minutieusement choisis, un panorama de la littérature française des origines à nos jours. La progression chronologique a été choisie comme étant la seule à même de donner aux lecteurs les repères nécessaires à toute initiation à la littérature française.*

Du Moyen Age aux années 1990, chaque écrivain est présenté à l'intérieur de son époque. Ainsi, la naissance d'une œuvre littéraire n'est-elle jamais analysée comme un phénomène sans racine et sans postérité, mais comme tributaire d'un environnement historique et sociologique.

Chaque siècle donne lieu à une présentation à la fois claire et synthétique qui fournit au lecteur les éléments nécessaires à la compréhension d'une époque : tableau historique et social, grands courants de pensée — intellectuels, religieux et philosophiques — courants littéraires. Cette présentation est suivie d'une bibliographie critique et d'un tableau chronologique regroupant les principales œuvres littéraires et artistiques françaises ou étrangères.

Les textes ont été choisis de façon à donner de chacune des œuvres étudiées l'image la plus vaste possible afin de ne pas imposer un seul niveau de lecture. Ainsi, à côté de « textes-phares » qui se doivent de figurer dans toute anthologie, se trouvent d'autres extraits, moins connus mais tout aussi significatifs. De nombreuses notes facilitent la compréhension des textes.

On trouvera, précédant chacun des extraits, en plus du titre originel de l'œuvre citée (lorsque celui-ci existe), l'énoncé d'un des thèmes principaux du texte. Ce thème ne doit être considéré que comme une direction de lecture possible.

Une illustration abondante vient en contrepoint des textes et peut donner lieu à un travail pédagogique. Les documents choisis sont tous de la même époque que l'œuvre qu'ils illustrent (sauf pour La Fontaine dont l'œuvre n'a été illustrée qu'à partir du XVIIIe *siècle).*

Les deux volumes de « Dix siècles de littérature française » *ont été conçus, non seulement pour donner à chaque lecteur les principaux éléments nécessaires à la connaissance et à la compréhension de la littérature française mais, surtout, pour lui donner envie d'aller plus loin dans cette connaissance en abordant les œuvres complètes.*

LES AUTEURS

Recueil de poésies françaises : Adenet le roi Ménestrel *(Manuscrit français du XIIIᵉ siècle – Bibliothèque de l'Arsenal, Paris)*

LE MOYEN AGE

Le Moyen-Age est ainsi nommé parce qu'il se place dans une période (un âge) intermédiaire (moyen) : entre la fin de l'Antiquité et le début de ce que l'on appelle les Temps Modernes (le XVIe siècle), lorsque la France découvre la civilisation italienne. Ce terme même de Moyen-Age pourrait laisser penser qu'il s'agit là d'une période sans originalité, d'une sorte de grande plage d'attente entre deux mondes, d'autant plus que la période qui suit est qualifiée de Renaissance. Or le Moyen-Age n'a rien de médiocre, c'est une période extrêmement vivante et la variété de sa littérature, la richesse de ses formes artistiques n'ont rien à envier aux autres époques. Il suffit de regarder la puissance des cathédrales, la beauté de leurs vitraux, l'harmonie de leurs portails pour s'en convaincre. Si l'on prend quelques dates pour points de repère, on peut situer le début de la période appelée Moyen-Age en 476, lors de la chute du dernier empereur romain ; elle se termine vers 1453, lorsque les Turcs s'emparent de Constantinople. Ces repères commodes encadrent dix siècles de création et de profondes transformations. Les cinq premiers siècles ont été absorbés par l'émergence politique de l'État français et la lente formation de la langue française, tandis que les cinq derniers (du XIe au XVe) ont produit des œuvres littéraires et artistiques toujours plus fascinantes à mesure qu'on les connaît mieux. Nous distinguerons quatre grandes périodes dans l'évolution du Moyen-Age, en nous attachant chaque fois à voir les rapports essentiels entre l'histoire, la société et la littérature.

V^e-Xe siècles

Formation du pays et de la langue

FORMATION DE LA ROYAUTÉ

On appelle « haut Moyen-Age » les débuts du Moyen-Age. C'est une période troublée d'où va lentement émerger un ordre politique et social. L'espace géographique qui correspond très approximativement à l'emplacement de la France actuelle s'appelle alors la Gaule. Et la Gaule est le pays le plus riche d'Europe. Après avoir attiré les Romains, la Gaule attire les peuplades barbares venues de l'Est : Francs, Wisigoths, Ostrogoths. Les légions romaines ne peuvent résister longtemps à leur pression. Lorsque disparaît complètement l'Empire romain en 476, toute la Gaule est aux mains des Barbares.

— Les Mérovingiens : une première réunification du territoire gaulois est accomplie par Clovis, roi d'une de ces peuplades barbares : les Francs. C'est le début de la dynastie mérovingienne. Pour faire alliance avec l'Église, qui représente déjà une force, Clovis se convertit au catholicisme (496). Après sa mort, plusieurs rois mérovingiens se succèdent, mais ils laissent de plus en plus l'autorité leur échapper au profit de ceux qu'ils avaient choisis pour surveiller les nobles : de hauts fonctionnaires appelés « maires du palais ». Le premier grand maire du palais est Charles Martel, qui doit sa gloire à sa victoire sur les armées arabes à Poitiers. Il sauve ainsi le christianisme contre l'islam.

— Les Carolingiens : Pépin, fils de Charles Martel, impose son pouvoir et se fait sacrer roi par le pape lui-même en 754 ; cette date est très importante, car elle marque le début de l'alliance entre la royauté et l'Église [1]. Le fils de Pépin est couronné empereur d'Occident en l'an 800 : c'est Charlemagne, deuxième grande figure [2] de l'histoire française. Il restaure la grandeur passée du pays qu'il agrandit, organise et enrichit. Mais à sa mort commence une nouvelle période de décadence. L'Empire est morcelé, l'autorité royale est mise en péril par de nouvelles invasions : les Hongrois à l'est, les Sarrasins (musulmans) au sud et surtout les Vikings ou Normands, venus du nord. La lutte contre les Normands oblige les rois carolingiens à demander de l'aide aux seigneurs, qui reprennent de l'importance.

— Les Capétiens : lorsque la dynastie carolingienne s'éteint faute d'héritier, les nobles choisissent un nouveau roi. C'est un abbé laïque : Hugues, surnommé Capet. La troisième dynastie est née : celle des Capétiens. Vers l'an 1000, les Capétiens sont de petits rois qui règnent sur un petit territoire et qui disposent de peu d'autorité. Rien à voir avec l'immense empire de Charlemagne. Mais, sacrés par l'autorité de l'Église, ils disposent d'un pouvoir spirituel presque surnaturel qui les désigne comme les véritables chefs de la communauté française. De petits rois, les Capétiens vont ainsi devenir de grands rois (aux XIIIe et XIVe siècles) et former un État solide.

FORMATION DE LA FÉODALITÉ

Le pouvoir du roi est reconnu par les nobles dans le cadre du système féodal : le roi est au sommet d'une pyramide hiérarchique ; il est le suzerain (chef suprême), et chaque seigneur lui doit obéissance, aide et conseil en tant que vassal (subordonné du suzerain). En échange, le roi lui accorde des domaines (fiefs). Mais il est impossible au roi-suzerain d'exiger de ses vassaux une obéissance absolue, d'autant plus que ces derniers vivent sur leurs terres, loin du regard du roi, et la féodalité fonctionne souvent à l'avantage des grands nobles qui retirent beaucoup de puissance de l'administration de leurs domaines : ils peuvent émettre de la monnaie, rendre la justice, lever des impôts. Il arrive même que ces grands seigneurs, tels le duc de Bourgogne, le duc de Normandie, le comte de Bretagne, soient plus puissants que le roi et lui fassent la guerre. A côté de ces grands seigneurs, ambitieux, il y a une foule de petits seigneurs qui vivent dans leur château et sont eux-mêmes les vassaux des grands vassaux du roi. Ils protègent aussi les populations en cas d'attaque ; en échange, les paysans leur payent des redevances en nature ou en argent. Ainsi s'établit dans la hiérarchie une distinction entre ceux qui combattent et administrent (les seigneurs ou nobles) et ceux qui travaillent et obéissent (les non-nobles, en majorité des paysans).

En marge de ces deux groupes vivent les gens d'Église qui ont droit à la protection des seigneurs, sans toutefois être obligés de leur verser des impôts. Ainsi naissent les trois ordres qui vont diviser la société française jusqu'à la Révolution : les nobles, le clergé et le peuple. Les deux premiers ordres sont loin d'être les plus nombreux, mais ils sont de loin les plus puissants.

1. Clovis s'était seulement converti, il ne s'était pas fait sacrer roi par l'autorité de l'église.
2. La première est Vercingétorix, le chef des tribus gauloises coalisées contre César.

FORMATION DE LA LANGUE

Le français est né d'un mélange d'influences et de transformations, ayant pour base le latin, introduit dans le pays par les Romains lors de la conquête de la Gaule. Le latin, langue des vainqueurs, se substitue si fortement au celtique [1] (la première langue de la Gaule) qu'il est difficile maintenant de retrouver une racine celtique dans un mot français. L'emprise du latin en Gaule survit à la ruine de l'Empire romain et résiste aux invasions barbares qui ne modifient que très peu la langue parlée dans le pays. Cette langue, qui est du latin populaire transformé par l'usage, porte le nom de « roman ». Parce qu'il vient du latin, le français est donc une langue romane comme l'italien, l'espagnol, le portugais, le catalan et le provençal.

Les textes écrits en roman sont rares car c'est une langue presque exclusivement parlée ; pour les écrits, on utilise encore le latin. Le plus ancien document en roman qui nous soit parvenu est le *Serment de Strasbourg* (842) par lequel deux chefs militaires se promettent une aide mutuelle. Et s'il n'a pas été rédigé en latin, c'est pour permettre aux soldats des deux armées de comprendre ce qui leur était lu.

Sur l'immense territoire gaulois, le roman prend des formes variées selon les populations et le milieu. Il se subdivise d'abord en deux grandes familles : la langue d'oc au sud et la langue d'oïl au nord — « oc » et « oïl » étant deux façons de dire « oui ». La ligne de partage entre les deux langues passe approximativement par La Rochelle, Limoges, Clermont-Ferrand, Lyon et Grenoble. Chacune de ces deux langues se subdivise elle-même en dialectes. Presque tous ces dialectes régionaux sont représentés au Moyen-Age par des œuvres littéraires, mais insensiblement, c'est le francien, dialecte de l'Ile-de-France où réside le roi, qui va prendre le dessus pour donner naissance au français. La naissance de la langue française va donc de pair avec la naissance de l'État français, incarné par un roi qui gagne de plus en plus de puissance.

L'histoire littéraire, quant à elle, commence aux XIe et XIIe siècles et la langue utilisée est appelée ancien français.

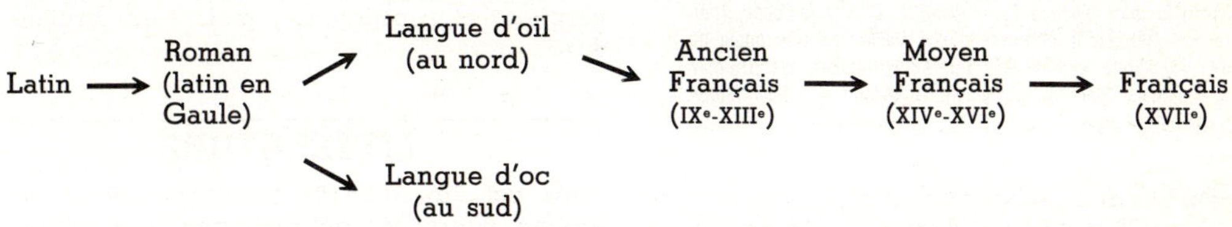

XIe-XIIe siècles

L'âge d'or de la chevalerie et de la poésie courtoise

HISTOIRE

Les rois de la dynastie capétienne entreprennent le lent travail de l'unification française, s'opposant aux grands seigneurs qui veulent rester maîtres chez eux. Au XIe siècle, la classe aristocratique a encore une grande autonomie par rapport au pouvoir royal. Elle jouit d'un grand prestige, grâce à ses expéditions guerrières : guerres en Espagne, conquête de l'Angleterre (1066), première croisade (1095-1099). L'église donne pour mission à la chevalerie de sauvegarder la foi catholique. C'est dans cette atmosphère remplie d'exploits héroïques des chevaliers contre les païens (les incroyants) que se sont développées les chansons de geste (voir p. 18).

SOCIÉTÉ

Les grandes préoccupations de l'élite

Deux grands thèmes dominent la société aristocratique : la guerre et l'amour. Les chevaliers ne sont pas continuellement sur les champs de bataille à guerroyer. Dans les châteaux, en temps

1. *Le celtique est encore vivant dans le breton.*

Prise de Jérusalem par les croisés, le 15 juillet 1099. Cet épisode termine la première croisade, qui avait pour but de libérer le saint sépulcre (le tombeau du Christ) de l'occupation turque. (Manuscrit français du XIVe siècle : La très noble et très excellente ystoire des saintes chroniques d'Outre-mer commentées par Godefroy de Bouillon *— Bibliothèque Nationale, Paris.)*

de paix fleurit une société courtoise, qui s'occupe d'amour. C'est d'abord dans les pays de langue d'oc (Provence, Languedoc, Roussillon, Poitou) que prend naissance la civilisation courtoise. Il s'agit d'une dévotion exclusive à la Dame, de la part d'un chevalier. La femme occupe ainsi dans la convention littéraire une place qui n'est peut-être pas la sienne dans la société réelle mais que favorise Aliénor d'Aquitaine, successivement reine de France (1137) puis d'Angleterre (1154).

Le XIIe siècle : un siècle de renouveau

Un renouvellement général touche la religion, la philosophie et les arts. En religion, le XIIe siècle est le siècle des moines. Entre le déroulement des deux grandes croisades, on assiste à l'essor des ordres monastiques de Cluny et de Citaux ; les premiers cultivent les lettres et les arts, les seconds prônent une vie austère. Les sanctuaires clunisiens (de l'ordre de Cluny), comme celui de Moissac[1], jalonnent le chemin de Saint-Jacques de Compostelle en Espagne, où se rendent les foules chrétiennes. Dans la pensée, on assiste à un renouveau de la théologie et de la philosophie. En architecture et en sculpture, l'art roman atteint sa perfection. En littérature, c'est l'âge d'or de la poésie courtoise. Mais aussi bien la religion, l'art, que la littérature ne sont pas faits pour tout le monde, mais seulement pour un petit groupe d'initiés, une élite recrutée chez les nobles et chez les moines. L'art roman par exemple, ne s'expose pas avec la splendeur qui sera celle du gothique : c'est un art mystérieux, à l'écart des foules, souvent enfermé dans l'enceinte des grands monastères. Il en est de même pour la littérature : les poètes de l'époque savent entourer leurs productions de mystère et d'hermétisme, comme pour protéger la pureté d'un secret, et celles-ci restent inaccessibles au premier venu. Ce n'est pas une poésie populaire et il faut se garder de se faire une image trop idéale de cette époque.

Une vie quotidienne encore dure

L'homme vit encore dans la crainte d'un monde qu'il comprend mal. Les gens sont pauvres et les conditions de vie matérielle sont pénibles (posséder un cheval ou un lit est un signe de luxe). L'immense masse des paysans, esclaves (serfs) ou libres (vilains), a la vie dure, est exploitée et méprisée par les grands ; elle n'a pas accès à la culture. En plus, il y a des épidémies et des famines ; la faim et la mort sont partout présentes. La courtoisie ne doit pas faire illusion ; le XIIe siècle est, certes, une période héroïque et prestigieuse, mais aussi brutale et dure.

LITTÉRATURE

Dans cet âge d'or de la chevalerie et de la société courtoise, on distingue trois types de littérature : les chansons de geste, la poésie lyrique et les romans courtois. Tous trois sont écrits en vers. En effet, la littérature française à ses débuts est essentiellement orale, faite pour être dite ou chantée et le rythme et les rimes des vers permettent de retenir les textes plus facilement.

La chanson de geste

C'est une épopée, c'est-à-dire un long poème retraçant les exploits (la geste) des guerriers de jadis, tout en les embellissant. Il nous reste environ 80 chansons de geste divisées en 3 cycles. Le cycle de Charlemagne, auquel appartient la *Chanson de Roland* (voir p. 19) exprime la nostalgie d'un pouvoir fort et d'une France unie, tandis que le cycle des barons révoltés, peut-être plus tardif, traduit l'opposition des grands seigneurs aux efforts de la monarchie pour affirmer son autorité. Cette opposition entre le roi et les nobles est une constante de toute l'histoire de France jusqu'à la Révolution.

Naissance de la poésie lyrique

Dès le début du XIIe siècle apparaît dans la France du Midi une très grande poésie lyrique,

1. Ville du sud-ouest de la France, dotée d'une belle église romane et de son cloître.

celle des troubadours [1]. Cette poésie est destinée à être chantée et non plus psalmodiée [2] comme l'étaient sans doute les chansons de geste. C'est une poésie savante et raffinée qui chante un amour idéal pour une Dame ; cette poésie est d'emblée si parfaite que l'on a pu parler d'un « miracle d'oc ». Elle a inspiré les poètes italiens du *Dolce stil nuovo* et les *Minnesänger* allemands. On peut se demander quelle est la part de la sincérité et quelle est la part de la convention dans ces chants d'amour, toujours est-il qu'ils se fondent sur un rituel amoureux très exigeant. Celui que la Dame (qui n'est pas une jeune fille, mais une femme mariée) a accepté pour amant [3] doit avoir un comportement irréprochable (générosité, loyauté, élégance) et, pour lui plaire, se soumettre à toutes ses volontés. Cette soumission absolue est une transposition dans le domaine sentimental des usages féodaux qui règlent les rapports entre le seigneur et son vassal.

Dans la civilisation de langue d'oïl (au Nord) l'amour est chanté par les trouvères, disciples des troubadours. Cet amour est plus distant, plus idéalisé que dans le Sud, et ce serait déjà un outrage que d'oser déclarer sa flamme à la Dame. Une autre différence est marquée par le fait que le chevalier n'est pas seulement méritant par la perfection de son comportement mais aussi et surtout par ses exploits au combat ou en tournoi. L'un des premiers trouvères est Chrétien de Troyes, qui commence ainsi sa carrière littéraire avant d'écrire des romans.

Les romans courtois

L'évolution des mœurs dans la société féodale entre le XIe et le XIIe siècle a développé un art de vivre plus délicat dans les cours seigneuriales. Si ce nouvel art de vivre a permis à la poésie lyrique de s'épanouir, il explique aussi dans la France du Nord l'apparition d'un nouveau genre littéraire : le roman courtois. « Roman » n'est pas à prendre dans le sens moderne ; il signifie poème narratif en langue romane. Fait aussi pour être récité à haute voix, il est le plus souvent écrit en vers de huit pieds (octosyllabes). Les plus connus sont les romans du cycle du roi Arthur appelés « romans bretons ». C'est Chrétien de Troyes qui a le mieux exploité cette veine du roi Arthur et de ses chevaliers. A côté de la légende d'Arthur, celle de Tristan et Yseut est l'une des plus chantées. C'est le premier roman de l'amour fatal qui ne trouve sa solution que dans la mort.

1. On appelle « troubadour » en langue d'oc (dans le Midi) et « trouvère » en langue d'oïl (dans le Nord) celui qui « trouve », celui qui invente des poèmes. Jusqu'au XIIIe siècle, ils sont presque tous nobles, comtes et princes.
2. Récitée d'une manière rituelle.
3. Celui qui lui fait la cour.

Tympan de l'église Saint-Pierre de Moissac, représentant une vision de l'Apocalypse : le Christ en majesté entouré des quatre évangélistes et des 24 vieillards musiciens. En architecture religieuse, on appelle « tympan » l'ensemble sculpté qui surplombe un portail. Celui-ci, qui a été terminé vers 1130, est le plus ancien tympan roman qui soit conservé. Il marque la période (1100) où l'art de la sculpture sort des cloîtres et s'expose au regard de tous dans un but d'éducation.

XIIe SIÈCLE

L'âge gothique ou le grand siècle médiéval

RENFORCEMENT DE LA ROYAUTÉ

Un énergique roi capétien, Philippe Auguste, agrandit le territoire royal en chassant les Anglais qui revendiquaient la Normandie (bataille de Bouvines en 1214). Désireux en outre de s'affranchir de la puissance des seigneurs, le roi encourage une nouvelle puissance qui est en train de naître : celle de la bourgeoisie [1]. Maintenant débarrassé des Anglais, son royaume dispose d'une large bande maritime sur les bords de la Manche, propice au commerce. Les ports se développent. L'enrichissement général profite rapidement à la monarchie, et celle-ci peut se doter d'un véritable Trésor royal pour payer ses administrateurs qui font respecter en province l'autorité royale.

Une ombre dans ce tableau d'unification : les Terres du Midi. Déjà distinctes par la langue et la culture, elles le deviennent par la religion. C'est ce qu'on appelle l'hérésie cathare. Les Cathares [2] sont partisans d'une purification des mœurs, de la foi et des croyances religieuses. Ils jugent que l'Église romaine est corrompue et tiennent que le salut de l'homme est dans l'ascétisme [3], seul capable de le délivrer du mal. Le conflit des Cathares avec le pape et avec le roi est inévitable : c'est la guerre des Albigeois, ainsi nommée parce que la ville d'Albi était pour eux un centre spirituel. Finalement, l'autorité du pape et la ténacité des Capétiens, rois très chrétiens, viennent à bout des Cathares, décimés sans pitié. Le royaume s'agrandit encore, les grands seigneurs du Sud sont dépossédés de leurs terres. L'autorité royale s'affermit, elle bénéficie du prestige d'un des plus célèbres rois de France, Louis IX, dit saint Louis. Charitable, sans être faible, il a le sens de l'organisation, de la justice, et il fait respecter la foi chrétienne en prêchant l'exemple. Il meurt en 1270 au cours d'une croisade, devant les remparts de Tunis. Son règne correspond, en France, à une période d'équilibre et de clarté.

L'ESSOR DE LA BOURGEOISIE

Au XIIIe siècle, l'esprit de la féodalité se transforme. L'idéal guerrier fait place à un idéal plus raffiné. Le goût des plaisirs intellectuels se répand, provoquant une floraison littéraire, d'autant plus riche que le domaine de la langue d'oïl ne cesse de s'agrandir.

Dans les villes se forme une classe bourgeoise composée d'artisans et de marchands. Cette bourgeoisie, toute neuve, représente peu à peu une puissance, rivale de celle des seigneurs, bien qu'il ne faille pas encore exagérer son importance. Toujours est-il qu'elle s'ouvre aussi à la vie intellectuelle ; mais elle préfère un art plus gai et plus accessible que les subtilités de l'esprit courtois. C'est dans ce milieu que la littérature réaliste et satirique — appelée aussi littérature bourgeoise — trouve des conditions favorables à son développement. Le théâtre connaît aussi un vif succès parce qu'il serre de près la réalité et abonde en scènes familières et en détails pris sur le vif. Ce sont les villes du Nord comme Roubaix et surtout Arras, enrichies par le commerce des laines, qui constituent les principaux foyers de cette activité littéraire.

LA PENSÉE ET L'ART

Dans cette société en mutation, l'esprit critique s'éveille. L'instruction se répand, bien que limitée encore au clergé, à la noblesse et à une frange de la bourgeoisie. En 1255, Robert de Sorbon fonde l'Université de Paris, la Sorbonne. La foi reste profondément enracinée, mais l'horizon de la pensée s'élargit. Par le contact avec les Arabes [4] durant les croisades, on redécouvre la pensée d'Aristote, qui conseille de recourir à l'expérience et qui cherche à saisir le réel à la lumière de la raison. Cette révélation a pour conséquence l'élaboration par saint Thomas d'Aquin d'une doctrine cohérente qui concilie la foi et l'intelligence, et reste jusqu'à nos jours celle de l'Église.

L'homme veut tout expliquer. Il rêve de sommes, c'est-à-dire d'ouvrages qui puissent faire la synthèse de toutes les connaissances. Le livre où

1. Ce terme désigne les bourgeois, c'est-à-dire à l'origine les habitants des bourgs, des villes.
2. En grec « catharos » veut dire « pur ».
3. Genre de vie austère, éloigné des plaisirs.
4. Le XIIIe siècle est marqué par une certaine redécouverte de la pensée antique. Les Arabes avaient traduit dans leur langue les œuvres du philosophe Aristote ; les savants chrétiens d'Espagne et de Sicile traduisent à leur tour ces œuvres de l'arabe en latin.

saint Thomas d'Aquin expose sa pensée s'appelle d'ailleurs *Somme théologique,* tandis qu'une somme philosophique est tentée avec le *Roman de la Rose* (voir p. 42). C'est aussi sous l'apparence d'une somme qu'en Italie Dante nous livre son œuvre maîtresse : *La divine comédie.* En Angleterre, Roger Bacon invente le terme de « science expérimentale » qui rend bien compte de ce nouvel état d'esprit, favorable à l'observation de la nature et à la raison. L'homme veut aussi tout connaître. On se passionne pour les récits des croisés qui reviennent du Proche-Orient, et pour les récits de voyages. C'est l'époque des grandes aventures du vénitien Marco Polo.

En art, le XIIIe siècle correspond à la floraison des plus belles cathédrales gothiques (Paris, Reims, Chartres) dont les façades magnifiques doivent être le reflet de l'ordre du monde, une sorte de somme architecturale, qui impose la grandeur du Christ, mais raconte aussi la nature et l'aventure humaine. Les médaillons s'ornent de scènes représentant les travaux et les jours, tandis que la nature sert de modèle aux festons et aux chapiteaux. Ainsi, les façades d'Amiens et de Paris représentent le cycle des saisons par l'image des travaux paysans : un moissonneur qui aiguise sa faux, un vigneron qui taille sa vigne.

LA LITTÉRATURE

Décadence de la chanson de geste

L'épopée se porte encore bien au XIIIe siècle, mais le genre ne s'est pas renouvelé et il s'est abâtardi. Il a perdu de sa force et de sa grandeur premières. Il verse maintenant dans l'excès, le merveilleux et le romanesque. Les histoires d'amour se mêlent au récit des exploits guerriers, comme dans *Huon de Bordeaux,* où le héros, aidé par un nain, séduit une belle princesse arabe.

Apparition du roman en prose

Le roman subit lui aussi des changements. On écrit encore des romans en vers, mais les œuvres les plus diffusées sont des textes en prose, tel le cycle du *Lancelot-Graal* (entre 1220 et 1230) et le *Tristan* en prose (1240). Cet usage de la prose s'explique par le développement de la culture ; lorsque les gens ne savaient pas lire, les artistes devaient réciter ou chanter de longs textes appris par cœur, et la forme poétique offrait l'avantage de mieux se fixer dans les mémoires aussi bien de ceux qui récitaient que de ceux qui écoutaient ; les vers se prêtaient donc parfaitement à la transmission orale, tout comme dans les chansons folkloriques ou les chansons modernes actuelles, faites pour être fredonnées. A partir

Un trouvère du XIIIe *siècle. Les trouvères sont souvent des nobles, à la fois chevaliers et poètes. (Manuscrit français du* XIIIe *siècle :* Chansons notées et jeux partis, *recueil de chansons de trouvères — Bibliothèque Nationale, Paris.)*

du moment où plus de gens savent lire, on a moins besoin de récitants, et l'on peut goûter en solitaire aux plaisirs de la lecture. Les vers sont alors réservés à un genre défini qui n'est plus narratif : la poésie lyrique.

La poésie lyrique

L'amour sert toujours de thème à l'inspiration des poètes, mais le chemin tracé par les troubadours et les trouvères, celui de l'amour courtois, est de moins en moins suivi par les grands poètes. Sous l'influence de la bourgeoisie, le lyrisme devient plus familier et même réaliste. On chante l'amour pour sa femme et on glorifie la tendresse dans le mariage, choses impensables autrefois. Un accent tout personnel et émouvant se fait sentir chez un poète d'origine populaire : Rutebeuf. Il a vécu au temps de saint Louis ; son œuvre est extrêmement variée et comporte : des poésies où le pauvre « jongleur »[1] chante sa misère, des fabliaux, des vies de saints versifiées, des satires contre l'Église. Nous citons ici un extrait célèbre des *Complaintes,* qui a été mis en musique et chanté par des artistes modernes :

« Les maux ne savent seuls venir,
Cela m'était à advenir[2]
C'est advenu.
Que sont mes amis devenus
Que j'avais de si près tenus
Et tant aimés ?
Je crois qu'ils sont trop clairsemés,

1. *Un jongleur est un amuseur, quelqu'un qui divertit. Ce peut être un prestidigitateur, un montreur de marionnettes ou un trouvère. C'est l'ancêtre des artistes.*
2. *Cela devait m'arriver.*

Ils ne furent pas bien semés
N'ont pas levé.
De tels amis m'ont mal traité,
Car, au temps que Dieu m'a frappé
En maint côté,
N'en vis un seul en ma maison.
Le vent, je crois, me les a pris.
L'amour est morte. »

L'inspiration comique et satirique

La verve satirique prend une importance grandissante. Elle s'introduit partout : dans la chanson de geste, dans le roman, dans la poésie, mais son domaine, c'est le fabliau. Il s'agit d'un conte réaliste en vers où n'entre aucun élément merveilleux. La plupart sont anonymes et ont entre 300 et 400 vers. Les thèmes souvent repris des fabliaux sont : l'infortune des maris trompés, la roublardise des curés, la malignité des femmes, etc. Ils s'inspirent en général de ces histoires qui circulent le soir à la veillée ; c'est en cela qu'ils sont populaires.

Mais c'est dans le *Roman de Renart* (voir p. 29) que la satire est la plus manifeste. Il s'agit d'une épopée où les hommes sont remplacés par des animaux. Les effets comiques qui en découlent sont d'une grande variété.

Le théâtre

Du XIIIe siècle, comme d'ailleurs du siècle précédent, peu d'œuvres dramatiques nous sont parvenues. Le théâtre religieux (racontant la vie du Christ et des saints) continue son chemin, mais c'est le théâtre comique qui semble avoir été le plus florissant.

Les débuts de l'histoire

Dès le XIIe siècle, certains princes et rois étrangers avaient à leur service des trouvères chargés de célébrer leur gloire et celle de leurs ancêtres. En France, le soin de conserver les traditions historiques était confié aux moines de Saint-Denis, près de Paris, qui rédigeaient en latin une chronique sur chaque roi. Saint Louis fit traduire l'ensemble de ces chroniques en français, ce sont *Les grandes chroniques de France*. Peu à peu, un genre littéraire se constitue, et les événements de la quatrième croisade font surgir des mémorialistes, dont le plus connu est Villehardouin qui a écrit l'*Histoire de la conquête de Constantinople,* où il fait l'apologie de l'expédition. Joinville, quant à lui, a écrit avec fraîcheur et parfois ironie l'*Histoire de saint Louis,* où il ne cache pas sa tendresse pour le personnage, qu'il montre juste, simple et généreux.

Le poète Rutebeuf priant la Vierge. Au Moyen Age, la littérature est très marquée par la religion. La Vierge Marie est sans doute la figure religieuse la plus aimée. (Recueil de poésies morales, seconde moitié du XIIIe siècle, Flandres — Bibliothèque royale Albert Ier, Bruxelles).

XIV-XVe SIÈCLES

Le temps des épreuves

Le XIVe siècle est une époque très troublée. La miniature représente une attaque de convois de marchands par des pillards armés d'épées. Des villageois se portent au secours des marchands avec des instruments de fortune. (Manuscrit français du XIVe siècle : Le livre du roy Modus et de la reine Ratio *— Bibliothèque Nationale, Paris).*

HISTOIRE

Le XIVe et le XVe siècles marquent le déclin de la civilisation médiévale. L'histoire est une suite de désastres : guerres étrangères, guerres civiles, famines, pillages, épidémies de pestes, révoltes des paysans contre les guerres, les nobles et les impôts. De 1337 à 1453, la guerre de Cent Ans contre les Anglais cause des ravages inestimables. Les défaites de Crécy (1346) et d'Azincourt (1415) sonnent le glas de la chevalerie française qui, au contraire de la chevalerie anglaise, n'a pas su s'adapter aux nouvelles conditions de la guerre et est restée trop lourdement armée. Toute la littérature reflète à sa manière cette décadence de l'aristocratie.

Le pouvoir royal profite de ce déclin pour se renforcer aux dépens de la féodalité, et même de la papauté. On voit alors émerger dans le royaume de France un sentiment national qui est la preuve que l'unité politique est devenue une valeur. La France n'est plus seulement un espace géographique, elle représente aussi une patrie que l'on aime et que l'on défend. Jeanne d'Arc, brûlée par les Anglais à Rouen en 1431, incarne admirablement cette manifestation du nationalisme.

Louis XI (1423-1483) achève avec habileté la restauration de l'unité nationale après le départ des Anglais. Il vient à bout de l'opposition des nobles en enfermant les opposants dans ses terribles prisons. Il s'appuie sur la nouvelle force qui monte, les bourgeois, et on l'appelle le roi-bourgeois. Ses apparences le rapprochent d'ailleurs plus d'un marchand que d'un glorieux chevalier. Le calcul politique remplace l'héroïsme guerrier.

SOCIÉTÉ

La guerre de Cent Ans a laissé une France dévastée, surtout dans les régions de l'Ouest (sauf la Bretagne). La Normandie a perdu un tiers de sa population. De nombreux villages ont été abandonnés, les terres ne sont plus cultivées. Des villes entières sont ruinées. Paris est dans un état lamentable et l'on voit même des loups rôder le long des remparts. Dans les ports, il n'y a plus de navires, les négociants italiens ne se risquent plus dans les zones de combat. Le commerce est paralysé pour un temps. Pourtant, il ne tarde pas à reprendre, car, si la bourgeoisie a été gênée par les guerres, elle n'est pas en déclin comme la chevalerie. Elle est même le

La suite de désastres survenus aux XIVe et XVe siècles a des répercussions tragiques sur la vie quotidienne. La pauvreté est si grande que le peuple n'a pas toujours de quoi se vêtir. La miniature représente la corvée du bois ; la corvée était un travail obligatoire que les paysans devaient à leur seigneur. (Manuscrit allemand du XVe siècle : Fables de Bidpai *— Bibliothèque du musée Condé, château de Chantilly).*

moteur de ce nouveau Moyen Age. Sans posséder le pouvoir, elle possède l'argent. De nouveaux courants d'échanges ne tardent pas à se créer. De grands bourgeois de Bourges, Lyon ou Marseille font de nouveau circuler les marchandises. Immensément riches, ils vont même jusqu'à prêter de l'argent au roi. Désormais, le pouvoir royal devra compter avec eux.

ART

L'art gothique du XIIIe siècle devient plus délicat aux XIVe et XVe siècles, plus maniéré ; il cherche à plaire plus qu'à s'imposer par sa force : c'est le gothique flamboyant. C'est l'époque aussi de la miniature, fine et précise, et des beaux manuscrits enluminés. En Italie et en Flandre, la peinture connaît une période de glorieuse création, illustrée par Fra Angelico, Boticelli, Mantegna, Van der Weyden, Van Eyck. L'Italie, nœud de tous les grands axes de circulation, est devenue la région la plus riche d'Europe, les arts y sont florissants. Sa littérature est aussi en avance sur la littérature française ; Petrarque et Boccace deviendront des modèles pour les auteurs français du XVIe siècle.

LITTÉRATURE

Poésie

Les XIVe et XVe siècles sont loin d'être une période de pauvreté poétique. C'est l'époque des rhétoriqueurs. Jusqu'à la fin du XIIIe siècle, le poète créait lui-même ses propres rythmes, désormais il obéit à des règles définies à l'avance, la rhétorique. Les plus grands rhétoriqueurs sont Christine de Pisan au XIVe siècle, une femme-poète d'origine italienne ; Charles d'Orléans et Villon au XVe siècle. Cette poésie adopte des formes difficiles dont l'une est la ballade (voir p. 50).

Théâtre

Au cours du XIVe mais surtout du XVe siècle, la littérature dramatique a continué à se développer dans les deux domaines qui l'ont vu naître : le sacré et le comique. Elle devient la forme littéraire la plus populaire parce qu'elle s'adresse au plus grand nombre. Les représentations ont lieu en plein air, à l'occasion des fêtes ; on édifie pour la circonstance une scène, soit sur la place publique, soit sur le parvis des églises. Les décors multiples représentent simultanément tous les endroits où se situe l'action. Seuls les hommes ont le droit de jouer ; les rôles de femme sont tenus par des adolescents. Si le théâtre religieux, ambitieux et ambigu, connaît là ses derniers beaux jours (il sera interdit par décret du Parlement en 1548) le théâtre comique se diversifie et livre quelques belles productions, dont la *Farce de Maître Pathelin* (voir p. 39).

Littérature historique

Les événements tragiques qui secouent le XIVe et le XVe siècle suscitent une importante littérature historique. Mais la complexité des événements qu'ils veulent rapporter obligent les historiens à multiplier les sources d'information orales et écrites. Par cette activité d'enquête, ils font ce que la langue moderne appelle du reportage. Froissart est l'auteur d'une gigantesque *Chronique* qui couvre la période de 1325 à 1400 : 75 années de guerre, de pillage, de fêtes populaires et de grandeur aristocratique. Quant à Commynes, la valeur de ses *Mémoires* est due au fait qu'il a participé aux événements qu'il raconte. Conseiller du duc de Bourgogne puis du roi Louis XI, il se montre habile diplomate. La modernité de son analyse vient de ce qu'il ne considère pas les guerres et les événements spectaculaires comme le plus important, mais comme le signe de conflits beaucoup plus subtils que sont les tractations d'intérêts et les négociations diplomatiques.

Les contes en prose

A la fin du Moyen-Age, on apprécie moins le roman. Sous l'influence du *Decameron* de Boccace, écrit au XIVe siècle et traduit en français au XVe, on voit se développer un genre littéraire plus réaliste que le roman, mais aussi plus vif et plus bref : la nouvelle en prose. *Les quinze joyes du mariage* est une amusante satire sur les femmes ; *Le petit Jehan de Saintré* dépoétise l'amour avec une naïveté cynique. *Les cent nouvelles* sont un recueil de courtes histoires souvent gaillardes, bien dans le style de Boccace.

BIBLIOGRAPHIE
Histoire
Georges Duby, *Le Temps des Cathédrales, l'art et la société,* 980-1420, Paris, Gallimard, 1980.
J. Huizinga, *Le déclin du Moyen Age,* Paris, Payot, 1967.
Littérature
Pierre Le Gentil, *La littérature française du Moyen-Age,* Paris, Armand Colin, 1963.
Jean-Charles Payen et Jean-Pierre Chauveau, *La poésie des origines à 1715,* Paris, Armand Colin, Coll. « U ».
Sur les troubadours
Henri Davenson, *Les Troubadours,* Paris, Le Seuil, Coll. « Le temps qui court », 1961 (excellente initiation).
Sur les trouvères
Jean Frappier, *La poésie lyrique en France aux XIIe et XIIIe siècles,* Paris, C.D.U., 1949.

◀ *L'art gothique : « Sainte-Barbe », tableau de Jan Van Eyck (1437). Sainte Barbe est la patronne des carriers (les tailleurs de pierres). (Musée royal des Beaux-Arts, Anvers).*

Illustration des Chroniques de Froissart représentant le « déménagement » (le pillage) d'une ville. (Manuscrit français du XVe siècle — Bibliothèque Nationale, Paris). ▶

LE MOYEN-AGE - CHRONOLOGIE

	Histoire	Littérature française	Littérature étrangère	Arts et sciences
476	Chute de l'Empire romain d'Occident			
481	Clovis, roi des Francs (481-522)			
732	Charles Martel arrête les Arabes à Poitiers			
800	Charlemagne est couronné empereur			
IXe siècle	Les Normands occupent ce qui deviendra la Normandie	842 : *Serment de Strasbourg*, premier texte écrit en roman		
910	Fondation de l'ordre monastique de Cluny			
987	Hugues Capet devient roi ; début de la dynastie des Capétiens			
1032				Construction de l'abbaye du Mont Saint-Michel
1060		*Chanson de Roland*		Début de la construction de l'abbaye de Toulouse (roman)
1095	Première croisade			
1099	Prise de Jérusalem par les Croisés			
1120				Sculptures romanes de Moissac
1145				Portail royal de Chartres
1147	Deuxième croisade			
1150		*Tristan et Yseut* (1150-1170)	Poésie des Minnesänger en Allemagne (XIIe siècle)	
1170		*Lancelot* et *Perceval* de Chrétien de Troyes		1163 : début de la construction de Notre-Dame de Paris
1180	Philippe Auguste, roi de France (1180-1223)	Fin du XIIe : débuts du *Roman de Renart*		
1189	Troisième croisade (1189-1192)			
1190			*Niebelungenlied* en Allemagne	
1200			*Parzifal* en Allemagne	Début de la construction des portails gothiques de Chartres
1204	Quatrième croisade, prise de Constantinople par les Croisés			
1209	Guerre des Albigeois (cathares)			
1214	Victoire de Bouvines contre les Anglais			
1220		XIIIe : les *Fabliaux*		Début de la construction des cathédrales d'Amiens et de Bourges
1226		Premières œuvres de Rutebeuf		
1236		*Roman de la Rose* (I)		
1248	Première croisade de saint Louis			
1255				Fondation de la Sorbonne à Paris
1270	Mort de saint Louis devant Tunis			

LE MOYEN-AGE - CHRONOLOGIE

	Histoire	Littérature française	Littérature étrangère	Arts et sciences
1276		*Roman de la Rose* (II)		
1302				Invention de la boussole
1307			Dante : début de la *Divine comédie*	
1309		Joinville : *Vie de saint Louis*		
1316				Palais des papes à Avignon
1321			Mort de Dante	
1337	Début de la guerre de Cent Ans			
1340		*Miracles de Notre-Dame*		
1346	Défaite de Crécy Peste noire (1346/53)			
1350			Boccace : *Décameron*	
1370		Froissard commence ses *Chroniques*	Pétrarque : *La vie et la mort de Laure*	
1373				Premières manifestations du gothique flamboyant à Amiens
1390		Début de l'œuvre poétique de Christine de Pisan		
1415	Défaite de la chevalerie française à Azincourt	Début de la carrière poétique de Charles d'Orléans		
1429	Jeanne d'Arc délivre Orléans			
1431	Jeanne d'Arc est brûlée par les Anglais			
1436				Découverte de l'imprimerie
1453	Fin de la guerre de Cent Ans Prise de Constantinople par les Turcs			
1455				Premier livre imprimé par Gutenberg : Bible de Mayence
1456		Villon : *Le Lais*		
1462		Villon : *Le Testament*		
1470		*La farce de maître Pathelin*		Première imprimerie à Paris
1483	Mort de Louis XI			
1486	Début de la prédication de Savoranole			
1492	Découverte de l'Amérique par Christophe Colomb			
1494	Débuts des guerres d'Italie	*Mémoires* de Commynes (1494-1501)		
1499			Sannazaro : *L'arcadie,* roman pastoral	

LES CHANSONS DE GESTE
(XIe-XIIe siècles)

Comme beaucoup de peuples, la France a vu naître au début de son histoire une poésie épique, c'est-à-dire une poésie qui chante les exploits des grands héros nationaux. Elle exalte les grands événements historiques qui ont une importance capitale pour la formation et l'existence même du pays. C'est la nation tout entière qui se reconnaît dans la poésie épique, incarnée au Moyen-Age par les chansons de geste.

LA POÉSIE ÉPIQUE

Fonction

Les chansons de geste sont des poèmes qui racontent les exploits (désignés sous le nom latin de *gesta*) de héros du Moyen-Age. La plupart de ces poèmes sont nés aux XIe et XIIe siècles mais les gestes racontées sont accomplies par des chevaliers ou des rois ayant vécu deux ou trois siècles plus tôt, au temps de Charlemagne. Ce recul dans le temps s'explique : la fonction des poèmes est d'exalter une époque très mouvementée, marquée par des guerres de croisade et de conquête. L'Angleterre est prise par Guillaume le Conquérant en 1066, trente ans plus tard, le roi de France lance sa première croisade. Il est donc utile de trouver une forme d'art capable de faire l'éloge des héros qui luttent pour la foi chrétienne. L'Église joue en effet un rôle très important dans les croisades : c'est la défense de la chrétienté qui, en principe, pousse chevaliers et rois à délivrer Jérusalem. Ainsi, guerre et religion sont deux thèmes fondamentaux de toute chanson de geste.

Cycles

On a pu retrouver environ 80 chansons de geste, que l'on divise en trois grands cycles épiques :

— Le *Cycle du roi* ou *Cycle de Charlemagne :* il décrit les exploits héroïques de l'empereur lui-même ; la *Chanson de Roland* et *Le pèlerinage de Charlemagne,* font partie de ce cycle. D'autres gestes plus tardives racontent les aventures des enfants de Charlemagne : *Huon de Bordeaux* et *Berthe aux grands pieds.*

— Le *Cycle de Garin de Monglane :* les héros sont cette fois de petits souverains du Midi qui défendent la France contre les Sarrasins. Le plus connu de ces héros est Guillaume d'Orange, qui a pour ancêtre légendaire Garin de Monglane. La geste la plus célèbre de ce cycle s'appelle *Le charroi de Nîmes.* Guillaume d'Orange s'empare de la ville de Nîmes, déguisé en marchand, à la tête d'un « charroi » (convoi) de tonneaux dans lesquels il a fait cacher ses chevaliers.

— Le *Cycle de Doon de Mayence* est le récit de la révolte de plusieurs barons contre Charlemagne.

Structure

La structure des chansons de geste peut surprendre aujourd'hui : le lecteur ne comprend plus pourquoi tant de passages se répètent. Il ne faut pas y voir de la naïveté ou de l'incompétence chez les auteurs. L'explication est purement pratique : ces chansons très longues (certaines comptent 18 000 vers) n'étaient pas destinées à être lues, mais écoutées. Elles étaient psalmodiées, c'est-à-dire récitées avec un accompagnement musical. Les passages répétés sont donc souvent ce qu'on appelle maintenant des refrains. D'autre part, on ne pouvait pas en une soirée raconter une aventure entière. Les conteurs ont donc morcelé ces chansons et, pour que leurs auditeurs n'oublient pas d'un jour à l'autre, ils commençaient chaque soir par un résumé des épisodes précédents.

LA CHANSON DE ROLAND (XIe s.)

C'est la plus connue et la plus ancienne des chansons de geste françaises. Elle a été écrite vers la fin du Xe siècle, mais ne fut publiée qu'au XIXe. Il semble que la *Chanson de Roland* soit l'œuvre d'un seul auteur, un clerc qui signe sous le nom de Turold. La plupart des autres chansons, au contraire, sont le produit d'un travail collectif.

Le récit

Le texte, long de plus de 4 000 vers, peut se décomposer en quatre grandes parties.

— La trahison de Ganelon : Charlemagne vient de conquérir l'Espagne après avoir vaincu les Sarrasins. Seule la ville de Saragosse, où s'est retranché Marsile, le roi des Sarrasins, résiste. Marsile fait des propositions de paix. Le comte Roland, neveu de Charlemagne, suggère l'envoi du baron Ganelon auprès de Marsile pour discuter de la paix. Ganelon aurait voulu éviter cette mission dangereuse ; il jure de se venger de Roland et organise une embuscade avec Marsile.

— La bataille de Roncevaux : le défilé de Roncevaux dans les Pyrénées vient d'être franchi par Charlemagne et ses troupes. L'arrière-garde, commandée par Roland, est attaquée par les soldats de Marsile. Olivier, ami inséparable de Roland et prudent tacticien, lui conseille d'appeler Charlemagne en sonnant du cor. Le fougueux Roland refuse et continue la lutte, armé de sa légendaire épée Durendal.

— La vengeance de Charlemagne : Roland finit par appeler son roi, mais il est trop tard ; quand ce dernier arrive, tous ses chevaliers sont morts. Charlemagne se lance à la poursuite des Sarrasins, les massacre et vient ainsi à bout de la résistance de Saragosse.

— La punition du traître : à la nouvelle de la mort de Roland, la belle Aude, sœur d'Olivier et fiancée de Roland, meurt de chagrin. Le traître Ganelon est jugé et condamné à être écartelé. La veuve de Marsile, mort après la bataille, est baptisée, puis Charlemagne part pour de nouveaux combats.

Les personnages

L'auteur de la *Chanson de Roland* ne manque pas une occasion de souligner l'héroïsme et la foi des personnages ; ceci est particulièrement net dans le passage rapportant la mort de Roland. La psychologie des personnages est à peine esquissée. Chacun est présenté comme un type : Ganelon est le traître ; Roland, le héros téméraire ; Olivier, l'ami fidèle et raisonnable. L'amour n'a de place que dans le bref épisode où la belle Aude, apprenant la mort de Roland, tombe morte aux pieds de Charlemagne :

« Elle perd sa couleur et tombe aux pieds de [Charlemagne.
Elle est morte soudain, Dieu ait son âme ! »

Vérité et fiction

L'auteur nous présente son poème comme une œuvre historique bien qu'il respecte très peu l'histoire. Les événements sont modifiés. La défaite d'une partie de l'arrière-garde devient un grand désastre, alors qu'en réalité, la plus grande partie de l'armée a été épargnée. D'autre part, si Charlemagne a bien été attaqué dans les Pyrénées, ce n'est pas par des Sarrasins mais par des montagnards basques, donc des chrétiens comme lui. Quant à la trahison de Ganelon, elle a été inventée. Les personnages sont transformés. Roland a certes existé, mais il n'a aucun lien de parenté avec Charlemagne ; il s'agit en réalité d'un seigneur breton. Charlemagne lui-même, qui nous est présenté comme un vieillard à la barbe fleurie, n'avait, au moment de Roncevaux, que trente-six ans. Enfin, le merveilleux se mêle souvent à l'histoire, soit par la force prodigieuse dont sont doués les héros (il faut trois armées ennemies pour venir à bout de quelques chevaliers français), soit par l'intervention des saints (au moment de mourir, Roland tend son gant à l'archange Gabriel).

Les chansons de geste ne tardent pas à se répandre dans toute l'Europe. Elles sont admirées et imitées partout. C'est en Italie que la *Chanson de Roland* est le plus appréciée. On retrouve son influence dans les œuvres de Pulci *(Morgante)*, Boiardo *(Orlando innamorato)* et surtout de l'Arioste *(Orlando furioso)*.

BIBLIOGRAPHIE
Italo Siciliano, *Les origines de la Chanson de geste*, Traduction Picard, Paris, 1951.
Pierre Le Gentil, *La Chanson de Roland*, Hatier, coll. « Connaissances des lettres », Paris, 1967.

LA CHANSON DE ROLAND

Ganelon, le baron félon [1]

Blessé à mort, Roland se décide à souffler du cor pour appeler Charlemagne à son aide. ‹Charlemagne entend, il est inquiet, ainsi que toute son armée. Seul Ganelon essaie de présenter la chose comme une plaisanterie de la part de Roland et dissuade l'empereur d'aller le rejoindre. A travers ses paroles, on devine toute sa haine pour Roland, mais aussi son mépris pour la vieillesse du roi.

CXXXIV [2]
Le comte Roland, avec peine et souffrance,
A grande douleur sonne son olifant [3].
Par la bouche, le sang clair jaillit.
La tempe de son cerveau éclate.
La portée [4] du cor qu'il tient est très grande ;
Charles [5] qui passe les ports, l'entend.
Le duc Naimes le perçoit, les Français l'écoutent.
Le roi dit : « J'entends le cor de Roland !
Jamais il ne l'eût sonné, s'il n'eût été à combattre. »
Ganelon répond : « Il n'y a aucune bataille !
Vous êtes vieux, votre tête est fleurie et blanche [6]
Par de telles paroles vous ressemblez à un enfant.
Vous connaissez bien le grand orgueil de Roland ;
Il est surprenant que Dieu le tolère si longtemps.
Il a déjà pris Noples [7] sans votre commandement.
Les Sarrasins assiégés firent une sortie
Et se battirent contre le bon vassal Roland ;
Et lui, avec les eaux courantes, il lava ensuite les prés du sang répandu ;
Il agit ainsi pour qu'il n'y parût pas.
Ne fût-ce que pour un lièvre, il sonne le cor toute la journée.
Il est maintenant à plaisanter devant ses pairs [8]
Sous le ciel, il n'y a personne qui osât l'attaquer au combat.
Chevauchez donc ! Pourquoi vous arrêtez-vous ?
La Terre des Aïeux est bien loin devant nous. »

La Chanson de Roland
(vers 1766 à 1784)

1. Dans la féodalité : qui agit contre la foi due à son seigneur ; déloyal.
2. Les chiffres romains renvoient aux numéros des laisses, qui sont des séries de vers comparables à des strophes.
3. Cor.
4. La distance jusqu'où l'on entend le cor.
5. Charlemagne.
6. Le surnom de Charlemagne est : l'empereur à la barbe fleurie.
7. Il s'agit peut-être de Pampelune, en Espagne.
8. « Pair » veut dire « égal, semblable » ; ici : les autres chevaliers.

La mort de Roland

Après avoir en vain tenté de briser son épée pour qu'elle ne tombe pas entre les mains de ses ennemis païens, Roland se prépare à mourir en chrétien. Il prie. C'est dans cette description des derniers moments de Roland que l'association entre la foi et le courage du héros, une des caractéristiques de toute l'œuvre, est la plus évidente.

LA CHANSON DE ROLAND

CLXXIV
Roland sent que la mort le prend tout entier,
Qu'elle lui descend de la tête sur le cœur.
Il est allé en courant sous un pin,
Il s'est couché sur l'herbe verte, face contre terre [1],
Il met sous lui son épée et son olifant,
Il tourne la tête du côté de la gent païenne [2] ;
Il a fait cela parce qu'il veut véritablement
Que Charles et tous les siens disent
Qu'il est mort en vainqueur, le noble comte.
Il proclame ses fautes, se frappant la poitrine à petits coups répétés,
pour ses péchés il tend vers Dieu son gant [3].

1. C'est l'attitude de ceux qui demandent pardon à Dieu.
2. Les Sarrasins.
3. Geste d'hommage du vassal au suzerain.

◀ *Roland sonnant du cor (Manuscrit français du* XIIIᵉ *siècle :* Chronique de l'anonyme de Béthune *— Bibliothèque Nationale, Paris).*

Charlemagne découvrant le corps de Roland à Ronceveaux. (Manuscrit français du XVᵉ *siècle :* Grandes chroniques de France *orné de miniatures de Jean Fouquet — Bibliothèque Nationale, Paris).*

CLXXV
Roland sent que son temps est fini.
Il est sur un sommet aigu, le visage tourné vers l'Espagne,
D'une main il se frappe la poitrine :
« Dieu, *mea culpa* à ta miséricorde,
Pour mes péchés les grands et les petits,
Que j'ai commis depuis l'heure de ma naissance
Jusqu'à ce jour où je suis ici frappé à mort ! »
Il a tendu vers Dieu son gant droit.
Les anges du ciel descendent vers lui.

La Chanson de Roland
(vers 2355 à 2374)

A la poursuite des païens

Parvenu à Roncevaux, mais trop tard, Charlemagne pleure la mort de ses braves chevaliers et songe à se venger. C'est, une fois de plus, une intervention divine qui lui apporte son soutien par un miracle : malgré la nuit tombante, il fait assez clair pour que les troupes de Charlemagne puissent poursuivre et punir les païens.

CLXXIX
L'empereur fait sonner ses clairons [1]
Puis il chevauche avec sa grande armée.
Ils ont fait tourner le dos à ceux d'Espagne ;
Ils entreprennent la poursuite, ils y participent tous.
Quand le roi voit le soir tomber,
Il met pied à terre sur l'herbe verte, dans un pré,
Il se couche sur le sol, il prie le Seigneur Dieu
Qu'il fasse pour lui arrêter le soleil,
Retarder la nuit et demeurer le jour.
Voici que vient à lui un ange qui a coutume de lui parler ;
celui-ci lui a aussitôt commandé :
« Charles, chevauche, car la clarté ne te manque pas.
Tu as perdu la fleur de France [2]. Dieu le sait,
tu peux te venger du peuple criminel [3] ».
A ce mot, l'empereur est monté à cheval.

1. Trompettes militaires.
2. Roland et Olivier.
3. Les non-chrétiens, les Sarrasins.

La Chanson de Roland
(vers 2443 à 2457)

La mort de la belle Aude

De retour d'Espagne, Charlemagne doit annoncer à Aude la mort de son fiancé Roland. La scène est brève, c'est une des rares évocations de l'amour dans la chanson de geste. Les sentiments sont décrits à l'état brut : la souffrance de Charlemagne qui verse des larmes, le désespoir de la jeune fille qui meurt de chagrin après avoir renouvelé son vœu de fidélité à Roland.

CCLXVIII
L'empereur est revenu d'Espagne,
Il vient à Aix [1], le meilleur siège de France.
Il monte au palais, il est venu dans la salle.
Voici venue à lui Aude, une belle demoiselle.
Elle dit au roi : « Où est Roland le capitaine,
Qui jura de me prendre pour sa femme ? »
Charles en a douleur et peine,
Il pleure de ses yeux, tire sa barbe blanche :
« Sœur, chère amie, tu me demandes des nouvelles d'un homme mort.

1. Aix-la-Chapelle, siège de la cour de Charlemagne, aujourd'hui ville allemande.

Je te donnerai en échange un fiancé encore plus prestigieux ;
Ce sera Louis, je ne saurais dire mieux :
Il est mon fils, un jour il tiendra mes marches [2]. »
Aude répond : « Cette parole est pour moi bien étrange.
Ne plaise à Dieu, à ses saints ni à ses anges
Qu'après Roland je demeure vivante. »
Elle perd sa couleur, elle tombe aux pieds de Charlemagne,
Elle est morte sur-le-champ. Que Dieu ait pitié de son âme !
Les barons français en pleurent et la plaignent.

La Chanson de Roland
(vers 3705 à 3722)

2. Provinces-frontières, où l'empire doit toujours être défendu.

La mort de la belle Aude. (Manuscrit allemand du XIVe siècle : Karl der Grosse *— Universitätsbibliothek, Tübingen).*

LES ROMANS COURTOIS (XIIe-XIIIe siècles)

Si les chansons de geste prétendaient avoir un fondement historique, les romans courtois ne cachent pas qu'ils sont des œuvres de pure fiction. On appelle « romans » au Moyen Age de grands récits en vers, écrits en roman[1] et n'ayant aucune prétention à décrire des faits véridiques. Ces œuvres ne sont pas destinées à exalter un public de seigneurs guerriers, comme les chansons de geste, mais à divertir une société beaucoup plus raffinée, où les femmes commencent à exercer une influence, du moins intellectuelle. C'est pourquoi l'amour joue un grand rôle dans ces récits appelés « courtois », parce qu'ils s'adressent à un public de cour.

LES DÉBUTS

Dans l'élaboration des romans courtois, deux séries de création s'imposent : les romans antiques et les romans bretons. C'est l'influence et les transformations de ces deux genres qui vont donner naissance aux grands romans courtois du XIIe siècle.

Les romans antiques

Si l'on peut parler d'un renouveau intellectuel au XIIe siècle (voir p. 8) c'est en grande partie grâce aux romans antiques qui, en s'inspirant des mythes gréco-latins, ont renouvelé les thèmes de la littérature. Peu soucieux de vraisemblance, ils introduisent pourtant une nouveauté : c'est le personnage du chevalier amoureux, alors que l'amour n'occupait pratiquement aucune place dans les chansons de geste. En dépit de leurs imperfections, les romans antiques préparent, par l'esprit mais aussi par la forme, une transition vers les romans courtois à proprement parler. Les plus connus de ce genre sont : le *Roman d'Alexandre*, qui introduit pour la première fois dans la poésie française le vers de 12 syllabes (l'alexandrin), et le *Roman de Troie* (vers 1165).

Les romans bretons

Ils apportent de nouveaux thèmes que l'on a coutume d'appeler la matière de Bretagne, parce qu'elle est d'inspiration celtique (les Celtes habitaient la Bretagne, l'Irlande et le sud de l'Angleterre). La mythologie celtique offre aux romanciers un univers féerique propice aux aventures merveilleuses. La figure du roi Arthur domine les romans bretons comme celle de Charlemagne dominait l'épopée française. D'autres personnages très célèbres y apparaissent comme Tristan et Yseut et aussi l'enchanteur Merlin, qui sera repris plus tard par l'Arioste.

TRISTAN ET YSEUT

A la fin du XIIe siècle, deux poètes anglo-normands, Béroul, puis Thomas, ont raconté les amours de Tristan et Yseut. Bien que nous ne disposions que de fragments de ces deux œuvres, il est possible d'en reconstituer l'histoire grâce aux imitations étrangères qui nous sont restées.

Tristan est un chevalier ; il a été élevé à la cour du roi Marc de Cornouailles, dont il est le neveu. Envoyé en messager auprès de la reine d'Irlande, il doit ramener sa fille, Yseut, promise au roi Marc. Sur le bateau qui les ramène en Angleterre, les deux jeunes gens boivent par erreur un philtre d'amour préparé par la reine et destiné

1. *Voir p. 7*

aux futurs époux. Voilà Tristan et Yseut unis à jamais par la passion. Lorsque le roi Marc découvre leur secret, il les chasse dans la forêt où il vivent dans un affreux dénuement, aidés seulement par l'immense amour qu'ils éprouvent l'un pour l'autre. Un jour, le roi Marc les surprend dans leur sommeil ; mais ils sont vêtus et l'épée de Tristan les sépare, en signe de pureté. Ému, le roi laisse à côté d'eux son épée et son anneau de noce. Touchés par la clémence de leur seigneur, ils décident de se séparer : Yseut retourne au roi Marc et Tristan s'exile en Bretagne. Il épouse une autre jeune fille du nom d'Yseut, mais son ancienne passion le dévore. Blessé à mort au cours d'un combat, il envoie un message à Yseut en la priant de venir le guérir. Si le vaisseau peut ramener Yseut, il devra avoir une voile blanche, sinon ce sera une voile noire. Lorsque le bateau arrive avec Yseut, la femme de Tristan, poussée par la jalousie, lui déclare faussement que la voile est noire. Tristan meurt de désespoir ; il est bientôt rejoint par Yseut. Le roi Marc les enterre côte à côte. Du tombeau de Tristan, une ronce jaillit et s'enfonce dans celui d'Yseut, montrant ainsi que l'amour est plus fort que la mort.

CHRÉTIEN DE TROYES

C'est le plus célèbre des auteurs de romans courtois. Sa vie est peu connue mais il passait pour l'un des plus grands poètes européens de son temps. Par l'immensité de son œuvre, il est le précurseur du genre romanesque, c'est-à-dire des récits de fictions dominés par un héros. Il a écrit pour le public raffiné d'une élite aristocratique. Ses œuvres principales, (écrites entre 1160 et 1195) sont : *Erec et Enide, Lancelot* ou *Le chevalier à la charrette, Yvain* ou *Le chevalier au lion, Perceval* ou *Le conte du Graal.* Nous résumerons ici *Le chevalier à la charrette,* dont nous donnons plus loin un extrait. Lancelot part en quête de sa Dame, Guenièvre, l'épouse [1] du roi Arthur, qui a été emmenée par Méléagant au royaume de Gorre, d'où nul étranger ne revient. Sur le chemin, il lui faut, entre autres épreuves, monter sur une charrette infamante (d'où le titre du roman). Il arrive enfin au royaume de Méléagant, qu'il combat dans un duel dont il sort vainqueur, sans toutefois tuer son adversaire. Il peut enfin voir sa Dame qui l'accueille avec froideur : n'a-t-il pas hésité un moment à monter dans la charrette qui le conduisait vers elle ? Après plusieurs épisodes, il délivre la reine, pour l'amour de qui il consent encore à se laisser humilier dans un tournoi, jusqu'à ce qu'elle l'autorise à prendre sa revanche et à combattre « au mieux ». Lancelot est ici l'incarnation du parfait chevalier courtois qui se soumet à toutes les volontés de sa Dame.

Au début du XIIIe siècle, après la mort de Chrétien de Troyes, l'histoire de Lancelot est complétée et mélangée à celle de la quête du Graal, vase merveilleux qui est la source de toutes vérités. Dans ces récits, on retrouve les thèmes essentiels de la culture médiévale : la prouesse, la courtoisie et la foi. La deuxième partie du XIIIe siècle n'offre plus rien d'original en la matière ; les romans courtois ne sont plus alors que des remaniements en prose d'aventures déjà contées en vers au XIIe siècle (exemple : le *Tristan* en prose).

1. *Dans l'amour courtois, la Dame ne peut en aucun cas être la femme du chevalier. Il s'agit d'un amour purement idéalisé.*

Tristan va chercher Yseut en Irlande pour la ramener au roi Marc de Cornouailles à qui elle est promise. (Manuscrit français du XIVe siècle : Le livre de Tristan et de la royne Yseut de Cornouailles et le Graal *par Luce Do Gat – Bibliothèque Nationale, Paris).*

BIBLIOGRAPHIE
Jean Frappier, *Les romans courtois,* Paris, Classiques Larousse, 1943 (extraits de romans médiévaux).
Jean Frappier, *Chrétien de Troyes,* Paris, Hatier, 1968 (très bonne étude de l'homme et de son œuvre).
Les romans de la Table Ronde, extraits traduits par Jean-Pierre Foucher, Livre de Poche n° 1998, 1970.
Denis de Rougemont, *L'amour et l'Occident,* Paris, Plon, 1972 (très intéressante étude sur le mythe de Tristan et Yseut).

TRISTAN ET YSEUT

La fatalité de la passion

Après avoir bu, par erreur, un philtre d'amour, Tristan et Yseut se cachent dans la forêt où ils arrivent un jour chez l'ermite[1] Ogrin. Celui-ci leur dit que s'ils se repentent, Dieu leur pardonnera. Dans ce passage tiré du* Tristan *de Béroul (qui est peut-être la version la plus ancienne) s'exprime le caractère singulier de cette passion qui défie toutes les lois humaines et divines.

Tristan dit : « Seigneur, croyez-moi,
Si elle m'aime en bonne foi,
Vous n'en savez pas la raison :
Elle m'aime par le poison[2] :
D'elle ne me puis séparer
Ni elle de moi sans mentir. »
Ogrin lui dit : « Quel réconfort
Peut-on donner à homme mort ?
Il est bien mort qui longuement
Gît en péché[3] sans repentir.
Je ne puis donner pénitence
A pécheur qui ne se repent. »
L'ermite Ogrin fort les sermonne,
Du repentir conseil leur donne,
Et l'ermite souvent leur dit
Les paroles de l'Écriture ;
Ne cesse de les appeler
Au devoir de se séparer.
Irrité, il dit à Tristan :
« Que vas-tu faire ? Réfléchis.
— Seigneur, j'aime Iseut[4] à merveille,
Si bien que j'en perds le sommeil.
Je suis tout à fait résolu.
J'aime mieux être un mendiant.
Et vivre d'herbes et de glands[5]
Qu'avoir le royaume d'Otran[6].
La quitter ? Je n'y songe pas,
Car j'en serais fort incapable. »
Iseut pleure aux pieds de l'ermite,
Sans cesse rougit ou palît,
Souvent lui demande merci :
« Seigneur, par Dieu le Tout Puissant,
Nous ne nous aimons tous les deux
Qu'à cause de ce que nous bûmes
Ce breuvage : ce fut malheur,
Et le roi nous a exilés. »

Béroul, *Tristan et Yseut*
Édition Muret, Champion, 1957
(vers 1377 à 1419)

1. Homme qui vit dans la solitude, loin du monde.
2. A cause du philtre d'amour.
3. Vit dans le péché.
4. On écrit indifféremment Iseut ou Yseut
5. Les fruits des chênes.
6. Roi sarrasin légendaire.

LE CHEVALIER À LA CHARRETTE

Un chevalier se bat pour sa dame

C'est le roman de l'amour courtois par excellence. L'amant est à la merci de la Dame qui peut tout lui demander, même d'être lâche. C'est une femme, la fille de la reine Alienor d'Aquitaine, qui imposa à Chrétien de Troyes le thème de ce roman.

Lancelot est arrivé chez Méléagant où est retenue la reine Guenièvre. C'est elle qui révèle son nom. Un duel est organisé entre Méléagant et Lancelot ; la reine y assiste du haut d'une tour. Lancelot a aperçu la reine et il tombe en extase sans plus se soucier de se défendre. C'est une servante de la reine qui le rappelle à l'ordre. L'amour va alors décupler ses forces.

Quand Lancelot s'ouït[1] nommer,
Ne mit guère à se retourner :
Il se retourne et voit là-haut
L'être qui lui est le plus beau
(Et qu'il désire le plus voir)
A la loge de la tour seoir.
Dès l'instant où il l'aperçut,
Ne se tourna ni ne se mut[2] :
Sur elle il a les yeux fixés.
Mais par derrière il est frappé :
Méléagant le harcelait
Le plus ardemment qu'il pouvait :
Car il est tout heureux et pense
Que Lancelot est sans défense ;

1. S'entend.
2. Ni ne bougea.

Lancelot terrasse Méléagant. (Manuscrit français du XV*e* *siècle :* Le livre de Messire Lancelot du Lac, la quête du saint Graal, la mort d'Arthus *de Gautier Map — Bibliothèque Nationale, Paris).*

Les gens du pays sont fort liés[3],
Et les autres[4] désespérés :
Ils ne peuvent plus se tenir,
Mais beaucoup pensent défaillir
Et tombent à terre éperdus,
Ou à genoux, ou étendus ;
Ainsi grand'joie et deuil y a.
Alors derechef s'écria
La pucelle[5], de la fenêtre :
« Lancelot, comment peut-il être
Que te tiennes si follement ?
Tu combattais si vaillament !
Tu maintenais prouesse en toi.
Je ne pense point ni ne crois
Que Dieu fît jamais chevalier
Qui pût autant que toi briller
Et eût ta valeur et ton prix.
Nous te voyons si entrepris !
Retourne-toi, amène-le
En tel endroit que sous tes yeux
Soit celle qui te donne cœur. »
Lancelot sent honte et rancœur
De telle sorte qu'il s'en hait.
Car longtemps il a, il le sait
Le pire de la bataille eu,
Et tout le monde l'a bien vu.
Se ressaisit, fait demi-tour
Et met entre lui et la tour
Méléagant à toute force.
Mais Méléagant moult s'efforce
Que de l'autre part se retourt[6]
Et Lancelot contre lui court
Le heurte de si grand'vertu[7],
Et si fort pousse son écu,
Quand il cherche à se retourner,
Qu'il le fait même chanceler
Deux fois et plus, péniblement ;
Lui croissent force et hardement[8],
Car Amour lui prêtre s'aïe[9] :
Il n'est chose qu'il n'ait haïe
Plus profondément que celui
Qui se combat encontre lui.
L'amour et la haine mortelle,
Si grande qu'il n'en connut telle,
Le font si fier et courageux
Que le duel n'est plus un jeu
Pour Méléagant, qui a peur.
Jamais si puissant escrimeur
N'a rencontré ni ne connut
Ni tant ne le greva[10] ni nut[11]
Aucun autre comme il le fait.
Volontiers loin de lui se trait[12],
Il se dérobe et se récuse[13]
Car il craint ses coups et refuse.
Non que Lancelot le menace,
Mais ferant, vers la tour le chasse[14]
Où la reine était apppuyée.
Souvent l'a servie et louée[15] [...]
Si près de la tour le menait
Que plus avancer ne devait
Car plus près ne la verrait pas
S'il avançait encor d'un pas.
Ainsi Lancelot très souvent
Le menait arrière et avant,
Partout où il le désirait,
Et quelquefois il s'arrêtait
Juste sous les yeux de sa dame
Qui lui a inspiré sa flamme
Lorsqu'il allait la regardant,
Et cette flamme si ardent
Vers Méléagant le rendait
Que partout où il lui plaisait
Le pouvait mener et chasser !

Chrétien de Troyes
Lancelot ou le chevalier à la charrette
(vers 3669 et suivants).

3. Heureux.
4. Les prisonniers du père de Méléagant, parmi lesquels des chevaliers d'Arthur, et qui ne seront délivrés que si Lancelot est vainqueur.
5. Jeune fille noble
6. Méléagant essaie d'obliger Lancelot à se retourner afin qu'il n'ait plus la reine sous les yeux qui puisse lui donner du courage.
7. Avec un telle force.
8. Hardiesse, courage.
9. Son aide.
10. Grever : faire du mal.
11. Nut est le passé simple de « nuire ».
12. Se retire.
13. Esquive.
14. L'oblige à combattre entre la tour et lui.
15. Chrétien veut dire que Lancelot étant le chevalier de la reine, il l'a souvent louée et glorifiée.

LA LITTÉRATURE SATIRIQUE
(XIIe et XIIIe siècles)

Les chansons de geste et les romans courtois reflétaient la sensibilité d'une société aristocratique. Avec la littérature satirique, c'est l'esprit populaire qui s'exprime[1]*. Sa naissance correspond à l'essor des villes marchandes et au développement de la bourgeoisie* *(voir page 10)**. Cette littérature satirique est représentée par deux productions principales : le* Roman de Renart *et les* Fabliaux. *Il s'agit de récits en vers, destinés à faire rire, même si certains contiennent aussi une critique de la société. La littérature satirique a touché un très vaste public.*

LE ROMAN DE RENART

La composition

En plein Moyen Age, dans la seconde moitié du XIIe siècle, un clerc [2] nommé Pierre de Saint-Cloud écrit un grand poème qui raconte la rivalité entre un goupil [3] appelé Renart et un loup appelé Ysengrin. Tout de suite c'est le succès, bien qu'il n'y ait pas encore de livres (l'imprimerie sera inventée trois siècles plus tard). Ce sont des trouvères et des jongleurs [4] qui en récitent les épisodes dans les villes, les campagnes et les châteaux.

Pierre de Saint-Cloud n'a pas inventé son sujet ; il puise dans les très nombreuses fables et autres contes d'animaux d'origine latine ou germanique qui circulent au Moyen Age. Mais il donne à ses histoires un accent si personnel et convaincant qu'il lance une mode et est aussitôt imité par d'autres auteurs. Quinze grands récits nouveaux apparaissent en 30 ans ; on les appelle des « branches », probablement parce qu'ils se sont ajoutés au tronc initial formé par l'œuvre de Pierre de Saint-Cloud. Mais ces branches sont assez différentes les unes des autres selon les auteurs. Alors, au début du XIIIe siècle, on a l'idée de rassembler les meilleurs épisodes en une histoire cohérente. Comme elle est écrite en « roman », cela devient le *Roman de Renart*. Il se compose en tout de 25 branches écrites en octosyllabes (vers de huit pieds) et l'ensemble fait plus de 100 000 vers [5].

Une société animale

Le *Roman de Renart* est une sorte d'épopée familière où la société des hommes est remplacée par celle des animaux. Les bêtes parlent, portent des vêtements, montent à cheval, forment des familles et constituent autour du roi, le lion Noble, une société organisée, calquée sur la société féodale. Les auteurs du *Roman* peuvent ainsi indirectement se moquer des institutions du temps et de l'autorité des puissants dont ils soulignent les abus. Faire de l'ours un prêtre qui chante la messe, c'est parodier la religion, ses rites et les superstitions qu'elle peut provoquer. Montrer le jugement injuste du roi Noble qui prend tout le butin [6] au cours d'un faux partage, c'est critiquer le pouvoir abusif du suzerain. Le

1. De siècle en siècle, on retrouve dans la littérature ce contraste entre une inspiration élitiste et une inspiration populaire. Ainsi par exemple, au Moyen Age, Roland *et* Tristan *s'opposent au* Roman de Renart *et aux* Fabliaux *; au* XVIIe, *le courant précieux s'oppose au courant burlesque ; au* XIXe, *le symbolisme s'oppose au naturalisme devenu trivial.*

2. Un homme qui fait partie du clergé. Une des rares personnes au Moyen Age à avoir de l'instruction.

3. Goupil est l'ancien nom du renard. Renart est un nom propre que le succès du roman a peu à peu imposé comme nom commun, avec un léger changement d'orthographe.

4. Voir note 1 page 11.

5. Dans les extraits, nous donnons une traduction moderne en prose.

6. Ce qu'on prend aux ennemis après la victoire.

petit peuple du XIIe et du XIIIe siècle s'amuse et prend sa revanche lorsque Renart, par sa ruse, triomphe des puissants. Les aventures du goupil n'ont donc pas seulement pour but de distraire ; elles présentent un tableau, parfois une caricature, de la société du Moyen Age, et à travers les animaux ce sont les hommes qui sont visés.

De curieux personnages

Les principaux héros de cette épopée comique restent les mêmes tout au long des 25 histoires. Les uns ont des noms d'origine germanique ; ce sont le goupil, surnommé Renart, le loup Ysengrin, l'ours Bruno, l'âne Bernard, le blaireau Grimbert, le chat Tibert, le corbeau Tiécelin, le moineau Drouïn. D'autres portent des noms français et symboliques, tirés du caractère ou de l'aspect physique de ces animaux : Noble le lion, Fière ou Orgueilleuse la lionne, Chanteclerc le coq, Couart[1] le lièvre, Bruiant le taureau, Belin le mouton, Pelé le rat, Tardif le limaçon. On peut distinguer quatre grandes familles :

— la famille du lion :
  Noble, le roi empereur
  Dame Fière ou Orgueilleuse, la reine
  le prince lionceau
— la famille du loup :
  Ysengrin, connétable[2] du roi
  Primaut, son frère
  Dame Hersent, sa femme
  Pinçart, son fils
— la famille du goupil :
  Renart, seigneur de Maupertuis[3]
  Richeut, sa femme, appelée aussi du nom plus noble de dame Hermeline
  leurs trois enfants.
— la famille du coq :
  Chanteclerc, maître du « gélinier »[4]
  Pinte, sa compagne préférée
  Copée (ou Copette), Roussette, Blanche, Noirette, sœurs de Pinte.

Analyse du roman

L'histoire commence à la naissance de Renart et d'Ysengrin. Après avoir été chassés du paradis terrestre, Adam et Eve ont reçu de Dieu une baguette, au moyen de laquelle ils peuvent, en frappant la mer, obtenir ce qu'ils désirent. Adam fait sortir des flots des animaux utiles, et Eve des animaux nuisibles ; c'est ainsi qu'Ysengrin et Renart lui doivent la vie. Bientôt, Renart devient le principal héros de l'histoire.

Renart s'en prend d'abord à des animaux plus faibles que lui, mais il est dupé par chacun d'eux. Tiécelin, le corbeau, laisse bien tomber son fromage dans la gueule de Renart (voir extrait page 32) mais il échappe au goupil qui voulait le manger ; Tibert, le chat, fait tomber Renart dans un piège où celui-ci comptait le

Le Roman de Renart, *Manuscrit français du XIIIe siècle. Le lion Noble s'adresse à ses sujets dont Renart, Ysengrin, et Couart le lièvre.*

prendre. L'esprit du roman est bien la revanche des petits sur les puissants, et bientôt, à son tour, Renart va triompher de plus puissant que lui (le loup, l'ours et le lion).

Dans sa lutte contre Ysengrin, Renart sort toujours vainqueur. Un épisode raconte par exemple comment le loup flaire l'odeur de poissons que Renart fait cuire. Renart le persuade que pour pêcher d'aussi beaux poissons il n'a qu'à s'attacher un seau à la queue et la plonger dans l'eau du lac. Or, on est en hiver, l'eau gèle et Ysengrin reste prisonnier de la glace. Il n'échappe que de justesse aux chasseurs venus le tuer.

Un jour, poursuivi par ses ennemis, Renart tombe dans une cuve de peinture jaune. Devenu méconnaissable, il se fait jongleur. Sa femme, dame Hermeline, le croyant mort, veut se remarier avec Grimbert, le blaireau. Mais Renart survient au milieu de la noce et punit celle qui voulait l'oublier trop vite.

Renart accumule les mauvais tours. Les autres animaux le mettent en accusation devant Noble, le roi. Renart se présente humblement devant le roi, il avoue ses fautes et demande, pour les expier, de pouvoir faire un pèlerinage en terre sainte. Ainsi il échappe une fois de plus à ses adversaires (voir extrait page 33).

1. L'adjectif couard signifie lâche et peureux.
2. Commandant de l'armée royale.
3. Le repère de Renart. Etymologiquement, cela veut dire « mauvais trou ».
4. C'est le poulailler. Les poules sont des « gélines ».

La *Chanson de Roland* mise à part, les chansons de geste n'ont guère survécu au public pour lequel elles avaient été écrites. Au contraire, le *Roman de Renart* n'a jamais été oublié. Il a été traduit en de nombreuses langues et on en retrouve des traces jusque chez La Fontaine au XVIIe siècle. De nos jours encore, les remarques faites sur les défauts des hommes à travers le comportement des animaux (orgueil, ambition, jalousie, injustice) sont chose courante. Le succès vient aussi du comique des situations où la bêtise est toujours punie. Le roman exalte la ruse sous toutes ses formes et le rire ne va pas parfois sans méchanceté ni cruauté pour les victimes qui y laissent parfois leur vie.

LES FABLIAUX

Le genre

Ce sont de courts récits en vers comme le veut toujours la tradition orale. Le mot vient du latin *fabula* qui signifie « récit, histoire », comme le mot « fable ». Mais alors que la fable met en scène des animaux et insiste sur l'aspect moral, le fabliau, plus long, vise surtout à faire rire au dépens des humains. Les *fabliaux* étaient destinés à la bourgeoisie et au peuple comme les chansons de geste l'étaient à la chevalerie. Eux aussi sont anonymes. Ici, on ne s'embarrasse pas de courtoisie et la grossièreté n'est pas toujours absente. Si l'origine des *fabliaux* reste imprécise, il ne fait pas de doute qu'ils reprennent pour une part les bonnes histoires et les plaisanteries faciles qui font partout rire à la ronde et représentent le fond commun des peuples.

Les fabliaux, d'inspiration populaire, n'évitent ni la grossièreté, ni la violence. (Recueil de fables du XIIIe siècle — Bibliothèque Nationale, Paris).

Quelques fabliaux

Il nous reste environ 150 de ces contes dont voici quelques exemples :

— ***Brunain, la vache au prêtre :*** un paysan prend à la lettre le sermon de son curé, qui dit : « Qui donne à Dieu s'enrichit ». Il conduit sa vache chez le curé, celui-ci l'attache à la sienne, qui s'appelle Brunain. Mais la vache du paysan ne veut pas rester chez le curé et elle revient à l'étable, entraînant avec elle Brunain, la vache du curé. Ainsi se trouve réalisée la prédiction du sermon.

— *Le paysan médecin :* Un paysan bat tous les jours sa femme qui jure de se venger. Un jour, deux messagers arrivent au village pour chercher un habile médecin, capable de guérir la fille du roi, qui a une arête de poisson coincée dans la gorge. La femme du paysan indique que son mari est un médecin fameux, mais qu'il faut le battre pour le forcer à opérer. Le paysan est emmené de force à la cour où ses grimaces et ses gesticulations pour échapper aux coups font éclater de rire la princesse, qui rejette l'arête de poisson. Le bruit de cette guérison amène beaucoup de malades. Embarrassé, il dit qu'il va brûler le plus malade d'entre eux, et ses cendres guériront les autres. Tout le monde se déclare alors bien portant. Le paysan récompensé par le roi promet de ne plus battre sa femme.

— *La couverture partagée :* un riche paysan devenu vieux marie son fils à une méchante femme ; il leur a donné tous ses biens. La femme, à force d'insister, obtient de son mari qu'il mette son père à la porte, sans lui donner un sou ; il a seulement le droit d'emporter une couverture. Le petit-fils du vieux paysan prend alors la couverture de son grand-père, la déchire en deux et dit qu'il en garde la moitié pour le jour où il chassera son père de la maison. Son père, honteux, décide de garder le vieillard à la maison.

Caractères généraux

Tous ces petits récits sont animés d'un même esprit : faire rire sans être difficile sur les moyens employés. Tout est bon : calembours, jeux de mots, bastonnades, paillardises.

Les fabliaux sont irrespectueux et moqueurs. Ils s'en prennent aux bourgeois, aux curés de villages, aux maris trompés ou jaloux, aux femmes, qui sont présentées comme menteuses, intéressées et peu fidèles. Ce sont les individus, plus que les groupes sociaux, qui sont visés. Il ne remettent jamais l'ordre établi en question et n'attaquent jamais les nobles.

Ces peintures ont au moins le mérite de reproduire avec exactitude la vie de tous les jours et de nous renseigner sur les coutumes du peuple au Moyen Age. Elles marquent l'apparition du réalisme en littérature.

BIBLIOGRAPHIE

J. Flinn, *Le Roman de Renart dans la littérature française et dans les littératures étrangères au Moyen-Age,* Paris, P.U.F., 1963.

J. Rychner, *Contribution à l'étude des fabliaux,* Genève, Droz, 1960, 2 vol.

LE ROMAN DE RENART

Une ruse de Renart

Le corbeau Tiécelin a volé un fromage et s'apprête à le manger, perché sur la branche d'un arbre. Renart passe par là, affamé.
Au XVIIe siècle, La Fontaine reprendra cette histoire pour en faire l'une de ses fables les plus célèbres.

Tiécelin s'éloigne et s'en vient percher [1] sur le fau [2] qui couvrait damp [3] Renart de son frais ombrage. Réunis par le même arbre, leur situation était loin d'être pareille. Tiécelin savourait ce qu'il aimait le mieux ; Renart, également friand du fromage et de celui qui en était le maître, les regardait sans espoir de les atteindre. Le fromage à demi séché donnait une entrée facile aux coups de bec : Tiécelin en tire le plus jaune et le plus tendre ; puis il attaque la croûte dont une parcelle lui échappe et va tomber aux pieds de l'arbre. Renart lève la tête et salue Tiécelin qu'il voit fièrement campé, le fromage dressé dans les pattes. « Oui, je ne me trompe pas ; oui, c'est damp [3] Tiécelin. Que le bon Dieu vous protège, compère, vous et l'âme de votre père, le fameux chanteur ! Personne autrefois, dit-on, ne chantait mieux que lui en France. Vous-même, si je m'en souviens, vous faisiez aussi de la musique : ai-je rêvé que vous avez longtemps appris à jouer de l'orgue ? Par ma foi, puisque j'ai le plaisir de vous rencontrer, vous consentirez bien, n'est-ce pas, à me dire une petite ritournelle [4] ».

Ces paroles furent pour Tiécelin d'une grande douceur, car il avait la prétention d'être le plus agréable musicien du monde. Il ouvre donc aussitôt la bouche et fait entendre un *crah* prolongé. « Est-ce-bien, cela, damp Renart ? — Oui, dit l'autre, cela n'est pas mal : mais si vous vouliez, vous monteriez encore plus haut. Écoutez-moi donc. » Il fait alors un plus grand effort de gosier. « Votre voix est belle, dit Renart, mais elle serait plus belle encore si vous ne mangiez pas tant de noix. Continuez pourtant, je vous prie. » L'autre, qui veut absolument emporter le prix de chant, s'oublie tellement que, pour mieux filer le son [5], il ouvre peu à peu les ongles et les doigts qui retenaient le fromage et le laisse tomber justement aux pieds de Renart. Le glouton [6] frémit alors de plaisir ; mais il se contient, dans l'espoir de réunir au fromage le vaniteux chanteur [7]. « Ah ! Dieu, dit-il en paraissant faire un effort pour se lever, que de maux le Seigneur m'a envoyés en ce monde ! Voilà que je ne puis changer de place, tant je souffre du genou ; et ce fromage qui vient de tomber m'apporte une odeur infecte et insupportable. Rien de plus dangereux que cette odeur pour les blessures des jambes ; les médecins me l'avaient bien dit, en me recommandant de ne jamais en goûter. Descendez, je vous prie, mon cher Tiécelin, venez m'ôter cette abomination. Je ne vous demanderais pas ce petit service, si je ne m'étais l'autre jour rompu la jambe dans un maudit piège tendu à quelques pas d'ici. Je suis condamné à demeurer à cette place jusqu'à ce qu'une bonne emplâtre vienne commencer ma guérison. »

Comment se méfier de telles paroles accompagnées de toutes sortes de grimaces douloureuses ! Tiécelin d'ailleurs était dans les meilleures disposi-

1. Se percher.
2. Ancien nom du hêtre (cf latin *fagus*).
3. Seigneur.
4. Air à couplets répétés ; ici : petite chanson.
5. Chanter.
6. Celui qui mange beaucoup.
7. Renart veut manger le fromage et le corbeau.

tions pour celui qui venait enfin de reconnaître l'agrément de sa voix. Il descendit donc de l'arbre ; mais un fois à terre, le voisinage de Renart le fit réfléchir. Il avança pas à pas, l'œil au guet, et en se traînant sur le croupion [8]. « Mon Dieu ! disait Renart, hâtez-vous donc, avancez ; que pouvez-vous craindre de moi, pauvre impotent [9] ? » Tiécelin s'approcha davantage, mais Renart, trop impatient, s'élance et le manque, ne retenant en gage que trois ou quatre plumes. « Ah ! traître Renart ! dit alors Tiécelin, je devais bien savoir que vous me tromperiez ! J'en suis pour quatre de mes plus beaux tuyaux [10], mais c'est là tout ce que vous aurez, méchant et puant larron [11], que Dieu maudisse ! »

Renart, un peu confus, voulut se justifier. C'était une attaque de goutte [12] qui l'avait fait malgré lui sauter. Tiécelin ne l'écouta pas : « Garde le fromage, je te l'abandonne ; quant à ma peau tu ne l'auras pas. Pleure et gémis maintenant à ton aise, je ne viendrai pas à ton secours.- Eh bien, va-t'en, braillard de mauvais augure [13], dit Renart en reprenant son naturel ; cela me consolera de n'avoir pu te clore le bec. Par Dieu ! reprit-il ensuite, voilà vraiment un excellent fromage ; je n'en ai jamais mangé de meilleur ; c'est juste le remède qu'il me fallait pour le mal de jambes. » Et, le repas achevé, il reprit lestement le chemin des bois.

Le roman de Renart
adaptation de Paulin Paris, Club des jeunes amis du livre.

8. Le derrière ; ici : il avance avec une certaine réticence.
9. Qui n'a pas toutes ses facultés physiques ; infirme.
10. Plumes.
11. Bandit.
12. Maladie des articulations.
13. Injure ; un « braillard » est quelqu'un qui fait beaucoup de bruit en criant.

Renart et le corbeau. (Manuscrit français du XIVe siècle : La composition de Ysopet Avionnet *– Bibliothèque Nationale, Paris).*

Le tribunal des animaux

Renart a excédé les autres animaux par ses crimes et ses forfaits. Il a séduit la femme d'Ysengrin, il a tué la poule Copée, la sœur de Pinte, il a cruellement blessé Brun l'ours et Tibert le chat, envoyés par le roi pour le ramener à la cour. Finalement Grimbert le blaireau réussit à le conduire à la cour où tous les animaux sont réunis. Le roi Noble est si furieux qu'il veut que Renart soit pendu.

Après avoir gravement exposé quelles étaient les clameurs d'Ysengrin, de Brun, de Tibert, de Tiécelin, de Frobert, de Drouineau, de Chantecler et des dames Pinte, Corneille et Mésange, le roi s'adressant aux barons assemblés : « C'est maintenant à vous dit-il, de prononcer l'arrêt de ce grand malfaiteur, ou plutôt de décider de quel supplice il devra mourir. » La réponse de la cour fut que Renart était atteint et convaincu [1] de trahison, et que rien ne pouvait le défendre des fourches [2] qu'il avait méritées.

« Vous avez bien dit, fait le roi. Qu'on dresse le gibet ! nous tenons le coupable, il ne faut pas qu'il nous échappe. »

Les fourches furent dressées sur une roche élevée. On se saisit de Renart, on l'oblige à gravir la montée. Cointereau le singe lui fait la moue et de sa patte lui soufflette le museau [3] ; les autres, à qui mieux mieux [4], le tiraillent et le poussent. Couart le lièvre lui jette une pierre, mais de loin et quand il est déjà passé. Malheureusement pour lui, Renart, venant alors à tourner la tête, fronça le chef [5] et Couart eut tellement peur qu'il se cacha sous une haie et ne reparut plus. Il voulait, dit-il, regarder de là l'exécution plus à son aise. Pour Renart, au moment d'atteindre les fourches, il eut recours à l'expédient [6] qu'il tenait en réserve, il annonça qu'il avait à faire d'importantes révélations. Le roi ne put se dispenser de l'entendre.

« Sire, dit-il, vous m'avez fait saisir et charger de chaînes ; vous avez décidé que je serais pendu. Je suis, je l'avoue, un grand pécheur, mais vous ne voudrez pas m'ôter les moyens de me réconcilier avec Dieu. Permettez-moi de prendre la croix[7], je quitterai le pays, j'irai visiter le Saint-Sépulcre [8]. Si je meurs en Syrie, je serai sauvé et Dieu vous récompensera de m'avoir fait rentrer en grâce avec lui. » Disant cela, il lui va tomber aux pieds, et le roi ne peut s'empêcher d'être grandement touché.

Grimbert venant en aide à son cher cousin : « Sire, je me porte garant de Renart auprès de vous ; défendez-le du supplice, et jamais il ne fera de tort à vous ni à d'autres. Recevez, pour Dieu, votre baron à merci [9] ! S'il est pendu, quel déshonneur pour toute sa lignée ! et vous le savez, elle est de haut parage [10] : combien de services ne pouvez-vous encore en attendre ! Vous aurez, avant six mois, besoin d'un vaillant homme d'armes : laissez Renart passer outre-mer ; à votre premier appel il reviendra.

— Non pas, répondit Noble ; car la coutume des croisés est de retourner pires qu'ils ne sont partis. Ceux mêmes qui étaient des meilleurs à l'aller, sont mauvais au revenir [11].

— Eh bien, sire, il ne reviendra pas ; mais, au nom du ciel, qu'il parte ! »

Noble se tournant alors vers Renart : « Ah ! méchante créature, toujours éloignée du droit chemin ; n'as-tu pas cent fois mérité la hart [12] qu'on t'avait préparée ? — Merci, gentil roi, cria Renart. Recevez ma foi : jamais je ne serai l'occasion de clameur [13]. — Je ne devrais pas te croire ; mais j'atteste tous les saints de Bethléem que si j'entends encore mal parler de toi, rien ne te garantira du supplice. »

Renart voit bien que le roi lui accorde la vie ; mais Noble fait plus encore ; il lui tend les mains et le relève. On apporte la croix ; c'est Brun qui, tout en blâmant la faiblesse du roi, la lui attache sur l'épaule. D'autres barons, non moins mécontents, lui présentent l'écharpe et le bourdon [14]. Voilà donc Renart un bourdon ou bâton de frêne à la main, l'écharpe au cou, la croix sur l'épaule. Le roi lui fait déclarer à ceux qui l'ont condamné qu'il ne conserve contre eux aucun mauvais vouloir. Il est (au moins le dit-il) résolu de renoncer à la vie de mauvais garçon ; avant tout, il tient au salut de son âme. Tout ce qu'on lui demande, Renart l'accorde sans hésiter ; il

1. Accusé avec preuves.
2. Le gibet à plusieurs piliers.
3. Donne un coup sur le museau.
4. A qui fera mieux (ou plus) que l'autre.
5. Fronça les sourcils.
6. La ressource.
7. De me charger d'une croix en signe de pénitence.
8. En terre sainte.
9. Pardonnez-lui.
10. De haute naissance
11. Quand ils reviennent. C'est une satire contre les croisades.
12. Corde avec laquelle on pendait les condamnés.
13. Jamais vous n'entendrez plus parler de moi.
14. Bâton de pélerin.

rompt le fétu[15] avec chacun des barons et leur pardonne. L'heure de Nones[16] arrivait quand il prit congé de la cour.

Mais dès qu'il se sentit libre et qu'il eut mis les murs et le plessis entre les barons et lui, son premier soin fut de défier ceux qu'il venait d'apaiser par son repentir ; il n'excepta que messire Noble. Ici, je ne dois pas omettre qu'avant de prendre congé, il avait trouvé dans le courtil du palais madame Fière la reine, dont grande était la beauté, la courtoisie. « Damp[17] Renart, lui avait-elle dit, priez pour nous, outre-mer, nous prierons ici pour votre retour. — Dame, fit Renart en s'inclinant, la prière venue de haut est la chose la plus précieuse du monde ; heureux celui pour qui vous prierez ! il aura grand sujet de démener joie. Oh ! que j'accomplirais heureusement mon pèlerinage, si j'emportais en Syrie un gage de votre amitié !

La reine alors détacha l'anneau de son doigt et le lui tendit. Renart prit à peine soin de l'en remercier, mais il dit entre ses dents : « Cet anneau, je ne le rendrais pour rien au monde » ; et l'ayant passé à son doigt, il avait reçu, comme on a vu, congé de toute la cour, et piqué des éperons. Il fut bientôt près de la haie où la crainte retenait encore damp Couart le lièvre ; Couart se voyant découvert et n'osant essayer de fuir lui dit d'une voix tremblante : « Damp Renart, Dieu vous donne bon jour. Je suis content de vous revoir en bon point[18] : c'était un grand deuil pour moi que les ennuis dont on vous accablait tout à l'heure. — Vraiment, Couart, notre ennui vous affligeait ! Ah ! mon Dieu, la bonne âme ! Eh bien, si vous avez eu pitié de notre corps, je suis heureux de pouvoir me régaler du vôtre. » Couart entend ces terribles paroles ; il veut s'échapper, il était trop tard. Renart le saisit aux oreilles : « Par le corbieu, sire Couart, vous n'irez pas plus loin ; vous viendrez avec moi, de bon ou de mauvais gré ; je veux vous présenter ce soir à mes enfants qui vous feront bonne fête. » Et disant cela, il l'étourdit[19] d'un coup de son bourdon.

Le Roman de Renart
adaptation de Paulin Paris, Club des jeunes amis du livre.

15. On rompait un fétu de paille en signe d'engagement.
16. Trois heures de l'après-midi.
17. Seigneur.
18. En bonne forme.
19. L'assomma.

Mais Couart réussit à s'échapper et dénonce Renart à la cour. Renart parvient pourtant à échapper encore une fois à la fureur des troupes royales lancées à sa poursuite.

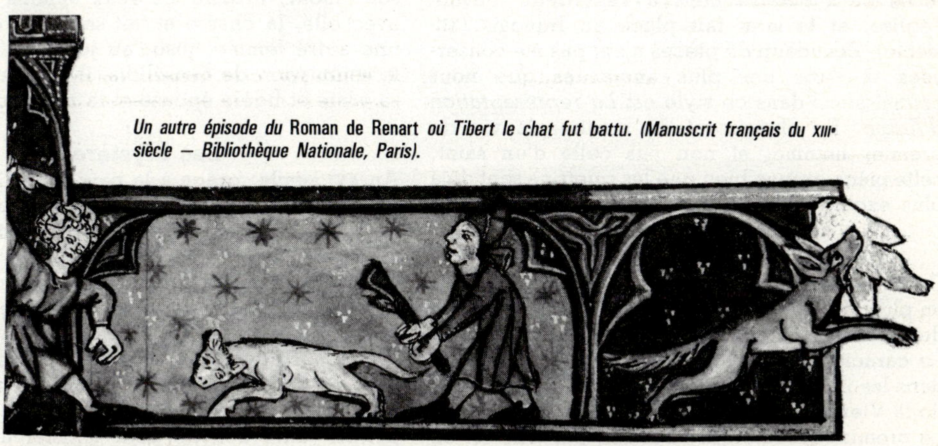

Un autre épisode du Roman de Renart *où Tibert le chat fut battu. (Manuscrit français du XIIIe siècle — Bibliothèque Nationale, Paris).*

LE THÉÂTRE

On distingue au Moyen-Age deux sortes de théâtre : le théâtre religieux et le théâtre profane à tendance comique. Si les deux ont peut-être une origine commune, ils forment aux XIVe et XVe siècles deux genres bien distincts, représentés, d'un côté par les mystères, de l'autre par les farces.

LE THÉÂTRE RELIGIEUX

Origine

Tout comme dans le drame grec, le théâtre religieux est né de la célébration du culte chrétien. A l'occasion des grandes fêtes religieuses, le clergé ajoutait à l'office sacré une représentation dialoguée qui, dans un but d'éducation, montrait aux fidèles, généralement peu instruits, les principales scènes de la Bible. A Noël par exemple, on montrait la crèche, l'Enfant Jésus, la Vierge, l'Ange annonçant la Nativité aux bergers, etc. Tout cela se passait dans l'église, les acteurs étaient des prêtres ou des clercs. La langue utilisée était le latin ; mais l'essentiel pour les fidèles était de voir un spectacle qui se présentait comme une réalité.

Peu à peu, la représentation prend plus de place que le culte lui-même. Les drames ne sont plus joués dans l'église mais à l'extérieur, devant l'église, et le latin fait place au français (XIIe siècle). Beaucoup de pièces n'ont pas été conservées et l'une des plus anciennes que nous connaissions dans ce style est *La représentation d'Adam.* En choisissant de montrer la vie du premier homme, et non pas celle d'un saint, cette pièce prouve bien que les sujets ne sont déjà plus exclusivement religieux, mais se laïcisent.

Les miracles

Dans son évolution, le théâtre devient de plus en plus profane. Aux XIIIe et XIVe siècles, l'histoire des hommes l'emporte sur l'histoire des saints. Le caractère religieux ne se maintient plus que dans les interventions miraculeuses des saints ou de la Vierge, d'où le nom de « miracles ».

Le premier miracle qui nous soit parvenu est *Le jeu de saint Nicolas*. Des soldats chrétiens sont vaincus et massacrés par les Sarrasins. L'unique survivant est sauvé par un miracle de saint Nicolas qui entraîne la conversion de tous les païens.

Le *Miracle de Théophile,* écrit par Rutebeuf au XIIIe siècle, raconte comment Théophile, dans un moment de révolte et de désespoir, a vendu son âme au diable. Pris de remords, il va prier la Vierge qui arrache à Satan le billet par lequel il s'est livré, et sauve ainsi le pécheur. Ce pacte entre un homme et le diable annonce le thème de Faust.

Le *Miracle de Notre-Dame* (XIVe siècle) raconte les pires misères des hommes, soulagés finalement par l'intervention de la Vierge.

Le dernier miracle que nous connaissions achève l'évolution puisqu'il est exclusivement laïc, c'est *L'histoire de Grisélidis.* Un marquis épouse une pauvre fille du nom de Grisélidis ; pour éprouver son amour, il exile les deux enfants qu'il a eus avec elle, la chasse et fait semblant de prendre une autre femme, jusqu'au jour où, touché par la soumission de Grisélidis, il la reconnaît pour sa vraie et fidèle épouse et la reprend avec lui.

Les mystères

Au XVe siècle, grâce à la paix qui suit la guerre de Cent Ans, le théâtre devient très florissant. On appelle alors indifféremment mystères toutes les pièces de théâtre sérieuses, par opposition au théâtre comique, représenté par la farce.

Les représentations de mystères peuvent être organisées par les villes, les grands seigneurs, les monastères. Elles sont considérées comme des œuvres d'édification pour le public. Une ville, voire même une région entière, interrompt parfois toute activité pour assister à ces spec-

Représentation d'un mystère à Valenciennes en 1547 : La passion et résurrection de notre sauveur et rédempteur Jésus-Christ, *par Hubert Cailleau. Sur un même plan étaient réunis tous les lieux où se passait successivement l'action. (Manuscrit français du* XVI*e* *siècle – Bibliothèque Nationale, Paris).*

tacles qui durent souvent plusieurs jours. Devant le gigantisme de l'entreprise, certaines confréries[1] ne peuvent plus rien faire d'autre que d'assurer les spectacles et elles deviennent de véritables troupes d'acteurs professionnels. La plus grande partie des sujets de mystères provient des deux Testaments et de la vie des saints, bien qu'il existe un *Mystère de la destruction de Troie,* à caractère antique.

LE THÉATRE COMIQUE

Les origines

C'est vers le milieu du XIIIe siècle que le théâtre comique s'affirme comme un genre indépendant. A l'origine, il se limite à des interventions comiques dans les drames religieux (d'où le nom de farce, qui vient de « farcir » et qui veut dire remplir, mettre dans...)

Le premier auteur comique est Adam de la Halle, dont les œuvres datent de la seconde moitié du XIIIe siècle. C'était un trouvère natif d'Arras, ville bourgeoise enrichie par le commerce (voir p. 10). Il nous reste deux pièces de lui ; dans l'une, il tourne en ridicule les bourgeois d'Arras, dans l'autre, il met en scène les amours d'un couple villageois, contrarié par la rivalité d'un chevalier.

Les genres

Si aucune pièce comique ne nous est parvenue du XIVe siècle (c'est la grande période des guerres et des famines), nous en avons beaucoup du XVe. La comédie comprend alors trois genres principaux : les moralités, les sotties et surtout les farces.

Le goût de l'allégorie que l'on retrouve dans le *Roman de la Rose* (voir p. 42) apparaît déjà dans les moralités. Toutes ont pour but d'enseigner l'amour du bien et la haine du vice, à l'exemple des personnages allégoriques. Ainsi, dans *La condamnation du banquet,* on voit des personnages tels que Gourmandise, Friandise, Bonne Compagnie accepter trois invitations chez Dîner, Souper et Banquet. Ils échappent aux maladies telles que Apoplexie, Paralysie, Pleurésie... qui les guettaient chez Dîner et Souper, mais ils y succombent chez Banquet. Celui-ci est condamné à être exécuté et pendu par Diète.

Les sotties sont des pièces satiriques où la folie humaine est jouée par des acteurs vêtus de jaune et vert et coiffés d'un chapeau à grandes oreilles : les sots. Leur satire n'épargnait personne, pas même le roi, et avait énormément de succès.

Les miracles de Notre-Dame. *(Manuscrit français du* XV*e siècle – Bibliothèque Nationale, Paris).*

1. *Communautés religieuses dont certaines étaient chargées de monter et de jouer des spectacles.*

Après n'avoir été qu'un intermède comique dans la représentation des mystères, la farce conquiert son autonomie. Cette comédie bouffonne nous a laissé deux œuvres importantes : la *Farce du cuvier* et la *Farce de maître Pathelin*. La première met en scène une femme et son mari. La femme impose toutes sortes de tâches à son mari et les consigne sur une liste (un rollet) pour qu'il n'oublie rien. Un jour, en faisant sa lessive, elle tombe dans une énorme bassine (un cuvier). Elle appelle son mari à l'aide, mais celui-ci, consultant son rollet, n'y trouve rien qui l'oblige à secourir sa femme. Il la tire quand même du cuvier, à condition que le rollet soit déchiré. Dans la *Farce de maître Pathelin,* la plus célèbre (voir extraits p. 39 à 41) maître Pathelin, un avocat sans travail, donc sans argent, achète du drap à crédit pour sa femme. Il trompe le drapier qui vient réclamer son argent, mais il est trompé à son tour par un client qu'il doit défendre contre le même drapier : à trompeur, trompeur et demi.

Le théâtre sérieux et le théâtre comique du Moyen-Age n'ont pas eu la même destinée. Le premier, incarné par les mystères, n'a pas survécu au Moyen-Age, et le théâtre sérieux des siècles suivants, principalement la tragédie, n'a plus rien de commun avec lui. La farce, au contraire, n'a pas été détrônée et a donné naissance à toute une tradition théâtrale ; on la retrouve, plus ou moins bouffonne, plus ou moins profonde, à tous les âges du théâtre comique en France.

BIBLIOGRAPHIE

M. Roques, *Références aux plus récents commentaires de « Maistre Pierre Pathelin »*, Paris, Centre de Documentation universitaire, 1942.

Guillemette

Helas sire
pour dieu se vous voules rien dire
parles plus bas

Le drappier

Dieu vous gart dame

Guillemette

Ho.plus bas

« La farce de maître Pathelin : Pathelin est couché, faisant semblant d'être malade tandis que sa femme Guillemette discute avec le drapier venu chercher son argent. (Titre original : « Maistre Pierre Pathelin », édition P. Levet, XVe siècle – Bibliothèque Nationale, Paris).

LA FARCE DE MAITRE PATHELIN

Les débuts du comique

Pathelin prend six aunes[1] de drap chez le drapier. Il ne paie pas tout de suite et invite le drapier chez lui, en disant que non seulement il sera payé mais qu'il dînera d'une belle oie rôtie. Le drapier Guillaume accepte, d'autant plus qu'il a trompé Pathelin, car il a vendu son drap beaucoup trop cher pour sa qualité. L'avocat Pathelin rentre chez lui et monte un stratagème avec sa femme Guillemette : pour ne pas devoir payer, il va faire comme s'il était malade quand le drapier viendra réclamer son argent.

PATHELIN, *couché.* — Guillemette, un peu d'eau rose[2] !
Haussez-moi, serrez-moi derrière.
Trut[3] ! A qui parlé-je ? L'aiguière[4] !
A boire ! Frottez-moi la plante[5] !
LE DRAPIER. — Je l'entends.
GUILLEMETTE. — Oui.
PATHELIN. — Ha ! méchante,
Viens ça : t'avais-je fait ouvrir
Ces fenêtres ? Viens me couvrir :
Ote ces gens noirs ! Marmara,
Carimari, carimara[6].
Emmenez-les loin ! Emmenez !
GUILLEMETTE. — Qu'est-ce ? Que vous vous démenez !
Êtes-vous hors de votre sens ?
PATHELIN. — Tu ne vois pas ce que je sens.
(Il s'agite)
Voilà un moine noir qui vole !
Prends-le, baille lui une étole[7] !
Au chat, au chat ![8] Comment il monte !
GUILLEMETTE. — Qu'est-ce donc ? N'avez-vous pas honte ?
Eh ! par Dieu ! c'est trop remué !
PATHELIN. — Ces physiciens[9] m'ont tué
De ces brouillis[10] qu'ils m'ont fait boire ;
Et toutefois les faut-il croire,
Ils en œuvrent comme de cire[11].
GUILLEMETTE, *au drapier.* — Hélas ! Venez le voir, beau sire :
Il est si très mal patient[12] !
LE DRAPIER *entre.* — Est-il malade à bon escient[13]
Après son retour de la foire ?
GUILLEMETTE. — De la foire ?
LE DRAPIER. — Par saint Jean, voire[14] :
Je sais bien qu'il y a été.
(à Pathelin). — Du drap que je vous ai prêté[15]
Il me faut l'argent, maître Pierre.
PATHELIN. — Ha, maître Jean, plus dur que pierre,
J'ai pondu deux petites crottes,

1. Ancienne mesure de longueur (1,18 m).
2. Remède reconstituant.
3. Juron : zut !
4. Récipient pour verser de l'eau.
5. La plante des pieds.
6. Formule de conjuration.
7. Tends-lui une étole (bande d'étoffe que porte le prêtre) pour le conjurer.
8. Le chat était considéré comme un animal diabolique au Moyen-Age.
9. Médecins.
10. Bouillons.
11. On est bien obligé de les croire et on est entre leurs mains comme de la cire.
12. C'est un patient bien malade.
13. Vraiment, sérieusement.
14. Oui vraiment.
15. Vendu à crédit.

Noires, rondes comme pelotes :
Faut-il prendre un autre clystère [16] ?
LE DRAPIER. — Et que sais-je ? Qu'en ai-je à faire.
Je veux neuf francs, ou six écus.
PATHELIN. — Ces trois morceaux noirs et bécus [17]
Les appelez-vous pillouères [18] ?
Ils m'ont gâté les machouères [19]
Pour Dieu, ne m'en faites plus prendre,
Maître Jean ! Ils m'ont fait tout rendre,.
Ha ! il n'est chose plus amère !
LE DRAPIER. — Que non ! Par l'âme de mon père
Les neufs francs ne sont point rendus…
GUILLEMETTE. — … Hélas ! tant tourmentez cet homme !
Et comment êtes-vous si rude ?
Vous voyez clairement qu'il cuide [20]
Que vous soyez [21] physicien.
Hélas ! Le pauvre chrétien
A assez de rude malchance !
Onze semaines, sans lachance [22],
A été couché, le pauvre homme !
LE DRAPIER. — Par le sang bleu [23], je ne sais comme
Cet accident lui est venu,
Car il est aujourd'hui venu,
Et avons marchandé ensemble,
A tout le moins, il me le semble
Ou ne sais ce que ce peut être.
GUILLEMETTE. — Par Notre Dame, mon doux maître,
Vous n'avez pas bonne mémoire ;
Sans faute, si me voulez croire,
Vous irez un peu reposer ;
Bien des gens pourraiënt gloser
Que vous venez pour moi céans.
Allez hors : les physiciens
Viendront ici tout en présence [24].
LE DRAPIER. — Je n'ai cure de ce qu'on pense
A mal, car je n'y pense point.
(à part)
Eh ! maugré bieu, suis-je en ce point [25] ?
(à Guillemette)
Par la teste Dieu ! Je cuidoie… [26]
GUILLEMETTE. — Encore !
LE DRAPIER. — Et n'avez-vous point d'oie
Au feu [27] ?
GUILLEMETTE. — C'est très belle demande !
Ah ! Sire, ce n'est pas viande [28]
Pour malades ; mangez vos oies
Sans nous venir jouer des moues [29]
Par ma foi, vous êtes trop aise [30] !
LE DRAPIER. — Je vous prie qu'il ne vous déplaise

16. Lavement.
17. Pointus.
18. Pilules.
19. Mâchoires.
20. Pense.
21. Que vous êtes.
22. Sans interruption.
23. Déformation de : Par le sang de Dieu.
24. Pour voir le malade seul à seul.
25. Suis-je si malade.
26. Je crois.
27. Pathelin avait invité Guillaume à manger de l'oie rôtie.
28. Nourriture.
29. Faire des grimaces.
30. Sans gêne.

Car je cuidoië fermement…
GUILLEMETTE. — Encore !
LE DRAPIER. – Par le sacrement !
Adieu !
(devant la maison, à part)
Je vais le savoir…
Je sais bien que j'en dois avoir
Six aunes [31], tout en une pièce,
Mais cette femme me dépièce [32]
De tout point mon entendement…
Il les a euës vraiëment…
Il ne les a ! Ne se peut joindre [33] :
J'ai vu la mort qui le vient poindre,
Ou du moins il le contrefait.
Mais il a pris le drap, de fait,
Et l'a mis dessous son aisselle…
Par sainte Mariё la belle !…
Ne l'a !… Je ne sais si je songe :
Je n'ai point appris que je donge [34]
Mes draps en dormant ni veillant,
A nul, tant soit mon bienveillant [35] ;
Je ne lui eusse point accru [36]…
Mais si, pourtant, il l'a bien eu !
Par la mort bieu, ne l'a ! Ce tiens-je [37] !
Ne l'a. Mais quoi à donc en viens-je ?
Il l'a, par le sang Notre Dame,
Puist il méchoir [38] de corps et d'âme
Si je sais qui saurait me dire
Qui a le meilleur ou le pire
D'eux ou de moi : je n'y vois goutte [39].
(Il part.)

La Farce de Maître Pathelin

31. Le drap de Pathelin mesure six aunes.
32. M'embrouille.
33. On ne peut concilier les deux choses.
34. Donne (subjonctif).
35. Si bien intentionné soit-il à mon égard.
36. Vendu à crédit.
37. J'en suis sûr.
38. Puisse-t-'il se perdre.
39. Je n'y comprends rien.

Dans le doute, le drapier s'en va. Mais Pathelin est à son tour trompé par le berger Thibault. Celui-ci a été assigné devant le juge par son maître, le même drapier Guillaume, pour avoir tué et vendu plusieurs moutons. Le berger cherche un avocat et s'adresse à Pathelin qui lui conseille de ne répondre que par « bée » à toutes les questions du juge, comme s'il était bête. Devant le juge, le drapier accuse son berger puis, voyant Pathelin qu'il croyait malade, il se met à bafouiller et à mélanger les deux affaires. Le juge ne comprend rien à cette affaire où se mélangent des draps avec des moutons, et il acquitte le berger. Quand maître Pathelin veut se faire payer, le berger Thibault fait celui qui ne comprend pas et répond encore « bée ».

LE ROMAN DE LA ROSE

(1240-1280)

C'est l'ouvrage majeur du XIIIe siècle. Composé à quarante ans d'intervalle par deux auteurs très différents, ce livre en deux parties tient à la fois du poème et de l'œuvre philosophique.

PREMIÈRE PARTIE

L'auteur s'appelle Guillaume de Lorris. Il écrit les 4 000 premiers octosyllabes du *Roman de la Rose* vers 1240. Il meurt avant d'avoir pu terminer son œuvre.

Contenu

L'auteur raconte un rêve qu'il aurait fait. Guillaume, l'Amant [1], est introduit dans un merveilleux jardin entouré de hauts murs qui protège une Rose que l'on ne peut cueillir. Frappé par les flèches d'or que lui lance le dieu Amour, Guillaume tombe amoureux de la Rose. Mais avant de pouvoir l'approcher, il doit apprendre les règles de l'amour courtois : discrétion, politesse, générosité, patience, etc. Aidé par des personnages allégoriques tels qu'Espérance, Doux Penser, Doux Parler et Doux Regard, il parvient à donner un baiser à la Rose. Mais Jalousie intervient et le poème s'arrête au moment où, ne pouvant cueillir cette Rose après tant d'efforts, l'Amant tombe dans le désespoir.

L'allégorie

Ici, les sentiments et les idées abstraites sont représentés par des personnages : il s'agit d'un roman allégorique. Ce procédé donne à l'analyse psychologique une apparence d'action où s'affrontent plusieurs caractères ; l'attention du lecteur est ainsi mieux soutenue. En outre, l'allégorie permet d'observer une discrétion courtoise qui ne compromet pas la femme aimée, car seul l'Amant reste un personnage réel, l'individualité de la femme étant masquée par l'allégorie de la Rose.

Un art d'aimer

L'œuvre est comparable à un *Art d'aimer* à la manière d'Ovide [2]. Elle reprend de façon symbolique les grandes règles de l'amour courtois :

« C'est ici le *Roman de la Rose*
Où l'art d'amour est tout enclose ;
La matière en est bonne et neuve. »

Elle accorde une place importante à la sensiblité féminine ; Guillaume de Lorris s'adresse à un public de nobles dames et de grands seigneurs. Le ton devient tout différent dans la deuxième partie.

DEUXIÈME PARTIE

L'auteur s'appelle Jean de Meung. Il continue l'œuvre inachevée en y ajoutant près de 18 000 vers. Tout en respectant le cadre allégorique choisi par son prédécesseur, il modifie complètement le caractère du roman en ajoutant de longs raisonnements sur les problèmes politiques et philosophiques de son époque. Malgré sa longueur, cette seconde partie est ainsi moins riche en action que la première.

Contenu

Nous retrouvons l'Amant à qui Raison fait de longs discours — en plus de 3 000 vers — pour le détourner de la Rose. L'Amant va ensuite retrouver Ami qui lui donne des avis opposés à la doctrine courtoise ; Ami développe aussi des considérations sur l'état de nature qu'il oppose

1. Amoureux, celui qui fait la cour à une dame.
*2. Auteur latin, célèbre pour son livre **L'art d'aimer**.*

Le Roman de la Rose. *Toutes les figures représentent Guillaume de Lorris, auteur de la première partie de l'ouvrage. Dans son lit, il se lève et met ses chaussures, il se lave et sort. Il arrive devant une rivière et voit une muraille couverte d'images. Cette suite de figures est destinée à montrer qu'il s'agit d'un rêve. (Manuscrit français du XVe siècle, par Guillaume de Lorris et Jean de Meung, peintures du Maître de Jouvenel — Bibliothèque Nationale, Paris).*

à la société. Mais le Dieu Amour intervient en faveur de l'Amant. Après bien des incertitudes, les troupes d'Amour réussissent à venir à bout de Danger, Peur et Honte. La Rose sera finalement conquise. Le poème s'achève sur le réveil du poète.

Les idées

L'œuvre de Jean de Meung, remplie de digressions sociales et philosophiques, fait figure de somme[1]. Il profite de l'action en cours pour développer, parfois à tort et à travers, ses théories.

Partisan de la souveraineté de la nature, il méprise les sentiments de l'amour, qui essaient selon lui de masquer les instincts profonds de l'homme. Il combat l'idéal courtois qu'il accuse d'hypocrisie :

« Amour c'est paix haineuse,
Amour est haine amoureuse,
C'est loyauté déloyale,
C'est déloyauté loyale... »

L'amour, pour lui, ne peut être l'objet d'un culte, c'est un moyen dont se sert la nature pour continuer la vie. Opposé à l'institution du mariage, il défend l'union libre.

Contestataire, il s'en prend à la théologie[2] officielle et développe aussi des idées politiques hardies : le roi, par exemple, doit être le serviteur de son peuple et non son maître. C'est dans le même esprit qu'il dit des princes :

« Leur corps ne vaut pas une pomme
Plus que le corps d'un charretier
Ou d'un clerc, ou d'un écuyer. »

Cet esprit indépendant et révolté développe un sentiment tout nouveau qui est le respect pour la science et ceux qui détiennent la science. C'est elle qui confère la vraie noblesse.

Le style

Jean de Meung sait être poète lorsque le spectacle des choses le touche. Il peut même être gracieux, mais c'est un style vigoureux qui domine tout au long de ces 18 000 vers, contrastant avec la délicatesse d'ensemble de l'œuvre de Guillaume de Lorris. L'auteur emploie volontiers des mots grossiers ; il se montre tour à tour violent, cynique ou raisonneur. En dépit de son désordre et de son abondance, l'œuvre révèle un écrivain passionné, parfois même révolutionnaire.

Bien que l'enseignement transmis soit totalement différent entre la première partie (courtoise) et la deuxième partie (bourgeoise), le but du roman tout entier est d'instruire et de transmettre un savoir. Il reste à ce titre la plus grande œuvre de littérature didactique du Moyen-Age. Ce manque d'unité interne ne l'empêche d'ailleurs pas de connaître un très grand succès. Pendant deux siècles il a été une source d'inspiration et de réflexion pour les poètes et les penseurs, tant en France qu'à l'étranger, puisqu'il a été traduit en italien, en anglais, en flamand.

1. Œuvre qui résume un grand ensemble de connaissances. (voir p. 10).
2. Étude des questions religieuses.

BIBLIOGRAPHIE

Jacques Le Goff, *Les Intellectuels au Moyen-Age*, Paris, Le Seuil, Coll. « Le temps qui court », 1957 (bonne introduction à la situation des lettrés).

LE ROMAN DE LA ROSE

Une allégorie de l'amour

C'est un songe que prétend décrire Guillaume de Lorris. Il imagine qu'étant sorti de la ville, un beau matin de mai, il arrive devant un jardin entouré de hauts murs. Une charmante jeune fille nommée Oiseuse (oisiveté) et qui n'a d'autre occupation que de se coiffer et de se faire belle lui ouvre la porte. Guillaume aperçoit Déduit (plaisir), le maître du jardin, dansant une ronde sur l'herbe avec ses invités. Les dames qui l'accompagnent se nomment Liesse, Beauté, Richesse, Largesse, Franchise, Jeunesse et Courtoisie. Non loin de là se tient le dieu Amour, « il semblait que ce fût un ange, qui fût tout droit venu du ciel ».

Amour avait un jouvenceau [1]
Qu'il gardait toujours près de lui.
Il avait pour nom Doux Regard
En suivant des yeux la carole [2],
Ce jouvenceau tenait au gré
Du dieu Amour deux arcs turquois [3]
L'un des arcs était fait d'un bois
Dont le fruit a saveur amère.
Tout plein de nœuds et bosselé,
Il était plus noir qu'une mûre.
L'autre arc était fait d'une tige
De belle venue et bien lisse.
Doux Regard tenait ces deux arcs
Et dix des flèches de son maître.
Cinq se trouvaient dans sa main droite,
Qui n'avaient ni fer ni acier,
Mais des pointes d'or barbelées.
La meilleure et la plus rapide
De ces flèches, c'était Beauté.
Une de celles qui plus blesse
Avait pour nom Simplicité.
Une autre s'appelait Franchise :
Cette flèche était empennée
De vaillance et de courtoisie.
La quatrième ? Compagnie.
Elle avait pointe très pesante,
Et ne pouvait porter bien loin ;
Mais qui la décochait de près
Pouvait encor faire grand mal.
La cinquième était Beau-Semblant,
De toutes la moins dangereuse ;
Elle fait pourtant grande plaie,
Mais celui qui en est frappé
A bon espoir de guérison.

Miniature extraite du Roman de la Rose *par Guillaume de Lorris et Jean de Meung, XVe siècle — Bibliothèque Nationale, Paris.*

1. Jeune homme.
2. La ronde.
3. Turcs.

Il avait encore cinq flèches
Qui étaient laides à souhait.
Le fût et le fer en étaient
Plus noirs que le diable d'enfer.
La première avait nom Orgueil ;
L'autre, qui ne valait pas mieux,
Était appelée Vilenie,
Toute teinte de félonie.
La troisième se nommait Honte,
La quatrième Désespoir,
La dernière Nouveau-Penser,
Ces cinq flèches étaient pareilles,
Toutes faites pour l'arc hideux.

Guillaume de Lorris,
Le Roman de la Rose,
(vers 927-973)

Tandis que Guillaume admire parmi les splendeurs du jardin un magnifique bouton de Rose, défendu par un buisson d'épines, le dieu Amour lui décoche en plein cœur ses cinq flèches d'or et fait de lui son vassal.

Le Roman de la Rose : *Guillaume de Lorris arrive devant un jardin entouré de murs. Une jeuhe fille lui ouvre la porte et il pénètre à l'intérieur (on reconnaît deux fois la même figure). (Manuscrit français du xve siècle — British Library, Londres).*

Portrait du parfait chevalier courtois

Dans l'extrait reproduit ci-dessous, Amour donne des conseils à son vassal. Les vertus du galant homme se rapportent toutes à son comportement en société et non à l'héroïsme de ses exploits guerriers, comme dans le lyrisme de certains trouvères.

Sois accort [1] et d'humeur affable,
Doux et posé lorsque tu parles
Aux grands comme aux petites gens,
Et quand tu iras par les rues,
Tu devras être coutumier
D'être premier à saluer ;
Et si d'abord on te salue,
Ne garde pas bouche cousue [2],
Mais veille à rendre ce salut
Sans demeurer et sans attendre.
Après, garde que tu ne dises
Des gros mots ni des gaillardises.
Jamais pour nommer laide chose
Ne doit ta bouche être déclose [...]
Sois bien monté, selon ta bourse,
En vêtements et en chaussures.
Bel ajustement, belle mise
Font grandement valoir un homme.
Tu dois donc commander ta robe
A tel qui sache bien tailler,
Qui fasse comme il sied les pointes,
Et qui monte avec art les manches.
Escarpins et souliers lacés
Seront souvent renouvelés.
Aie l'œil à ce qu'ils soient si justes
Que les vilains ne puissent dire
Par quel secret tu y entras
Et comment tu en sortiras.
De gants, d'aumônière de soie
Et de ceinture, munis-toi [...]
Chapeau de fleurs ne coûte guère
— Ou de roses — à Pentecôte [...]
Ne souffre sur toi nulle ordure :
Lave tes mains et tes dents cure.
Si tu vois du noir sous tes ongles
Ne l'y laisse pas plus longtemps.
Soigne tes manches, peigne-toi.
Mais point de fards, de maquillage,
Car cela ne convient qu'aux dames [...]

Guillaume de Lorris, *Le Roman de la Rose* (vers 2 099 à 2 171)

1. Agréable, aimable.
2. Ne reste pas muet.

Les talents du chevalier courtois ne doivent pas seulement être intellectuels. Il doit savoir aussi bien monter à cheval, s'exercer au maniement de l'épée, savoir chanter et jouer de quelques instruments de musique. Bref, il doit être un homme complet, et surtout ne pas être avare.
Encouragé par un page qui se nomme Bel Accueil, l'Amant s'apprête à cueillir le bouton de Rose, lorsqu'il se heurte à Danger (l'orgueil des Dames), Mal Bouche (la médisance), Honte et Peur. Et bientôt Jalousie fait entourer le rosier d'un fossé et d'un mur, tandis qu'au milieu de l'enceinte on bâtit une haute tour dans laquelle on enferme Bel Accueil. L'Amant, désolé de ne pas pouvoir cueillir la Rose, sombre dans le désespoir. Ainsi prend fin la première partie du Roman de la Rose.

Les origines de la monarchie

Après une dure attaque contre le mariage, Jean de Meung en arrive à des considérations très violentes sur l'origine du pouvoir royal. Au début de l'histoire, les hommes vivaient dans la paix et l'harmonie. Mais un jour, arrive sur la terre un cortège de « furieux démons » : Fraude, Péché, Male Aventure, Orgueil, Convoitise, Avarice et Envie. Ils font sortir Pauvreté de l'enfer où elle était toujours restée. Ils sèment la haine et les conflits parmi les hommes qui abandonnent alors leur vie paisible. Il est intéressant de rapprocher ce texte des théories de Rousseau au XVIIIe siècle sur l'origine de l'inégalité (voir p. 270) et sur les malheurs qu'engendre le sentiment de la propriété.

Ils devinrent trompeurs et fourbes [1]
Ils partagèrent les terrains,
Mirent des bornes aux limites
Et quand ils y plantaient ces bornes
Maintes fois ils s'entrebattaient
En s'arrachant ce qu'ils pouvaient :
Aux plus forts les plus larges parts !
Quand ils allaient à la provende [2],
Les paresseux qui demeuraient
S'introduisaient dans leurs cavernes
Et s'appropriaient leurs réserves.
Alors on convint [3] de chercher
Quelqu'un pour garder les abris,
Pour arrêter les malfaiteurs
Et faire justice aux plaignants,
Sans que nul l'osât contredire.
Ils s'assemblèrent pour l'élire.
Ils élurent un grand vilain [4]
Entre tous le mieux charpenté [5]
Le plus robuste et le plus grand :
Ils le firent prince et seigneur.

1. Faux, sournois.
2. Allaient chercher des provisions.
3. On se mit d'acord.
4. Paysan.
5. Ayant la meilleure constitution physique.

Il jura qu'il ferait justice
Et qu'il défendrait les logis
Si chacun voulait lui fournir
Ce qu'il fallait pour subsister.
Tous lui donnèrent leur accord.
Il remplit longtemps cet office,
Mais les voleurs, pleins de malice,
Quand ils le virent seul, s'unirent,
Et plus d'une fois le battirent
En se livrant à la rapine [6].
Le peuple encor se rassembla
Et chacun dut contribuer
A donner des gardes au prince.
Tout le monde accepta l'impôt
Pour lui verser tributs et rentes
Et lui procurer de grands biens.
Telles furent les origines
Des rois et princes de ce monde [...]
Ils amassèrent des trésors,
De l'argent, des pierres, de l'or,
Façonnèrent monnaies, vaisselles,
Fermaux, anneaux, boutons, ceintures ;
Du fer, ils forgèrent leurs armes,
Couteaux, épées et hallebardes,
Et glaives et cottes de mailles
Pour livrer bataille aux voisins.
Ils bâtirent tours et remparts,
Et des murs de pierres de taille,
Châteaux forts et cités fermés,
Grands palais entourés d'enceintes,
Car la peur les faisait trembler
Pour leurs richesses amassées [...]
Plus jamais de sécurité !
Cela, pour s'être approprié [7]
Ce qui était commun, avant,
Comme le soleil et le vent !

6. Vol.
7. Cela vient de ce qu'ils s'étaient approprié...

Jean de Meung,
Le Roman de la Rose
(vers 9 517 et suivants)

VILLON (1431-?)

Les poèmes de Villon sont sans conteste l'œuvre du Moyen-Age qui reste la plus lue à l'heure actuelle. La modernité du ton est due essentiellement à la personnalité du poète ; il a su dépasser les conventions de style de l'époque et saisir, à travers ses expériences, la condition de l'homme avec une authenticité mêlée d'ironie. Il est le précurseur du lyrisme personnel, où le poète se met en scène.

LA VIE

François Villon est né à Paris en 1431. Confié à un professeur de droit, il fait des études à la faculté des Arts et mène une vie d'étudiant aventureux.
En 1445, il est mêlé à l'histoire du meurtre d'un moine et doit quitter Paris. L'année suivante, il est pardonné. Rentré à Paris, il participe au cambriolage du collège de Navarre, le soir de Noël.
Il s'enfuit de nouveau en province, fréquente la cour littéraire de Blois puis est de nouveau emprisonné, pour des raisons obscures, par l'évêque d'Orléans. Il n'est libéré que par une grâce du roi Louis XI. C'est à cette époque, entre 1461 et 1462 qu'il rédige son œuvre majeure, le *Testament*.
De retour à Paris, il est de nouveau emprisonné pour vol, puis bientôt condamné à être pendu. En 1463, le Parlement annule le jugement et bannit Villon de Paris pour dix ans. On perd alors sa trace. Nous savons que ses œuvres furent publiées pour la première fois en 1489.

L'ŒUVRE

Toute son œuvre est en vers. On distingue le *Lais* ou *Legs* (appelé parfois improprement *Petit testament*), le *Testament* (appelé aussi *Grand testament*) et des poésies diverses, dont plusieurs ballades [1].

Gravure illustrant Le grand Testament de Villon et le Petit, *imprimé en 1497.*

1. Poèmes de trois strophes se terminant par le même vers. L'envoi (la quatrième strophe) a d'abord été facultatif puis il est devenu traditionnel.

Scène de la vie quotidienne au temps de Villon. Détail d'une miniature extraite d'une traduction de « La cité de Dieu » de saint Augustin, vers 1473. (Manuscrit français — Bibliothèque Nationale, Paris).

Le Lais

C'est un poème humoristique de quarante strophes contenant chacune huit octosyllabes. Villon l'aurait écrit en 1456 ; devant quitter Paris pour Angers, il s'amuse à léguer des biens imaginaires et farfelus [1] à ceux qu'il connaît. Cette farce est aussi, au milieu d'allusions obscures, une satire féroce de la société de son temps, et de ses contemporains. Souvent, la rancune se mêle à la plaisanterie, l'agressivité à la gaieté.

Le Testament

Ce poème de plus de 2 000 vers est l'œuvre majeure de Villon. Le schéma est comparable à celui du *Lais,* mais l'attitude du poète n'est plus la même ; l'atmosphère générale est plus tragique.

A trente ans, le poète fait le bilan de sa vie. Il s'en prend d'abord aux gens qui lui ont fait du mal. Il maudit sa misère, regrette ses fautes de jeunesse. Il avoue enfin sa crainte devant la mort.

L'architecture du *Testament* est constituée par 186 groupes de huit octosyllabes. Il s'y glisse parfois d'autres formes poétiques, comme la célèbre *Ballade des dames du temps jadis* (voir extrait page 53). Le ton est varié, souvent contradictoire : à la gravité peuvent succéder les sarcasmes, aux grossièretés haineuses des prières et des demandes de pardon.

Poésies diverses

Seize autres poèmes complètent l'œuvre de Villon. Ce sont presque tous des ballades. La plus connue d'entre elles est *La ballade des pendus* (voir extrait p. 55). Six *Ballades en jargon* nous font connaître l'argot parlé dans le Paris de cette époque.

LES THÈMES

Quatre thèmes principaux se dégagent de l'œuvre poétique de Villon :

— le goût du plaisir : son malheur est d'être né pauvre avec le goût de la vie facile. Il envie les

1. *Fantaisistes et amusants.*

riches et leur train de vie agréable et sans souci. Ce regret de la vie facile est présent dans le *Testament* ;
— l'obsession de la mort : la mort est la loi suprême qui emporte tout. Rien ne nous préserve. Elle n'est jamais glorieuse mais, au contraire, effrayante et douloureuse. De plus, elle ouvre la porte vers un au-delà inconnu et angoissant ;
— le sentiment religieux : en dépit de sa vie désordonnée, Villon ne semble jamais avoir perdu la foi. Dans ses moments d'humilité, il se tourne vers les deux grandes figures religieuses qu'il affectionne plus particulièrement : le Christ et surtout la Vierge Marie ;
— la compassion pour son prochain : Villon semble avoir trop souffert pour haïr véritablement les hommes. Son sentiment de fraternité pour toute l'espèce humaine naît de l'universelle souffrance qui lie tous les hommes et les rend égaux.

LE STYLE

Au milieu d'une production poétique entravée par l'allégorie, Villon n'a pas craint de dire « je ». Il nous a laissé le premier exemple de lyrisme personnel.

Le tour personnel

Villon n'a ni inventé, ni introduit de nouvelles formes poétiques. Il a repris les modèles existants et qu'il connaissait bien (ballade, testament, rondeau), mais la force de son tempérament le libère du poids de la forme et donne à sa poésie une allure toute personnelle et inimitable. Il n'hésite pas à faire référence à sa vie et à nous faire part, avec un bel accent de sincérité, de ses sentiments personnels, même s'ils ne sont pas glorieux. La spontanéité apparente de l'expression témoigne d'une grande maîtrise de l'art poétique.

Réalisme des images

Villon ne choisit jamais pour ses poèmes de décor irréel et idéal comme dans la poésie courtoise. Ainsi, il évoque Paris avec pittoresque sans en masquer l'horreur ou la laideur. D'autre part, l'idée ne reste jamais abstraite ; l'image concrète l'accompagne naturellement. S'il parle d'amis morts, il dépeint aussitôt la raideur des cadavres. S'il est épouvanté à l'idée de mourir, c'est qu'il a devant lui le spectacle des pendus. S'il regrette la belle vie qu'il n'a pas eue, il décrit de façon suggestive la bonne chère et le vin qui coule à flot. C'est là le réalisme puissant d'un poète qui ne craint pas de faire passer dans son œuvre ce monde qu'il a tour à tour aimé et maudit.

Villon est le premier grand poète français moderne, mais il est aussi le dernier grand poète du Moyen Age. Pour le comprendre, on ne peut le séparer de son époque, dont l'œuvre reprend les thèmes, les formes poétiques et jusqu'aux obsessions, telle celle de la mort. Mais pour avoir su transformer cet héritage en thèmes authentiquement personnels et dépasser les conventions de son époque, Villon peut encore nous émouvoir.

BIBLIOGRAPHIE
Italo Siciliano, *François Villon et les thèmes poétiques du Moyen Age,* Paris, Armand Colin, 1934.
Pierre Le Gentil, *Villon,* Paris, Hatier, coll. « Connaissance des Lettres », n° 59, 1967 (bonne étude d'ensemble).

LE TESTAMENT

Une nouveauté : le ton personnel

Les testaments constituaient au XVᵉ siècle un genre poétique très en vogue. Villon a composé le sien au début de l'année 1462, après un séjour en prison qui a dû l'éprouver. Imaginant que sa fin est proche, il évoque d'abord son passé, avoue ses fautes et en demande pardon à Dieu.

Je plains [1] le temps de ma jeunesse,
Auquel j'ai plus qu'autre galé [2]
Jusqu'à l'entrée de vieillesse,
Qui son partement [3] m'a celé [4]
Il ne s'en est à pied allé
N'a [5] cheval : hélas ! comment donc ?
Soudainement s'en est volé [6]
Et ne m'a laissé quelque [7] don.

Allé s'en est, et je demeure
Pauvre de sens et de savoir,
Triste, failli [8], plus noir que meure [9],
Qui n'ai ne [10] cens [11], rente n' [12] avoir ;
Des miens le moindre, je dis voir [13]
De me désavouer s'avance [14],
Oubliant naturel devoir
Par faute d'un peu de chevance [15]

Hé ! Dieu, si j'eusse étudié
Au temps de ma jeunesse folle,
Et à bonnes mœurs dédié [16],
J'eusse [17] maison et couche molle [18]
Mais quoi ! je fuyais l'école
Comme fait le mauvais enfant ;
En écrivant cette parole
A peu que le cœur ne me fend [19]

Où sont les gracieux galants [20]
Que je suivais au temps jadis [21]
Si bien chantants, si bien parlants
Si plaisants en faits et en dits [22]
Les aucuns [23] sont morts et roidis
D'eux n'est-il plus rien maintenant :
Repos aient en paradis
Et Dieu sauve le demeurant ! [24]

Le Testament

1. Regrette.
2. Je me suis amusé.
3. Départ.
4. Annoncé.
5. Ni à.
6. S'est envolé.
7. Aucun.
8. Découragé.
9. Mûre.
10. Ni.
11. Fermage.
12. Ni
13. Vrai.
14. S'empresse de me désavouer.
15. Moyen de subsister.
16. Cultivé des bonnes mœurs.
17. J'aurais.
18. Lit douillet.
19. Il s'en faut de peu que…
20. Amis avec lesquels je m'amusais.
21. Autrefois.
22. Paroles.
23. Les uns.
24. Ce qui reste.

LE TESTAMENT

La fuite du temps

L'un des thèmes les plus fréquents chez Villon est la mort. En dépit de leur beauté ou de leur grandeur, les belles dames du temps jadis (d'autrefois) n'ont pas échappé à cette destinée : Flora, courtisane romaine, ou peut-être la déesse du printemps ; Thaïs, courtisane égyptienne ; Écho, nymphe grecque qui aima Narcisse et se laissa mourir de désespoir, ne conservant de son corps que sa voix (écho) ; Héloïse, qui au XIIe siècle, fut l'amante du philosophe Abélard ; Marguerite de Bourgogne, femme de roi qui faisait tuer ses amants, dont Buridan, qui était aussi un philosophe ; Blanche de Castille, reine de France ; Berthe aux grands pieds, femme de Pépin et mère de Charlemagne. On ne sait qui sont Bietris, Alis et Harembourgis. Belles ou tragiques, ces héroïnes sont choisies pour le prestige de leur nom. Villon a su en outre exprimer la fuite du temps par un refrain devenu fameux : « Mais où sont les neiges d'antan ? »

BALLADE DES DAMES DU TEMPS JADIS

Dites-moi où n' [1] en quel pays
Est Flora la belle Romaine,
Archipiades [2] ne Thaïs
Qui fut sa cousine germaine,
Écho parlant quand bruit on mène [3]
Dessus rivière ou sur étang,
Qui beauté eut trop plus [4] qu'humaine,
Mais où sont les neiges d'antan [5] ?

Où est la très sage [6] Heloïs
Pour qui châtré fut, et puis moine
Pierre Abélard [7] à Saint-Denis ?
Pour son amour eut cette essoine [8]
Semblablement où est la reine
Qui commanda que Buridan
Fût jeté en un sac en Seine ?
Mais où sont les neiges d'antan ?

La reine blanche comme lis
Qui chantait à voix de sirène,
Berthe au grand pied, Bietris, Alis,
Haremburgis qui tint le Maine,
Et Jeanne la bonne Lorraine [9]
Qu'Anglais brûlèrent à Rouen ;
Où sont-ils [10], Vierge souveraine ?
Mais où sont les neiges d'antan ?

Prince, n'enquérez de semaine [11]
Où elles sont, né de cet an [12],
Qu'à ce refrain ne vous ramaine [13]
Mais où sont les neiges d'antan ? »

Le Testament
Édition Longnon-Foulet, C.F.M.A. Champion

1. N' et ne (vers 3) s'employaient pour « et » dans les interrogations.
2. Il s'agit probablement d'Alcibiade, disciple de Socrate, à qui ses mœurs efféminées avaient valu une réputation de femme.
3. Inversion du complément d'objet.
4. Bien plus.
5. De l'année passée.
6. Savante.
7. Le théologien Abélard, amoureux d'Héloïse et aimé d'elle, fut châtré par les frères de la jeune fille. Il se retira dans un couvent.
8. Épreuve.
9. Jeanne d'Arc, brûlée comme sorcière par les Anglais.
10. Ils = elles.
11. Cette semaine.
12. Ni cette année.
13. Sujet = je (le poète).

Un ton simple et sincère

Dans cette ballade, Villon fait parler sa mère, une femme humble. Elle adresse à Notre-Dame une prière ardente et naïve. Tout l'art naît de la simplicité d'expression de ce langage parlé, et dans la ferveur de la demande, on ne sait plus si c'est Villon ou sa mère qui prie. L'artifice n'est pourtant pas absent du poème : si l'on prend les premières lettres des six vers de l'envoi (dernière strophe), on peut recomposer le nom de Villon.

BALLADE POUR PRIER NOTRE-DAME

Dame du ciel, régente terrienne
Emperière [1] des infernaux palus [2]
Recevez-moi votre humble chrétienne,
Que comprinse [3] sois entre vos élus,
Ce nonobstant qu'oncques [4] rien ne valus.
Les biens de vous, ma dame et ma maîtresse,
Sont trop plus grands que ne suis pécheresse,
Sans lesquels biens âme ne peut mérir [5]
N'avoir les cieux, je n'en suis jonglerresse [6].
En cette foi je veux vivre et mourir.

A votre Fils dites que je suis sienne ;
Que de lui soient mes péchés abolus [7] ;
Pardonnez-moi comme à l'Égyptienne [8]
Ou comme il fit au clerc Théophilus [9],
Lequel par vous fut quitte et absolus [10],
Combien qu'il eût au diable fait promesse.
Préservez-moi de faire jamais ce ;
Vierge, pourtant, me veillez impartir [11]
Le sacrement qu'on célèbre à la messe.
En cette foi je veux vivre et mourir.

Femme je suis pauvrette et ancienne,
Ni rien ne sais ; oncques lettre ne lus ;
Au monstier [12] vois dont je suis paroissienne
Paradis peint, où sont harpes et luths
Et un enfer où damnés sont boullus [13] :
L'un me fait peur, l'autre joie et liesse.
La joie avoir, fais-moi, haute Déesse,
A qui pécheurs doivent sous recourir,
Comblés [14] de foi, sans feinte ni paresse.
En cette foi, je veux vivre et mourir.

Vous portâtes, Vierge, digne princesse,
Jésus régnant, qui n'a ni fin ni cesse.
Le Tout-Puissant, prenant notre faiblesse,
Laissa les cieux et nous vint secourir ;
Offrit à Dieu sa très claire jeunesse ;
Notre Seigneur tel est, tel je confesse.
En cette foi je veux vivre et mourir.

Le Testament

1. Impératrice.
2. Marais.
3. Comprise.
4. Jamais.
5. Mériter.
6. Menteuse.
7. Pardonnés.
8. Sainte Marie l'Égyptienne.
9. Théophile, clerc très populaire au Moyen Age.
10. Pardonné, absous.
11. Accorder.
12. Couvent.
13. Bouillis.
14. Se rapporte à « pécheurs ».

POÉSIES DIVERSES

Fraternité par-delà la mort

C'est en 1462, après avoir été condamné à être « étranglé et pendu au gibet de Paris » que Villon compose dans la prison du Châtelet cette ballade devenue célèbre. Au Moyen Age, les pendus restaient exposés au regard de tous pour servir d'exemple. Le poète, qui s'imagine déjà pendu au bout d'une corde en leur compagnie, les fait parler. Ils s'adressent aux vivants.

BALLADE DES PENDUS

Frères humains qui après nous vivez,
N'ayez les cœurs contre nous endurcis,
Car, si pitié [1] de nous pauvres avez,
Dieu en aura plus tôt de vous mercis [2]
Vous nous voyez ci attachés cinq six
Quant de [3] la chair que trop avons nourrie,
Elle est piéça [4] dévorée et pourrie,
Et nous, les os, devenons cendre et poudre.
De notre mal personne ne s'en rie [5]
Mais priez Dieu que tous nous veuille absoudre !

Si vous clamons frères [6], pas n'en devez [7]
Avoir dédain, quoi que fumes occis [8]
Par justice. Toutefois vous savez
Que tous hommes [9] n'ont pas bon sens rassis [10]
Excusez-nous, puis que sommes transis [11]
Envers le fils de la Vierge Marie,
Que sa grâce ne soit pour nous tarie [12]
Nous préservant de l'infernale foudre [13]
Nous sommes morts, âme ne nous harie [14]
Mais priez Dieu que tous nous veuille absoudre !

La pluie nous a débués [15] et lavés
Et le soleil desséchés et noircis
Pies, corbeaux nous ont les yeux [16] cavés [17]
Et arraché la barbe et les sourcils
Jamais nul temps nous ne sommes assis [18]
Puis ça, puis là, comme le vent varie
A son plaisir sans cesser nous charrie [19]
Plus becquetés d'oiseaux [20] que dés à coudre
Ne soyez donc de notre confrérie [21]
Mais priez Dieu que tous nous veuille absoudre !

Prince Jésus, qui sur tous a maîtrie [22]
Garde qu'Enfer n'ait de nous seigneurie [23]
A lui [24] n'ayons que faire ni que soudre
Hommes, ici n'a point de moquerie ;
Mais priez Dieu que tous nous veuille absoudre !

Epitaphe dudit Villon
Freres humains qui apres noꝰ viues
Nayez les cueurs contre noꝰ endurcis
Car se pitie de noꝰ pouurez auez
Dieu en aura plustost de vous mercis
Vous nous voies cy ataches cinq six
Quāt de la char q̄ trop auōs nourrie
Elle est pieca deuouree et pourrie
et noꝰ les os deuenōs cēdres ⁊ pouldre
De nostre mal personne ne sen rie
Mais pries dieu que tous nous vueil
le absouldre g iii.

Illustration du Testament, *les trois pendus (Manuscrit français, 1489).*

1. Inversion du complément d'objet.
2. Vous accordera sa clémence.
3. Quant à.
4. Depuis longtemps.
5. Que personne ne rit de...
6. Si nous vous appelons frères.
7. Vous ne devez pas.
8. Tués.
9. Tous les hommes.
10. Bon sens.
11. Trépassés, morts.
12. Terminée.
13. Des feux de l'enfer.
14. Personne ne nous tourmente.
15. Lessivé.
16. Inversion du complément d'objet.
17. Creusé.
18. Tranquilles.
19. Balance.
20. Par les oiseaux.
21. Ne devenez pas des nôtres.
22. Qui a pouvoir sur tout le monde.
23. N'étende son pouvoir sur nous.
24. A l'enfer.

Les ambassadeurs polonais. Tapisserie représentant une fête à la cour des Valois. Entre 1582 et 1585 (Musée des Offices, Florence).

LE XVI° SIÈCLE

Le XVIe siècle est une époque pleine d'attraits. Il s'en dégage une vigueur, parfois brouillonne, qui semble nouvelle, comme inconnue dans la littérature et dans la vie. C'est une période de mouvement et de lumière que l'on a trop facilement opposée au prétendu immobilisme et obscurantisme du Moyen Age. Mais il vrai que dans un monde élargi par les grandes découvertes, l'homme du XVIe siècle apparaît chaque fois imprévisible : tour à tour libéré et tourmenté, sensuel et religieux, gai et mélancolique. C'est cette immense capacité à faire jouer toutes les facultés de l'homme que l'on a appelée en littérature Humanisme et plus généralement sur le plan historique : le monde de la Renaissance.

HISTOIRE

On peut schématiquement diviser l'histoire de la France du XVIe siècle en deux périodes :

— la première est caractérisée par les relations guerrières avec l'Italie. Elle s'arrête le 3 avril 1559, date de la signature du traité de Cateau-Cambrésis, par lequel la France renonce à toute possession en Italie ;

— la deuxième est marquée par un repli de la France sur ses problèmes internes : les guerres de conquête sont remplacées par des guerres civiles. Cette période déborde sur le XVIIe siècle puisque c'est l'assassinat d'Henri IV en 1610 qui en marque la fin.

Les guerres d'Italie

Une Renaissance[1] artistique et littéraire avait débuté en Italie dès le XIIe siècle ; elle atteint sa pleine vigueur au XVIe siècle. La France ne peut rester insensible à la brillante civilisation de ce riche voisin. Les rois de France lancent leurs armées contre l'Italie sous le prétexte que des liens de sang leur donnent des droits sur certaines régions.

Charles VIII, roi de France jusqu'en 1498, revendique le royaume de Naples. Son successeur (de 1498 à 1515), Louis XII, petit-fils de Valentine Visconti, réclame le duché de Milan, qu'il réussit à conquérir en 1499. Mais cette victoire est de courte durée. Pour l'obtenir, il avait conclu une alliance avec le pape Jules II et celui-ci la brise en 1515 : Louis doit rendre tous les territoires conquis et les frontières du pays sont menacées. A sa mort, en 1515, François Ier devient roi de France (et le reste jusqu'en 1547). Il reprend la coutume des « voyages en Italie » en envoyant une armée de 30 000 hommes reconquérir ce qu'a perdu Louis XII. La victoire de Marignan (1515), fameuse dans la mémoire des Français, redresse glorieusement une situation qui semblait désespérée. Mais pour lui non plus les succès ne durent pas, malgré l'héroïsme de généraux comme le chevalier Bayard. Il est même fait prisonnier à Pavie en 1525. Il faut dire que François Ier n'a pas en face de lui les adversaires traditionnels mais l'énorme puissance militaire et financière de Charles Quint, empereur d'Allemagne, allié aux Espagnols qui s'intéressent, eux aussi, à l'Italie. Charles Quint combat les Français en Italie et pille Rome en 1527.

Le nouveau roi, Henri II, continue les luttes mais cette fois contre le fils de Charles Quint (qui sera plus tard roi d'Espagne sous le nom de Philippe II). La sévère défaite de Saint-Quentin en 1557 amène Henri II à accepter le traité de Cateau-Cambrésis : la France renonce à Milan, Naples et la Savoie mais garde les trois évêchés de Metz, Toul et Verdun, dans l'est de la France.

Réforme et guerres de religion

La Réforme est un mouvement religieux né en Allemagne ; il bouleverse toute l'Europe. Un moine nommé Martin Luther (1483-1546) proteste contre les trafics financiers de l'Église, qui tente de monnayer le salut des âmes. Il affirme que seule la foi peut sauver l'homme, l'autorité de l'Église n'étant pas absolue. Il propose donc de

1. Le mot Renaissance n'est pas utilisé à l'époque, il n'apparaît qu'à la fin du XVIIe siècle.

La proclamation de la Réforme en Allemagne (1530). C'est Martin Luther qui est à l'origine de la Réforme ; il estime que tous les chrétiens sont égaux par le baptême et récuse ainsi l'autorité du pape. Le luthéranisme se répand rapidement en Allemagne grâce à l'appui d'un certain nombre de princes. Il est propagé en France par Jean Calvin. (Dessin de Michel Herz, Bibliothèque Nationale, Paris.)

Le massacre de la Saint-Barthélemy. Après la Réforme, le parti catholique s'organise pour limiter son influence. Dans la nuit du 23 au 24 août 1572, tous les chefs protestants sont assassinés sur l'ordre du roi Charles IX. Plus de 3 000 huguenots sont ainsi égorgés et leurs corps jetés dans la Seine. (Gravure anonyme. Bibliothèque Nationale, Paris).

réformer le christianisme. Bien que combattue par Charles Quint et le pape, sa doctrine se répand rapidement dans les pays allemands, où les princes voient là une possibilité de s'émanciper de la tutelle de l'empereur et de protester contre son autorité : le terme de protestant est né.
En France, la Réforme est représentée par l'écrivain Jean Cauvin, ou Calvin, qui, après l'Affaire des placards [1], doit fuir à Genève. Calvin modifie les thèses de Luther en affirmant que Dieu accorde la grâce à des élus de Dieu seulement. La morale calviniste glorifie le travail et, d'une certaine manière, l'argent gagné par ce travail. Le calvinisme se répand en France, où ses partisans sont appelés huguenots (déformation du mot suisse *Eidgenosssen* qui signifie « confédérés »).
Pendant ce temps, en France, le pouvoir royal s'affaiblit à la suite de problèmes de succession. Huguenots et catholiques essaient de profiter de cette faiblesse pour s'emparer du pouvoir, au prix de luttes qui dévastent la France. L'épisode le plus connu est le massacre de la Saint-Barthélemy, dans la nuit du 24 août 1572, où 30 000 protestants environ sont massacrés dans tout le pays par les catholiques.
Le prétendant au trône, Henri de Navarre, qui est protestant, comprend alors qu'il ne pourra en aucun cas régner s'il ne se convertit pas au catholicisme. Il renonce donc à sa foi de protestant pour devenir roi catholique sous le nom de Henri IV. Il organise la reconstruction du pays avec l'aide de ministres compétents, comme Sully. Le pouvoir royal se renforce en même temps que la France guérit. En 1598 est publié l'Édit de Nantes, qui accorde la liberté de religion à tous les Français. Malgré sa popularité, Henri IV ne compte pas que des alliés : le 14 mai 1610, un nommé Ravaillac le poignarde. On considère généralement que cette date marque la fin du XVIe siècle.

LA RENAISSANCE

L'influence de l'Italie

Le mot de Renaissance suggère l'idée d'un nouveau départ, d'une rénovation. « La Renaissance commença en Italie et passa les Alpes ultérieurement, modifiant plus ou moins ses caractères dans chaque pays où elle pénétrait. Le réveil de l'Antiquité fut partout un facteur dominant. La Renaissance a marqué la fin de la civilisation médiévale et l'aurore de l'âge moderne [2]. »
Les conquêtes françaises en Italie révèlent en effet aux Français une richesse et un raffinement inconnus jusqu'alors. La vie de cour en France était austère et grise : les rois vivaient dans des châteaux-forts sombres et sans confort, les distractions étaient peu nombreuses et sans grand intérêt : les poèmes et chansons de geste qu'on y entendait étaient devenus trop conventionnels. Le modèle italien, au contraire, représente la lumière. La cour des Medici, celle des Ferrare (où s'exile le poète français Marot) sont animées : fêtes, soirées théâtrales, bals. Les princes habitent des palais luxueux, clairs et élégants. Les

1. En 1534, des écrits contre la religion et la messe sont affichés — placardés — sur la porte du roi et provoquent une réaction violente de celui-ci.
2. W.K. Ferguson : La Renaissance dans la pensée historique.

Une rivière calme, un paysage doux, tel est le décor de la plupart des châteaux de la Renaissance. Ici, le château de Chenonceau, qui enjambe le Cher (construit de 1513 à 1521).

châteaux de la Loire sont les fruits de cet émerveillement français pour l'Italie.
La littérature et les sciences sont elles aussi en pleine expansion. Les Turcs ayant conquis Constantinople, de nombreux savants grecs se sont réfugiés en Italie, apportant leur savoir. De plus, les modèles de l'Antiquité ont toujours été cultivés en Italie ; la littérature ne s'est donc pas, comme en France, éloignée de ses sources : *La divine comédie* de Dante et les *Sonnets* de Pétrarque le prouvent.
C'est François Ier qui a permis la Renaissance en France ; sans être très cultivé, il a favorisé l'esprit nouveau. Il fait venir en France des savants et des artistes italiens : Léonard de Vinci, Benvenuto Cellini, Le Titien, Le Primatice. Il crée la première bibliothèque « nationale » à Fontainebleau. Il rénove l'université jusqu'ici limitée à la théologie et à la logique, qui négligeait l'étude des textes originaux et favorisait le seul rôle de la mémoire. En 1530, François Ier fonde le Collège des Lecteurs royaux où les professeurs enseignent le latin, le grec et l'hébreu, appelés les lettres humaines. C'est le début de l'humanisme.

Le développement de l'humanisme et le retour à l'Antiquité

Le terme d'humaniste désigne d'abord une personne sachant le grec et le latin, bases de toute culture. Mais ce mot prend petit à petit un sens plus large ; l'humaniste s'attache à cultiver avec harmonie toutes les facultés de l'homme ; il prend ainsi exemple sur les Anciens. La redécouverte de l'Antiquité dans son authenticité est en effet une composante majeure de la Renaissance. Le développement de l'imprimerie favorise grandement l'essor de ce mouvement.
Les humanistes ne se penchent pas seulement sur les textes profanes de l'Antiquité. Ils veulent aussi connaître la parole de Dieu dans le texte original. Leur chef de file, l'humaniste Erasme de Rotterdam (1467-1536) s'efforce de faire accéder le plus grand nombre à la connaissance directe de la Bible. Mais l'intérêt que les humanistes portent à l'Évangile (d'où leur nom d'évangélistes) entraîne la méfiance, puis l'hostilité des théologiens. Ceux-ci sentent leur autorité traditionnelle menacée et ils les assimilent volontairement aux protestants dans leurs condamnations.

COURANTS LITTÉRAIRES

L'héritage du Moyen Age

En dépit de l'exubérance joyeuse du XVIe siècle qui contraste avec la morosité du Moyen Age finissant, il est excessif de vouloir marquer une rupture brutale entre ces deux époques. La haute culture médiévale n'était pas tellement en retard et la Renaissance a de multiples dettes envers elle.
La culture de l'Antiquité n'est pas une découverte des humanistes. Déjà le Moyen Age pratiquait les auteurs anciens, même si les clercs n'avaient souvent pas la possibilité de lire les textes originaux en grec.

Le naturalisme (goût pour les choses naturelles) d'un Rabelais plonge lui aussi ses racines dans toute une tradition grivoise [1] et carnavalesque du Moyen Age. On le retrouve déjà dans la grande œuvre du Moyen Age : le *Roman de la Rose* (deuxième partie).
Enfin, la Renaissance, à ses débuts, n'a pas dédaigné de s'inspirer des grandes formes poétiques du Moyen Age. Marot a commencé par suivre les enseignements de son père, dans le style des grands rhétoriqueurs (voir p. 14), même si, par la suite, il a délaissé ce genre pour une poésie plus légère.

Apports de l'Italie

L'Italie fournit aux penseurs français de nouvelles idées qui favorisent le développement d'une poésie rénovée. C'est le cas du platonisme, présent dans les *Sonnets* de Pétrarque et repris par les grands poètes du XVIe siècle : Marot, Ronsard, Du Bellay.
Dans la philosophie de Platon, l'âme humaine s'élève progressivement, en partant de la matière, jusqu'au monde abstrait des idées, dont le monde terrestre n'est qu'un reflet. A l'intérieur de ce système, l'amour humain est la première étape qui mène l'âme vers l'amour de la beauté : le charme de la bien-aimée n'est que l'image de cette beauté supérieure et éternelle.
En littérature, la sœur de François Ier, Marguerite de Navarre, rédige un *Héptaméron* imité du *Decamerone* de Boccace. Dans cette œuvre, elle réalise la synthèse entre une culture raffinée et une joie de vivre très sensuelle.

Renaissance des lettres françaises

Rabelais est un représentant typique de la Renaissance : ses œuvres révèlent une bonne connaissance de l'Antiquité, un appétit solide de la vie, un fort esprit critique et l'attrait pour une religion plus libérale. *Pantagruel, Gargantua,* puis le *Tiers* et le *Quart livre* sont discutés et attaqués, mais connaissent un vif succès.
C'est la grande variété d'expression découverte par les jeunes poètes, dans les langues et littératures grecques et latines autant qu'italiennes, qui leur fait prendre conscience de la pauvreté de leur propre langue. Déjà par l'ordonnance de Villers-Cotterets (1539), François Ier avait tenté de promouvoir officiellement le français en imposant son emploi dans tous les actes officiels.

La Pléiade

Il restait à anoblir le français comme langue littéraire : ce fut l'œuvre de la Pléiade [2]. Ce groupe d'écrivains décide d'enrichir et de rénover le français en s'inspirant une nouvelle fois de l'Antiquité.
C'est au plus combatif d'entre eux, Joachim Du Bellay, que revient la mission de rédiger leur manifeste poétique : en 1549 paraît la *Défense et illustration de la langue française.* Le livre I est consacré à la défense du français contre la prédominance du grec et du latin. Il ne faut pas oublier que les savants et écrivains s'exprimaient encore en latin. Or, les écrivains de la Pléiade pensent que le français peut lui aussi donner naissance à de grandes œuvres. Ils appellent donc l'ensemble des artistes à s'exprimer dans leur langue maternelle. Le livre II est consacré à l'illustration, c'est-à-dire à l'enrichissement de la langue. Du Bellay propose d'inventer des termes nouveaux (ex. : *ailer* pour donner des ailes ; *déliber* pour goûter), de former des mots composés (ex. : *irrite-mer* pour désigner le vent), de restaurer des termes vieillis (ex. : *isuel* pour léger ; *los* pour gloire), d'employer des mots techniques ou rares et d'utiliser avec plus de liberté certaines tournures grammaticales.
Les écrivains de la Pléiade cherchent aussi à encourager le retour à des genres antiques et en général à des formes de poésie plus longues et plus équilibrées comme l'ode, la tragédie, la comédie, l'épopée et le sonnet. L'influence de ce mouvement littéraire ne s'arrête pas au XVIe siècle ; les grands théoriciens de la langue et de la littérature ainsi que les écrivains du XVIIe siècle reprendront les idées lancées par la Pléiade.

Littérature et religion

Les questions religieuses font leur entrée dans la littérature et divisent les écrivains. Du côté des catholiques on trouve, outre Ronsard, le militaire Montluc qui rédige des *Commentaires* sur les guerres de religion, et surtout Robert Garnier qui prend position dans sa tragédie *Les juives* (1583).
Dans le camp des protestants, il faut surtout citer Agrippa d'Aubigné, écrivain militant qui sert la cause de la Réforme par l'épée et la plume. Blessé au combat, il commence à écrire Les *Tragiques,* long poème baroque, où il prend avec passion la défense de l'Église réformée.
Après l'entrée triomphale d'Henri IV à Paris en 1593, quelques grands bourgeois catholiques modérés rédigent *La satire menippée,* un pamphlet contre les protestants mais aussi contre les excès de la Ligue [3] catholique, soutenu par l'Espagne. Ils soutiennent l'accession au trône d'Henri IV, qui leur apparaît comme le seul

1. *Qui est d'une gaieté crue, un peu osée.*
2. *C'est le nom d'une constellation de 7 étoiles : or les écrivains de la Pléiade étaient justement sept : Du Bellay, Ronsard, Jodelle, Pontus de Tyard, Baïf, Rémy Belleau et Dorat.*
3. *La Ligue catholique a été formée en 1576. Avec l'aide des Espagnols qui voulaient tirer un profit politique des désordres français, la Ligue combattait Henri de Navarre (futur Henri IV) héritier légitime du trône de France.*

réconciliateur possible. Le ton alterne entre la parodie et l'éloquence patriotique. Le titre place encore cette œuvre dans la lignée de l'Antiquité puisqu'une satire ménippée, nom commun, était un mélange bouffon de vers et de prose dans le goût du philosophe grec Ménippe.

LES GENRES LITTÉRAIRES

La poésie

Elle est l'art majeur du XVIe siècle. Elle n'a pas connu son épanouissement d'un seul coup et l'on peut dégager trois étapes dans son évolution. Marot et l'école marotique ont d'abord dégagé la poésie des modèles du Moyen Age sans s'en libérer totalement. Ensuite, les poètes de l'école lyonnaise, et notamment Maurice Scève, insistent sur le raffinement, qu'il soit courtois, antique ou italien à l'imitation de Pétrarque. La Pléiade, enfin, marque l'âge d'or de la poésie française avec deux principes fondamentaux : l'imitation des Anciens et le renouveau de la langue française. Les deux principaux acquis de cette nouvelle poésie sont l'adoption du sonnet, principalement par Du Bellay, et l'utilisation de l'alexandrin à la place du décasyllabe.

A la fin du siècle, une tendance poétique se fait jour, c'est le baroque, qui est plus une sensibilité qu'une école. C'est un art de mouvement où la pensée se présente directement comme un spectacle ; l'art baroque aime tout ce qui est mobile, fuyant, incertain, instable, bouillonnant, comme la grande fontaine du Bernin sur la place Navone à Rome. Le meilleur représentant de cette poétique, à la soudure des deux siècles, est Agrippa d'Aubigné.

La prose : le début du roman et les essais

Chez Marguerite de Navarre, l'influence italienne est prépondérante. Chez Calvin et Amyot, la langue s'affermit sans rechercher l'éclat ; c'est une prose sobre qui traite des grands problèmes moraux et religieux. Mais les deux grands prosateurs du siècle sont Rabelais et Montaigne. Rabelais est considéré, avec l'Espagnol Cervantès, comme le précurseur du genre romanesque. Montaigne, quant à lui, est l'inventeur d'un genre souple et personnel, encore en honneur aujourd'hui : l'essai.

Une production théâtrale sans éclat

Le Parlement ayant interdit en 1548 la représentation de sujets religieux, l'imitation du théâtre antique, encouragé par la Pléiade, fait son apparition sur les scènes françaises. Les tragédies [1] remplacent les mystères médiévaux.

La tragédie : Jodelle écrit la première tragédie française en 1552 : *Cléopâtre captive.* Une telle pièce serait jugée ennuyeuse à l'heure actuelle, mais Jodelle a le mérite d'avoir lancé un genre, repris avec beaucoup de talent par Garnier, l'auteur dramatique le plus important du XVIe siècle. Ce qui marque les tragédies de la Renaissance, c'est, comme dans beaucoup de tragédies antiques, le pur spectacle de la souffrance humaine et l'acceptation d'un destin totalement extérieur aux hommes.

La comédie : elle est inspirée d'un côté par la comédie italienne, de l'autre par l'Antiquité (Plaute, Térence) mais ce genre n'a laissé au XVIe siècle aucun nom illustre.

Le XVIe siècle, sous la double influence de l'Italie et des modèles de l'Antiquité, a connu une renaissance des lettres et des arts. Les humanistes, qui ont revendiqué cet héritage, se sont également attachés à défendre la langue française qui, avec François Ier, avait déjà obtenu une reconnaissance juridique officielle. Le XVIe siècle fut aussi l'époque des grandes inventions, des grandes découvertes et il a donné lieu à un tourbillon d'idées nouvelles et d'exubérante gaieté qui a d'abord marqué sa foi dans l'homme. Mais il ne faut pas oublier que cette époque, brillante pour la littérature française, fut aussi ravagée par le déferlement de guerres extérieures et intérieures. Il en reste chez certains auteurs un sens exacerbé du tragique ou une tendance à l'individualisme.

1. Au Moyen Age, les tragédies n'existaient pas encore. Le théâtre sérieux était représenté par les mystères religieux.

BIBLIOGRAPHIE

Histoire. R. Mandrou, *Introduction à la France moderne (1500-1640),* Paris, Albin Michel, 1961 (essai de psychologie historique).

Jean Delumeau, *La Civilisation de la Renaissance,* Paris, Arthaud, 1968, Coll. « Les Grandes Civilisations » (ouvrage très bien fait).

Littérature. H. Weber, *La création poétique au XVIe siècle en France,* Paris, Nizet, 1956, 2 vol. (ouvrage capital).

J. Servier, *Histoire de l'Utopie,* Paris, Gallimard, « Idées » 1967.

Albert-Marie Schmidt, *Écrits sur le XVIe siècle,* Paris, Albin Michel, 1968.

D. Menager, *Introduction à la vie littéraire du XVIe siècle,* Paris, Bordas-Mouton, 1968.

J.-C. Payen et J.-P. Chauveau, *La poésie des origines à 1715,* Paris, Armand Colin, « U2 », 1968.

LE XVIe SIÈCLE - CHRONOLOGIE

	Histoire	Littérature française	Littérature étrangère	Arts et sciences
1492	Découverte de l'Amérique par Christophe Colomb			
1508			Erasme (Holl.) : *Éloge de la folie*	
1515	Avènement de François Ier et bataille de Marignan		L'Arioste (Italie) : *Orlando furioso*	
1516			Thomas Morus (Angl.) ; *Utopia*	
1520	Excommunication de Luther			Mort de Raphaël
1525	Bataille de Pavie			
1527	Rome est pillée par les armées de Charles Quint			
1530			Guicciardini (Italie) : *Storia d'Italia*	
1531				Le Titien : La Vénus d'Urbino
1532		Marot : *Poèmes* Rabelais : *Pantagruel*	Machiavel (Italie) : *Le Prince*	
1533			Luther (Allemagne) : traduction de la Bible	
1534		Rabelais : *Gargantua*		
1539	L'ordonnance de Villers-Cotteret fait du français la langue officielle en France			
1541				Début de la construction du Louvre par Pierre Lescot Michel-Ange : Le jugement dernier (fin)
1542		Marot : traduction des *Psaumes*		
1545-63	Concile de Trente			
1546		Rabelais : *Tiers Livre*		
1547	Mort de François 1er			
1548	Interdiction des Mystères par le Parlement		Ignace de Loyola (Esp.) : *Les exercices spirituels*	
1549		Du Bellay : *Les vers lyriques ; L'Olive : Défense et illustration de la langue française* Rabelais : *Le Quart livre*		
1550		Ronsard : *les Odes*	1550-1560 : débuts de la commedia dell'arte	Goujon : Cariatides du Louvre Pierre Lescot commence la cour carrée du Louvre
1552		Ronsard : *les Amours* Louise Labé : *Poésies*		
1553		Mort de Rabelais		
1556	Abdication de Charles Quint Philippe II roi des Espagnes			
1557				Michel Ange : Mise au tombeau
1558		Du Bellay : *Regrets* Marguerite de Navarre : *L'Heptameron* (édition incomplète)		Bruegel : La chute d'Icare
1559	Traité de Cateau-Cambrésis, fin des guerres d'Italie			
1560	Exécution des chefs protestants à Amboise	Ronsard : première édition de ses œuvres		

LE XVIe SIÈCLE - CHRONOLOGIE

	Histoire	Littérature française	Littérature étrangère	Arts et sciences
1560-98	Guerres de religion			
1562		Maurice Scève : *Le Microcosme*		Le Tintoret décore la Scuola San Rocco à Venise
1563				Veronèse : Les noces de Cana Bruegel : le Massacre des Innocents
1564		Rabelais : *le Cinquième livre*		
1570-71		D'Aubigné compose *Les sonnets* et *Les stances du printemps*		
1571	Victoire navale des chrétiens contre les Turcs à Lépante			
1572	Massacre de la Saint-Barthélémy (25 août)	Ronsard : *la Franciade*		
1575			Torquato Tasso (Italie) : *La Jérusalem délivrée*	
1577		D'Aubigné commence *les Tragiques*		
1578		Ronsard : édition complète de ses œuvres		Veronèse décore le palais des Doges à Venise
1580-92		Montaigne : *Essais* (2 premiers livres)		
1584		Ronsard : sixième et dernière édition de ses œuvres, du vivant de l'auteur		
1586				El Grego : Enterrement du comte d'Orgaz
1589	Henri IV devient roi de France		Marlowe (Angl.) : *La tragique histoire du docteur Faustus*	
1590	Siège de Paris par Henri IV			Débuts de Caravage
1591			Débuts de la carrière d'auteur dramatique de Shakespeare	
1592		Mort de Montaigne		
1593	Henri IV abjure le protestantisme			
1594			Shakespeare (Angl.) : *Roméo et Juliette*	
1598	Edit de Nantes			Débuts de Rubens
1602			Shakespeare (Angl.) : *Hamlet*	
1603				Construction du Pont-Neuf à Paris
1605			Cervantes (Esp.) : *Don Quichotte* (1re partie)	Construction de la place des Vosges à Paris
1610	Assassinat d'Henri IV			
1616		D'Aubigné : *Tragiques*	Mort de Cervantès (Esp.) et de Shakespeare (Angl.)	

MAROT (1496-1544)

Marot est le premier en date des poètes du XVIe siècle. C'est une figure charnière : s'il s'inspire encore parfois des modèles rhétoriques de la fin du Moyen Age, son œuvre, plus simple, plus classique, plus élégante, marque pourtant un tournant décisif dans la poésie française, vers la modernité.

LA VIE

Clément Marot est né en 1496 à Cahors dans le Quercy (au sud-ouest de la France). Son père, Jehan Marot, est un poète célèbre appartenant à une école de Rhétoriqueurs [1] fidèles aux modèles du Moyen Age. Il l'emmènera à la cour d'Anne de Bretagne et de Louis XII (1506). Clément Marot commence avec peu de conviction et de sérieux des études de droit.

Il compose quelques œuvres conventionnelles (des églogues [2], un genre très en vogue à l'époque) mais aussi des épîtres, remarquées par le nouveau roi, François Ier.

En 1518, il devient secrétaire de Marguerite de Navarre, la sœur de François Ier. Il dédie à une certaine Anne (sans doute Anne d'Alençon, nièce de Marguerite) des poèmes inspirés d'un amour platonique [3]. C'est à cette époque aussi que Marot s'ouvre à l'influence de la Renaissance italienne.

La culture humaniste qu'il découvre ainsi le séduit : il s'exerce à traduire Virgile et Ovide. Comme les humanistes, Marot essaie de retrouver dans leur version originale les textes littéraires, mais aussi les textes sacrés. Ce dernier point explique son intérêt pour la Réforme (voir p. 58). Il finit donc par avoir des ennuis avec la Sorbonne, qui est la faculté de théologie de Paris.

En 1526 et en 1527, il est emprisonné pour avoir brisé le jeûne. Le roi le fait chaque fois libérer. Marot fait publier en 1532 un recueil de ses œuvres, *L'adolescence clémentine,* qui connaît un vif succès.

En 1534, il est compromis, sans doute à tort, dans l'Affaire des placards : des écrits antireligieux sont affichés (placardés) jusque sur la porte de la chambre de François Ier, à Amboise.

Portrait présumé de Clément Marot à l'âge de 40 ans par Corneille de Lyon (probablement 1536). (Musée du Louvre, Paris).

Le roi réagit violemment et Marot doit s'exiler. Il part en Province d'abord, puis fuit à Ferrare, en Italie. Il ne peut rentrer en France qu'après avoir abjuré [4] ses tendances réformistes en 1536. Sa traduction des *Psaumes* le rend à nouveau suspect ; par crainte, il s'exile à Genève, déjà dominée par l'austère Calvin. Le mode de vie de Marot choque à Genève aussi, et il passe en Italie. Il meurt à Turin en 1544.

1. Voir p. 14
2. Petits poèmes champêtres.
3. Amour distant, spirituel ; voir aussi p. 14
4. Renoncé solennellement.

LES ŒUVRES

L'adolescence clémentine (1532)

Ce premier recueil de ses œuvres (poésies de circonstances, épîtres) a un succès tel que Marot le fait suivre en 1534 d'une *Suite de l'adolescence*. Parmi les œuvres majeures qu'il contient, il faut citer : *Le temple de Cupidon* (1515), poème inspiré du *Roman de la Rose* (voir p. 42). L'influence de son père et des rhétoriqueurs y est sensible.

Les *Épîtres* [1] sont les pièces les plus remarquables de ce recueil, car Marot a su renouveler ce genre totalement conventionnel : les *Épîtres au roi pour sa délivrance* (1526) et *Au roi pour avoir été dérobé* (1532) sont les plus réussies.

Épître à son ami Lyon

Elle a été écrite en 1526 sous forme de fable et n'a pas été publiée dans *L'adolescence clémentine*. Marot y demande à son ami Jamet Léon (= Lyon) d'intervenir auprès de François Ier pour le faire

Une image traditionnelle de l'amour : un homme percé par les flèches de Cupidon. Illustration d'une des premières œuvres de Marot, Le temple de Cupidon. *(Manuscrit français du XVIe siècle. Bibliothèque Nationale, Paris).*

libérer (il a mangé du lard malgré le jeûne de Carême).

L'enfer (1526)

C'est un poème de près de 500 vers qui n'a pas non plus été publié dans le recueil général parce qu'il était trop critique envers l'autorité, l'organisation des prisons et les gens d'église.

Psaumes (1541)

Dès son retour à Paris, après son exil de Ferrare, Marot traduit 30 psaumes de David mis en rimes françaises. La Sorbonne ne réagit qu'un peu plus tard, après une réédition de l'*Enfer* : Marot s'exile à Genève où il publie, avec l'aide de Calvin, 20 nouveaux psaumes.

L'ART DE MAROT

Pour ses débuts poétiques, Marot n'est que l'imitateur du style très conventionnel des Grands Rhétoriqueurs. Sa vie à la cour le contraint également à rédiger un bon nombre de poèmes de circonstances et d'œuvres de commande.

Mais il s'empare très vite du genre de l'épître, pour le marquer de sa personnalité. Il y brille par son humour, élément jusque-là absent de ce genre, et obtient les faveurs du roi.

Lorsqu'il est emprisonné, au lieu de faire appel à la pitié du roi et de se lamenter sur son sort, il présente sa captivité comme un séjour un peu particulier dans un lieu particulier. Cet humour et sa passion pour les jeux de mots (sur son propre nom par exemple) ont fait de Marot un poète spirituel et apprécié, de Rabelais par exemple.

Mais ce poète badin [2], léger, pouvait également être très sérieux comme le montre sa traduction des *Psaumes* : Marot a transposé ceux-ci pour qu'ils puissent être chantés. Il a inventé des structures rythmiques qui constitueront un répertoire pour ses successeurs. Pour ses épîtres, Marot a choisi le vers de dix pieds, ou décasyllabe.

Marot est à la fois un héritier du Moyen Age qui ne veut pas rompre avec tout ce que lui ont légué ses pères et un humaniste qui cultive les lettres antiques. Autour du poète s'est créée une école marotique contre laquelle s'est trop vite insurgée la Pléiade, qui n'y voyait qu'un culte de la tradition. L'œuvre de Marot a longtemps souffert d'être à la jonction entre deux époques, mais on y reconnaît maintenant le talent d'un précurseur.

1. *Poèmes sous forme de lettres.*
2. *Qui aime à plaisanter.*

BIBLIOGRAPHIE

P. Jourda, *Marot, l'homme et son œuvre,* Paris, Boivin, 1950, Connaissance des lettres.

L'ADOLESCENCE CLÉMENTINE

Un poète de la transition

Ce poème est intéressant, dans la mesure où il est très révélateur de la place qu'occupe Marot dans la littérature du XVIe siècle : restant fidèle à des formes poétiques difficiles, il y apparaît comme un intermédiaire entre les Rhétoriqueurs du XVe siècle et une poésie plus légère, plus classique. Rappelons que le rondeau apparaît vers 1250 au nord de la Loire et que son nom vient de la danse, plus exactement de la ronde. C'est un poème à l'architecture très stricte, composé de plusieurs strophes de quatre vers. Ce rondeau a été écrit en 1526 ; Marot avait « mangé du lard en carême » et il avait été emprisonné pour cela à Paris puis à Chartres, où il avait été libéré le 1er mai sur ordre de François Ier. Il s'agit ici d'un rondeau redoublé, forme particulièrement difficile.

RONDEAU PARFAIT À SES AMIS

En liberté maintenant me pourmaine [1]
Mais en prison pourtant je fus cloué :
Voilà comme Fortune me demaine [2]
C'est bien et mal. Dieu soit du tout [3] loué.

Les envieux ont dit que de Noué [4]
N'en sortirais : que la Mort les emmène.
Malgré leur dens [5] le nœud est dénoué :
En liberté maintenant me pourmaine.
Pourtant si j'ai fâché la Court Romaine,
Entre méchants ne fus jamais alloué [6]
De bien famés [7], j'ai hanté le domaine,
Mais en prison pourtant je fus cloué.

Car aussitôt que fus désavoué
De celle-là qui me fut tant humaine [8],
Bientôt après à saint Pris [9] fut voué ;
Voilà comment Fortune me demaine.
J'eus à Paris prison fort inhumaine ;
A Chartres fus doucement encloué,
Maintenant vais où mon plaisir me maine.
C'est bien et mal. Dieu soit loué du tout loué.

Au fort [10], amis, c'est à vous bien joué,
Quand votre main hors du per [11] me ramaine.
Écrit et fait d'un cœur bien enjoué,
Le premier jour de la verte semaine [12]
En liberté.

1. Promène.
2. Me traite.
3. Sans restriction.
4. Jusqu'à Noël.
5. Leur envie.
6. Placé.
7. Des gens de bien.
8. Peut-être une amie de Marot qui avait contribué à son emprisonnement.
9. Calembour : pris = captif.
10. En résumé.
11. Me tire hors du pair.
12. La première semaine de mai.

MAROT

Un homme et un poète habile

Marot s'adresse au roi après avoir été malade, puis volé par un valet malhonnête. Il ne s'abaisse ni à supplier, ni à mendier. L'art de solliciter de l'argent de François Ier est fort subtil ; Marot n'hésite pas à utiliser un ton humoristique (et à faire des jeux de mots sur son propre nom).

Je ne dis pas, si voulez rien [1] prêter,
Que ne le prenne. Il n'est point de prêteur
(S'il veut prêter) qui ne fasse un debteur [2]
Et savez-vous, Sire, comment je paie ?
Nul ne le sait, si premier ne l'essaie ;
Vous me devrez (si je puis) de retour,
Et vous ferai encores [3] un bon [4] tour.
A cette fin qu'il n'y ait faute [5] nulle,
Je vous ferai une belle cédule [6],
A vous payer (sans usure [7], il s'entend)
Quand on verra tout le monde content ;
Ou, si vous voulez, à payer ce sera
Quand votre los [8] et renom cessera.
Et si sentez que suis faible de reins
Pour vous payer, les deux princes Lorrains [9]
Me plègeront [10]. Je les pense si fermes
Qu'ils ne faudront [11] pour moi à l'un des termes [12].
Je sais assez que vous n'avez pas peur
Que je m'enfuie ou que je sois trompeur ;
Mais il fait bon assurer ce qu'on prête.
Bref, votre paie, ainsi que je l'arrête [13],
Est aussi sûre, advenant [14] mon trépas,
Comme advenant que je ne meure pas.
Avisez donc si vous avez désir
De rien prêter : vous me ferez plaisir,
Car, puis un peu, j'ai bâti à Clément,
Là où j'ai fait un grand déboursement,
Et à Marot, qui est un peu plus loin :
Tout tombera, qui n'en aura le soin.
Voilà le point principal de ma lettre ;
Vous savez tout, il n'y faut plus rien mettre.
Rien mettre ? Las ! Certes, et si [15] ferai ;
Et ce faisant, mon style j'enflerai,
Disant : « O Roi amoureux des neuf Muses,
Roi en qui sont leurs sciences infuses,
Roi plus que Mars d'honneur environné,
Roi le plus roi qui fut oncq [16] couronné,
Dieu tout puissant te doint [17], pour t'étrenner [18],
Les quatre coins du monde gouverner,
Tant pour le bien de la ronde machine [19],
Que pour autant que sur tous [20] en es digne. »

Épitre XXVII — (fin d'un poème de 130 vers) 1531.

1. Quelque chose.
2. Débiteur.
3. Encore.
4. Profitable (pour vous).
5. Manquement, défaut.
6. Promesse de payer.
7. Intérêt.
8. Louange, gloire.
9. Claude de Lorraine, duc de Guise et son frère le cardinal Jean de Lorraine, appréciés du roi, mais sans grandes ressources.
10. Cautionneront.
11. Failliront pas.
12. Échéance.
13. Le fixe, le détermine.
14. Si mon trépas advient ; si je meurs.
15. Et ainsi ferai.
16. Jamais.
17. Te donne (subj.)
18. Donner en cadeau.
19. La terre ; le globe terrestre.
20. Que parce que tu en es plus digne que tous les autres.

RABELAIS (1494 ?-1553)

A l'image de ses gigantesques héros, l'œuvre de Rabelais domine tout le début du XVIe siècle. Cette œuvre touffue et luxuriante traite sur un mode enjoué de tous les grands problèmes de l'époque. Rien d'étonnant à ce que son auteur, au fil des siècles, ait reçu les étiquettes les plus diverses : Rabelais a pu tour à tour passer pour un sceptique, un rationaliste ou un joyeux pourfendeur de l'ordre. Il faut se garder de systématiser. L'œuvre est là : immense, contradictoire, inépuisable.

LA VIE

Rabelais est né en 1494 près de Chinon dans une famille de la moyenne bourgeoisie : son père était avocat et propriétaire terrien.

Après des études ecclésiastiques, il devient moine en 1520. Avec quelques érudits, il forme un de ces petits cénacles [1] qui contribuent à l'épanouissement en France du mouvement humaniste, déjà si brillant en Italie. Ils lisent les textes anciens que les recherches italiennes et l'invention de l'imprimerie viennent de révéler au monde. Ils étudient le grec, le latin, la littérature italienne, la philosophie antique (Platon, Aristote), ils retrouvent le vieux droit romain, la science antique dans les ouvrages des médecins grecs et l'histoire naturelle de Pline.

La faculté de théologie, la Sorbonne, qui maintient les traditions du Moyen-Age, interdit l'étude du grec, taxé d'hérésie. Le supérieur de l'ordre s'inquiète du mouvement intellectuel du cénacle qui doit alors se disperser ; Rabelais passe dans un ordre monastique plus tolérant.

En 1530, il quitte l'habit de moine et va étudier le droit, puis la médecine, dans diverses universités de France. En 1532, Rabelais est médecin à Lyon. Il prône l'observation directe de la nature et fait en public une des premières dissections (les dissections sur des corps humains avaient longtemps été interdites par l'Église).

En 1532, il publie sa première œuvre, *Pantagruel,* aussitôt condamnée par la Sorbonne. Rabelais suit alors à Rome le cardinal Jean du Bellay (oncle du poète) en qualité de secrétaire et médecin.

En 1534 paraît *Gargantua* en réponse aux attaques contre Pantagruel ; malheureusement, c'est le moment de l'Affaire des placards et le livre est condamné. Rabelais disparaît, et pendant onze ans il va s'abstenir, par prudence, de toute publication. Il consacre ces années à des voyages en Italie, à l'exercice et à l'enseignement de la médecine. Il devient moine séculier (moine qui vit dans le monde, sans suivre la règle d'un monastère). En 1535, il publie le *Tiers livre,* condamné par la Sorbonne, bien que son auteur soit protégé par François Ier. Rabelais se réfugie à Metz, après le supplice d'Étienne Dolet [2]. Le *Quart livre,* paru en 1552, est lui ausi condamné. Rabelais s'enfuit et peut-être même connaît-il la prison. Il meurt en 1553 et le *Cinquième livre* paraît en 1564.

L'ŒUVRE

Les cinq livres forment une somme encyclopédique qui se découpe sur un fond de pampres [3] et de vignes. C'est une épopée bouffonne, truffée de détails comiques, d'inventions de langage et de réminiscences érudites.

Pantagruel (1532)

Après des explications fantaisistes sur l'origine des géants, Rabelais commence son récit à la naissance de Pantagruel, gigantesque nourrisson au monstrueux appétit. Devenu adulte, Pan-

1. Réunion de gens qui partagent les mêmes idées, les mêmes goûts.
2. En 1546 l'imprimeur humaniste Etienne Dolet est brûlé vif, victime de l'intolérance religieuse.
3. Branche de vigne avec les feuilles et les grappes.

Le vin est sans cesse présent dans les œuvres de Rabelais. Bois sculpté du XVIe siècle. (Stalles de l'église de Montréal en Bourgogne, sculptées par les frères Rigoley en 1522.)

tagruel quitte son pays d'Utopie pour s'instruire dans diverses universités de France ; il est rappelé chez lui par une guerre que Rabelais présente comme une épopée burlesque.

Gargantua (1534)

Dans sa préface, Rabelais avertit le lecteur que son livre possède un sens profond, beaucoup plus subtil que ne le laissent croire ses dehors burlesques.
Le récit commence à la naissance de Gargantua [1] ; puis Rabelais s'attache à l'éducation de son héros. C'est un prétexte pour attaquer l'enseignement de la Sorbonne et présenter l'idéal pédagogique d'un homme de la Renaissance.
La guerre éclate : Grandgousier, père de Gargantua, est attaqué par le seigneur Picrochole à la suite d'une querelle entre vignerons et fouaciers (fabricants de galettes). Il fait tout pour éviter la guerre, mais Picrochole, ivre de conquêtes, refuse toute conciliation. Grandgousier fait venir Gargantua à son aide. Après la victoire de Grandgousier, les prisonniers et les vaincus sont traités avec humanité. Puis on récompense les vainqueurs : frère Jean des Entommeures fait bâtir l'abbaye de Thélème, une cour de la Renaissance où seigneurs et dames vivent dans une atmosphère de culture et de politesse. La liberté y règne, suivant la devise : « Fais ce que voudras ».

Le Tiers livre (1546)

On assiste à une enquête de Panurge qui interroge chacun pour savoir s'il doit se marier. Pantagruel devient le symbole de la réflexion sereine qui plane au-dessus des passions. C'est un livre bien différent des deux premiers, plus érudit et plus violent dans son attaque contre la Sorbonne.

Le Quart livre (1552)

Il conte les aventures de Panurge et Pantagruel partis en mer pour aller consulter l'oracle de la Dive Bouteille. C'est un livre plein de fantaisie, où Rabelais fait la satire de l'Église romaine, mais aussi des protestants, et où il exalte la nature.

Le Cinquième livre (posthume)

Bien que son authenticité soit discutée, il complète les livres précédents en racontant la fin du voyage. Parvenus au terme de leur périple, les voyageurs entendent enfin la réponse de l'oracle : « Trinch » (« Buvez ») que la prêtresse de Bacbuc (la Bouteille) commente ainsi : « Soyez vous-mêmes interprètes de votre entreprise ». C'est un renvoi de l'homme à lui-même qui ne doit pas chercher aide et secours dans une quelconque autorité supérieure ou autre médiation occulte, mais doit trouver son équilibre en lui-même et par lui-même. La vérité ne peut être extérieure à l'homme et chacun la trouvera qui s'en donnera la peine.

LA PENSÉE DE RABELAIS

La pédagogie

Rabelais éprouve une grande aversion pour l'éducation scolastique de la fin du Moyen-Age,

1. *Gargantua est le père de Pantagruel.*

bornée à des théories abstraites de théologie, de logique et de droit. Au fil des pages, il propose une nouvelle façon d'éduquer l'homme.
Il y a d'abord les programmes d'éducation de ses héros. Le jeune Gargantua reçoit surtout une éducation physique et scientifique. Il ne doit manquer aucune occasion de s'instruire et doit avoir sans cesse l'esprit curieux. Ensuite, dans le deuxième programme que représente la lettre du vieux Gargantua à son fils Pantagruel, étudiant à Paris, l'auteur vise davantage la formation littéraire et morale « parce que science sans conscience n'est que ruine de l'âme ».
Mais l'œuvre toute entière a une valeur éducative et suggère de nouvelles orientations, dévoile une nouvelle façon d'appréhender le monde. La base de la conception rabelaisienne de l'éducation est de faire confiance à l'homme, de croire que l'homme est bon et qu'il convient non de brider sa nature mais de la développer toute entière : cœur, esprit et corps. Il se refuse alors à séparer théorie et pratique, sensation et connaissance, émotion et intelligence. L'homme est un tout qu'il faut développer harmonieusement.
En dépit de la justesse et de la générosité de certaines vues, on n'en retire pas moins l'impression que les idées pédagogiques de Rabelais sont irréalisables. Elles sont plus une profession de foi (confiance dans le progrès et les possibiliés d'épanouissement de l'homme) que des recettes pratiques destinées à l'éducation des enfants. Par leur démesure, elles symbolisent l'euphorie d'une époque curieuse et avide de savoir.

La politique et la guerre

A l'occasion de la guerre picrocholine, Rabelais condamne les guerres féodales qui ravagent la nature et le travail des paysans. Il condamne aussi les guerres de conquête et ne soutient pas la politique de François Ier et ses expéditions en Italie. Il ne justifie que les guerres défensives, sous certaines conditions : Grandgousier, souverain modèle, n'entre en guerre qu'après avoir tenté de négocier ; victorieux, il traite humainement les vaincus.
Rabelais critique également le système féodal et la politique ambitieuse du pape et de l'Église catholique en France, parce qu'ils limitent le pouvoir du roi et nuisent à l'intérêt national. Il pense que le pouvoir doit être dans les mains d'un souverain cultivé, raisonnable et humain. Il souhaiterait une sorte de contrat entre le peuple et le roi. Une monarchie de droit divin ne peut donc le satisfaire.

La religion

Rabelais s'est attaqué au pouvoir temporel de Rome et de l'Église catholique en France. Il a détesté les monastères qui éloignent les moines de la vie et leur imposent un ascétisme contre nature. Il s'est attaqué à la Sorbonne parce qu'elle incarnait un catholicisme étroit et intransigeant, et parce qu'il détestait les disputes théologiques. Il a recommandé de se débarrasser des gloses [1] et de toutes les règles que l'Église a pu ajouter aux Dix commandements de la Bible. Il conseille de renoncer à toutes les cérémonies inutiles, aux pélerinages, et de s'en tenir à la lecture du Nouveau Testament et à la prière. C'est ainsi que vivent les moines de l'abbaye de Thélème où aucun prêtre ne célèbre l'office. En recommandant de revenir aux sources de la pensée religieuse, il est proche de Calvin ; cependant il s'oppose à lui dans la mesure où Calvin incarne le mépris des choses terrestres. Victor Hugo résume ainsi la différence de position entre la Réforme et Rabelais : « Rabelais, médecin et curé, tâte le pouls à la papauté. Il hoche la tête, et, il éclate de rire. Est-ce parce qu'il a trouvé la vie ? Non, c'est parce qu'il a senti la mort. Cela expire en effet. Pendant que Luther réforme, Rabelais bafoue. Lequel va le mieux au but ? Rabelais bafoue le moine, bafoue l'évêque, bafoue le pape. » [2]

La morale

La morale de Rabelais est indépendante de la théologie ; il invite le lecteur à une réflexion personnelle qui permet de passer de l'univers de la tradition à celui de la maturation personnelle. Il emprunte certains aspects de sa morale au stoïcisme : l'homme doit assumer son destin dans la sérénité, apprendre à se résigner face aux événements sur lesquels il n'a pas prise.
L'optimisme domine cependant son œuvre. Rabelais a foi en Dieu et en l'homme. Il pense que la bonté de Dieu se reflète dans sa création et que l'homme instruit, vivant dans de bonnes conditions — comme dans l'abbaye de Thélème — est naturellement poussé vers le bien ; c'est pourquoi il s'élève contre l'ascétisme considéré comme une mutilation et réclame l'épanouissement physique et moral de tout l'être humain. En outre, Rabelais croit au progrès de l'humanité grâce à la science. L'homme doit acquérir le plus de connaissances possible et appliquer son savoir à améliorer ses conditions de vie ; la morale de Rabelais est essentiellement dynamique. Pourtant, cet optimisme se ternit quelque peu dans les derniers livres, qui sont marqués par le scepticisme.

L'ART DE RABELAIS

Il se caractérise par une grande imagination, qui cependant n'exclut pas le réalisme, par la richesse et l'originalité de la langue et enfin par le rire et la verve comique.

1. *Explications, interprétations d'un texte obscur.*
2. *Victor Hugo, extrait de William Shakespeare.*

L'imagination

Le premier signe de cette imagination féconde est la démesure. Les héros de Rabelais sont gigantesques et leurs aventures ne le sont pas moins. Le second signe, c'est la fantaisie : tout est bon pour faire une histoire, même les idées les plus folles ou les plus saugrenues, telle cette bataille contre les Andouilles [1] au *Quart livre*.

Le réalisme

Cet univers merveilleux ne manque cependant pas de réalisme. Il y a toujours des détails, des éléments du décor qui rappellent des lieux précis et situent l'action de façon bien réelle. Dans le champ de bataille des guerres picrocholines on peut reconnaître un coin de la vallée de la Vienne, au sud de Chinon ; quant à la variété des types sociaux présentés (bergers, juges, moines, médecins), ils montrent tous un grand don d'observation qui peut aller jusqu'à la caricature.

La langue

La langue de Rabelais contribue beaucoup à l'originalité de son œuvre. C'est sans doute là que s'exerce le mieux sa liberté. Il fait des emprunts aux langues étrangères, au latin et au grec, aux dialectes et aux différents vocabulaires techniques. Il invente, déforme, transpose des mots et des expressions, se complaît dans des étymologies farfelues et des onomatopées [2] cocasses ; il se livre à un véritable jeu avec le langage, comme peut-être seuls ont ensuite osé le faire les auteurs du XXe siècle.

Le rire

Le rire communicatif de Rabelais provient d'une vision joyeuse du monde et d'une attitude positive devant la vie. Ceux qui ne savent pas rire, comme Picrochole, sont fanatiques et dangereux parce qu'ils refusent l'ironie sur eux-mêmes, qu'ils refusent de se mettre en question. Ne pas rire c'est mutiler l'homme, c'est faire la bête :

« Mieux est de ris que des larmes écrire,
Pour ce que rire est le propre de l'homme. » [3]

Le rire de Rabelais est signe de confiance dans l'homme, dans ses aspects multiples et mêmes contradictoires.

L'énorme rire de Rabelais provient également de la gaîté du temps. C'est un rire décapant, grossier aussi, qui ne respecte rien et rappelle les farces des étudiants du Moyen Age.

Parfois le rire se fait étonnamment agressif, sans pitié pour les victimes de Panurge par exemple ; on rit du sang, on rit des larmes et du malheur des autres. C'est un trait de l'époque que l'on retrouve dans d'autres œuvres de la Renaissance. Faut-il rire, faut-il pleurer ? Même Gargantua ne sait pas la réponse, lui qui, au moment de la mort de sa femme, « pleure comme une vache », mais rit dans ses larmes et se réjouit de la naissance de son fils. La vie et la mort se mêlent et l'ambiguïté du rire est à l'image d'un siècle tiraillé entre l'espoir et le doute qui portera d'ailleurs son ombre sur les dernières productions de Rabelais.

L'œuvre de Rabelais n'a pas fini d'alimenter les critiques tant elle est dense et originale. Il serait vain de vouloir à son tour la classer dans une catégorie. Il est important de comprendre que cet « éclat de rire énorme » (Victor Hugo) annonce avec fracas le début d'une époque qui cherche à se libérer des tabous, des conventions et des interdits. Les grossièretés, les fautes de goût et les répétitions sont dans la nature d'une telle entreprise qui, à travers ces bons géants, cherchait à faire entrevoir les formidables possibilités qui existaient dans l'homme.

1. *Sorte de saucisses.*
2. *Créations de mots suggérant, par imitation phonétique, les choses dénommées.*
3. *Rabelais, Gargantua, « Aux lecteurs » ; cette maxime célèbre, devenue le symbole de la gaieté rabelaisienne est tirée d'Aristote.*

BIBLIOGRAPHIE
Jean Paris, *Rabelais au futur*, Paris, Seuil, 1970.
Mikhaïl Bakhtine, *L'œuvre de François Rabelais et la culture populaire au Moyen Age et sous la Renaissance*, traduction française Gallimard, 1970 (ouvrage très intéressant ; Rabelais vu par un critique russe).

PANTAGRUEL

Quelle attitude adopter devant la vie ?

Après avoir donné une généalogie fantaisiste de Pantagruel, qu'il rattache à une race de géants née après le meurtre d'Abel par Caïn, Rabelais nous raconte comment, à l'âge de « quatre-vingt quarante et quatre ans », Gargantua eut de sa femme Badebec un garçon. Mais la mère meurt à la naissance de Pantagruel. En théorie, toute vie est vouée à la mort et toute mort permet le renouvellement de la vie. Mais lorsque la théorie s'incarne dans un cas personnel il devient difficile de faire la part des choses. Gargantua, qui ne sait s'il doit pleurer ou rire en est un exemple, traité sur le mode comique.

Quand Pantagruel fut né, qui fut bien ébahi et perplexe ? Ce fut Gargantua son père. Car, voyant d'un côté sa femme Badebec morte, et de l'autre son fils Pantagruel né, tant beau et tant grand, ne savait que dire ni que faire, et le doute qui troublait son entendement [1] était à savoir s'il devait pleurer pour le deuil de sa femme, ou rire pour la joie de son fils. D'un côté et d'autre, il avait arguments sophistiqués [2] qui le suffoquaient, car il les faisait très bien *in modo et figura* [3], mais il ne les pouvait souldre [4] et par ce moyen, demeurait empêtré comme la souris empeigée [5] ; ou un milan pris au lacet.

« Pleurerai-je ? disait-il. Oui, car pourquoi ? Ma tant bonne femme est morte, qui était la plus ceci, la plus cela qui fût au monde. Jamais je ne la verrai, jamais je n'en recouvrerai une telle : ce m'est une perte inestimable. O mon Dieu ! que t'avais-je fait pour ainsi me punir ? Que n'envoyas-tu la mort à moi premier qu'à elle ? car vivre sans elle ne m'est que languir. Ha ! Badebec, ma mignonne, m'amie, ma tendrette, ma savate, ma pantoufle, jamais je ne te verrai. Ha ! pauvre Pantagruel, tu as perdu ta bonne mère, ta douce nourrice, ta dame très aimée. Ha ! fausse [6] mort, tant tu m'es malivole [7], tant tu m'es outrageuse, de me tollir [8] celle à laquelle immortalité appartenait de droit ».

Et, ce disant, pleurait comme une vache, mais tout soudain riait comme un veau, quand Pantagruel lui venait en mémoire. «Ho ! mon petit fils, disait-il, mon peton [9], que tu es joli ! et tant je suis tenu [10] à Dieu de ce qu'il m'a donné un si beau fils, tant joyeux, tant riant, tant joli. Ho, ho, ho, ho ! que je suis aise ! buvons. Ho ! laissons toute mélancolie ; apporte du meilleur, rince les verres, boute [11] la nappe, chasse ces chiens, souffle ce feu, allume la chandelle, ferme cette porte, taille ces soupes [12], envoie ces pauvres, baille-leur [13] ce qu'ils demandent, tiens ma robe que je me mette en pourpoint pour mieux festoyer les commères ».

Ce disant, ouït la litanie et les mémentos [14] des prêtres qui portaient sa femme en terre, dont laissa son bon propos et tout soudain fut ravi [15] ailleurs disant : Seigneur Dieu, faut-il que je me contriste encore ? Cela me fâche, je ne suis plus jeune, je deviens vieux, le temps est dangereux, je pourrai prendre quelque fièvre : me voilà affolé. Foi de gentilhomme, il vaut mieux pleurer moins et boire davantage. Ma femme est morte, eh bien, par Dieu (*da jurandi* [16]), je ne la ressusciterai pas par mes pleurs.

1. Raison.
2. Logiques.
3. Selon les méthodes (modes et figures) des logiciens.
4. Résoudre.
5. Prise dans la poix.
6. Trompeuse.
7. Malveillante.
8. Enlever.
9. Petit pied.
10. Reconnaissant.
11. Mets.
12. Tranche de pain.
13. Donne-leur.
14. Prières.
15. Distrait.
16. « Donne-moi (la permission) de jurer ».

Elle est bien ; elle est en paradis pour le moins, si mieux n'est. Elle prie Dieu pour nous ; elle est bien heureuse ; elle ne se soucie plus de nos misères et calamités. Autant nous en pend à l'œil[17] : Dieu gard' le demeurant. Il me faut penser d'en trouver une autre.

Pantagruel,
Chap III.

17. Nous attend.

Première page de l'édition de 1537 de Pantagruel. *L'image représente Pantagruel tenant la « dive bouteille » et deux de ses compagnons, probablement Panurge à gauche et Epistémon, le précepteur. (Bibliothèque Nationale, Paris.)*

Rabelais, la nouvelle culture

Après avoir visité plusieurs universités de province, Pantagruel part étudier à Paris. Il se donne beaucoup de mal, mais, dans une longue lettre, son père Gargantua l'exhorte à travailler encore davantage et à profiter de toutes les occasions de s'instruire. Cette lettre traduit le gigantesque enthousiasme de l'époque pour la culture qui mène à la connaissance, au progrès, en un mot, à la lumière.

Encore que mon feu père, de bonne mémoire, Grandgousier, eût adonné tout son étude à ce que je profitasse en toute perfection et savoir politique et que mon labeur et étude correspondît très bien, voire encore outrepassât son désir, toutefois, comme tu peux bien entendre, le temps n'était tant idoine[1] ni commode ès lettres comme est de présent, et n'avais copie[2] de tels précepteurs comme tu as eu. Le temps était encore ténébreux et sentant l'infélicité et calamité des Goths[3] qui avaient mis à destruction toute bonne littérature. Mais, par la bonté divine, la lumière et dignité a été de mon âge rendue ès lettres, et y vois tel amendement que de présent à difficulté serais-je reçu en la première classe des petits grimauds[4], qui[5], en mon âge viril, étais (non à tort) réputé le plus savant dudit siècle…

1. Approprié.
2. Abondance.
3. Dénomination péjorative des gens du Moyen Age
4. Écoliers.
5. Moi qui.

« Maintenant toutes disciplines sont restituées, les langues instaurées : grecque, sans laquelle c'est honte qu'une personne se dise savant ; hébraïque. chaldaïque, latine. Les impressions [6] tant élégantes et correctes en usance, qui ont été inventées de mon âge par inspiration divine, comme, à contre-fil, l'artillerie par suggestion diabolique. Tout le monde est plein de gens savants, de précepteurs très doctes, de librairies [7] très amples, et m'est avis que ni au temps de Platon, ni de Cicéron, ni de Papinien [8] n'était telle commodité d'étude qu'on y voit maintenant ; et ne se faudra plus dorénavant trouver en place ni en compagnie, qui ne sera [9] bien expoli [10] en l'officine de Minerve. Je vois les brigands, les bourreaux, les aventuriers, les palefreniers de maintenant plus doctes que les docteurs et prêcheurs de mon temps.

« Que dirai-je ? Les femmes [11] et les filles ont aspiré à cette louange et manne céleste de bonne doctrine. Tant y a qu'en l'âge où je suis, j'ai été contraint d'apprendre les lettres grecques, lesquelles je n'avais contemnées [12] comme Caton, mais je n'avais eu loisir de comprendre en mon jeune âge, et volontiers me délecte à lire les *Moraux* [13] de Plutarque, les beaux *Dialogues* de Platon, les *Monuments* de Pausanias [14] et *Antiquités* d'Athe neus [15] ; attendant l'heure qu'il plaira à Dieu mon créateur m'appeler et commander issir [16] de cette terre.

« Par quoi, mon fils, je t'admoneste qu'emploies ta jeunesse à bien profiter en étude et en vertu. Tu es à Paris, tu as ton précepteur Épistémon, dont l'un par vives et vocales instructions, l'autre [17] par louables exemples, te peut endoctriner. J'entends et veux que tu apprennes les langues parfaitement, premièrement la grecque, comme le veut Quintilien [18], secondement la latine, et puis l'hébraïque pour les saintes lettres, et la chaldaïque et arabique pareillement, et que tu formes ton style, quant à la grecque, à l'imitation de Platon, quant à la latine, à Cicéron ; qu'il n'y ait histoire que tu ne tiennes en mémoire présente, à quoi t'aidera la cosmographie [19] de ceux qui en ont écrit. Des arts libéraux, géométrie, arithmétique et musique, je t'en donnai quelque goût quand tu étais encore petit, en l'âge de cinq à six ans ; poursuis le reste, et d'astronomie saches-en tous les canons [20]. Laisse-moi l'astrologie divinatrice et l'art de Lullius [21], comme abus et vanités. Du droit civil, je veux que tu saches par cœur les beaux textes et me les confères [22] avec philosophie.

« Et quand à la connaissance des faits de nature, je veux que tu t'y adonnes curieusement [23] qu'il n'y ait mer, rivière ni fontaine dont tu ne connaisses les poissons ; tous les oiseaux de l'air, tous les arbres, arbustes et fructices des forêts, toutes les herbes de la terre, tous les métaux cachés au ventre des abîmes, les pierreries de tout Orient et Midi, rien ne te soit inconnu.

« Puis, soigneusement revisite les livres des médecins grecs, arabes et latins, sans contemner [24] les talmudistes et cabalistes [25], et par fréquentes anatomies [26] acquiers-toi parfaite connaissance de l'autre monde qui est l'homme. Et par quelques heures du jour commence à visiter les saintes lettres, premièrement en grec le *Nouveau Testament* et *Epîtres des Apôtres,* et puis en hébreu le *Vieux Testament.* Somme [27], que je voie un abîme de science, car dorénavant que tu deviens homme et te fais grand, il te faudra issir de cette tranquillité et repos d'étude et apprendre la chevalerie et les armes pour défendre ma maison et nos amis secourir en tous leurs affaires

6. Livres imprimés.
7. Bibliothèques.
8. Jurisconsulte latin.
9. Si l'on n'est.
10. Perfectionné.
11. Marguerite de Navarre, Louise Labé (voir p. 80 à 84).
risme sous François Ier).
12. Méprisées.
13. Œuvres morales.
14. Historien et géographe grec.
15. Grammairien grec.
16. Sortir.
17. Paris.
18. Critique latin.
19. Géographie.
20. Règles.
21. Raymon Lulle (XIIIe siècle), célèbre alchimiste espagnol.
22. Compares.
23. Avec soin.
24. Mépriser.
25. Médecins juifs très estimés à l'époque.
26. Dissections.
27. En somme.

contre les assauts des malfaisants. Et veux que, de bref [28], tu essaies combien tu as profité, ce que tu ne pourras mieux faire que tenant conclusions en tout savoir, publiquement, envers tous et contre tous, et hantant les gens lettrés qui sont tant à Paris comme ailleurs.

« Mais parce que, selon le sage Salomon, sapience [29] n'entre point en âme malivole [30], et science sans conscience n'est que ruine de l'âme [31], il te convient servir, aimer et craindre Dieu et en lui mettre toutes tes pensées et tout ton espoir, et par foi, formée de charité, être à lui adjoint, en sorte que jamais n'en sois désemparé [32] par péché. Aie suspects les abus du monde. Ne mets ton cœur à vanité, car cette vie est transitoire, mais la parole de Dieu demeure éternellement. Sois serviable à tous tes prochains et les aime comme toi-même. Révère tes précepteurs, fuis les compagnies de gens esquels tu ne veux point ressembler, et, les grâces que Dieu t'a données, icelles ne reçois en vain. Et quand tu connaîtras que auras tout le savoir de par delà acquis, retourne vers moi afin que je te voie et donne ma bénédiction devant que mourir.

« Mon fils, la paix et grâce de Notre Seigneur soit avec toi, *amen.* D'Utopie, ce dix-septième jour du mois de mars, Ton père, Gargantua. »

Pantagruel,
Chap. VIII.

28. Bientôt.
29. Sagesse.
30. Mauvaise.
31. Une des phrases-clef du texte.
32. Séparé.

GARGANTUA

Un camelot de la littérature

Dans ce prologue de** Gargantua, **Rabelais apostrophe sans ménagement ses lecteurs qu'il affuble d'emblée de qualificatifs gaillards (buveurs, vérolés). Comme un camelot, un vendeur des rues qui manipule adroitement son auditoire pour vanter sa marchandise, Rabelais nous fait miroiter les trésors cachés (« la substantifique moëlle ») d'une œuvre en apparence bouffonne. Il nous avertit que derrière le rire il y a de hautes considérations sur la religion et la politique. Ce sera au lecteur de juger par la suite si Rabelais a tenu parole, mais on peut déjà goûter la verve de ce bonimenteur de génie qui ne s'embarrasse pas de littérature et, par ses comparaisons, ramène toutes les activités humaines à un dénominateur commun : un appétit insatiable, un formidable désir d'ingurgiter, une boulimie [1] universelle.

Buveurs très illustres, et vous, vérolés [2] très précieux, — car à vous, non à autres, sont dédiés mes écrits — Alcibiade, au dialogue de Platon intitulé *Le banquet*, louant son précepteur Socrate, sans controverse prince des philosophes, entre autres paroles le dit être semblable aux Silènes. Silènes étaient jadis petites boîtes, telles que voyons à présent dans les boutiques des apothicaires, peintes au-dessus de figures joyeuses et frivoles, telles que des harpies [3], satyres [4], oisons bridés [5], lièvres cornus, canes bâtées, boucs volants, cerfs limoniers et autres telles peintures contrefaites [6] à plaisir pour

1. Grande faim.
2. Ceux qui ont la vérole, la syphilis.
3. Monstres ailés ayant un visage de femme et un corps de vautour.
4. Êtres ayant un corps humain, des cornes et des pieds de boucs.

Gravure sur bois exécutée pour illustrer le caractère débridé et fantastique de l'œuvre de Rabelais (1573). (Bibliothèque Nationale, Paris.)

exciter[7] le monde à rire (tel fut Silène, maître du bon Bacchus) ; mais au-dedans l'on réservait[8] les fines drogues, comme baume[9], ambre[10] gris, amomon[11], musc[12], civette[13], pierreries et autres choses précieuses. Tel disait[14] être Socrate, parce que, le voyant au-dehors et l'estimant[15] par l'extérieure apparence n'en eussiez donné un coupeau[16] d'oignons tant laid il était de corps et ridicule en son maintien, le nez pointu, le regard d'un taureau, le visage d'un fol, simple en mœurs, rustique en vêtements, pauvre de fortune, infortuné en femmes, inapte à tous offices de la république, toujours riant, toujours buvant d'autant[17] à un chacun, toujours se guabelant[18], toujours dissimulant son divin savoir ; mais, ouvrant cette boîte, eussiez au-dedans trouvé une céleste et inappréciable drogue : entendement plus qu'humain, vertu merveilleuse, courage invincible, sobriété non pareille, contentement certain, assurance parfaite, mépris incroyable pour tout ce pourquoi les humains tant veillent, courent, travaillent, naviguent et bataillent.

A quel propos, en votre avis, tend ce prélude et coup d'essai ? C'est parce que vous, mes bons disciples, et quelques autres fous désœuvrés, lisant les joyeux titres de quelques livres de notre invention comme *Gargantua, Pantagruel, Fessepinte*[19], *La dignité des braguettes, Des pois au lard cum commento,* etc., jugés trop facilement n'être au-dedans traité que moqueries, folâtreries et menteries joyeuses, vu que l'enseigne extérieure (c'est le titre), sans que l'on cherche à s'informer davantage, est communément reçue en dérision et gaudisserie[20]. Mais par telle légèreté ne convient estimer les œuvres des humains. Car vous-mêmes dites que l'habit ne fait point le moine et tel est vêtu d'habit monacal, qui au-dedans n'est rien moins que moine, et tel est vêtu de cape Espagnole, qui en son courage n'appartient nullement à l'Espagne. C'est pourquoi faut ouvrir le livre et soigneusement peser ce qui y est développé. Alors connaîtrez que la drogue dedans contenue est bien d'autre valeur que ne promettait la boîte, c'est-à-dire que les matières ici traitées ne sont pas aussi folâtres que le titre au-dessus prétendait.

5. Monstres de fantaisie inventés par Rabelais : « oisons bridés » ayant une bride comme les chevaux ; « lièvres cornus », ayant des cornes comme les vaches ; « cerfs limoniers », attelés au limon (ou timon) d'une charrette.
6. Déformées.
7. Inciter.
8. On mettait en réserve.
9. Plante qui sent bon.
10. Substance parfumée d'origine animale.
11. Parfum tiré d'une plante exotique.
12. Substance très odorante d'origine animale.
13. Parfum animal.
14. Sujet : Alcibiade.
15. Le jugeant.
16. Morceau.
17. Ne refusant de boire avec personne.
18. Se moquant.
19. Titres fantaisistes : *Fessepinte* : buveur de pinte, la pinte étant une mesure équivalant presqu'à un litre ; *La dignité des braguettes* : la braguette est une ouverture pratiquée sur le devant des pantalons des hommes, il s'agit là encore d'un titre facétieux ; *Des pois au lard cum commento* : mélange burlesque de français et de latin, *cum commento* veut dire « avec commentaire ».
20. Plaisanterie.

Et, supposé le cas qu'au sens littéral vous trouviez matières assez joyeuses et bien correspondantes au nom, toutefois il ne faut pas en rester là, comme au chant des Sirènes [21] mais à plus haut sens interpréter ce que par aventure croyiez dit [22] en gaieté de cœur.

Crochetâtes-vous [23] onques bouteilles ? Chienne ! [24] Réduisez à mémoire [25] la contenance que vous aviez. Mais vîtes-vous onques chien rencontrant quelque os médullaire [26] ? C'est, comme dit Platon, Lib. II *de Rep* [27] la bête du monde la plus philosophe. Si vous l'avez vu, vous avez pu noter de quelle dévotion il le guette, de quel soin il le garde, de quelle ferveur il le tient, de quelle prudence il l'entame, de quelle affection [28] il le brise, et de quelle diligence [29] il le suce. Qui le pousse à faire ça ? Quel est l'espoir de son étude ? Quel bien prétend-il ? Rien plus qu'un peu de moelle. Il est vrai que ce peu est plus délicieux que le beaucoup de toutes autres, parce que la moëlle est aliment élaboré à perfection de nature, comme dit Galien, III *Facu. natural.* et XI *De usu parti* [30].

A l'exemple de celui-ci, il vous convient d'être sages pour flairer, sentir et estimer ces beaux livres de haute graisse [31], légers [32] au pourchas [33] et hardis à la rencontre ; puis, par soigneuse lecture et méditation fréquente, rompre l'os et sucer la substantifique moelle [34] — c'est-à-dire ce que j'entends par ces symboles pythagoriques [35] — avec espoir certain d'être rendus avisés et braves à ladite lecture ; car en celle-ci bien autre goût trouverez et doctrine plus secrète, laquelle vous révélera de très hauts sacrements [36] et mystères horrifiques. Tant en ce qui concerne notre religion que aussi l'état politique et vie économique.

Gargantua,
Prologue.

21. Le chant des sirènes était trompeur.
22. Ce que vous croyiez être dit.
23. N'avez-vous jamais débouché... ?
24. Interjection populaire.
25. Essayez de vous souvenir.
26. Os à moëlle.
27. *De Republica*, 2e livre.
28. Avec quelle passion.
29. Avec quel zèle.
30. Allusion à deux traités de Galien.
31. Comme une viande de qualité.
32. Se rapporte à « vous » comme « sages ».
33. A la poursuite.
34. La moëlle substantielle, nourrissante. C'est là l'expression-clef du prologue de Rabelais ; elle est même devenue proverbiale : chercher la substantifique moëlle de quelque chose, c'est en découvrir les vertus cachées.
35. A la manière de Pythagore, dont les préceptes avaient semble-t-il un sens allégorique.
36. Des connaissances sacrées.

La joie de mettre en scène

Les troupes de Picrochole arrivent devant l'abbaye de Seuilly, qu'ils décident de ravager. Terrorisés, les moines décident de faire une procession et de se réfugier dans la prière, mais l'un d'eux, frère Jean des Entommeures, ne veut pas voir la vigne ravagée ; il n'y aurait plus de vin. Armé d'une grande croix, il fonce sur l'ennemi et fait un carnage. L'art de Rabelais parvient à nous restituer jusqu'au bruit de la bataille.

En l'abbaye était pour lors un moine claustrier [1] nommé frère Jean des Entommeures [2], jeune, galant, frisque [3], de hait [4], bien à dextre [5], hardi, aventureux, délibéré, haut, maigre, bien fendu de gueule [6], bien avantagé en nez, beau dépêcheur d'heures [7], beau débrideur de messes [8], beau décrotteur [9] de vigiles, pour tout dire sommairement vrai moine si onques en fut depuis que le monde moinant moina de moinerie, au reste clerc jusqu'aux dents en matière de bréviaire.

Icelui, entendant le bruit que faisaient les ennemis par le clos de leur vigne, sortit hors pour voir ce qu'ils faisaient, et avisant qu'ils vendangeaient leur clos auquel était leur boire de tout l'an fondé, retourne au cœur de l'église où étaient les autres moines, tous étonnés comme fondeurs de cloches [10],

1. Cloîtré.
2. Évoque un grand appétit (étymologiquement hachis).
3. Pimpant.
4. Décidé.
5. Adroit.
6. Bruyant.
7. Rapide.
8. Rapide à dire des messes.
9. Déchiffreur.
10. Abasourdis par le bruit de la fonderie.

lesquels voyant chanter *ini, nim, pe, ne, ne, ne, ne, ne, ne, tum, ne, num, num, ini, i, mi, i, mi, co, o, ne, no, o, o, ne, no, ne, no, no, no, rum, ne, num, num*[11] : « C'est, dit-il, bien chien chanté. Vertus Dieu ! que ne chantez-vous : Adieu paniers, vendanges sont faites ? Je me donne au diable s'ils ne sont en notre clos, et tant bien coupent et ceps et raisins qu'il n'y aura, par le corps Dieu ! de quatre années que halleboter[12] dedans. Ventre saint Jacques ! que boirons-nous cependant, nous autres pauvres diables ? Seigneur Dieu, *da mihi potum*[13] ! »

Lors dit le prieur claustral : « Que fera cet ivrogne ici ? Qu'on me le mène en prison. Troubler ainsi le service divin ! »

« — Mais, dit le moine, le service du vin, faisons tant qu'il ne soit troublé, car vous-même, monsieur le prieur, aimez boire du meilleur : si fait tout homme de bien. Jamais homme noble ne hait le bon vin : c'est un apophtegme[14] monacal. Mais ces répons que chantez ici ne sont, par Dieu ! point de saison. Écoutez, messieurs, vous autres qui aimez le vin : le corps Dieu, si me suivez[15] ! Car hardiment que saint Antoine m'arde[16] si ceux tâtent du piot[17] qui n'auront secouru la vigne ! Ventre Dieu, les biens de l'Église ! »

Ce disant, mit bas son grand habit et se saisit du bâton de la croix qui était de cœur de cormier[18], long comme une lance, rond à plein poing, et quelque peu semé de fleurs de lys, toutes presques effacées. Ainsi sortit en beau sayon[19], mit son froc en écharpe, et de son bâton de la croix donna si brusquement sur les ennemis qui, sans ordre ni enseigne, ni trompette, ni tambourin, parmi le clos vendangeaient, — car les porte-guidons et porte-enseignes avaient mis leurs guidons et enseignes l'orée[20] des murs, les tambourineurs avaient défoncé leurs tambourins d'un côté pour les emplir de raisins, les trompettes étaient chargés de moussines[21], chacun était dérayé[22] —, il choqua donc si roidement sur eux, sans dire gare, qu'ils les renversait comme porcs, frappant à tort et à travers, à la vieille escrime.

Gargantua,
Chap XXVII.

11. Impetum inimicorum : parodie des litanies.
12. Grappiller.
13. Donne-moi à boire.
14. Précepte.
15. Suivez-moi donc.
16. Me brûle.
17. Vin.
18. Bois très dur.
19. Casaque que portaient les soldats.
20. Le long de.
21. Bouquet de feuilles et de grappes.
22. Hors de son rang.

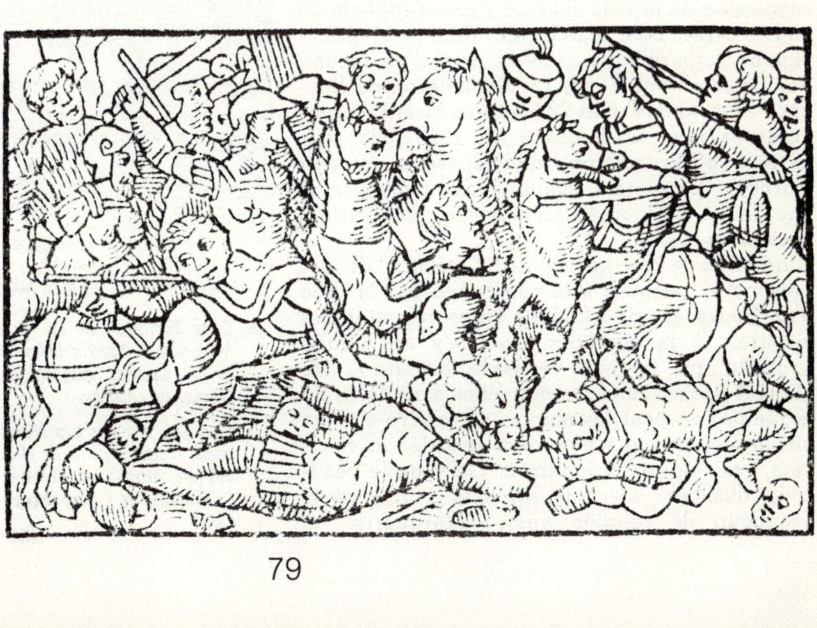

Un épisode de la guerre picrocholine, tel que purent le voir les premiers lecteurs de* Gargantua *(1537). (Bibliothèque Nationale, Paris.)

LE LYRISME SOUS FRANÇOIS Ier

Les poètes de la génération de François Ier (roi de 1515 à 1547) font la jointure entre le Moyen Age et l'humanisme orgueilleux de la Pléiade. A cause de sa personnalité exceptionnelle et de la hardiesse de ses prises de position, le plus connu d'entre eux, Marot, mérite une place à part. Trois autres poètes de qualité ont marqué cette période, et il est intéressant de souligner que deux sont des femmes.

MARGUERITE DE NAVARRE (1492-1549)

Marguerite d'Angoulême, duchesse d'Alençon puis reine de Navarre, sœur de François Ier, joue un rôle important dans l'histoire de la poésie de la Renaissance. Poète elle-même, elle exerce un grand rayonnement sur les humanistes de son temps. Protectrice de Marot, celui-ci la décrit en ces termes : « Corps féminin, cœur d'homme et tête d'ange. »

Très cultivée, elle connaît parfaitement l'italien et s'est imprégnée de Boccace, Pétrarque et Dante ; comme ces deux derniers, elle utilise dans plusieurs de ses pièces la *terza rima,* succession de tercets dont les rimes s'enchaînent ainsi : ABA BCB CDC, etc. Elle est surtout connue aujourd'hui comme l'auteur d'un recueil de contes où l'influence du *Decameron* de Boccace est évidente. Ces 72 histoires furent réunies après sa mort et publiées en 1558-1559 sous le titre d'*Heptaméron* (décomposées en sept journées comportant chacune dix nouvelles et une huitième journée, inachevée, comportant deux nouvelles).

Marguerite y met en scène un groupe de dix personnes, retenues à la campagne par la crue d'un fleuve et qui décident de se raconter des histoires, à la condition qu'il n'y ait « nulle nouvelle qui ne soit véritable histoire ». Ne sachant pas si toutes les nouvelles sont tirées de la réalité, on peut néanmoins se rendre compte qu'elles se situent toutes dans des décors familiers, vrais ou vraisemblables. On y parle beaucoup d'amour, sur tous les tons ; on y parle beaucoup de religion aussi ; Marguerite est

▲ *Cette illustration de La coche ou Le débat d'amour de Marguerite de Navarre donne une idée du climat aristocratique de ses poèmes. Manuscrit du XVIe siècle. (Musée Condé, château de Chantilly).*

Lyon était une ville très importante et très prospère au XVIe siècle. C'était la patrie de Maurice Scève et de Louise Labé. (Gravure extraite de Civitates orbis terrarum par Braun, S. Novellane et F. Hogenberg, 1572. Bibliothèque Nationale, Paris.) ▶

protestante et n'épargne pas les traits satiriques contre le clergé catholique. A la fin de chaque histoire, elle place dans la bouche des conteurs des commentaires souvent nourris de citations de l'Évangile (ce que ne faisait pas Boccace).
La diversité du ton de l'*Heptaméron* illustre les contradictions d'une époque qui se cherche : la gaillardise gauloise se mêle au raffinement italien, l'enthousiasme humaniste à la ferveur évangélique.

MAURICE SCEVE (1500-1562 ?)

L'humaniste lyonnais

Le rayonnement de l'humanisme en France ne va pas de pair avec une prééminence absolue de Paris, telle que la connaîtra la vie littéraire du XIXe siècle. La cour elle-même déserte souvent la capitale pour prendre ses quartiers dans les châteaux au bord de la Loire. En province, de nombreux cercles humanistes jouent un rôle actif et Lyon, au carrefour des axes du Rhône et de la Saône, plus proche de l'Italie que Paris, jouit d'une situation privilégiée. Il s'y développe autour de l'imprimeur Etienne Dolet une poésie néo-latine qui montre qu'au début du XVIe siècle, même dans les milieux humanistes, le latin connaît encore des heures de gloire. Cette école lyonnaise, soucieuse de raffinement, mêle à la culture antique la délicatesse courtoise et le lyrisme d'un Pétrarque, pour les opposer à ce qu'elle appelle la barbarie des temps modernes.
C'est dans ce climat érudit et raffiné que grandit Maurice Scève, né sur les bords du Rhône vers l'an 1500, qui deviendra le premier grand poète de l'humanisme triomphant.
En 1533, il se fait connaître pour avoir découvert — ou cru découvrir — le tombeau de Laure, l'amante de Pétrarque, dans une chapelle proche d'Avignon. Bien vite, il acquiert une notoriété de poète mais, jamais — et c'est une chose remarquable à l'époque, où la situation des poètes est encore précaire [1] — il ne compose pour flatter les grands, travers auquel même un Ronsard n'a pas toujours su échapper. Comme nos poètes modernes, Maurice Scève a toujours fait de sa poésie l'expression privilégiée de sa vie et de ses sentiments, sans opportunisme ou concession mondaine ; c'est de là que viennent ses accents de vérité qui nous touchent encore.

« Delie, objet de plus haulte vertu » (1544)

C'est sous ce titre que Maurice Scève publie en 1544 son œuvre majeure. Selon la formule italienne du *canzoniere,* elle est consacrée à une femme unique, comme la Laure de Pétrarque. Matériellement, le poème est composé de 449 dizains (groupes de dix vers) en décasyllabes avec le schéma de rimes suivant : ABABBCC-DCD. En 1544, le dizain est une forme déjà couramment utilisée par Marot. Chaque dizain constitue un ensemble qui peut se suffire à lui-même.
On retrouve dans *Delie* certains clichés de la lyrique amoureuse (l'amant transpercé par le regard de la femme, tenu en servitude par la toute-puissance de la dame). Comme dans le *Roman de la Rose* les sentiments sont personnifiés et s'affrontent en allégories. Mais ce qui nous rend cette poésie encore proche c'est, par-delà les conventions d'une époque, l'écho d'un amour vrai, vécu dans un cadre réel, celui du paysage lyonnais. Il ne s'agit pourtant pas d'une sorte de journal amoureux qui décrirait les étapes successives d'une passion. Dans une forme concise et tendue qui n'admet pas le bavardage de l'école marotique [2], Scève, à travers l'intensité

1. *Incertaine, instable.*
2. *Ce terme désigne des poètes mineurs qui, sans avoir obligatoirement d'attaches directes avec Marot, s'inspiraient de la même veine mais ne disposaient pas du même talent ; ils firent des poésies faciles et conventionnelles.*

d'une expérience personnelle, cherche dans ses chants l'essence de l'amour, dégagée des circonstances fortuites et qui seule peut surmonter la mort et assurer le salut aux amoureux. On retrouvera chez Ronsard ce souci de vaincre la mort par la poésie. Cette recherche de la pureté, de ce qu'il y a de plus essentiel, donne aux poèmes de Maurice Scève un caractère difficile que certains ont rapproché du style d'un Mallarmé au XIXe siècle (voir volume II).

Microcosme (1559)

Dans sa dernière œuvre, en trois volumes et 3003 vers, Scève utilise — c'est un signe des temps — l'alexandrin, mis en honneur par la Pléiade. Comme souvent pendant la Renaissance, il s'y manifeste l'ambition de dresser une somme du savoir humain et d'exalter le génie de l'homme, créature de Dieu, mais destiné à posséder le monde. *Microcosme* [1] est l'épopée d'un homme — Adam — qui résume à lui seul toute l'histoire de l'humanité en marche vers la lumière et la réconciliation avec le Créateur. Mais ce credo humaniste résonne de façon tragiquement anachronique en 1562 (date de sa parution), alors que se déchaînent déjà les guerres de religion.

LOUISE LABÉ

Cette jeune femme cultivée qui tenait salon à Lyon vers 1550 avait épousé un riche cordier (fabricant de cordes) et fut surnommée « la belle cordière ». Calomniée par certains, présentée par Calvin comme une courtisane, Louise Labé est une voix originale et neuve dans la poésie de ce siècle. Elle s'accepte dans sa condition de femme avec les exigences de son cœur et de son corps, sans céder à la tentation intellectuelle d'idéaliser l'amant et de sublimer l'amour. Dans son œuvre poétique qui comprend trois élégies et 24 sonnets, la convention amoureuse est retournée : celle qui dit « je » est une femme et le motif de ses pleurs et ses espérances, l'objet passif de son amour exigeant, c'est l'homme. L'exaspération sensuelle d'un amour inassouvi la réduit « à se délecter dans les ténèbres de ses fautes, qu'illumine soudain un éclair de jouissance, avec une sorte de morosité spasmodique et tendre, sans analogue, croyons-nous, dans l'histoire des lettres européennes » [2].

« J'endure mal tant que le Soleil luit :
Et quand je suis quasi toute cassée [3],
Et que me suis mise en mon lit lassée,
Crier me faut mon mal toute la nuit. »

1. La science antique et médiévale établissait des analogies entre le microcosme, en grec « petit monde » (l'homme) et le macrocosme, le « grand monde » (l'univers).
2. A.M. Schmidt : Poète lyonnais du XVIe siècle.
3. Meurtrie.

BIBLIOGRAPHIE

Verdun L. Saulnier, *Maurice Scève italianisant et humaniste*, Paris, Klincksiek, 1948.
Enzo Giudici, *Maurice Scève poeta della Delie*, Rome, Éd. dell'Ateno, 1965.

Portrait de Louise Labé, la « belle cordière ». (Gravure anonyme du XVIe siècle. Bibliothèque Nationale, Paris.)

DÉLIE

De Pétrarque à Maurice Scève

Il est indubitable qu'en écrivant son grand poème d'amour Delie, *Maurice Scève s'inspire des pétrarquistes italiens, dont il contribue à faire connaître en France la forme du canzoniere. Mais le recueil n'est pas un plagiat ; s'il est arrivé jusqu'à nous, c'est qu'il frappe par la ferveur amoureuse qui s'en dégage et qui ne trompe pas sur la sincérité des sentiments.*
Ce dizain décrit l'instant où le regard de l'amoureux se pose pour la première fois sur celle qui va transformer toute sa vie.

Libre vivais [1] en l'Avril de mon âge,
De cure exempt [2] sous cette adolescence
Où l'œil, encore non expert de [3] dommage
Se vit surpris de [4] la douce présence,
Qui par sa haute, et divine excellence
M'étonna l'Ame, et le sens tellement
Que de ses yeux l'archier tout bellement
Ma liberté lui a toute asservie :
Et dès ce jour [5] continuellement
En sa beauté gît [6] ma mort, et ma vie.

Délie, VI.

1. Je vivais.
2. Libre de tout souci.
3. N'ayant encore aucune expérience de.
4. Par.
5. Depuis ce jour.
6. Repose.

Le monde de la Grèce antique

Delie, c'est la divinité de Delos, sœur d'Apollon. Divinité aux visages multiples, déesse de la nuit et des ombres sous le visage d'Hécate, déesse du ciel et de la lumière sous le nom de Diane, rien ne peut arracher le poète à son pouvoir, pas même la mort.

Comme [1] Hecaté tu me feras errer
Et vif et mort cent ans parmi les Ombres [2]
Comme [1] Diane au Ciel me resserrer [3],
D'où descendis [4] en ces mortels encombres [5] :
Comme [1] régnante aux infernales [6] ombres
Amoindriras, ou accroîtras mes peines.
Mais comme Lune infuse dans mes veines
Celle tu fus, es et seras, DÉLIE,
Qu'Amour a joint à mes pensées vaines [7]
Si fort que Mort jamais ne l'en délie.

Délie, XXII.

1. En tant que.
2. Les fantômes qui errent sur la terre.
3. Me renfermer.
4. D'où je descendis.
5. Embarras, obstacles.
6. De l'enfer.
7. Vides.

LOUISE LABÉ

SONNETS

Une femme ose parler d'un amour total

Celle qu'on appelait « la belle cordière » n'a pas cherché à masquer ses sentiments amoureux sous l'allégorie et l'idéalisation. Elle exprime ici, avec une émouvante franchise, le désir d'être aimée.

Oh, si j'étais en ce beau sein ravie
De celui-là pour lequel vais mourant [1] :
Si avec lui vivre le demeurant
De mes cours jours ne m'empêchait envie :

Si m'accolant [2] me disait [3] : Chère Amie,
Contentons-nous l'un de l'autre ! S'assurant
Que ja [4] tempête, Euripe, ne [5] courant
Ne nous pourra disjoindre [6] en notre vie :

Si, de mes bras le tenant accolé,
Comme du lierre [7] est l'arbre encercelé [8],
La mort venait, de mon aise [9] envieuse,

Lors que, souef [10], plus il me baiserait,
Et mon esprit sur ses lèvres fuirait,
Bien je mourrais, plus que vivante, heureuse.

Sonnet XII.

1. Je dépéris.
2. Me tenant serré contre lui.
3. Il me disait.
4. Désormais.
5. Ni.
6. Séparer.
7. Plante grimpante.
8. Comme entouré de cerceaux.
9. Bonheur.
10. Doucement.

Une femme-poète s'adresse aux femmes

Dans ce sonnet où Louise Labé entreprend de se justifier, on retrouve comme un écho de la célèbre ballade de Villon qui implore la pitié de ses frères humains (voir extrait page 55).

Ne reprenez [1], Dames, si j'ai aimé,
Si j'ai senti mille torches ardentes,
Mille travaux [2], mille douleurs mordantes ;
Si, en pleurant, j'ai mon temps consumé [3],

Las [4] ! que mon nom n'en soit par vous blâmé.
Si j'ai failli [5], les peines [6] sont présentes ;
N'aigrissez point leurs pointes violentes :
Mais estimez [7] qu'Amour, à point nommé,

Sans votre ardeur d'un Vulcain excuser,
Sans la beauté d'Adonis accuser,
Pourra, s'il veut, plus vous rendre amoureuses,

En ayant moins que moi d'occasion, [8]
Et plus d'étrange [9] et forte passion.
Et gardez-vous d'être plus malheureuses !

Sonnet XXIII

1. Ne me faites pas de reproches.
2. Tourments.
3. J'ai passé mon temps.
4. Hélas.
5. Fauté.
6. Les châtiments.
7. Appréciez.
8. D'objet d'amour.
9. Extraordinaire.

DU BELLAY (1522-1560)

Du Bellay, l'une des deux figures marquantes de la Pléiade avec Ronsard, a été le premier à proposer au public de la Renaissance une nouvelle poétique. Dès ses premiers recueils, il révèle un talent d'initiateur. A travers une œuvre pourtant peu abondante, il a marqué profondément son siècle.

Portrait de Joachim du Bellay par Jean Cousin, XVIe siècle. (Bibliothèque Nationale, Paris.)

LA VIE

Joachim Du Bellay, né en Anjou en 1522, devient très tôt orphelin ; il est de plus touché par une maladie qui le rend sourd. A 25 ans, il part étudier le droit à Poitiers. Au collège de Coqueret à Paris, il se familiarise avec le latin, le grec et surtout l'italien. Il est désigné par ses amis pour rédiger le fameux manifeste la *Défense et illustration de la langue française.*

Il publie à cette époque les sonnets de l'*Olive.* Après trois années de souffrance due à la maladie, il accompagne son oncle, le Cardinal Du Bellay, à Rome, en tant que secrétaire. Cette fonction ingrate dans un milieu corrompu a nourri son amertume et sa nostalgie de l'Anjou, renforçant une inspiration satirique. Il écrit à cette époque trois œuvres qui paraîtront en 1550 : les *Antiquités de Rome* ; les *Regrets* ; les *Jeux rustiques.*
Le retour en France est particulièrement triste : Du Bellay connaît de sérieux problèmes financiers, et il est déçu par le climat d'hypocrisie et de flatterie à la cour. Il meurt à l'âge de 37 ans.

L'ŒUVRE

Défense et illustration de la langue française

Du Bellay a rédigé ce manifeste poétique en 1549 (voir page 61).

L'Olive

L'*Olive* est peut-être une anagramme [1] du nom d'une demoiselle Viole, ou alors ce nom désigne sa compagne Olive de Sévigné. Dans ces sonnets, il s'inspire de l'exemple italien et en particulier de Pétrarque. Il en résulte une série de poèmes très artificiels, pleins de métaphores recherchées. Du Bellay lui-même écrira une autocritique dans *Contre les pétrarquistes.*
Les idées représentées dans ces sonnets se rapprochent de celles de Platon : l'amour qui est chanté dans l'*Olive* est très chaste et certains poèmes sont chargés de mysticisme.

1. *Mot obtenu par transposition des lettres d'un autre mot.*

Les antiquités de Rome (1558)

Dans ces 32 sonnets qu'il a écrits pendant son séjour en Italie, il est impressionné par la beauté et la puissance de l'Empire romain. Mais d'un autre côté, le spectacle des ruines éveille la mélancolie devant le temps qui passe et détruit tout.

Les Regrets (1558)

C'est la deuxième œuvre rédigée à Rome, complétée après son retour en France. Ces poèmes représentent en quelque sorte son journal intime. Il y exprime la tristesse de l'exil (il « regrette » la France, d'où le titre) avec une pointe de satire contre les vices du milieu qu'il fréquente à Rome.

Divers jeux rustiques (1558)

Il faut surtout retenir le fameux *Hymne de la surdité,* maladie commune à Ronsard et Du Bellay, mais ce dernier montre les côtés positifs de cette infirmité.

Le poète courtisan (1554)

C'est la dernière œuvre de Du Bellay : elle montre son talent satirique. Il y donne des conseils ironiques à un poète imaginaire et fait semblant de contredire les thèses de la Pléiade.

L'ART DE DU BELLAY

Commencée dans l'engagement doctrinal *(Défense et illustration de la langue française)*, terminée dans la satire *(Poète courtisan)* l'évolution de l'œuvre de Du Bellay marque le repli d'une sensibilité d'abord enthousiaste et bientôt déçue. Ce cheminement lui a valu tour à tour les qualificatifs de romantique, élégiaque et satirique.

Plus classique que romantique

Dans l'amertume des *Regrets,* les admirateurs modernes de Du Bellay ont voulu voir l'expression d'une mélancolie romantique dont les accents de sincérité trancheraient avec l'art très élaboré de la Renaissance. S'il y a un air de spontanéité dans l'épanchement de ses sentiments individuels — et c'est ce que l'on entend aujourd'hui le plus communément par romantisme — il ne faut pas en oublier la composition subtile, l'art très concerté tant des *Regrets* que des *Antiquités de Rome* ; Du Bellay travaille sur des formes poétiques qui participent de l'évolution générale de la poésie en ce milieu de siècle (alexandrin, sonnet) et qui n'appartiennent pas qu'à lui. Et s'il délaisse peu à peu les modèles prônés autrefois dans sa *Défense,* ce n'est pas non plus par dégoût romantique ; cela témoigne d'une maturation de sa sensibilité qui retourne avec sagesse aux sources des auteurs latins pour y rechercher le côté humain. En fin de compte, il s'agit bien plus d'une sorte de retour au classicisme, aux valeurs éprouvées, qu'un accès romantique.

Un poète élégiaque

En poésie, élégie est souvent synonyme de plainte. C'est vrai qu'on trouve dans les *Regrets* cette voix plaintive où le poète, comme en exil à Rome, pense à ses amis et à la France. Rome ne lui a pas réservé que des joies et dans ses sonnets il l'oppose à son pays natal, soulignant chaque fois son déracinement, ce qu'il désire retrouver et qu'il ne possède pas.

Un poète satirique

Le dégoût des vices rencontrés à Rome, après avoir déclenché la veine élégiaque, excite, comme par contre-coup, la verve satirique. L'éloquence disparaît et fait place à une ironie amère, presque désabusée, et mordante. Rentré en France, son inspiration satirique ne s'éteint pas ; retrouvant son pays, ce qu'il avait désiré ardemment quand il était à Rome, Du Bellay s'aperçoit que la cour des rois ne vaut pas mieux que celle des papes : nouvelle désillusion. C'est d'ailleurs dans la satire qu'il achèvera son œuvre avec *Le poète courtisan.*

On a tendance à admirer chez Du Bellay la poésie élégiaque et satirique, sans doute parce qu'elle est plus facile d'accès. Du Bellay a su aussi, avec beaucoup d'honnêteté personnelle, développer une poésie profonde et solide, quitte à paraître se contredire et se renier ; c'est le sort de ceux qui n'ont pas peur d'innover ; en dépit d'une œuvre brève, Du Bellay fut de ceux-là.

BIBLIOGRAPHIE

Verdun L. Saulnier, *Du Bellay,* Paris, Hatier, « Connaissance des lettres », dernière édition 1963.

La Rome antique : un aspect du Mont Palatin face au forum, tel qu'a pu le voir Du Bellay, gravure de Étienne Dupérac, 1575. (Bibliothèque Nationale, Paris.) ▶

LES ANTIQUITÉS DE ROME

Réminiscences de l'Antiquité et du monde romain

*Dans ce sonnet, Du Bellay utilise sa connaissance profonde des poètes anciens comme Homère et Virgile pour renforcer la charge satirique. Il condamne avec une ironie cultivée l'ambition des étrangers (anciens vaincus de l'antique Rome, comme les Français et les Espagnols) qui cherchent à utiliser à leur profit personnel leur situation dans la Rome du XVI*e *siècle, telle que Du Bellay l'a vécue.*

Comme on passe en été le torrent sans danger,
Qui soulait [1] en hiver être roi de la plaine
Et ravir [2] par les champs, d'une fuite hautaine,
L'espoir du laboureur et l'espoir du berger ;

Comme on voit les couards [3] animaux outrager
Les courageux lions gisant dessus [4] l'arène,
Ensanglanter leurs dents et d'une audace vaine
Provoquer l'ennemi qui ne se peut venger ;

Et comme devant Troie on vit des Grecs encor
Braver les moins vaillants [5] autour du corps d'Hector :
Ainsi ceux qui jadis soulaient, à tête basse,

Du triomphe romain la gloire accompagner [6],
Sur ces poudreux tombeaux exercent leur audace,
Et osent les vaincus les vainqueurs dédaigner.

Les Antiquités de Rome, Sonnet XIV

1. Avait l'habitude de (lat. solere).
2. Emporter, arracher.
3. Lâches.
4. Sur le sable.
5. Les moins courageux jouent au brave.
6. Ceux qui étaient vaincus devaient suivre le char du général romain lors de la cérémonie du triomphe.

La grandeur des ruines

Malgré l'ambiance détestable de Rome, Du Bellay a conservé son admiration pour la ville et ses ruines grandioses. Il utilise la comparaison avec un vieux chêne presque mort mais que l'on admire plus que les jeunes arbres environnants.

Qui a vu quelquefois un grand chêne asséché,
Qui pour son ornement quelque trophée [1] porte,
Lever encore au ciel sa vieille tête morte,
Dont le pied fermement n'est en terre fiché,

Mais qui, dessus le champ plus qu'à demi penché,
Montre ses bras tout nus et sa racine torte [2],
Et, sans feuille ombrageux, de son poids se supporte [3]
Sur un tronc nouailleux [4] en cent lieux ébranché ;

Et bien qu'au premier vent il doive sa ruine,
Et [5] maint jeune à l'entour ait ferme la racine [6],
Du dévot [7] populaire être seul révéré.

Qui tel chêne a pu voir, qu'il imagine encore
Comme [8] entre les cités qui plus [9] florissent ore [10],
Ce vieil honneur poudreux qui est le plus honoré.

Les Antiquités de Rome, Sonnet XXVIII

1. On accrochait les armes des vaincus dans des chênes.
2. Tordu, sinueuse, noueuse.
3. Son propre poids le maintient debout.
4. Noueux.
5. Signifie ici : bien que.
6. Ait une racine ferme solide.
7. Admiration.
8. Comment.
9. Le plus.
10. Maintenant.

L'influence des Géorgiques de Virgile

Du Bellay décrit ici la grandeur et la décadence de Rome. La comparaison utilisée est celle de la nature qui fait pousser le blé et de l'homme qui le fauche ensuite ; on notera que les termes employés sont très concrets (tuyau, javelle, gerbes).

Comme le champ semé en verdure foisonne [1],
De verdure se hausse en tuyau [2] verdissant,
De tuyau se hérisse en épi florissant,
D'épi jaunit en grain, que le chaud assaisonne [3] ;

Et comme en la saison le rustique [4] moissonne
Les ondoyants cheveux du sillon blondissant,
Les met d'ordre en javelle [5], et du blé jaunissant
Sur le champ dépouillé mille gerbes façonne ;

Ainsi de peu à peu crût [6] l'empire romain,
Tant qu'il fut dépouillé par la Barbare main,
Qui ne laissa de lui que ces marques antiques

Que chacun va pillant : comme on voit le glaneur [7]
Cheminant pas à pas recueillir les reliques
De ce qui va tombant après le moissonneur.

Les Antiquités de Rome, Sonnet XXX

1. Est riche.
2. Tige.
3. La chaleur du soleil fait pousser.
4. Le paysan.
5. Les ordonne en rangée.
6. Passé simple du verbe « croître ».
7. Celui qui ramasse les épis tombés.

LES REGRETS

La nostalgie du pays natal

Du Bellay est à Rome et regrette la campagne française. Dans ce sonnet, le plus célèbre du recueil des Regrets, *il exprime sa mélancolie. C'est le déploiement d'une rêverie faite d'images qui se succèdent et finalement s'opposent dans les deux tercets (strophes de trois vers). Aux splendeurs romaines, Du Bellay préfère un bonheur simple fait de renoncement et de paix. L'art du poète consiste à choisir dans chaque image le détail le plus caractéristique (le voyage d'Ulysse, le fronton « audacieux » des palais, etc.) et d'autre part à charger les images de valeur affective (« vivre entre ses parents », « fumer la cheminée », etc.).*

Heureux qui comme Ulysse [1], a fait un beau voyage,
Ou comme cestui-là [2] qui conquit la toison [3],
Et puis est retourné, plein d'usage [4] et raison,
Vivre entre ses parents [5] le reste de son âge [6] !

Quand reverrai-je, hélas ! de mon petit village
Fumer la cheminée, et en quelle saison [7]
Reverrai-je le clos [8] de ma pauvre maison,
Qui m'est une province [9] et beaucoup davantage [10] ?

Plus me plaît le séjour qu'ont bâti les aïeux [11]
Que des palais romains le front [12] audacieux !
Plus le marbre dur me plaît l'ardoise [13] fine,

Plus mon Loire [14] gaulois que le Tibre latin,
Plus mon petit Liré [15] que le mont Palatin [16],
Et plus que l'air marin la douceur angevine [17].

Les Regrets, XXXI

1. Ulysse faisait partie de l'expédition grecque qui vint assiéger Troie. Il erra dix ans avant de pouvoir rejoindre sa patrie. Ses aventures forment le sujet de l'Odyssée.
2. Celui-là.
3. Il s'agit de Jason, chef de l'expédition des Argonautes, qui conquit la toison d'or. Les vers 3 et 4 ne s'appliquent qu'à Ulysse et pas à Jason.
4. Expérience de la vie.
5. En famille.
6. De sa vie.
7. A quel moment ?
8. Jardin.
9. Qui m'est tout un pays.
10. Et bien davantage.
11. Les ancêtres.
12. Le fronton.
13. En Anjou, les toits étaient traditionnellement couverts d'ardoises grises.
14. Il s'agit de la Loire.
15. Village d'Anjou.
16. L'une des sept collines de Rome.
17. De l'Anjou.

Vue du château et de la basse cour de Du Bellay. (Aquarelle de 1699, Bibliothèque Nationale, Paris.)

RONSARD (1524-1585)

Ronsard est le grand maître de la Pléiade et l'un des pères de la poésie française. Toute sa vie, il a été auréolé d'un prestige que la faveur des grands et l'abondance de sa production ont maintenu intact, malgré les guerres, les querelles et l'évolution du goût.

Portrait de Ronsard et de Cassandre en première page des Amours. *Gravure sur bois anonyme (1522). (Bibliothèque Nationale, Paris.)*

LA VIE

Né en 1524 d'une famille noble, Ronsard envisageait une carrière militaire ou diplomatique. Une maladie qui le rend presque sourd le porte vers les lettres grecques et latines. En 1547, il entre au Collège de Coqueret où il participe à la publication de la *Défense et illustration de la langue française* et écrit les *Odes*, inspirées des poèmes de Pindare et d'Horace. La fascination pour les poésies d'Anacréon[1] l'amène à composer un recueil de poèmes fidèles à la tradition grecque. En 1552, Ronsard entame un cycle de sonnets amoureux dédiés à Cassandre Salviati, fille d'un banquier italien. Un autre recueil chante son amour pour une petite paysanne.

En 1555, il se consacre à nouveau à des œuvres d'inspiration plus sérieuse. Dans les *Hymnes*, il développe des idées philosophiques et scientifiques où entrent des méditations logiques et cosmiques.

En 1560, Ronsard est appelé à la cour de Charles IX. Sa situation matérielle trop sûre fait de lui un poète sans grande ardeur. Dans son *Discours des misères*, il se fait le défenseur des guerres de religion. Il rêve de donner à la France une grande œuvre patriotique ; la *Franciade* est une imitation trop fidèle de l'œuvre de Virgile et ne connaît pas le succès imaginé.

Avec la mort de Charles IX, Ronsard, déjà frappé par la maladie, perd son crédit à la cour. Vers la fin de sa vie, l'amour qu'il porte à Hélène de Surgères lui inspire pour la dernière fois des sonnets lyriques.

1. *Poète lyrique grec qui a chanté dans ses* Odes *les plaisirs du vin et de l'amour.*

L'ŒUVRE

Les Odes pindariques (1550-1553)
Ces poèmes sont une copie trop servile des odes de Pindare. Ils ont pour sujet les louanges de la cour d'Henri II. Surchargés de symboles et de références mythologiques, ils paraissent artificiels.

Les Odes horatiennes (1550-1556)
Ces odes sont plus légères : Ronsard y exprime ses impressions personnelles et y décrit des paysages qui lui sont familiers. La recherche de plaisir immédiat, le désir de profiter de la vie sont des thèmes majeurs de cet ensemble.

Les Odes anacréontiques
A partir de 1556, Ronsard se détourne de ses deux grands modèles et imite ce qu'il prend pour des poèmes d'Anacréon. Cette nouvelle source d'inspiration donne de petites odes doucereuses et mielleuses.

Les Amours
Les amours de Cassandre (1552) : en dépit de l'amour bien réel qu'il porte à Cassandre Salviati, Ronsard, trop attaché à son idéal, Pétrarque, écrit des poèmes dénués de simplicité.
La continuation des amours paraît en 1555 ; la *Nouvelle continuation des amours* (1556) est surtout dédiée à une jeune paysanne, Marie. Ronsard y trouve enfin un ton naturel et frais qui fait de lui un poète admiré.

Les Hymnes
Sa position de poète de cour (dès 1554) l'amène à se tourner vers des genres poétiques plus prestigieux. Dans les *Hymnes,* il fait l'éloge des personnalités de son entourage à la cour ou bien il médite sur des thèmes abstraits ou mythologiques. Cette œuvre est en général froide.

Les Discours (1560-1563)
Sa fidélité au roi et son patriotisme le conduisent à écrire une série de *Discours* dans lesquels il prend nettement position pour la foi catholique, sans tomber dans une polémique mesquine.

La Franciade (1574)
Désireux de donner à la France une épopée dans le style de Virgile, Ronsard commence la rédaction de la *Franciade*. Il s'apercevra bien vite que sa tentative est vouée à l'échec et abandonne ce projet : en effet, la forme choisie ne convient sans doute pas à un tel sujet.

Poèmes
C'est un recueil composé de deux livres rassemblant des pièces assez courtes, écrites à différentes époques. Il peut s'agir de descriptions, de contes ou de poèmes philosophiques.

LES THÈMES

La mort
Ronsard n'a jamais caché son ambition d'être un grand poète reconnu par tous ; car conquérir la gloire c'est vaincre la mort. Jusque dans ses derniers vers dictés sur son lit de mort, Ronsard ne cesse de se réclamer de cette ambition :

« J'ai vécu, j'ai rendu mon nom assez insigne
Ma plume vole au ciel pour être quelque [signe [1]. »

Cette obsession de la mort qu'il faut vaincre à tout prix se retrouve dans ses poésies sous la forme de l'obsession du temps qui passe. La fluidité du temps que rien ne retient et qui emporte tout jette un voile d'angoisse sur ses relations avec les femmes. Il s'agit de profiter de la vie pendant qu'il est encore temps, profiter de l'amour pendant que c'est encore possible, thèmes semblables à celui du *« carpe diem »* [2] du poète Horace. La beauté des femmes se fane comme une rose et les amours non cueillies ne reviennent jamais :

« Le temps s'en va, le temps s'en va, Madame,
Las ! Le temps non, mais nous nous en allons,
Et tôt [3] serons étendus sous la lame [4]. »

La nature
La nature est présente partout dans la poésie de Ronsard. Il ne s'agit pas d'une sensibilité d'emprunt mais d'un goût véritable et précoce pour la campagne, qui ajoute aux accents de sincérité du poète :

« Je n'avais pas quinze ans que les monts et les [bois
Et les eaux me plaisaient plus que la cour des [rois. »

La nature, refuge pour le poète, est aussi le lieu d'une vie secrète, quasi-mythologique, avec laquelle le poète, élu des dieux, peut communiquer à la manière d'Orphée :

« Écoute, Bûcheron, arrête un peu le bras !
Ce ne sont pas des bois que tu jettes à bas,
Ne vois-tu pas le sang, lequel dégoutte à force
Des Nymphes qui vivaient dessous la dure [écorce ? »

La mythologie
Ronsard lisait le grec et le latin dans le texte et le commerce avec les auteurs antiques lui a rendu la mythologie familière. S'il fait appel aux noms et aux mythes de l'antiquité, ce n'est pas

1. *Astre.*
2. *« Cueille le jour ».*
3. *Bientôt.*
4. *Pierre tombale.*

par pédantisme ou souci de flatter : chaque allusion doit donner à ses vers une résonance particulière en déclenchant chez celui qui les lit des associations d'images, parfois interrompues volontairement. Dans les *Sonnets pour Hélène* la mention du prénom évoque Hélène de Troie, idéale de beauté. Présenter ensuite une femme vieillissante et laide qui se regarde dans un miroir provoque alors une rupture dans les associations mythologiques qui rend d'autant plus sensible son angoisse du temps qui détruit tout, même les plus parfaites beautés.

L'ART

La carrière poétique de Ronsard s'étend sur une trentaine d'années (1550-1585). C'est beaucoup, comparé aux douze années seulement pendant lesquelles Du Bellay a écrit. Cette longue période de production a permis au chef de file de la Pléiade de s'essayer à presque tous les genres, des poésies de commande aux poésies plus personnelles. Ronsard faisait lui-même la distinction entre la poésie et la simple éloquence, et il renvendiquait le droit de suivre sa « fantaysie » et de se promener sans contrainte « où la Muse le meine ».
Pourtant Ronsard n'a jamais cédé à la facilité. Il a une haute idée de sa fonction : les poètes sont des « ministres... de la Déité profonde », et il a travaillé toute sa vie à élargir et renouveler le domaine poétique français. C'est lui qui impose, dans les sonnets hérités de Pétrarque, l'alexandrin, vers plus fluide que le traditionnel décasyllabe. Il instaure des exigences nouvelles sur lès rimes (alternance) et sur les rythmes (régularité des mètres et des rimes dans les strophes des *Odes*). Et surtout, il s'est engagé dans ses poèmes, répondant ainsi au critère moderne de la sincérité ; ses vers, pour la première fois dans la poésie française, sont remplis des échos des grands événements politiques de l'époque.

Poète-philosophe, poète de cour, poète de l'amour, poète de la nature, Ronsard connut déjà la gloire de son vivant. Il fut toutefois oublié pendant près de deux siècles ; l'action de Malherbe et des puristes de la langue fut à l'origine de cette éclipse. Les romantiques réhabilitèrent son œuvre et il est aujourd'hui reconnu et apprécié comme l'un des plus grands poètes français de la Renaissance.

BIBLIOGRAPHIE
Marcel Raymond, « *Quelques aspects de la poésie de Ronsard* » dans *Baroque et Renaissance poétique*, Paris, José Corti, 1955 (un des meilleurs spécialistes de Ronsard).
Gilbert Gadoffre, *Ronsard par lui-même*, Paris, Seuil, 1960 (excellente vulgarisation).
Raymond Lebègue, *Ronsard*, Paris, Hatier, « Connaissance des lettres », 1966.

Les transformations de la Renaissance ont aussi touché l'art de la guerre. Avec l'introduction des canons, les lourds châteaux forts sont devenus inutiles. Les nouveaux palais sont maintenant des lieux d'agréments entourés de splendides jardins où l'on convie dames et musiciens. (Miniature des Heurs à l'usage de Rome : Le mois de mai. *Manuscrit français du XVIe siècle, Bibliothèque Nationale, Paris).*

LES AMOURS

La grâce d'un lyrisme de circonstance

C'est un sonnet de deuil que Ronsard a composé ici. La mort de Marie de Clèves, maîtresse de Henri III, ou peut-être celle de Marie Dupin, une jeune paysanne qu'il a aimée, lui a inspiré ce poème. Il y compare la femme regrettée à une fleur. Parfois ses images sont précieuses (« la grâce dans sa feuille » pour « le pétale ») mais cela confère une grande richesse d'expression au sonnet.

Comme on voit sur la branche, au mois de mai, la rose,
En sa belle jeunesse, en sa première fleur,
Rendre le ciel jaloux de sa vive couleur,
Quand l'aube, de ses pleurs, au point du jour l'arrose ;

La grâce dans sa feuille, et l'amour se repose [1],
Embaumant les jardins et les arbres d'odeur ;
Mais battue ou de pluie ou d'excessive ardeur,
Languissante, elle meurt, feuille à feuille déclose.

Ainsi, en ta première et jeune nouveauté,
Quand la terre et le ciel honoraient ta beauté,
La Parque [2] t'a tuée, et cendre tu reposes.

Pour obsèques reçois mes larmes et mes pleurs,
Ce vase plein de lait, ce panier plein de fleurs [3],
Afin que, vif et mort, ton corps ne soit que roses.

Les amours de Marie.
Second livre, chap. « Sur la mort de Marie », IV [4].

1. L'accord grammatical se fait avec le sujet le plus proche.
2. Celle des trois déesses du destin qui coupe le fil de la vie.
3. Offrandes que l'on pratiquait dans l'Antiquité.
4. Le texte suivi, pour ce poème et les suivants, est celui de l'édition de 1578.

SONNETS POUR HÉLÈNE

Ronsard et l'épicurisme

Ronsard reprend dans ce sonnet le thème cher à l'épicurisme, résumé dans la formule d'Horace : carpe diem, *c'est-à-dire « cueille le jour », profite de l'instant présent. Mais il est plus énergique dans ses formulations et décrit avec des détails parfois cruels comment l'âge tue la beauté.*

Quand vous serez bien vieille, au soir à la chandelle,
Assise auprès du feu, dévidant [1] et filant,
Direz, chantant mes vers, en vous émerveillant :
« Ronsard me célébrait du temps que j'étais belle ! »

1. Déroulant le fil qui est sur le fuseau.

Lors [2] vous n'aurez servante oyant [3] elle nouvelle,
Déjà sous le labeur à demi sommeillant,
Qui au bruit de mon nom ne s'aille réveillant,
Bénissant votre nom de louange immortelle.

Je serai sous la terre et, fantôme sans os,
Par les ombres myrteux [4] je prendrai mon repos ;
Vous serez au foyer une vieille accroupie,

Regrettant mon amour et votre fier dédain.
Vivez, si m'en croyez, n'attendez à demain :
Cueillez dès aujourd'hui les roses de la vie.

Sonnets pour Hélène, 2e livre, XLIII.

2. Alors.
3. Entendant.
4. Les myrtes étaient des arbustes réservés aux amoureux célèbres une fois qu'ils étaient descendus aux Enfers.

« Les sept étapes de la vie d'une femme » (1544) par H. Baldung-Grien. (Museum der bildenden Künste, Leipzig.)

ODES

Musicalité de la poésie

Cette ode très célèbre fut mise en musique et obtint un très vif succès. Ronsard l'a dédiée à Cassandre Salviati. Il utilise la comparaison de la rose fanée par le temps pour suggérer à la belle que la beauté ne dure pas éternellement et qu'il faut profiter de la jeunesse. Jamais retouché, ce sonnet s'intitule « A sa maîtresse » dans les Odes *de 1584.*

Mignonne, allons voir si la rose,
Qui, ce matin, avait déclose [1].
Sa robe de pourpre au soleil,
A point perdu, cette vêprée [2],
Les plis de sa robe pourprée,
Et son teint au vôtre pareil.

Las [3] ! Voyez comme en peu d'espace,
Mignonne, elle a, dessus la place,
Las ! las ! ses beautés laissé choir [4] !
O vraiment marâtre [5] Nature,
Puisqu'une telle fleur ne dure
Que du matin jusques au soir !

Donc, si vous me croyez, mignonne,
Tandis que votre âge fleuronne
En sa plus verte nouveauté,
Cueillez, cueillez votre jeunesse :
Comme à cette fleur, la vieillesse
Fera ternir votre beauté.

Odes, Premier livre, XVII.

1. Ouvert.
2. Ce soir (du latin *vespera*).
3. Hélas.
4. Tomber.
5. Méchante, mauvaise.

« Flore » (1559) par Jan Metsys. Un exemple de beauté chantée par les poètes de la Renaissance. (Kunsthalle, Hambourg.)

LE PREMIER LIVRE DES POÈMES

Tout meurt, tout change

Ce discours en vers de 1569 est dédié à Julien Chauveau, procureur au Parlement de Paris. Ronsard y traite d'un sujet qui lui tient à cœur et que l'on retrouve dans beaucoup de ses poèmes, c'est l'idée que rien ne résiste à la mort. Mais plus que la mort elle-même, ce qui est bien montré ici, c'est le processus de vieillissement, de décomposition et de transformation perpétuelle.

DISCOURS DE L'ALTÉRATION
ET CHANGE [1] DES CHOSES HUMAINES

Tout est mortel, tout vieillit en ce monde ;
L'air et le feu, la terre mère, et l'onde
Contre la mort résister ne pourront
Et vieillissant ainsi que nous mourront.
Le temps mangeard [2] toute chose consomme,
Villes, Châteaux, Empires ; voire [3] l'homme,
L'homme à qui Dieu fait part de sa maison,
Qui pense, parle et discourt par raison
Duquel l'esprit s'envole outre [4] la nue [5],
Changeant sa forme en une autre se mue.
Il est bien vrai qu'à parler proprement,
On ne meurt point, on change seulement
De forme en autre, et ce changement s'appelle
Mort, quand on prend une forme nouvelle,
Et quand on cesse à n'être plus ici,
Des cœurs humains le plus fâcheux souci. (...)
Quelqu'un a dit, de raisons mal garni,
Que Dieu n'a fait qu'un grand nombre fini [6]
D'âmes au monde, et ces âmes ne meurent,
Mais dans les corps par échange demeurent,
Selon le bien et le mal qu'elles ont fait :
L'une est pourceau [7] l'autre un serpent infait [8]
L'autre un cheval, et l'autre plus gentille
Se fait oiseau qui pleure son Itylle [9].
Lève, Chauveau, de tous côtés les yeux,
Vois ces rochers au front audacieux :
C'étaient jadis des plaines fromenteuses [10] ;
Vois d'autre part ces campagnes venteuses [11],
Ce fut jadis terre ferme, où les bœufs
Allaient paissant par les pâtis herbeux [12].
Ainsi la forme en une autre se change :
Cela n'est pas une merveille étrange,
Car c'est la loi de Nature et de Dieu,
Que rien ne soit perdurable [13] en un lieu.

Le premier livre des poèmes
Discours de l'altération et change des choses humaines (vers 45 à 60 et 83 à 100).

1. Changement.
2. Glouton.
3. Même.
4. Par-delà.
5. Le ciel.
6. Déterminé.
7. Porc.
8. Mal fait.
9. Itys, personnage de l'Antiquité transformé en oiseau.
10. Des plaines à blé.
11. Battues par les vents.
12. Les prairies herbeuses.
13. Durable.

AGRIPPA D'AUBIGNÉ (1552-1630)

Agrippa d'Aubigné est un battant. Figure originale et ardente, autant homme d'épée qu'homme de plume, il a engagé ses qualités de guerrier et d'écrivain au service de la cause protestante pendant les guerres de religion. Son œuvre longtemps ignorée a été redécouverte au XIXe siècle et appréciée comme l'expression caractéristique de la littérature baroque en France.

LA VIE

Orphelin de mère, Agrippa d'Aubigné reçoit de son père une éducation soignée. Il fait de solides études à Genève et comprend le latin, le grec et l'hébreu. Très jeune, un événement va décider de toute sa vie ; il a huit ans lorsque son père lui fait jurer de se consacrer à la vengeance les chefs protestants décapités après l'échec de la conjuration d'Amboise (1560). Trois ans plus tard, son père meurt, mais l'enfant tient son serment.
A seize ans, il rejoint les rangs des huguenots ; dès lors, il vit en homme de guerre. C'est par miracle qu'il échappe au massacre de la Saint-Barthélémy (voir p. 59) ; mais en 1572 il est blessé au combat. Il est recueilli et soigné par une jeune fille dont il tombe amoureux : Diane Salviati. Mais il est protestant et elle est catholique, le mariage est impossible.
Il devient l'écuyer d'Henri de Navarre, futur Henri IV, et aussi l'un de ses principaux conseillers. Une nouvelle fois grièvement blessé au combat en 1577, il est contraint au repos et commence son œuvre majeure : les *Tragiques.*
Se sentant trahi par la conversion d'Henri de Navarre au catholicisme en 1593, Agrippa d'Aubigné se retire en Vendée dans une place-forte protestante. Mais il doit finalement se réfugier à Genève où il continue à travailler aux *Tragiques* et où il meurt en 1630.

L'exécution d'Amboise (mars 1560). Des protestants avaient comploté contre le roi. L'affaire fut découverte et les chefs tués. Agrippa d'Aubigné avait huit ans lorsqu'il assista à cette exécution. Il devint ensuite un militant acharné de la cause des huguenots. (Gravure de Jacques Tortorel et de Jean-Jacques Perrissin. Bibliothèque Nationale, Paris.)

L'HOMME

Soldat autant que poète, il s'est fait le champion de la cause protestante. Passionné et intransigeant, il ne faiblit jamais dans la défense des huguenots et il ne pardonne pas à Henri IV sa conversion.
Violent, il attaque ses ennemis avec une férocité qui semble parfois rejoindre le fanatisme. Mais c'est aussi un homme sensible, épris d'un idéal de justice et dans les *Tragiques* il prend la défense du petit peuple, des faibles et des opprimés contre les injustices des grands.

L'ŒUVRE

Il a aussi écrit en prose, mais ses œuvres les plus connues sont deux grands poèmes en vers : le *Printemps* et surtout les *Tragiques.*

Le Printemps

Publié pour la première fois au XIXᵉ siècle, ce recueil rassemble les vers que lui inspira son amour pour Diane Salvati, la passion de ses vingt ans. La première partie, *Hécatombe à Diane* (étymologiquement : cent offrandes à Diane), nous raconte l'inquiétude, le bonheur et finalement la déception de l'amoureux. D'Aubigné écrit ici son *canzoniere* à la manière de Pétrarque, comme Ronsard écrivit dans le même style les *Sonnets pour Hélène.* Le ton de la suite est moins conventionnel, et dans les *Stances* et les *Odes* se heurtent, dans un furieux mélange, le désespoir, le sang, la mort et l'univers animé. Il s'y fait déjà sentir une véhémence toute guerrière qui trouve son plein épanouissement dans les *Tragiques.*

Les Tragiques

C'est l'œuvre majeure d'Agrippa d'Aubigné ; elle « inaugure en France un genre nouveau : l'épopée [1] lyrique et satirique » (A.M. Schmidt). Commencée en 1577, elle ne fut publiée qu'en 1616 et raconte, à la gloire des protestants, l'épopée des guerres de religion. C'est une œuvre immense de plus de 9 000 vers divisés en sept chants.
Le premier, les *Misères,* décrit les malheurs de la France ravagée par les guerres. Les *Princes* développe une violente satire contre les mœurs efféminées des favoris royaux. Dans la *Chambre dorée,* il attaque les gens de justice chargés de juger les réformés. Les chants IV et V, *Feux* et *Fers*, passent en revue, sous la forme de tableaux saisissants, toutes les horreurs de la guerre. Dans *Vengeances,* D'Aubigné annonce que le châtiment de Dieu menace les coupables. Enfin, le *Jugement* annonce l'Apocalypse et le Jugement dernier. On y voit le bonheur des élus qui ont été persécutés sur terre : l'ordre naturel, renversé un moment par la barbarie et la corruption des puissants est ainsi rétabli par la volonté divine. Telle est la pensée profonde que reflète le plan. Elle est voisine de celle de Calvin dans le *Traité des scandales* où Dieu rétablit aussi la justice après la mort. Mais à la différence de Calvin, qui ne remet pas le monde en question et appelle à l'espoir dans l'au-delà, la grande originalité de d'Aubigné, qui est un combattant, c'est de prendre directement parti contre les vices et les corruptions de la cour.

UN ÉCRIVAIN BAROQUE

Le sens du tragique

La longue épopée des *Tragiques* est une œuvre de qualité inégale mais elle est intéressante dans la mesure où elle reflète très bien, jusque dans ses excès mêmes, les angoisses d'une époque tourmentée.
La seconde moitié du XVIᵉ siècle est marquée par l'insécurité, la violence et les atrocités. Le climat d'intolérance et de sauvagerie place les hommes dans un état de détresse qui les rapproche soudain de celui dont tout dépend en dernière instance : Dieu. C'est de ce perpétuel échange entre les misères humaines et la splendeur divine que se nourrit l'épopée. Cette déchirure entre le sentiment intense du tragique de la vie et la grandeur absolue de Dieu, significative de la sensibilité baroque, est plus manifeste chez les écrivains protestants, peut-être parce qu'ils étaient davantage soumis aux persécutions. La mort et la souffrance sont en effet deux thèmes qui reviennent comme des obsessions chez d'Aubigné.

Les thèmes

La mort : pour d'Aubigné, elle n'est pas seulement l'aboutissement de l'existence, mais une présence tout au long de la vie. Elle se manifeste, partout, dans le sang des victimes, dans les crimes des méchants et jusque dans les plaintes de la nature qui sont l'expression du tragique de l'univers.
Les supplices : dans certains de leurs chants, les *Tragiques* ressemblent à un long répertoire des souffrances infligées aux hommes, avec une prédilection non dissimulée pour le macabre et les scènes d'horreur. On est loin de la poésie aimable de Marot ou du rire de Rabelais au début du siècle. Pour d'Aubigné, la douleur est le lot de l'humanité : d'un côté il y a les bons, persécutés pour leurs croyances, de l'autre les méchants voués aux tortures et aux flammes de l'enfer.
La violence des thèmes appelait un style véhément. Agrippa d'Aubigné a su le trouver.

1. Long poème qui raconte les exploits de héros (L'Iliade et l'Odyssée dans l'Antiquité ; la Chanson de Roland au Moyen-Age).

Le style

« Ce siècle, autre en ses mœurs, demande un autre style » écrit d'Aubigné dans les *Princes.* Il ne pouvait rester tributaire de la Pléiade comme dans le début du *Printemps,* et il forge un style puissant et pathétique.

D'Aubigné utilise beaucoup l'antithèse pour donner de la force à sa démonstration (les bons et les méchants, l'horreur quotidienne et la splendeur biblique, le ciel et l'enfer). Ce procédé lui permet aussi des tournures frappantes comme dans la description de Caïn :

« Il avait peur de tout, tout avait peur de lui. ».
(*Vengeances,* vers 192)

« Vif, il ne vécut point ; mort il ne mourut pas. »
(*Vengeances,* vers 200)

Il développe une imagination de visionnaire, mettant en scène, à partir d'une inspiration biblique, les damnés, les anges, le feu, la lumière de Dieu.

Son style pathétique fait participer la nature entière au drame humain : la terre s'apitoie sur le sort des paysans, les éléments souillés par les hommes se révoltent et la France elle-même prend vie, « mère affligée » déchirée par ses propres enfants.

D'Aubigné a été un écrivain profondément marqué par son temps. Son œuvre majeure, les *Tragiques,* est celle d'un militant engagé qui a déployé un style farouche et guerrier pour une cause défendue avec passion. Mais à leur parution en 1616, les *Tragiques* passèrent à peu près inaperçues : Malherbe venait de proclamer un nouvel idéal stylistique de mesure et de pureté. Il fallut attendre la critique du XIXᵉ siècle pour que fût réhabilitée la violence de ces accents pathétiques.

BIBLIOGRAPHIE

Jean Rousselot, *Agrippa d'Aubigné,* Paris, Seghers, « Écrivains d'hier et d'aujourd'hui » 1966.

LES TRAGIQUES

L'imagination d'un visionnaire

Dans cette vision du jugement dernier, d'Aubigné sépare l'humanité en deux groupes : les bons et les méchants (on retrouve souvent cette scène sur le tympan des cathédrales). Les damnés regroupent tous ceux qui sur terre se sont comportés en tyrans et en criminels. Ils sont doublement condamnés : non seulement ils ont agi contre la parole du Christ en s'en prenant aux réformés, mais ils ont aussi souillé la nature par leurs crimes.

Dieu paraît : le nuage entre lui et nos yeux
S'est tiré à l'écart ; il s'est armé de feux ;
Le ciel neuf retentit du son de ses louanges ;
L'air n'est plus que rayons tant il est semé d'Anges,
Tout l'air n'est qu'un soleil ; le soleil radieux
N'est qu'une noire nuit au regard de ses yeux,
Car il [1] brûle le feu, au soleil il éclaire [2] ;
Le centre n'a plus d'ombre et ne fuit sa lumière.
Un grand Ange s'écrie à toutes nations :
« Venez répondre ici de toutes actions,
L'Éternel veut juger. » Toutes âmes venues
Font leurs sièges en rond en la voûte des nues,
Et là les Chérubins ont au milieu planté
Un trône rayonnant de sainte majesté.
Il n'en sort que merveille et qu'ardente lumière,
Le soleil n'est pas fait d'une étoffe [3] si claire ;

1. Dieu.
2. Son éclat est plus fort que le soleil.
3. Matière.

La terreur d'un damné entraîné aux enfers. C'est le sort que réserve Agrippa d'Aubigné aux catholiques dans les* Tragiques. *(Détail du* Jugement dernier *de Michel-Ange (1536) à la chapelle Sixtine.)

L'amas [4] de tous vivants en attend justement
La désolation ou le contentement.
Les bons du Saint-Esprit sentent le témoignage,
L'aise [5] leur saute au cœur et s'épand au visage :
Car, s'ils doivent beaucoup, Dieu leur en a fait don [6],
Ils sont vêtus de blanc et lavés de pardon.
O tribus de Juda [7] ! vous êtes à la dextre ;
Édom [8], Moab [9], Agar [10] tremblent à la senestre.
Les tyrans abattus, pâles et criminels,
Changent leurs vains honneurs aux [11] tourments éternels ;
Ils n'ont plus dans le front la furieuse audace,
Ils souffrent [12] en tremblant l'impérieuse face,
Face qu'ils ont frappée, et remarquent assez
Le chef [13], les membres saints qu'ils avaient transpercés.
Ils le virent lié, le voici les mains hautes.

4. Rassemblement.
5. Bonheur.
6. Dieu leur a pardonné ce qu'ils lui doivent, c'est-à-dire leurs péchés.
7. Groupe des élus.
8. Fils d'Isaac.
9. Fils de Loth, ennemi d'Israël comme Edom.
10. Servante d'Abraham ; sa postérité représente la lignée non élue d'Abraham.
11. Contre les.
12. Supportent.
13. La tête.

Ses sévères sourcils viennent compter leurs fautes ;
L'innocence a changé sa crainte en majestés [14],
Son roseau [15] en acier tranchant des deux côtés,
Sa croix au [16] tribunal de présence divine ;
Le ciel l'a couronné, mais ce n'est plus d'épine.
Ores viennent trembler, à cet acte dernier,
Les condamneurs au pied du Juste prisonnier.
Voici le grand héraut d'une étrange nouvelle,
Le messager de mort, mais de mort éternelle.
Qui se cache, qui fuit devant les yeux de Dieu ?
Vous, Caïns fugitifs, où trouverez-vous lieu [17] ?
Quand vous auriez les vents collés sous vos aisselles,
Ou quand l'aube du jour vous prêterait ses ailes,
les monts vous ouvriraient le plus profond rocher,
Quand la nuit tâcherait en sa nuit vous cacher,
Vous enceindre [18] la mer, vous enlever la nue,
Vous ne fuirez de Dieu ni le doigt ni la vue.
Or voici les lions de torches acculés [19],
Les ours à nez percé, les loups emmuselés.
Tout s'élève contre eux ; les beautés de Nature,
Que leur rage troubla de venin et d'ordure,
Se confrontent en mire [20] et se lèvent contre eux :
« Pourquoi, dira le feu, avez-vous de mes feux
Qui n'étaient ordonnés qu'à l'usage de vie
Fait des bourreaux, valets de votre tyrannie ? »
L'air encor une fois contre eux se troublera,
Justice au Juge saint, trouble [21], demandera,
Disant : « Pourquoi, tyrans et furieuses bêtes (bestes),
M'empoisonnâtes-vous de charognes, de pestes,
Des corps de vos meurtris [22] ? » — « Pourquoi, diront les eaux,
Changeâtes-vous en sang l'argent de nos ruisseaux ? »
Les monts qui ont ridé le front à vos supplices [23] :
« Pourquoi nous avez-vous rendus vos précipices [24] ? »
« Pourquoi nous avez-vous, diront les arbres, faits
D'arbres délicieux exécrables gibets ? »
Nature blanche, vive et belle de soi-même,
Présentera son front ridé, fâcheux [25] et blême
Aux peuples d'Italie [26], et puis aux Nations
Qui les ont enviés en [27] leurs inventions
Pour, de poison mêlé au milieu des viandes,
Tromper [28] l'amère mort en ses liqueurs friandes [29],
Donner au meurtre faux le métier de [30] nourrir,
Et sous les fleurs de vie embûcher [31] le mourir [32].

Les Tragiques.
Livre VII : *Jugement.*

14. L'innocence du Christ a changé sa peur (jardin des oliviers) en sentiment de majesté.
15. Sceptre dérisoire du Christ sur la croix.
16. Contre le.
17. Refuge.
18. Entourer.
19. Ces images désignent les tyrans.
20. Se regardent dans un miroir.
21. Adjectif se rapportant à air.
22. De ceux que vous avez tués.
23. A la vue des supplices que vous avez infligés aux innocents.
24. Pourquoi avoir fait de nous des précipices pour y jeter vos victimes.
25. Morose.
26. Ils étaient connus pour leur science des poisons.
27. Qui ont rivalisé avec.
28. Glisser.
29. Appétissantes.
30. La charge de.
31. Cacher.
32. La mort, verbe substantivé, instauré par Du Bellay dans *Défense et illustration de la langue française.*

Ensuite Dieu prononce la sentence. La création s'abîme dans un énorme cataclysme et l'enfer engloutit les damnés voués aux tortures éternelles et qui n'auront même plus le secours d'une délivrance par la mort :
... « de l'enfer il ne sort
Que l'éternelle soif de l'impossible mort. »

MONTAIGNE (1533-1592)

Dans les convulsions du XVIe siècle finissant, où les grandioses rêves humanistes de progrès et de réconciliation universelle se sont évanouis, Montaigne, par l'étude attentive de lui-même, développe une nouvelle sérénité. L'auteur est devenu célèbre grâce à une seule œuvre : les Essais. *Cette suite de considérations imagées sur lui-même et la nature humaine jette les bases d'une psychologie appliquée et ouvre la voie à un genre nouveau.*

LA VIE

Michel Eyquem est né en 1533 au château de Montaigne dans le Bordelais. Son père lui donne une éducation sans contrainte et originale : le matin, il le réveille au son de la flûte, et il lui donne un précepteur qui doit lui apprendre le latin avant le français ; personne dans la maison n'a le droit de lui parler autrement qu'en latin, ni ses parents, ni les domestiques qui ont appris les quelques mots de latin nécessaires à la vie courante.

A six ans, il est envoyé au collège à Bordeaux. A treize ans, il commence des études de droit et à 21 ans il devient magistrat. C'est à cette époque qu'il fait la connaissance d'un autre magistrat, Etienne de la Boétie. C'est le début d'une amitié profonde. Mais elle est de courte durée : la Boétie meurt prématurément en 1563. Montaigne en gardera le souvenir toute sa vie.

Devenu seigneur de Montaigne après la mort de son père, il abandonne la vie de magistrat et se retire dans son château ; il a 37 ans. Il s'occupe d'abord de faire publier les œuvres de son ami la Boétie, puis commence la rédaction des *Essais*. En 1580, il en publie la première édition à Bordeaux avant de partir en voyage à travers l'Europe pour raisons de santé. Partout, il est traité comme un grand personnage. Il va successivement en Suisse, en Allemagne et en Italie, où il séjourne à Venise, Florence et Rome ; à sa demande, il y reçoit le titre de citoyen romain. C'est en Italie qu'il apprend qu'il a été élu maire de Bordeaux pendant son absence.

Il rentre en France, s'occupe des affaires de la ville avec sagesse et application, à tel point qu'il est réélu, deux ans plus tard. Mais jamais il n'oublie son œuvre personnelle, travaillant à enrichir et compléter les *Essais,* jusqu'à sa mort en 1592.

L'ŒUVRE

Les œuvres complètes de Montaigne comportent trois titres. Mais la *Théologie naturelle* et le *Journal de voyage en Italie* sont des œuvres mineures comparées à l'importance des *Essais,* qui comportent trois livres, parus entre 1580 et 1588.

Dans un avertissement au lecteur, Montaigne déclare : « C'est moi que je peins... Je suis moi-même la matière de mon livre. » Mais les *Essais* ne sont pas des mémoires ; ce n'est pas l'histoire de sa vie mais plutôt celle de ses pensées : « Ce ne sont pas mes gestes que j'écris, c'est moi, c'est mon essence. »

En fait, ce livre est difficile à classer parce qu'il n'appartient à aucun genre, si ce n'est celui qu'il crée : celui des essais. « Essais » signifie tentatives, recherches. A l'origine, Montaigne écrit pour fixer ses idées et mettre à l'épreuve son jugement. Grand amateur de lectures, comprenant aussi facilement le latin que l'italien, il note, selon la coutume des humanistes, les phrases ou les anecdotes qui l'ont marqué, puis il les commente ; ou encore, il choisit une idée générale qui lui paraît particulièrement intéressante et la développe à l'aide d'exemples tirés de ses auteurs favoris, notamment Plutarque et Sénèque. Mais peu à peu, la pensée d'autrui cesse de lui servir de support et les citations

Le paysage apaisant que pouvait voir Montaigne de la terrasse de son château, à Saint-Michel-de-Montaigne, en Dordogne.

n'interviennent plus que pour enrichir une pensée personnelle.
Il n'y a aucun plan d'ensemble dans cet ouvrage. Sa pensée avance librement ; les différents chapitres, de longueurs très inégales, reflètent les préoccupations du moment : « A même que mes rêveries se présentent, je les entasse. » (Livre II, 10.) Il parle de certains épisodes de l'histoire ancienne, de l'ambition, de la peur, de l'amitié, des événements contemporains, de la découverte de l'Amérique, de l'intelligence des animaux et surtout beaucoup de lui-même et de ce qu'il a pu observer sur lui-même.

L'HOMME

« Je n'étudie que moi. » déclare Montaigne au Livre II, chapitre 6. Il est vrai que le point de départ des *Essais* c'est lui-même, et il est possible de faire de lui un portrait physique et moral d'après son œuvre.
Montaigne est de petite taille, et il le déplore. Il est maladroit de ses mains et de son corps, mais pourtant très résistant à la fatigue : il peut voyager à cheval des journées entières.
De son intelligence, Montaigne nous dit qu'elle est « mousse et tardive » ; en fait, il est d'une grande lucidité et d'une grande perspicacité. C'est un homme qui a beaucoup lu et qui est très cultivé. Il aimait à passer des heures dans la « librairie » (bibliothèque) de son château, où il avait fait graver sur les poutres des inscriptions grecques et latines.
Montaigne est un indépendant, un individualiste. Il s'est toujours efforcé de préserver sa liberté de pensée et d'action. Il a même refusé de vivre à la cour du roi pour ne pas être sous la tutelle des autres. « Il faut avoir femmes, enfants, biens et surtout de la santé, qui peut ; mais non pas s'y attacher en manière que notre heur en dépende. Il se faut réserver une arrière-boutique, toute nôtre, toute franche, en laquelle nous établissons notre vraie liberté et principale retraite et solitude. »
Montaigne aime la vie. Il cherche à bien vivre, sans courir après un bonheur utopique et inaccessible. Il recherche les petits plaisirs de l'existence et les apprécie sans arrière-pensée : amitié, lecture, joie d'être en bonne santé, ce qu'il appelle « vivre à propos », jouir du temps présent. Cet attachement à la vie lui fait avouer ses joies mais aussi ses peurs, et lorsque la peste se déclare à Bordeaux, il préfère rester loin de la ville plutôt que de s'exposer à l'épidémie.
Montaigne n'a pourtant pas vécu en solitaire ou en égoïste ; il ne s'est pas désintéressé des problèmes de son époque. En pleine guerre de religion, il a accepté des missions diplomatiques. Quand il fut élu maire de Bordeaux, il ne s'est pas dérobé à cette tâche qu'il a assumée avec

sérieux et compétence, à tel point qu'il fut réélu. Peu favorable aux changements politiques, il n'a pourtant pas hésité à protester contre les cruautés et l'inutilité de la torture, et aussi contre la barbarie des colonisateurs de l'Amérique.

LES GRANDES PRÉOCCUPATIONS

Les *Essais* ne sont pas un système philosophique. Ils abordent sans méthode une multitude de sujets. Il est cependant possible de cerner trois grandes préoccupations, plus que trois grands thèmes.

Mieux se connaître pour mieux connaître les autres

Montaigne n'a pas pour seule ambition de se faire connaître. Puisque « chaque homme porte en soi la forme entière de l'humaine condition », se pencher sur soi-même, c'est aussi se pencher sur les autres et apprendre à mieux les connaître. Cette recherche de la connaissance de l'homme l'amène à trois conclusions :

— L'homme est changeant et la raison ne peut donner de certitudes universelles. Les divergences d'opinions entre peuples, entre écoles philosophiques et même entre individus en sont la preuve. Cette méfiance vis-à-vis de toute prétention à atteindre une vérité définitive et son dégoût de l'intolérance conduisent Montaigne à adopter la devise : « Que sais-je » ?

— « Nature est un doux guide ». La sagesse de Montaigne est une soumission à sa nature, c'est-à-dire aux exigences profondes de son être. C'est à chacun de trouver ce qui est bon pour lui, de rechercher sa vérité pour « jouir loyalement de son être. »

— Suivre sa nature, c'est apprendre à vivre en harmonie avec soi-même, en se libérant des autres mais en laissant aussi les autres libres. Montaigne admet qu'il existe « mille contraires façons de vivre » ; l'important est de « savoir être à soi ».

La mort

Dès le Livre I, Montaigne observe qu'il a « passé les termes accoutumés de vivre ». On meurt jeune en effet à l'époque ; son ami La Boétie est mort à 33 ans, et lui a maintenant 39 ans. L'idée de la mort ne le quitte donc pas. A l'exemple de Sénèque et des stoïciens, il s'est d'abord exercé à en supporter l'idée pour ne pas être surpris par elle. Mais après une chute de cheval, on le croit « trépassé », et il fait l'expérience de l'approche de la mort, finalement moins effrayante qu'il ne le craignait. Il devient alors pour lui inutile de perdre son temps à s'occuper de la mort et à se préparer à l'affronter à tout instant ; il vaut mieux jouir de l'existence[1]. Sa nature méridionale, tournée vers la vie, prend le dessus. Et lorsque la mort viendra, « si vous ne savez pas mourir, ne vous chaille (ne vous inquiétez pas) ; nature vous en informera sur-le-champ, pleinement et suffisamment ; elle fera exactement cette besogne pour vous ».

L'éducation

D'un bout à l'autre, les *Essais* cherchent à montrer comment bien vivre. Montaigne insiste, sans aucun dogmatisme, sur l'importance de l'éducation pour soi et pour les autres. Il n'est donc pas étonnant qu'il ait consacré un chapitre entier (I,26) à l'éducation des enfants. Il reproche aux collèges de l'époque d'être trop durs et de vouloir transmettre trop de connaissances inutiles. L'éducation qu'il conçoit est fondée sur un développement physique et moral bien équilibré, faisant appel à l'initiative de l'élève. Il conseille de ne pas rester enfermé dans une chambre pour apprendre, mais de parcourir le monde pour « frotter et limer notre cervelle contre celle d'autrui. »

L'ART DES ESSAIS

L'attrait qu'exerce cette œuvre sur le lecteur ne vient pas seulement de la justesse des remarques et des analyses, mais aussi de la façon dont Montaigne a su les exprimer, pour susciter à son tour la réflexion du lecteur et le faire, pour ainsi dire, participer à sa recherche.

La langue

Elle est très riche et très précise. Montaigne ne se soucie pas de paraître savant. Il aime les mots du langage populaire et les tournures pittoresques : « Je voudrais n'user que du langage qu'on parle aux Halles[2] de Paris ». Il enrichit son français de mots latins francisés ou même parfois de patois de sa région, la Gascogne : « Que le gascon y arrive, si le français ne peut y aller ».

Le style

Il est naturel, comme celui d'une conversation : « Le parler que j'aime, c'est un parler simple et naïf, tel sur le papier qu'à la bouche » ; Montaigne insiste plus d'une fois sur les adjectifs « simple et naïf » pour caractériser son style. On a pourtant parfois une impression de lourdeur et de confusion dans certains chapitres, due aux nombreux ajouts et corrections qu'apporte Montaigne au fil des éditions. Il a toujours travaillé à parfaire sa pensée, qui trouve son expression favorite dans les images et les métaphores.

1. *« Montaigne est en sourde connivence avec la mort ; son appétit de vie s'est établi sur les ruines d'une obsession de la mort ; de là sa fraîcheur, son avidité frémissante ; de là aussi son insécurité, la conscience que tout tient dans la minute présente, mais d'un présent qui s'échappe sans cesse. » J. Rousset,* La littérature de l'âge baroque en France.
2. *L'ancien grand marché au centre de Paris.*

MONTAIGNE

Avec les *Essais,* Montaigne a créé un genre littéraire qui jusqu'à nos jours n'a jamais cessé de connaître le succès, parce qu'il est souple et personnel. Son étude du comportement humain à partir de l'analyse de sa propre personne a servi de base aux grands moralistes du XVIIe siècle (Pascal, La Bruyère, La Rochefoucauld). L'ampleur et l'originalité de son œuvre, qui le place au premier plan des grands écrivains français, lui ont toujours valu autant d'admirateurs que d'opposants ; les uns apprécient son message : c'est perdre son temps que de vouloir se méfier de la vie, les autres lui font reproche de parler sans cesse de lui-même. Pouvait-il vraiment en être autrement dans une œuvre où la pensée abstraite ne se sépare jamais de l'expérience concrète ?

BIBLIOGRAPHIE

F. Jeanson, *Montaigne par lui-même,* Paris, Seuil, 1951.

F. Gray, *Le style de Montaigne,* Paris, Nizet, 1958.

A. Thibaudet, *Montaigne,* Paris, Gallimard, 1963.

J.-Y Pouilloux, *Lire les Essais de Montaigne*, Paris, Maspero, 1969.

Deux pages d'un exemplaire des* Essais *sur lequel travaillait Montaigne. Elles donnent une idée de sa méthode de travail. Sur cet exemplaire (de l'édition de 1588), il revoyait, corrigeait et ajoutait des passages qui devaient ensuite être introduits dans l'édition suivante.

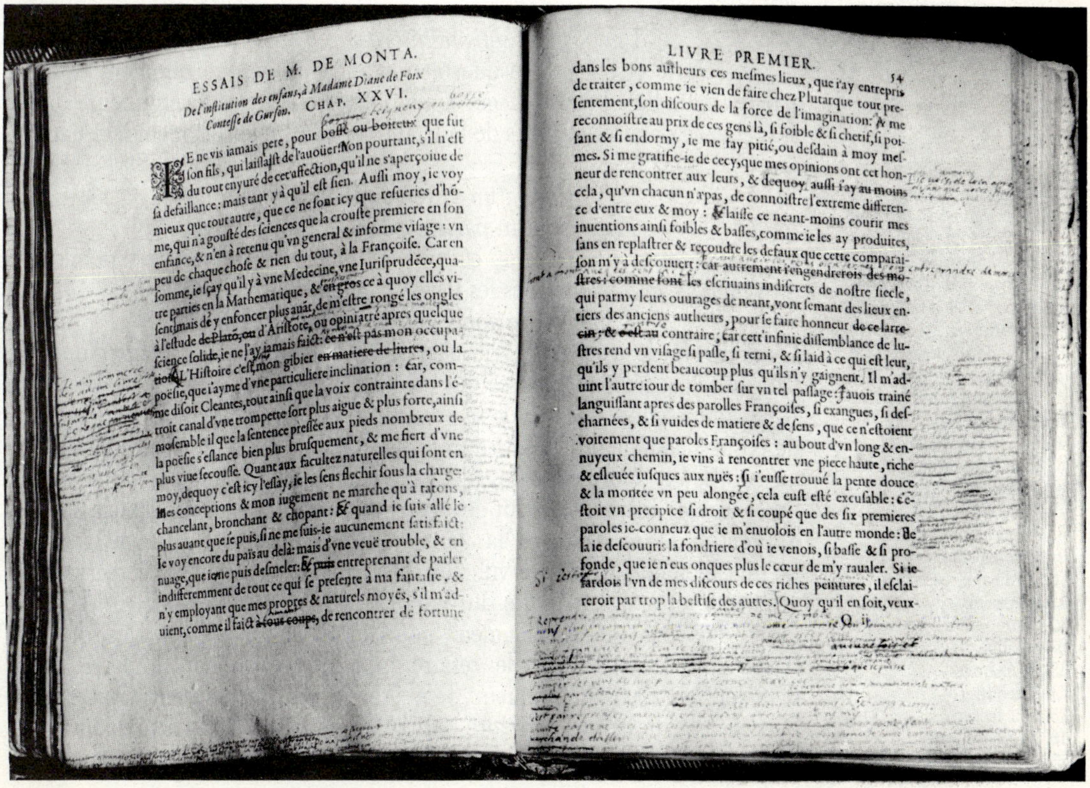

MONTAIGNE

LES ESSAIS

Autoportrait

Ce passage est tiré du chapitre De la présomption, *écrit vers 1578-1580. Montaigne s'interroge pour savoir s'il y a de la présomption à se peindre soi-même, et il note que, loin de se surestimer, il aurait plutôt tendance à se déprécier. Il reste qu'en dépit de quelques coquetteries, la sincérité du ton nous rapproche de l'homme qu'était Montaigne.*

Je suis d'une taille un peu au-dessous de la moyenne. Ce défaut n'a pas seulement de la laideur, mais encore de l'incommodité, à ceux mêmement qui ont des commandemens et des charges : car l'autorité que donne une belle présence et majesté corporelle en est à dire... Les autres beautés sont pour les femmes ; la beauté de la taille est la seule beauté des hommes. Où est la petitesse, ni la largeur et rondeur du front, ni la blancheur et douceur des yeux, ni la médiocre [1] forme du nez, ni la petitesse de l'oreille et de la bouche, ni l'ordre et blancheur des dents, ni l'épaisseur bien unie d'une barbe brune à écorce de châtaigne, ni le poil relevé, ni la juste rondeur de tête, ni la fraîcheur du teint, ni l'air du visage agréable, ni un corps sans senteur, ni la proportion légitime des membres peuvent faire un bel homme. J'ai la taille forte et ramassée ; le visage, non pas gras, mais plein ; la complexion [2], entre le jovial et le mélancolique, moyennement sanguine et chaude.

Unde rigent setis mihi crura, et pectora villis [3]

la santé forte et allègre, jusque bien avant en mon âge rarement troublée par les maladies. J'étais tel, car je ne me considère pas à cette heure que je suis engagé dans les avenues de la vieillesse, ayant piéça franchi les quarante ans :

minutatim vires et robur adultum
Frangit, et in partem pejorem liquitur aetas [4]

Ce que je serai dorénavant, ce ne sera plus qu'un demi-être, ce ne sera plus moi. Je m'échappe tous les jours et me dérobe à moi,

Singula de nobis anni praedantur euntes [5]

D'adresse et de disposition [6] je n'en ai point eu ; et si [7] suis fils d'un père très dispos et d'une allégresse qui lui dura jusques à son extrême vieillesse. Il ne trouva guère homme de sa condition qui s'égalât à lui en tout exercice de corps : comme je n'en ai trouvé guère aucun qui ne me surmontât, sauf au courir (en quoi j'était des médiocres [8]). De la musique, ni pour la voix que j'ai très inapte, ni pour les instruments, on ne m'y a jamais su rien apprendre. A la danse, à la paume [9], à la lutte, je n'y ai pu acquérir qu'une bien fort légère et vulgaire [10] suffisance [11], à nager, à escrimer, à voltiger [12] et à sauter, nulle du tout. Les mains, je les ai si gourdes [13] que je ne sais pas écrire seulement pour moi : de façon que, ce que j'ai barbouillé, j'aime mieux le refaire que de me donner la peine de le démêler [14] et ne lis guère mieux. Je me sens peser aux écoutants. Autrement, bon clerc [15], Je ne sais pas clore à droit [16] une lettre, ni ne sus jamais tailler plume, ni trancher [17] à table, qui vaille [18], ni équiper un cheval de son

1. Moyenne.
2. Le type physique.
3. « Aussi mes jambes et ma poitrine sont-elles hérissées de poils » (Martial, *Epigrammes)*.
4. « Peu à peu, l'âge brise les forces et la vigueur de la maturité et glisse à la décrépitude » (Lucrèce, *De la Nature)*.
5. « Les années qui passent nous dérobent nos biens, un à un » (Horace, *Epîtres)*.
6. État de celui qui est dispos et habile.
7. Même si.
8. Parmi les moyens.
9. Sorte de tennis.
10. Ordinaire, commune.
11. Capacité.
12. Faire des exercices d'équitation.
13. Maladroites.
14. Déchiffrer.
15. Fin lettré.
16. Convenablement.
17. Découper la viande.

harnais, ni porter à point[18] un oiseau et le lâcher, ni parler aux chiens, aux oiseaux, aux chevaux.

Mes conditions[19] corporelles sont en somme très bien accordantes à celles de l'âme. Il n'y a rien d'allègre : il y a seulement une vigueur pleine et ferme. Je dure bien à la peine ; mais j'y dure, si je m'y porte moi-même, et autant que mon désir m'y conduit,

Molliter austerum studio fallente laborem[20]

Autrement, si je n'y suis alléché par quelque plaisir, et si j'ai autre guide que ma pure et libre volonté, je n'y vaux rien. Car j'en suis là que, sauf la santé et la vie, il n'est chose pour quoi je veuille ronger mes ongles, et que je veuille acheter au prix du tourment d'esprit et de la contrainte,

tanti mihi non sit opaci
Omnis arena Tagi, quodque in mare volvitur aurum[21]

extrêmement oisif, extrêmement libre, et par nature et par art.

Essais, Livre II,
chap. XVII, De la présomption.

18. Comme il faut.
19. Dispositions.
20. « Car l'ardeur abuse doucement l'austère labeur » (Horace, *Satires*).
21. « Je ne voudrais pas à si grand prix de tout le sable du Tage riche en limon, ni de tout l'or qui roule vers la mer » (Juvenal, *Satires*).

Portrait présumé de Montaigne, deuxième moitié du XVIe siècle (Musée Condé, château de Chantilly.)

Montaigne et l'éducation

Après avoir exposé ses vues sur l'éducation des enfants, Montaigne en vient à parler de celle qu'il a reçue. Son père lui fit apprendre le latin avant le français et Montaigne remarque avec quelle facilité on peut apprendre une langue quand on choisit la bonne méthode.

C'est un bel et grand agencement[1] sans doute que le grec et latin, mais on l'achète trop cher. Je dirai ici une façon d'en avoir meilleur marché que de coutume, qui a été essayée en moi-même. S'en servira qui voudra.

Feu mon père[2], ayant fait toutes les recherches qu'homme peut faire, parmi les gens savants et d'entendement, d'une forme d'institution exquise[3],

1. Ornement.
2. Mon père, qui est mort maintenant.
3. Pour trouver une forme d'éducation choisie.

fut avisé [4] de cet inconvénient qui était en usage ; et lui disait-on que cette longueur que nous mettions à apprendre les langues, qui ne leur coûtaient rien, est la seule cause pourquoi nous ne pouvions arriver à la grandeur d'âme et de connaissance des anciens Grecs et Romains. Je ne crois pas que c'en soit la seule cause. Tant y a que l'expédient [5] que mon père y trouva, ce fut que en nourrice et avant le premier dénouement de ma langue [6], il me donna en charge à un Allemand, qui depuis est mort fameux médecin en France, du tout [7] ignorant de notre langue, et très bien versé en la latine. Celui-ci, qu'il avait fait venir exprès, et qui était bien chèrement gagé [8], m'avait continuellement entre les bras. Il en eut aussi avec lui deux autres moindres en savoir pour me suivre, et soulager le premier. Ceux-ci ne m'entretenaient d'autre langue que latine. Quant au reste de sa maison, c'était une règle inviolable que ni lui-même, ni ma mère, ni valet, ni chambrière ne parlaient en ma compagnie qu'autant de mots de latin que chacun avait appris pour jargonner avec moi. C'est merveille du fruit que chacun y fit. Mon père et ma mère y apprirent assez de latin pour l'entendre, et en acquirent à suffisance pour s'en servir à la nécessité [9], comme firent aussi les autres domestiques qui étaient plus attachés à mon service. Somme, nous nous latinisâmes tant qu'il en regorgea [10]jusques à nos villages tout autour, où il y a encore et ont pris pied par l'usage plusieurs appellations latines d'artisans et d'outils. Quant à moi, j'avais plus de six ans avant que j'entendisse non plus de français ou de périgourdin que d'arabesque [11]. Et, sans art [12], sans livre, sans grammaire ou précepte, sans fouet et sans larmes, j'avais appris du latin, tout aussi pur que mon maître d'école le savait : car je ne le pouvais avoir mêlé ni altéré.

Essais, Livre I, chap. XXVI, De l'institution des enfants.

4. Averti.
5. Toujours est-il que la solution.
6. Avant que je commence à parler.
7. Absolument.
8. Payé.
9. Quand c'était nécessaire.
10. Déborda, reflua.
11. Arabe.
12. Sans méthode.

Montaigne et les livres

Montaigne se préoccupe de savoir ce qui peut contribuer à faire de l'homme une personne de bonne compagnie. Trois choses lui paraissent essentielles : la conversation avec des hommes hors du commun, la société des femmes distinguées et la lecture. Montaigne lisait beaucoup et il nous décrit sa « librairie » (bibliothèque) avec une précision d'architecte.

Chez moi, je me détourne un peu plus souvent à ma librairie, d'où tout d'une main je commande à mon ménage [1]. Je suis sur l'entrée [2] et vois sous moi mon jardin, ma basse-cour, ma cour, et dans la plupart des membres de ma maison. Là, je feuillette à cette heure un livre, à cette heure un autre, sans ordre et sans dessein, à pièces décousues ; tantôt je rêve, tantôt j'enregistre et dicte, en me promenant, mes songes que voici.

Elle est au troisième étage d'une tour. Le premier, c'est ma chapelle, le second une chambre et sa suite, où je me couche souvent, pour être seul. Au-dessus, elle a une garde-robe. C'était au temps passé le lieu plus inutile de ma maison. Je passe là et la plupart des jours de ma vie, et la plupart des heures du jour. Je n'y suis jamais la nuit. A sa suite est un cabinet assez poli [3], capable à recevoir du feu pour l'hiver, très plaisamment percé [4].

1. Maison.
2. La tour de Montaigne est juste à côté du portail d'entrée.
3. Confortable.
4. Percé de fenêtres.

Et, si je ne craignais non plus le soin que la dépense, le soin qui me chasse de toute besogne, je pourrais facilement coudre à chaque côté une galerie de cent pas de long et douze de large, à plain-pied, ayant trouvé tous les murs montés pour autre usage, à la hauteur qu'il me faut. Tout lieu retiré requiert un promenoir. Mes pensées dorment si je les assis [5]. Mon esprit ne va, si les jambes ne l'agitent. Ceux qui étudient sans livre en sont tous là. La figure en [6] est ronde et n'a de plat que ce qu'il faut à ma table et à mon siège, et vient m'offrant en se courbant, d'une vue, tous mes livres, rangés à cinq degrés [7] tout à l'environ. Elle a trois vues de riche et libre prospect [8], et seize pas de vide en diamètre. En hiver, j'y suis moins continuellement : car ma maison est juchée sur un tertre, comme dit son nom, et n'a point de pièce plus éventée que cette-ci, qui me plaît d'être un peu pénible et à l'écart, tant pour le fruit de l'exercice que pour reculer de moi la presse [9]. C'est là mon siège. J'essaie à m'en rendre la domination pure, et à soustraire ce seul coin à la communauté et conjugale, et filiale, et civile [10]. Partout ailleurs je n'ai qu'une autorité verbale, en essence confuse [11]. Misérable à mon gré, qui n'a chez soi où être à soi, où se faire particulièrement la cour, où se cacher ! L'ambition paie bien ses gens de les tenir toujours en montre [12], comme la statue d'un marché : « *Magna servitus est magna fortuna* [13].» Je n'ai rien jugé de si rude en l'austérité de vie que nos religieux affectent [14], que ce que je vois en quelqu'une de leurs compagnies, avoir pour règle une perpétuelle société [15] de lieu et assistance nombreuse entre eux, en quelque action que ce soit. Et trouve aucunement plus supportable d'être toujours seul que ne le pouvoir jamais être.

Si quelqu'un me dit que c'est avilir les muses de s'en servir seulement de jouet et de passe-temps, il ne sait pas, comme moi, combien vaut le plaisir, le jeu et le passe-temps. A peine que ne die [16] toute autre fin être ridicule. Je vis du jour à la journée ; et, parlant en révérence [17] ne vis que pour moi : mes desseins se terminent là. J'étudiai, jeune, pour l'ostentation ; depuis, un peu, pour m'assagir ; à cette heure, pour m'ébattre ; jamais pour le quest [18].

Essais, Livre III, chap. III : *De trois commerces.*

5. Assieds.
6. De la garde-robe, transformée en bibliothèque.
7. Sur cinq rayons.
8. Perspective.
9. Foule.
10. De mes concitoyens.
11. En réalité douteuse.
12. En vue.
13. C'est une grande servitude qu'une grande renommée (Sénèque, *consolation à Polybe*).
14. Recherchent.
15. Communauté.
16. Subjonctif du verbe dire.
17. Si on me permet de le dire.
18. Gain.

Montaigne et l'amitié

La Boétie fut le grand ami de Montaigne. La mort les sépara. La Boétie avait fait découvrir à Montaigne le stoïcisme et celui-ci s'appliqua à faire publier les œuvres de son ami après sa mort. L'individualisme de Montaigne a fait que certains l'ont traité d'égoïste. Cette méditation sur le secret de la véritable amitié présentée comme un don du ciel prouve largement le contraire, d'autant plus qu'elle a été écrite dix-huit ans plus tard ; Montaigne n'avait toujours pas oublié.

Ce que nous appelons ordinairement amis et amitiés, ce ne sont qu'accointances [1] et familiarités nouées par quelque occasion ou commodité, par le moyen de laquelle nos âmes s'entretiennent. En l'amitié de quoi je parle,

1. Fréquentations.

elles se mêlent et confondent l'une en l'autre, d'un mélange si universel qu'elles effacent et ne retrouvent plus la couture qui les a jointes. Si on me presse de dire pourquoi je l'aimais, je sens que cela ne se peut exprimer qu'en répondant : « Parce que c'était lui ; parce que c'était moi. »
Il y a, au-delà de tout mon discours, et de ce que j'en puis dire particulièrement, ne sais quelle force inexplicable et fatale, médiatrice de cette union. Nous nous cherchions avant que de nous être vus, et par des rapports que nous oyïons l'un de l'autre, qui faisaient en notre affection plus d'effort que ne porte la raison des rapports [2], je crois par quelque ordonnance du ciel : nous nous embrassions par nos noms. Et à notre première rencontre, qui fut par hasard en une grande fête et compagnie [3] de ville, nous nous trouvâmes si pris, si connus, si obligés entre nous que rien dès lors ne nous fut si proche que l'un à l'autre. Il écrivit une satire [4] latine excellente, qui est publiée, par laquelle il excuse et explique la précipitation de notre intelligence [5] si promptement parvenue à sa perfection. Ayant si peu à durer, et ayant si tard commencé, car nous étions tous deux hommes faits, et lui plus de quelque année, elle n'avait point à perdre temps, et à se régler au patron [6] des amitiés molles et régulières, auxquelles il faut tant de précautions de longue et préalable conversation. Cette-ci [7] n'a point d'autre idée [8] que d'elle-même, et ne se peut rapporter qu'à soi. Ce n'est pas une spéciale considération, ni deux, ni trois, ni quatre, ni mille : c'est je ne sais quelle quintessence de tout ce mélange, qui, ayant saisi toute ma volonté, l'amena se plonger et se perdre dans la sienne ; qui, ayant saisi toute sa volonté, l'amena se plonger et se perdre en la mienne, d'une faim, d'une concurrence pareille. Je dis perdre, à la vérité, ne nous réservant rien qui nous fût propre, ni qui fût ou sien ou mien.

Essais, Livre I, chap. XXVIII, de l'Amitié.

2. Qui faisaient sur nos sentiments plus d'effet qu'il n'est normal pour des propos rapportés.
3. Réunion.
4. Causerie en vers ; elle portrait sur l'amitié.
5. Entente.
6. Modèle.
7. Celle-ci ; une amitié telle que la nôtre.
8. Modèle idéal.

Montaigne et le « colonialisme »

Esprit curieux et ouvert sur son époque, Montaigne se tient au courant des problèmes du Nouveau Monde (l'Amérique a été découverte quelques décennies auparavant). En 1586-1587, il se livre à une nouvelle méditation sur la relativité des choses qui trouble la superbe assurance du Vieux Monde : « Notre monde vient d'en trouver un autre. » écrit-il à propos de la découverte de l'Inde, et il rapporte ce dialogue entre un médecin espagnol qui vient de débarquer et un Indien.

En côtoyant [1] la mer à la quête de leurs mines [2], aucuns Espagnols prirent terre en une contrée fertile et plaisante, fort habitée, et firent à ce peuple leurs remontrances [3] accoutumées : « Qu'ils étaient gens paisibles, venant de lointains voyages, envoyés de la part du roi de Castille [4], le plus grand Prince de la terre habitable, auquel le pape, représentant Dieu en terre, avait donné la principauté de toutes les Indes ; Que, s'ils voulaient lui être tributaires, ils seraient très bénignement traités ; leur demandaient des vivres pour leur nourriture et de l'or pour le besoin de quelque médecine [5] leur remontraient [6] au demeurant la créance d'un [7] seul Dieu et la vérité

1. Naviguant le long des côtes.
2. D'or et d'argent.
3. Explications.
4. Roi d'Espagne.
5. Médicament.
6. Expliquaient.
7. Croyance en un.

de notre religion, laquelle ils leur conseillaient d'accepter », y ajoutant quelques menaces.

La réponse fut telle : « Que, quant à être paisibles, ils n'en portaient pas la mine, s'ils l'étaient ; Quant à leur Roi, puisqu'il demandait, il devait être indigent et nécessiteux ; et celui [8] qui lui avait fait cette distribution, homme aimant dissension, d'aller donner à un tiers chose qui n'était pas sienne, pour le mettre en débat contre les anciens possesseurs ; Quant aux vivres, qu'ils leur en fourniraient ; D'or, ils en avaient peu, et que c'était chose qu'ils mettaient en nulle estime d'autant qu'elle était inutile au service de leur vie, là où [9] tout leur soin [10] regardait [11] seulement à la passer heureusement et plaisamment ; pourtant ce qu'ils en pourraient trouver, sauf ce qui était employé au service de leurs dieux, qu'ils le prissent hardiment ; Quant à un seul Dieu, le discours leur en avait plu, mais qu'ils ne voulaient changer leur religion, s'en étant si utilement servis si longtemps, et qu'ils n'avaient accoutumé prendre conseil que de leurs amis et connaissants ; Quant aux menaces, c'était signe de faute de jugement d'aller menaçant ceux desquels la nature et les moyens étaient inconnus ; Ainsi qu'ils se dépêchassent promptement de vider [12] leur terre, car ils n'étaient pas accoutumés de prendre en bonne part les honnêtetés et remontrances de gens armés et étrangers ; autrement, qu'on ferait d'eux comme de ces autres », leur montrant les têtes d'aucuns hommes justiciés [13] autour de leur ville. Voilà un exemple de la balbutie [14] de cette enfance.

Essais, Livre III, chap. VI : *Des coches.*

8. Le pape.
9. Tandis que.
10. Souci.
11. Visait.
12. Quitter.
13. Exécutés.
14. État de celui qui balbutie, qui s'exprime ou agit de façon confuse.

Rencontre de Cortez (conquistador espagnol) et de Moctezuma II (empereur aztèque) le 8 novembre 1519. Les Espagnols, venus pour conquérir le pays, furent tout d'abord accueillis pacifiquement par les Aztèques, car ceux-ci avaient pris Cortez pour un de leurs dieux. (Dessin aquarellé de Diego Durann, 1579. Bibliothèque Nationale, Madrid.)

MONTAIGNE

Contre le manque d'ouverture d'esprit

Cet extrait est tiré du chapitre De la vanité, *composé en 1586-1588. L'idée centrale est que tout est bien vain et que, partant, il ne sert à rien de prétendre détenir la vérité. Imprégné de cet état d'esprit, Montaigne nous enseigne qu'il est ridicule de voyager si l'on refuse dès le départ de s'ouvrir aux autres et si l'on pense que de toute façon tout est meilleur chez soi. C'est un reproche qu'il fait aux Français en voyage et qu'il étend à tous ceux qui sont fiers de leur appartenance à une caste, un clan. Les hommes sont rarement eux-mêmes, mais agissent et pensent en fonction du groupe dont ils font partie.*

S'il fait laid à droite, je prends à gauche ; si je me trouve mal propre à monter à cheval, je m'arrête. Et faisant ainsi, je ne vois à la vérité rien qui ne soit aussi plaisant et commode que ma maison. Il est vrai que je trouve la superfluité toujours superflue, et remarque de l'empêchement en la délicatesse [1] même et en l'abondance. Ai-je laissé quelque chose à voir derrière moi ? J'y retourne ; c'est toujours mon chemin. Je ne trace aucune ligne certaine, ni droite ni courbe. Ne trouvé-je point où je vais ce qu'on m'avait dit ? Comme il advient souvent que les jugements d'autrui ne s'accordent pas aux miens, et les [2] ai trouvés plus [3] souvent faux, je ne plains pas ma peine : j'ai appris que ce qu'on disait n'y est point.

J'ai la complexion du corps libre [4] et le goût commun [5], autant qu'homme du monde. La diversité des façons d'une nation à autre ne me touche que par le plaisir de la variété. Chaque usage a sa raison. Soient des assiettes d'étain, de bois, de terre, bouilli ou rôti, beurre ou huille de noix ou d'olive, chaud ou froid, tout m'est un [6], et si un que, vieillissant, j'accuse cette généreuse faculté, et aurais besoin que la délicatesse [1] et le choix arrêtât l'indiscrétion [7] de mon appétit et parfois soulageât mon estomac. Quand j'ai été ailleurs qu'en France et que, pour me faire courtoisie, on m'a demandé si je voulais être servi à la française, je m'en suis moqué et me suis toujours jeté aux tables les plus épaisses d'étrangers.

J'ai honte de voir nos hommes [8] enivrés de cette sotte humeur de s'effaroucher des formes contraires aux leurs : il leur semble être hors de leur élément quand ils sont hors de leur village. Où qu'ils aillent, ils se tiennent à leurs façons et abominent les étrangères. Retrouvent-ils un compatriote en Hongrie, ils festoient cette aventure : les voilà à se rallier et à se recoudre ensemble, à condamner tant de mœurs barbares qu'ils voient. Pourquoi non barbares [9], puisqu'elles ne sont françaises ? Encore sont-ce les plus habiles qui les ont reconnues pour en médire. La plupart ne prennent l'aller que pour le venir [10]. Ils voyagent couverts et resserrés d' [11] une prudence taciturne et incommunicable, se défendant de la contagion d'un air inconnu. Ce que je dis de ceux-là me ramentoit [12], en chose semblable, ce que j'ai parfois aperçu en aucuns de nos jeunes courtisans. Ils ne tiennent [13] qu'aux hommes de leur sorte, nous regardent comme gens de l'autre monde, avec dédain ou pitié. Otez-leur les entretiens des mystères de la cour, ils sont hors de leur gibier, aussi neufs [14] pour nous et malhabiles comme nous sommes à eux. On dit bien vrai qu'un honnête homme, c'est un homme mêlé.

Au rebours [15] je pérégrine [16] très saoul [17] de nos façons, non pour chercher

1. Raffinement.
2. Et bien que je les aie trouvés.
3. Le plus souvent.
4. Qui s'adapte bien.
5. Qui accepte tout.
6. Égal.
7. Manque de discernement.
8. Compatriotes.
9. Pourquoi ne seraient-elles pas barbares (ironique).
10. Ne partent que pour revenir.
11. Dissimulés et repliés dans.
12. Me rappelle.
13. Ont en considération.
14. Naïfs.
15. Au contraire.
16. Je voyage.
17. Rassasié de.

des Gascons en Sicile (j'en ai assez laissé au logis) ; je cherche des Grecs plutôt, et des Persans : j'accointe [18] ceux-là, je les considère ; c'est là où je me prête et où je m'emploie. Et qui plus est, il me semble que je n'ai rencontré guère de manières qui ne vaillent les nôtres.

18. Je fréquente.

Essais Livre III, chap. IX : *De la vanité.*

Telle est la représentation de la France et d'une partie de l'Europe que pouvait avoir Montaigne, qui était un grand voyageur. De son château, dans le sud-ouest de la France, il s'est rendu plusieurs fois à Paris (le voyage durait plusieurs semaines) et a traversé les frontières pour aller en Allemagne et en Italie. La lenteur des transports a influé sur la représentation cartographique : ainsi les Alpes, difficiles à franchir, sont-elles représentées beaucoup plus larges, qu'elles ne le sont en réalité, tandis que l'Italie s'étire loin vers l'est. (Carte de Oronce Fine, 1553. Bibliothèque Nationale, Paris.)

MONTAIGNE

Un homme qui vit au bon moment

Le chapitre De l'expérience, *écrit en 1587, est le dernier des* Essais. *L'expérience personnelle y est présentée comme la source de toute connaissance et la condition de toute harmonie avec soi-même. Il faut être à ce que l'on fait, faire confiance à la nature, car il est plus important de bien vivre que de se lancer dans de grandes entreprises pour mieux oublier ses propres contradictions.*

Quand je danse, je danse ; quand je dors, je dors ; voire et quand je me promène solitairement en un beau verger, si mes pensées se sont entretenues des occurrences [1] étrangères quelque partie du temps, quelque autre partie je les ramène à la promenade, au verger, à la douceur de cette solitude et à moi. Nature a maternellement observé cela, que les actions qu'elle nous a enjointes pour notre besoin nous fussent aussi [2] voluptueuses, et nous y convie non seulement par la raison, mais aussi par l'appétit [3] : c'est injustice de corrompre ses règles.

Quand je vois et César et Alexandre, au plus épais de sa grande besogne, jouir si pleinement des plaisirs naturels et par conséquent nécessaires et justes, je ne dis pas que ce soit relâcher son âme, je dis que c'est la roidir, soumettant par vigueur de courage [4] à l'usage de la vie ordinaire ces violentes occupations et laborieuses pensées. Sages, s'ils eussent cru que c'était là leur ordinaire vacation [5], cette-ci [6] l'extraordinaire. Nous sommes de grands fols : « Il a passé sa vie en oisiveté, disons-nous ; je n'ai rien fait d'aujourd'hui. — Quoi, avez-vous pas vécu ? C'est non seulement la fondamentale, mais la plus illustre de vos occupations. — Si on m'eût mis au propre des grands maniements [7], j'eusse montré ce que je savais faire. — Avez-vous su méditer et manier votre vie ? vous avez fait la plus grande besogne de toutes. » Pour se montrer et exploiter [8] nature n'a que faire de fortune, elle se montre également en tous étages [9] et derrière [10], comme sans rideau. Composer nos mœurs est notre office [11] non pas composer des livres, et gagner, non pas des batailles et provinces, mais l'ordre et tranquillité à notre conduite. Notre grand et glorieux chef-d'œuvre c'est vivre à propos.

Essais, Livre III, chap. XIII : *De l'expérience*

1. Circonstances.
2. En outre.
3. Désir.
4. Morale.
5. Occupation.
6. Celle-ci : la guerre et la politique.
7. Mis en mesure de manier (brasser) des grandes affaires.
8. Être mise en œuvre.
9. Situations.
10. Derrière un rideau.
11. Fonction, devoir.

Le Castelet (petit château) d'Étienne de la Boétie, grand ami de Montaigne (voir p. 109).

Montaigne et l'avenir de son œuvre

Dans le chapitre Du démentir, *Montaigne répond d'abord à l'objection qui lui est faite de ne parler que de lui. Croit-il ainsi distraire un public ? Il répond qu'il n'écrit que « pour amuser un voisin, un parent, un ami » après sa mort. Mais peut-être la postérité restera-t-elle indifférente ? Se pose alors la question cruciale que ne peut éviter aucun écrivain : et si tout ce temps passé à écrire n'avait servi à rien ? Montaigne nous donne la réponse suivante :*

Quand personne ne me lira, ai-je perdu mon temps de m'être entretenu tant d'heures oisives à pensements[1] si utiles et agréables ? Moulant sur moi cette figure[2], il m'a fallu si souvent dresser et composer pour m'extraire[3], que le patron[4] s'en est fermi[5] et aucunement formé soi-même. Me peignant pour autrui, je me suis peint en moi de couleurs plus nettes que n'étaient les miennes premières. Je n'ai pas plus fait mon livre que mon livre m'a fait, livre consubstantiel à son auteur, d'une occupation propre, membre de ma vie ; non d'une occupation et fin tierce et étrangère comme tous autres livres. Ai-je perdu mon temps de m'être rendu compte de moi si continuellement, si curieusement ? Car ceux qui repassent[6] par fantaisie seulement et par langue[7] quelque heure, ne s'examinent pas si primement[8], ni ne se pénètrent, comme celui qui en fait son étude, son ouvrage et son métier, qui s'engage à un registre de durée[9] de toute sa foi, de toute sa force.

Les plus délicieux plaisirs, si[10] se digèrent-ils au-dedans, fuient à[11] laisser trace de soi, et fuient la vue non seulement du peuple[12] mais d'un autre. Combien de fois m'a cette besogne diverti de cogitations ennuyeuses ! et doivent être comptées pour ennuyeuses toutes les frivoles. Nature nous a étrennés[13] d'une large faculté à nous entretenir à part[14], et nous y appelle souvent pour nous apprendre que nous nous devons en partie à la société, mais en la meilleure partie à nous. Aux fins de ranger[15] ma fantaisie à rêver même par[16] quelque ordre et projet, et la garder de se perdre et extravaguer au vent, il n'est que de donner corps et mettre en registre tant de menues pensées qui se présentent à elle. J'écoute à mes rêveries parce que j'ai à les enrôler[17]. Quant de fois, étant marri[18] de quelque action que la civilité et la raison me prohibaient de reprendre à découvert, m'en suis-je ici dégorgé[19], non sans dessein de publique instruction ! Et si ces verges poétiques :

Zon dessus l'œil, zon sur le groin,
Zon sur le dos du Sagoin[20]

s'impriment encore mieux en papier qu'en la chair vive. Quoi[21], si je prête un peu plus attentivement l'oreille aux livres, depuis que je guette si j'en pourrai friponner[22] quelque chose de quoi émailler ou étayer le mien ?

Je n'ai aucunement étudié pour faire un livre ; mais j'ai aucunement étudié pour ce que je l'avais fait, si c'est aucunement étudier qu'effleurer et pincer par la tête ou par les pieds tantôt un auteur tantôt un autre ; nullement pour former mes opinions ; oui[23] pour les assister piéça[24] formées, seconder et servir.

Essais, Livre II, chap. XVIII : *Du démentir.*

1. Pensées.
2. Portrait que je fais de moi.
3. Pour composer de moi mon image.
4. Modèle.
5. Affermi.
6. S'analysent.
7. Oralement.
8. Essentiellement.
9. Apprendre des notes sur une longue période.
10. S'ils.
11. Évitent de.
12. Publique.
13. Donné.
14. Seuls avec nous mêmes.
15. Obliger.
16. Selon.
17. Enregistrer, mettre par écrit.
18. Désolé.
19. Soulagé.
20. En réalité Sagon, poète et ennemi de Marot.
21. Que dire.
22. Grappiller, retirer, extraire.
23. Mais bien.
24. Longtemps.

Une représentation théâtrale dans un jeu de paume, au XVIIe *siècle. Dessin d'Abraham Bosse :* Intérieur d'un Jeu de Paume, *1630 (Bibliothèque Nationale, Paris).*

LE XVIIe SIÈCLE

Dans la mythologie historique et littéraire française, le XVIIe est le siècle du roi Soleil : il représente le triomphe de l'absolutisme et du classicisme. S'il est vrai que par sa personnalité et ses réalisations prestigieuses, Louis XIV tend à éclipser le reste, il faut se rappeler que son règne personnel ne commence qu'en 1661, et que ce que l'on appelle le classicisme n'est pas né spontanément à Versailles. L'idéal classique de « l'honnête homme » se trouve déjà en germe chez Montaigne tandis que l'esprit de la Renaissance anime encore les courants de pensée d'une première moitié de siècle turbulente.

DE LOUIS XIII À LOUIS XIV

Louis XIII et Richelieu : la victoire contre les protestants

A la mort d'Henri IV, poignardé par un fou en 1610, la direction du royaume revient à sa femme : Marie de Médicis. En 1617, son fils prend le pouvoir sous le nom de Louis XIII. Après une période de flottement dont profitent les nobles et les protestants pour semer l'agitation, le roi prend pour principal ministre Richelieu, qui va durablement affermir l'autorité royale.

La pensée politique du cardinal Richelieu est guidée par un seul principe : la raison d'État ; tout doit être subordonné au pouvoir indivisible de l'État, incarné par le roi. Ce principe l'amène à combattre les deux groupes qui cherchent à empiéter sur le pouvoir royal : les nobles et les protestants. Les nobles ne sont pas disposés à abandonner leurs prétentions politiques et leurs privilèges sociaux. Ennemis jurés de Richelieu, ils n'hésitent pas à demander de l'aide à l'étranger, notamment à l'Espagne, pour comploter contre le cardinal et essayer de l'éliminer. Richelieu déjoue deux complots, fait exécuter publiquement les responsables, impose sa loi et inculque aux nobles la notion d'obéissance et de soumission à l'État.

Après avoir brisé la résistance nobiliaire, le cardinal s'applique à soumettre les protestants qui, sous Henri IV, formaient une sorte d'État dans l'État ; attaché à rétablir l'autorité royale, le ministre de Louis XIII ne peut plus longtemps supporter une telle concurrence. Son action va aussi dans le sens d'une renaissance du catholicisme qui s'étend sur tout le royaume et qui se montre de plus en plus intransigeant à l'égard des huguenots. Retranchés dans la ville de La Rochelle, les protestants obtiennent un moment l'appui des Anglais ; mais la ténacité de Richelieu vient à bout des insurgés après un siège qui dure plus d'un an. Les protestants gardent leur foi, en vertu de l'Édit de Nantes [1], mais ils reconnaissent pleinement l'autorité du roi très chrétien. Une nouvelle fois, la raison d'État a triomphé. Dans son *Testament politique*, Richelieu, qui meurt en 1642, écrit au roi ces recommandations :

« Être rigoureux envers les particuliers qui se font gloire de mépriser les lois et les ordonnances d'un État, c'est être bon pour le public [2]. »

Anne d'Autriche et Mazarin : la révolte des nobles

Louis XIII meurt un an après son ministre. Le royaume se retrouve sans roi, le successeur désigné étant encore trop jeune. Une nouvelle période de régence commence : la reine mère, Anne d'Autriche, nomme Mazarin Premier ministre. Ce cardinal d'origine italienne est d'une apparence aussi douce et réservée que Richelieu était autoritaire et inflexible.

Pourtant Mazarin est un disciple de Richelieu. Il continue sa politique extérieure, qui oppose la France aux Habsbourg. En 1648, la paix de Westphalie marque le succès de la France, qui consolide à l'est ses frontières naturelles.

En politique intérieure, Mazarin ne connaît pas les mêmes succès que son prédécesseur. La guerre et les plaisirs de la cour coûtent très cher et le pays est toujours davantage soumis à l'impôt. Le mécontentement populaire s'installe ; les nobles et les parlementaires en profitent pour s'opposer à Mazarin. Ils prennent exemple sur l'Angleterre où la révolution fait rage. Tous les princes que Richelieu avait soumis et humiliés se joignent à la rebellion ; c'est ce mouvement qu'on appelle la Fronde. Dans la nuit du 5 au 6 janvier 1649, la cour est obligée de quitter Paris en toute hâte. Mazarin lui-même doit s'enfuir à l'étranger où il cherche à mettre sur pied une armée pour résister aux nobles. Condé, le plus prestigieux des princes, écrase à la fois l'armée de Mazarin et les armées royales. Plus rien ne l'arrête : il entre dans Paris où il est acclamé. Mais la capitale se déchaîne et l'on assiste à des débordements populaires ; des bandes armées sillonnent les rues de la ville au cri de « Point de roi ! Point de princes ! Vive la liberté ! ». La Révolution est prête à éclater ; les nobles prennent peur et abandonnent Condé. Les armées royales reconstituées et commandées par Turenne viennent assiéger Condé dans Paris ; il doit s'enfuir et se réfugier en Espagne.

Allégorie baroque représentant le roi Louis XIII, la reine Anne d'Autriche (à gauche) et derrière elle le futur Louis XIV. Détail d'une peinture de Claude Deruet : L'eau *(1640-1641). (Musée des Beaux Arts, Orléans.)*

1. *Voir p. 59.*
2. *Public : communauté nationale.*

La construction du château de Versailles, futur centre politique et intellectuel de l'Europe du XVIIe siècle. Les travaux durèrent quatre ans, de 1676 à 1680. Peinture attribuée à Adam Frans van der Meulen. (Windsor Castle.)

Le siècle de Louis XIV : le triomphe de l'absolutisme

Lorsque Louis XIV accède au trône en 1661, le pays est ruiné et meurtri par les conflits et les guerres. Un homme se charge du redressement financier et économique : c'est Colbert. Ce ministre bourgeois, ancien intendant de la fortune personnelle de Mazarin, a été choisi par le roi lui-même. Colbert est convaincu qu'un équilibre financier durable doit s'accompagner d'un développement économique moderne, c'est-à-dire non plus fondé sur l'agriculture mais sur l'industrie. Seule celle-ci peut permettre, par l'exportation, de faire rentrer de l'argent dans le royaume. Ce système est appelé « mercantilisme ».

L'argent rapporté par Colbert permet au roi de développer une marine puissante et une armée bien entraînée. En 1675, la France est le plus puissant pays d'Europe, avec 19 millions d'habitants. Des places-fortes construites par Vauban selon des plans originaux et réputées imprenables défendent les frontières du royaume comme une « ceinture de fer ».

En politique, Louis XIV refuse de déléguer ses pouvoirs. Il s'entoure d'un conseil restreint composé de trois à quatre personnes, appelé « Conseil d'en haut ». Celui-ci se réunit tous les deux jours dans les appartements mêmes du roi ; il est l'instrument central de l'absolutisme et ses décisions sont sans appel[1]. Dans les provinces sont envoyés des personnages dévoués au roi et chargés d'y faire respecter son pouvoir : ce sont les Intendants. Ce système des Intendants est le principal rouage de la centralisation monarchique et il permet au pouvoir central de briser aussitôt le moindre mouvement d'émancipation.

Sous Louis XIII et Mazarin, les nobles avaient beaucoup inquiété le pouvoir royal. Louis XIV, encore enfant, avait gardé un très mauvais souvenir de la Fronde et des révoltes parisiennes qui avaient forcé la cour à fuir la capitale ; elles lui étaient apparues comme une trahison contre le pouvoir royal. Devenu roi, il s'arrange pour mettre les nobles hors d'état de nuire. Il transfère la cour à quelques kilomètres de Paris, à Versailles, où il a fait construire à sa gloire personnelle un somptueux château qui a nécessité dix ans de travaux. Ce palais est une véritable « prison dorée » pour les nobles, qui se répartissent les tâches honorifiques détaillées par une étiquette[2] très stricte. Les ducs et les princes sont « Grand Maître de la garde-robe », « Grand-Maître d'hôtel », etc. Totalement soumis, rassemblés à Versailles sous le regard du roi, ils ne peuvent désormais plus comploter contre lui.

La cour ne compte pas que des courtisans, on y trouve aussi beaucoup d'artistes et d'écrivains, car Paris et Versailles sont le passage obligé de toute réussite artistique. C'est le début du centralisme culturel français qui trouve son expression la plus glorieuse dans l'Académie française, œuvre de Richelieu. Quant à Louis XIV, il encourage et protège les écrivains et les artistes en leur distribuant des pensions. La

1. *Elles ne peuvent être modifiées.*
2. *Cérémonial, protocole en usage dans une cour et qui en fixe les règles.*

Louis XIV en Apollon : *une allégorie du monarque absolu, maître des lettres et des arts. C'est sous son règne qu'ont été créées les plus grandes œuvres classiques. Joseph Werner le jeune, gouache sur parchemin, entre 1663 et 1667. (Musée National du château de Versailles.)*

plupart des chefs-d'œuvre de la littérature classique ont été produits dans les années 1660-1675 grâce à la protection du souverain.

Le lent déclin de la France

Mais deux dangers menacent le Roi-Soleil à son zénith[1] : sa politique religieuse et sa volonté d'hégémonie.
Le roi vieillissant se laisse fortement influencer par le parti des catholiques intransigeants : les dévots. Il se marie même secrètement avec une dévote, Mme de Maintenon, qui a une fâcheuse emprise sur lui. Les huguenots en sont les premières victimes. Un mouvement de répression s'abat sur les protestants jusqu'à la révocation de l'édit de Nantes en 1685 : les temples sont détruits, les pasteurs exilés, les enfants obligatoirement baptisés dans la religion catholique, et interdiction leur est faite de sortir du royaume sous peine de galère. Deux cent mille huguenots parviennent cependant à prendre la fuite. Ils passent en Suisse, en Allemagne, en Angleterre et en Hollande. Quelques-uns vont même jusqu'à Moscou. C'est une perte immense pour le royaume de France car les huguenots avaient de hautes compétences industrielles et financières et fournissaient une main-d'œuvre très qualifiée.
L'intransigeance religieuse du roi rend intraitables les ennemis protestants de la France (Hollandais, Suédois, Électeur de Brandebourg) auxquels viennent même s'allier les ennemis traditionnels de la France, pourtant catholiques : l'Espagne et l'empereur Habsbourg. On appelle cette union contre la France la ligue d'Augsbourg. Les guerres durent longtemps, ponctuées de courtes périodes de paix. Presque toute l'Europe est coalisée contre la France et lorsque se termine le plus long règne de l'histoire, en 1715, les splendeurs sont oubliées, le pays est épuisé et amer. C'est la fin de la prépondérance française en Europe et le déclin de l'absolutisme.

L'ÉVOLUTION DE LA PENSÉE

Influence de la Renaissance

L'esprit de la Renaissance n'est pas mort en 1610 avec Henri IV. Son influence se fait encore nettement sentir jusqu'au milieu du siècle par diverses manifestations, dont la plus marquante est ce qu'on appelle en littérature l'héroïsme. Ce courant de pensée découle du stoïcisme (par l'intermédiaire de l'enthousiasme humaniste pour la culture antique). Le stoïcisme est une doctrine qui enseigne à l'homme à ne pas fléchir sous la souffrance et à faire front avec dignité aux malheurs pour préserver sa liberté intérieure ; c'est cet idéal que l'on retrouve dans les premières tragédies de Corneille. Un héros cornélien comme le Cid maintient intacte sa liberté malgré les sacrifices personnels qu'il consent car ils sont liés à un idéal qu'il a librement décidé d'accepter.
Du point de vue social, on constate que ce mouvement de pensée est en étroite correspondance avec la situation du début du siècle, où les nobles se battent en duel pour défendre l'idée qu'ils se font de leur honneur et s'arment contre le roi (la Fronde) par fidélité à un idéal chevaleresque.

Contre Montaigne et la sagesse humaniste

Lassés par les insupportables querelles religieuses, les derniers humanistes avaient cherché un équilibre dans le calme d'une existence retirée. L'individualisme de Montaigne, son humanité et son goût pour la tolérance en sont les meilleurs exemples. Mais à mesure que la menace protestante disparaît, les catholiques, restés maîtres du terrain, s'acharnent alors sur ce qui avait fondé la sagesse de ces derniers humanistes : l'individualisme, le culte du moi. Cette forme de sagesse très personnelle excite l'animosité[2] des

1. *Point culminant.*
2. *Antipathie, inimitié, sentiment persistant de malveillance.*

catholiques dans la mesure où elle permet à l'homme de trouver son équilibre seul, sans l'intermédiaire des dogmes, et dans la mesure où, postulant la bonté de l'homme, elle minimise la toute-puissance de Dieu. Les protestants éliminés, le nouvel ennemi des catholiques devient donc ce « moi » qu'ils appellent amour-propre. L'horreur du moi est un point commun de tous les courants de la pensée catholique à cette époque. Il existe néanmoins une pomme de discorde[1] entre eux : c'est le problème de la grâce qui sépare d'un côté les jansénistes dont Pascal est le porte-parole, de l'autre les jésuites. Les jansénistes cherchent à limiter l'orgueil et l'indépendance de l'homme en affirmant qu'il n'est rien sans Dieu. Pour eux, l'homme n'est pas naturellement bon, il est prisonnier d'une faute originelle dont il ne peut se libérer seul par un acte de volonté et de liberté. Il ne peut être racheté qu'à condition que Dieu lui accorde sa grâce. Or, ce ne peut être le cas pour tout le monde, puisque le dieu des jansénistes n'accorde la grâce qu'à certains élus : c'est la prédestination. Les jansénistes mènent une vie austère dans un couvent non loin de Paris, à Port-Royal. Leur doctrine séduit bon nombre d'intellectuels de l'époque. Mais, dans la mesure où leur intransigeance les opposait au parti des dévots, toujours plus puissants à la fin du règne de Louis XIV, ces catholiques ont été persécutés à l'égal des protestants, jusqu'à la destruction de leur couvent.

La pensée des jésuites est moins implacable. Bien sûr, l'homme est là encore néant devant Dieu ; et c'est seulement dans la mesure où chacun s'identifie à son propre néant, où il anéantit son amour-propre, qu'il peut surpasser la faute originelle ; cela rappelle le jansénisme. Mais pour les jésuites, tout homme a la possibilité de s'unir à Dieu et de contribuer, sur terre déjà, à son salut, en mortifiant son orgueil. Il n'y a plus de prédestination et le salut est accessible à tous.

La différence de ces deux doctrines avec l'humanisme est que pour elles le mal n'est pas un accident, un travers psychologique ou une faiblesse de comportement qu'il est possible de surmonter par un apprentissage personnel et un art de vivre équilibré, mais que ce mal est à la racine même de l'homme, figure fondamentalement misérable.

La révolution cartésienne

L'euphorie humaniste se caractérisait par un appétit boulimique de connaissances que l'on entassait avec ardeur. C'est pourquoi beaucoup d'œuvres de l'époque avaient la forme d'une somme encyclopédique (œuvres de Rabelais ; *Microcosme* de Maurice Scève), vitrine de toutes les sciences connues. Mais avec Descartes, un

Portrait de Descartes d'après Franz Hals. (Musée du Louvre, Paris.)

renversement se produit. Il n'accepte plus de réduire la connaissance à une accumulation de faits hérités des Anciens ; il rejette toutes les connaissances acquises qui, selon lui, ne peuvent mener à la vérité. Il met tout en doute. Or, une seule chose résiste au doute et devient preuve d'existence : c'est la pensée de celui qui doute. Comment en effet admettre que ma pensée n'existe pas si je puis penser que je n'existe pas ? « Pendant que je voulais ainsi penser que tout était faux, il fallait nécessairement que moi qui le pensais fusse quelque chose. » Cette équation est résumée dans la fameuse formule du *Discours de la méthode,* ouvrage d'abord écrit en latin : « *Cogito, ergo sum*[2]. »

Mais cette découverte n'apporte nullement à Descartes la preuve de l'indépendance de l'homme vis-à-vis de Dieu, au contraire. Dieu étant créateur de toute chose et source de toute vérité, l'esprit humain purifié par le doute systématique retrouve une clarté nouvelle, pro-

1. *Point de désaccord.*
2. *Je pense, donc je suis.*

che de la lumière divine. A partir de ce moment, l'esprit, qui ne se laisse plus abuser par des puissances trompeuses, va pouvoir peu à peu découvrir, par un travail ordonné de la raison (c'est-à-dire un enchaînement d'idées claires et distinctes), l'ordre du monde, qui procède de l'ordre divin. L'important consiste alors à ne plus dévier, à maintenir sa raison sur le chemin de la clarté par un ensemble de règles et de méthodes, d'où le titre de l'ouvrage. L'homme pourra alors connaître toutes les vérités dont il a besoin pour la conquête du monde et la conduite de sa vie. Par là, Descartes introduit admirablement le classicisme, où tout repose sur l'idée qu'il existe un ordre, une perfection absolue et que chaque homme peut l'atteindre par l'effort et la discipline de la raison. Le classicisme a en effet la manie des règles et des codes, des méthodes et des principes qui servent à guider la raison.

Du héros à l'honnête homme

Dans la seconde moitié du siècle, un nouvel idéal d'homme se dessine. Ce n'est plus le héros, c'est l'honnête homme. L'idéal de l'honnêteté n'a pas remplacé d'un seul coup l'idéal héroïque. L'un et l'autre ont longuement cohabité, mais il est très intéressant de suivre le glissement qui mène de l'un à l'autre. Tandis que l'idéal héroïque ne cache pas ses sympathies pour l'Espagne, il semble que l'honnêteté ait beaucoup appris des Italiens et notamment du *Cortegiano* de Baldassare Castiglione. L'honnête homme est primitivement un homme de cour qui doit savoir donner des conseils au prince et être agréable à tout le monde, principalement aux femmes. Peu à peu se dégage du concept d'honnêteté une exigence d'universalité et de mondanité. L'honnête homme n'est pas un spécialiste, il doit savoir de tout un peu et se perfectionner au contact de ses semblables, les honnêtes gens. L'honnête homme se définit d'abord par rapport au monde de la cour et non plus par rapport à une race, comme le héros. La véritable aristocratie n'est plus celle de la naissance mais celle de l'esprit, et l'honnête homme cherche des moyens de briller plus raffinés que la seule gloire des armes. L'ascension de la bourgeoisie sous Louis XIV n'est pas étrangère à ce phénomène.

La crise de la conscience européenne[1] (1680-1715)

Dès avant 1700 les mentalités évoluent. A l'idéal d'ordre et de stabilité, qui se sclérose à la fin du règne, succède peu à peu le mouvement. La raison devient un instrument non plus pour atteindre un absolu universel comme dans le classicisme, mais pour battre en brèche les croyances. Malgré les efforts des catholiques, et notamment de Bossuet, l'athéisme et le déisme se développent. On fait davantage confiance aux sensations, et on cherche maintenant de plus en plus à obtenir le bonheur sur terre. A l'honnête homme va succéder au XVIIIe siècle le philosophe, dont le premier modèle est le philosophe anglais Locke.

LES COURANTS LITTÉRAIRES

Le baroque

A la soudure entre le XVIe et le XVIIe siècle se dessine en France un mouvement que l'on appelle baroque. Ce n'est pas une école littéraire avec ses maîtres et ses codes mais plutôt un esprit, et l'on peut parler d'un climat baroque qui baigne les lettres et les arts au début du siècle. Le baroque vient d'Italie. Il désigne à l'origine une mode architecturale magistralement mise en scène à Rome par le Bernin et Borromini. Les formes françaises du baroque sont plus discrètes que ses manifestations italiennes, tandis qu'il s'épanouit jusqu'à la luxuriance en Europe centrale où il a su intégrer l'influence ottomane (en 1683, les Turcs sont aux portes de Vienne). En France, le seul sculpteur baroque est Puget. D'Aubigné (voir p. 97) est l'un des meilleurs représentants de l'esprit baroque français en littérature. Mais plus que dans la poésie, le baroque trouve un terrain propice dans le spectacle (théâtre, opéra et fête) parce que la mobilité de ce genre permet de rendre sensible à l'œil les retournements et les métamorphoses, l'illusion et le mouvement, archétypes du genre baroque. En ce sens, *Les plaisirs de l'île enchantée,* spectacle grandiose donné à Versailles en l'honneur du jeune roi Louis XIV, est un exemple de manifestation baroque. Le courant précieux, autre grand mouvement littéraire de ce début de siècle, n'a pas échappé à son influence, dans la mesure où il est aussi un art de la fuite et de l'illusion.

La préciosité

La préciosité est d'abord une volonté de se distinguer, de fuir le vulgaire et d'échapper à tout ce que la vie comporte de commun. Les choses les plus banales sont donc transformées par des raffinements de vocabulaire et des jeux de l'esprit afin de leur donner un certain éclat mondain. On a souvent ridiculisé la préciosité en n'en retenant que les outrances de la conversation, mais il est important de comprendre que le langage précieux n'est que l'écume d'un courant social autrement important. Les salons précieux, comme celui de la marquise de Rambouillet, fille d'une Italienne et d'un diplomate français, sont en fait des lieux où les femmes de

1. Titre emprunté au livre de Paul Hazard, s'attachant à l'étude de cette période.

Un salon précieux où se rencontraient surtout des femmes. On y cultivait les raffinements des manières et du langage. Gravure d'Abraham Bosse : Les vierges folles, *vers 1640. (Bibliothèque Nationale, Paris.)*

la bonne société cherchent à conquérir leur indépendance. Si elles cultivent les raffinements du langage, c'est par opposition au langage des hommes, considérés dans leur ensemble comme des rustres [1] et des oppresseurs. Dans les salons règne une aristocratie de l'esprit qui se substitue à l'aristocratie de la naissance. Une haute naissance ne suffit pas pour être admis à l'Hôtel de Rambouillet, il faut savoir aussi se montrer cultivé et poli. Inversement, des bourgeois sont fréquemment admis dans les cercles précieux pour peu qu'ils répondent aux exigences intellectuelles et morales de ces femmes ; l'idéal de « l'honnête homme » cultivé et brillant a largement puisé dans les salons précieux. Mais la préciosité est d'abord l'affaire des femmes, qui développent des idées hardies d'émancipation : le divorce, l'union libre, le contrat à l'année. Cela prêtera, à tort ou à raison, à la caricature, tout comme leur langage ; mais les métaphores [2] risibles et les périphrases [3] solennelles sont surtout des inventions de leurs adversaires. En fait, la langue précieuse est souvent ingénieuse et amusante : on dit « donner dans l'amour permis » au lieu de « se marier » ; « avoir l'intelligence épaisse » au lieu de « être sot ». Les genres littéraires vers lesquels se portent de préférence les auteurs précieux sont la poésie et le roman, dont le plus important est *l'Astrée,* roman pastoral et sentimental d'Honoré d'Urfé.

Le classicisme

Bien que confondu avec le règne de Louis XIV, l'idéal classique a trouvé ses bases dès 1620-1630. Dans le domaine de la langue, le grammairien Vaugelas (1585-1650), influencé par Malherbe [4] (1555-1628), distingue entre le bon usage de la cour et l'usage populaire. Vers 1635-1640, des théoriciens s'attachent déjà à définir les règles de chaque genre : poésie, comédie, tragédie. Enfin, l'Académie française, fondée en 1635, a pour triple mission de fixer les règles du langage, de juger les livres qui lui sont présentés et de fournir des modèles de style. Vers 1660 donc, la doctrine classique est déjà constituée, il reste à la rassembler : c'est l'œuvre de Boileau. Avec le recul du temps, on peut présenter le classicisme de la manière suivante :

— Son domaine est celui de la raison, définie comme la faculté de comprendre et de mettre en formules claires ce que l'on a compris. La raison s'oppose à l'imagination.

— Il existe un type absolu de beauté, un idéal universel de goût dont il s'agit de se rapprocher le plus possible.

— Le classicisme prétend imiter la nature. Mais « on ne sait pas ce que c'est que ce modèle naturel qu'il faut imiter » (Pascal). Il s'agit en fait d'une transposition artistique du réel. Le classicisme s'occupe peu des descriptions de la nature et des paysages (à l'exception de Mme de Sévigné) ; ce qui l'intéresse, c'est la nature humaine, le comportement de l'homme.

— Il recherche le vraisemblable, qui n'est ni le réel, ni le possible mais ce qu'un public donné peut considérer comme plausible. L'art classique doit donc éliminer tout ce qui est extravagant et monstrueux (dans ce domaine Corneille est encore peu classique). La règle de la vraisemblance est accompagnée de celles des bienséances qui signifie qu'il ne faut pas choquer le public et aller à l'encontre des idées communément admises.

— Les règles des genres littéraires sont fixées, principalement en ce qui concerne la tragédie, où la règle des trois unités (temps, lieu, action) exerce une véritable tyrannie :

« Qu'en un lieu, en un jour, un seul fait accompli
Tienne jusqu'à la fin le théâtre rempli. »

Cette contrainte des règles, si limitative soit-elle, n'a pas empêché la production de chefs-d'œuvre, notamment pour Racine.

— L'art doit tendre vers une fin moralisatrice.

— Enfin, les Anciens restent des modèles, mais à la différence de la Renaissance, on les imite avec modération et discernement.

1. Personnages vulgaires.

2. Figure de style qui substitue un terme à un autre ; exemple : « Un lion » pour « un homme courageux comme un lion ». Ne pas confondre avec la comparaison, car la métaphore fait l'économie d'un élément de la comparaison et du terme comparatif (comme).

3. Substitution d'une définition à un mot simple. Exemple : « commodité de la conversation » pour « fauteuil ».

4. Ce poète a surtout traité des sujets généraux, impersonnels (la paix, l'ordre social) visant à la précision du vocabulaire et de la syntaxe. Il a épuré la langue française et enseigné la netteté, l'ordre et la régularité. Son influence a été considérable sur les écrivains classiques du XVIIe siècle.

Le public classique

Dans l'élaboration de cette doctrine classique qui ne doit être ni extravagante ni choquante, il s'agit en fait de plaire à un public choisi. Au XVIIe siècle, il n'y a pas d'écrivain solitaire. La littérature est fondée sur un consensus, presque une collaboration, entre l'écrivain et le public, pour qui sont écrites les œuvres. Ce public, dont les réactions sont si importantes, est en fait très restreint : environ trois mille personnes, rassemblées presque exclusivement à Paris et à Versailles. Il est composé de gens de la cour, de politiciens, de grands bourgeois, marchands et commerçants, qui gravitent autour du roi. Tous ensemble, ils sont animés d'un même idéal : le souci de l'ordre et l'amour des choses bien faites. Pour plaire à ce public, il faut répondre à ses exigences : être clair, ordonné, vigoureux, tant dans la structure que dans l'expression de l'œuvre. Toute l'esthétique classique se réduit à dégager de la complexité vivante l'ordre qui permet de la saisir et l'équilibre qui permet de l'apprécier.

LES GENRES LITTÉRAIRES

Le théâtre

Si le XVIe siècle a vu le triomphe de la poésie, le XVIIe est sans conteste l'âge d'or du théâtre. Les trois auteurs dramatiques les plus connus sont Corneille et Racine pour la tragédie et Molière pour la comédie.

Il y a plusieurs troupes à l'époque. Le théâtre de l'Hôtel de Bourgogne (1548-1660) est le plus ancien. Les acteurs y ont une diction artificielle, à l'opposé de la simplicité que recommande Molière. Le Théâtre du Marais (1634-1673) a le premier joué Corneille. En 1658, la troupe de Molière s'établit à Paris, après treize années de tournées en province. Elle fusionne avec celle du Marais, puis avec celle de l'Hôtel de Bourgogne pour donner naissance en 1680 à la Comédie-Française. Il existait aussi une troupe composée de comédiens italiens qui jouaient dans leur langue. Selon l'usage de la commedia dell'arte, ils improvisaient sur un simple canevas et mettaient en scène les personnages traditionnels : Pierrot, Arlequin, Polichinelle et Pantalon.

Le roman

A la fin des guerres de religion, la production romanesque augmente énormément. Entre 1600 et 1660 paraissent régulièrement cinq à six romans par an, ce qui est considérable si l'on sait que seule une faible partie de la population sait lire. Parmi beaucoup d'auteurs mineurs, seuls quatre ont laissé un nom : Honoré d'Urfé, Melle de Scudéry, Scarron et Sorel.

D'Urfé est l'auteur de l'*Astrée,* œuvre immense et compliquée de cinq mille pages, écrite à l'exemple de l'*Arcadia* de Sannazaro. C'est l'histoire du berger Céladon qui aime la bergère Astrée. Après maintes péripéties et digressions, ils connaîtront le bonheur d'être enfin réunis. Ce roman, qui s'inscrit dans le courant précieux, a connu un succès considérable ; il a façonné la sensibilité et orienté les rêves de plusieurs générations.

Melle de Scudéry a écrit deux ouvrages *(Le grand Cyrus* et *Clélie*), de dix volumes chacun et que l'on classe comme romans héroïques. Sous

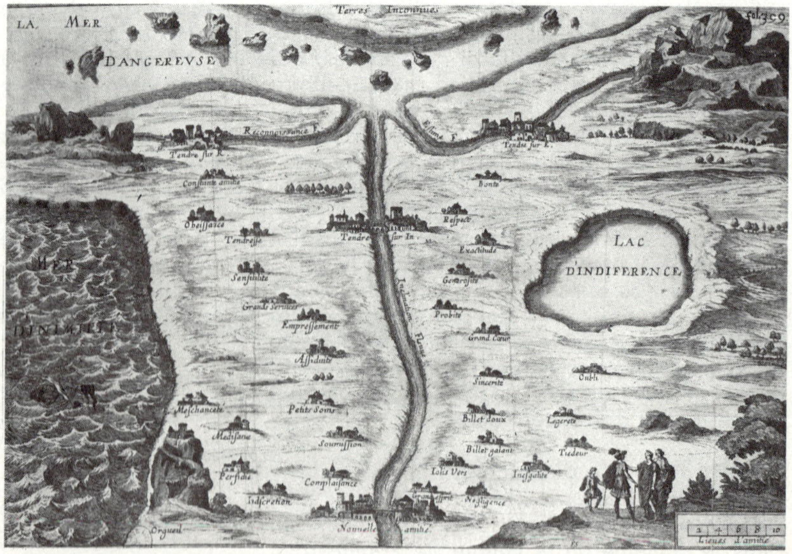

La carte du Tendre fut publiée en 1654 dans Clélie*, roman de mademoiselle de Scudéry. L'amant idéal partant du village de Nouvelle Amitié, pouvait soit obliquer à droite et, par les villages de Négligence, Inégalité, ..., aller se perdre dans le lac d'Indifférence soit, plus heureux, par les villages de Grand Esprit, Jolis Vers, ..., parvenir jusqu'à Tendre sur Estime, etc. (Bibliothèque Nationale Paris.)*

des noms empruntés à l'histoire perse et romaine, elle raconte la société des nobles sous Louis XIII. *Clélie* contient la célèbre *Carte du Tendre*, qui a fait les délices de la société mondaine au XVIIe siècle. C'est la carte de l'Amour avec ses rivières (Inclination, Estime, Reconnaissance), ses trois villes principales (Tendre sur Inclination, Tendre sur Estime et Tendre sur Reconnaissance), ses villages (Complaisance, Soumission, Petits Soins, etc.) mais aussi ses écueils (Lac d'Indifférence, Mer d'Inimitié).
Les œuvres de Scarron (le *Roman comique*) et de Charles Sorel *(Francion)* se rattachent à la veine comique et humoristique.

La littérature religieuse

Le XVIIe siècle a été appelé le « siècle des saints ». La religion catholique a donné naissance à une foison d'œuvres qui insistent en général sur la faiblesse de l'homme déchu, livré à l'ignorance et au péché. Bossuet et Pascal sont les deux grands auteurs qui ont le mieux exprimé, avec une vision et une sensibilité différentes, le tragique de la condition humaine. A eux s'est opposée la théorie de Malebranche, issue du cartésianisme. Elle montre que l'esprit humain tente d'élaborer des systèmes qui valent ce que vaut son degré de connaissance des choses. L'une des grandes causes d'erreurs est de rester prisonnier de l'habitude des systèmes précédents.

La poésie

Les poètes humanistes avaient fait la grandeur de la Renaissance. Ronsard avait comparé le poète à un élu de Dieu. Après la période d'anarchie des guerres civiles, l'ordre revenu rend les poètes davantage tributaires du pouvoir établi. Devenus poètes de cour, poètes de salons, ils font des œuvres de circonstance, souvent aussi insignifiantes que de simples amusements de société. Le poète Voiture, très apprécié à l'Hôtel de Rambouillet, est l'exemple parfait de cette poésie brillante et creuse. C'est que l'intuition et l'imagination, facultés maîtresses des poètes, ne peuvent plus s'exercer à déchiffrer un monde que Descartes réserve à l'effort de la raison. Au XVIe siècle, les poètes croyaient qu'ils avaient une mission à remplir, qu'ils étaient les prophètes d'un temps nouveau ; au XVIIe, les poètes sincères sont rares. La Fontaine est la magnifique exception.

Dans le patrimoine littéraire français, le XVIIe siècle, réduit souvent au seul règne de Louis XIV, joue le rôle d'une référence par rapport à laquelle on juge tout le reste, comme avant cette époque, on jugeait tout par rapport à l'Antiquité. En effet, en dépit des luttes qui l'ont secoué, il s'en dégage une unité, une impression que tous les écrivains, sans renier leur personnalité, étaient animés du même idéal de rigueur et de perfection. Sous la bannière d'un roi autoritaire et mécène qui assure le rayonnement de la France dans toute l'Europe, les artistes et écrivains avaient conscience, face aux exigences d'un public choisi, de travailler à l'édification d'une grande œuvre commune. Conjonction éphémère et unique des arts, des sciences et de la politique, tel fut le classicisme.

BIBLIOGRAPHIE

Histoire.

Paul Hazard, *La crise de la conscience européenne,* 1680-1715, Paris, Gallimard, 1961 (une œuvre maîtresse).

Hubert Methivier, *L'Ancien Régime,* Paris, P.U.F., « Que sais-je » n° 925, 1961 (petit ouvrage concis mais complet ; sa lecture nécessite déjà une certaine familiarité avec l'époque).

Victor-L. Tapie, *La France de Louis XIII et de Richelieu,* Paris, Flammarion 1967.

Études générales sur la littérature.

Antoine Adam, *Histoire de la littérature française au XVIIe siècle,* Paris, Del Duca, 1948-1956, 5 vol. (capital).

Henri Peyre, *Qu'est-ce que le classicisme ? Essai de mise au point,* Paris, Nizet, 1965.

Jean Rousset, *La littérature de l'âge baroque en France,* Paris, José Corti 1953, réédition 1966.

Jean Rousset, *L'Intérieur et l'Extérieur,* Paris, José Corti, 1968 (excellent ouvrage sur l'esprit du baroque).

Jean-Claude Tournand, *Introduction à la vie littéraire du XVIIe siècle* Paris, 1970 (ouvrage bref et intéressant).

C.G. Dubois, *Le Baroque, profondeur de l'apparence,* Paris, P.U.F., 1973.

Sur la préciosité.

Antoine Adam, *Baroque et Préciosité,* Revue des Sciences Humaines 1949.

G. Mongredien, *Les Précieux et les Précieuses,* Paris, 1963.

Sur le théâtre.

Jacques Scherer, la dramaturgie classique en France, Paris, Nizet 1966.

G. Mongredien, *La vie quotidienne des comédiens au temps de Molière,* 1966.

D. Couty et A. Ruy, *Le théâtre,* Paris, Bordas 1980.

Sur la comédie.

Henri Bergson, *Essai sur la signification du rire,* Paris, 1901 (un petit livre toujours aussi actuel écrit par un philosophe qui choisit de nombreux exemples dans des situations de comédie).

P. Voltz, *La comédie,* Paris, Armand Colin, « U », 1964.

R. Guichemerre, *La comédie avant Molière, 1640-1660,* Paris, 1972.

Sur la tragédie. G. Lanson, *Esquisse d'une histoire de la tragédie française,* New York, 1920.

M. Lioure, *Le drame,* Paris, Armand Colin « U », 1963.

J. Morel, *La tragédie,* Paris, 1969.

LE XVIIe SIÈCLE - CHRONOLOGIE

	Histoire et sciences	Littérature française	Littérature étrangère	Arts
1610	Assassinat d'Henri IV Régence de Marie de Médicis, mère de Louis XIII	D'Urfé : deuxième partie de *l'Astrée* (première partie, 1607)	Gongora (Esp.) : *Ode sur la prise de Larache*	
1616		D'Aubigné : *Tragiques*	Mort de Cervantès (Esp.) et de Shakespeare (Angl.)	
1617		D'Urfé : troisième partie de *l'Astrée*		Débuts de Velasquez
1618	Début de la guerre de Trente Ans		Lope de Vega (Esp.) : *Fuente Ovejuna*	Débuts du Bernin à Rome (baroque)
1621				1621-25 : Rubens travaille à *La vie de Marie de Médicis* à la galerie du Luxembourg
1622		Naissance de Molière		Débuts du peintre Poussin
1623	Richelieu devient Premier ministre	Naissance de Pascal	Marini (Italie) publie à Paris son *Adone*	
1624				Poussin se fixe à Rome
1625	Avènement de Charles Ier d'Angleterre			Débuts de Borromini (baroque)
1626				Débuts de Rembrandt Le Bernin entreprend le baldaquin de Saint-Pierre à Rome
1628	Harvey découvre la circulation du sang Siège de La Rochelle par Richelieu			
1630			Tirso de Molina (Esp.) : *Le trompeur de Séville*	
			1631-1636 : Caldéron (Esp.) : *La vie est un songe*	
1632	Galilée publie son *Dialogue sur les deux principaux systèmes du monde*			
1633	Procès et condamnation de Galilée			
1634	Révoltes de paysans du Midi			
1635	Académie française Guerre franco-espagnole			
1636		Corneille : *Le Cid*		
1637	Les Solitaires à Port-Royal (jansénistes)	Descartes : *Discours de la méthode*		
1638	Naissance de Louis XIV			
1640	*L'Augustinus* de Jansenius	Corneille : *Horace, Cinna*		Mort de Rubens
1641		Descartes : *Les méditations*		
1642	Mort de Richelieu Pascal invente la machine à calculer			Monteverdi : *Le couronnement de Poppée* Rembrandt : *La ronde de nuit*
1648	Traité de Westphalie avec les Impériaux. Fronde Parlementaire (1648-1649)		Quevedo (Esp.) : *Le parnasse espagnol*	
1649	Charles Ier d'Angleterre est décapité			
1650	Fronde des Princes (1650-1653)	Descartes meurt à Stockholm		
1651		Corneille : *Nicomède* Scarron : *Le roman comique* (1651-1657)	Hobbes (Angl.) : Le Léviathan	
1656		Pascal lance la première *Provinciale*		1653-1713 Corelli

LE XVIIe SIÈCLE - CHRONOLOGIE

	Histoire et sciences	Littérature française	Littérature étrangère	Arts
1657				Le Bernin entreprend la colonnade de Saint-Pierre de Rome
1659	Traité des Pyrénées : annexion de l'Artois, du Roussillon, de la Sardaigne et de Thionville	Molière : *Les précieuses ridicules*		
1661	Mort de Mazarin Début du règne personnel de Louis XIV Les Turcs avancent jusqu'en Hongrie	Bossuet : *Sermon sur la passion*		Le Vau commence à construire le nouveau Versailles Rembrandt : *Le syndic des drapiers*
1662	Rachat de Dunkerque à l'Angleterre Fondation de la manufacture des Gobelins	Molière : *L'école des femmes*		Lulli devient maître de musique royale
1663		Molière : *Critique de l'école des femmes ; Impromptu de Versailles*		Le Nôtre dessine le parc de Versailles
1664	Expulsion des religieuses de Port-Royal	Molière : *Le tartuffe* joué à Versailles est interdit Le Rochefoucauld : *Maximes et réflexions diverses* (1664-1665)		Spectacle pour le roi à Versailles : *Les plaisirs de l'île enchantée* Franz Hals : *Les régents de l'hospice de Haarlem*
1665	Colbert contrôleur des finances	La Fontaine : *Contes et nouvelles* Molière : *Dom Juan* Pascal : *Sommation des puissances numériques*		Vermeer de Delft : *La Dentellière*
1666	Fondation de l'Académie des sciences de Paris	Molière : *Le misanthrope* et *Le médecin malgré lui* Boileau : *Satires*		Perrault commence la colonnade du Louvre
1667	Guerre franco-espagnole dite de Dévolution ou des Droits de la Reine	Racine : *Andromaque* Interdiction du *Tartuffe* Corneille : *Attila*	Milton (Angl.) : *Le paradis perdu*	
1668		Molière : *L'avare* La Fontaine : *Fables* Molière : *Amphitryon* Racine : *Les plaideurs*		
1669		Racine : *Britannicus* La Fontaine : *Psyché* Diderot : *Lettres de la religieuse portugaise* Bossuet : *Oraison funèbre d'Henriette de France*	Grimmelshausen (All.) : *les Aventures de Simplicius Simplicissimus*	Commencement du second Versailles
1670		Racine : *Bérénice* Corneille : *Tite et Bérénice*		
1671	L'enseignement du cartésianisme est interdit à Paris	Premières *Lettres* de Madame de Sévigné à sa fille Bossuet : *Exposition de la foi catholique*		Lebrun décore Versailles
1672	Début de la guerre de Hollande Ouverture du premier café parisien	Fondation du journal *Le Mercure français* Le cardinal de Retz commence ses *Mémoires* Molière : *Les femmes savantes* Racine : *Bajazet*		Fondation de l'Académie d'architecture et de l'Académie royale de musique
1673		Molière : *Le malade imaginaire* Mort de Molière		*Cadmus et Hermione* de Quinault et Lulli (premier opéra français)
1674		Boileau : *Art poétique* Malebranche : *La recherche de la vérité* Racine : *Iphigénie*		Fêtes à la cour pour célébrer la conquête de la Franche-Comté

LE XVIIe SIÈCLE - CHRONOLOGIE

	Histoire et sciences	Littérature française	Littérature étrangère	Arts
1675	Fin des grandes révoltes populaires du XVIIe siècle		Molinos (Esp.) : *Le guide spirituel* (condamné par Rome en 1687) : origine du quiétisme	
1676	Vague de peste dans le Bassin méditerranéen	Madame de Sévigné : *Lettres*		Hardouin-Mansart poursuit les travaux de Versailles Achèvement de l'Hôtel des Invalides
1677		Racine : *Phèdre ; Querelle de Phèdre* Boileau : *Epîtres* (1677-1693)	Spinoza (Holl.) : *L'éthique* (posthume) (1671-1677)	
1678		Madame de La Fayette : *La princesse de Clèves* La Fontaine : *Fables II*		*Troisième aménagement de Versailles (terminé en 1710)*
1679	Paix de Nimègue (rattachement de la Franche-Comté)			Le Brun : Galerie des glaces de Versailles (début de la décoration)
1680		Malebranche : *Traité de la nature et de la grâce*		Purcell : *Didon et Énée* (premier opéra anglais)
1681	Annexion de Strasbourg	Fontenelle : *La comète* Bayle : *Pensées diverses sur la comète*		Lulli et Bensérade : *Le triomphe de l'amour*
1682	Installation définitive de la Cour à Versailles	Bossuet : *Sermon sur l'unité de l'Église*		Puget : *Milon de Crotone*
1683	Mort de Colbert			
1684	Mariage de Louis XIV avec madame de Maintenon ; début de la période dévote du règne	Mort de Corneille La Fontaine à l'Académie française		
1685	Révocation de l'Édit de Nantes ; émigration protestante			Place des Victoires à Paris
1686	Ligue d'Augsbourg contre la France Ouverture du café Procope	Fontenelle : *Entretien sur la pluralité des mondes*		Lulli : *Armide*
1687	Newton : *Principia mathématica*	Bossuet : *Oraison funèbre du prince de Condé*		Construction du Grand Trianon
1688		La Bruyère : *Les caractères* (1688-96) Perrault : *Parallèle des Anciens et des Modernes* (1688-97)		
1689	Guerre de la Ligue d'Augsbourg	Racine : *Esther*	Locke (Angl.) : *Lettre sur la tolérance*	
1690		Fénelon : *Projet pour une poétique*	Locke : *Essai sur l'entendement humain*	François Couperin publie ses œuvres pour orgue
1691		Racine : *Athalie*		
1693	Famine dans tout le royaume			
1694		Saint Simon : *Mémoires* (1694-1752) La Fontaine : *Fables XII* Académie française : *Dictionnaire*		
1699	Mort de Racine	Fénelon : *Télémaque*		
1709	Dispersion des religieuses de Port-Royal (jansénistes)	Lesage : *Turcaret*		
1710			Leibnitz (All.) : *Theodicée*	
1712	Destruction de Port-Royal	Fénelon : *Traité de l'existence de Dieu*		Watteau : *L'embarquement pour Cythère*
1713				Vivaldi : *Stravaganza*
1714			Leibnitz : *Monadologie*	Couperin : *Concerts royaux*
1715	Mort de Louis XIV			

CORNEILLE (1606-1684)

Les tragédies de Corneille dominent le théâtre de la première moitié du XVIIe siècle. Elles mettent en scène une forme particulière de grandeur, typique de cette époque : l'héroïsme (voir p. 120). Les héros cornéliens sont des êtres qui, par leur seule force morale et leur seule volonté, s'élèvent au-dessus du reste de l'humanité. Pourtant, rien dans la vie de Corneille ne semblait le prédisposer à créer des figures d'exception.

LA VIE

Pierre Corneille est né à Rouen, dans une famille de la petite bourgeoisie. Après ses études de droit, il devient avocat. Une aventure sentimentale lui inspire sa première comédie, *Mélite,* ou *Les fausses lettres.* La pièce est jouée à Paris, en 1629, et remporte un succès qui le fait connaître à la Cour. Ce premier essai est suivi d'autre comédies, toutes bien accueillies par le public. Les plus connues sont *La galerie du palais,* 1632, *La place royale,* 1634, et en 1636, *L'illusion comique.*

En 1636, Corneille présente aussi une tragicomédie : *Le Cid*. Cette pièce provoque des débats et des polémiques ; c'est un véritable événement littéraire connu sous le nom de « querelle du Cid ». On reproche à l'auteur de ne pas avoir respecté les règles d'Aristote sur la tragédie. *Le Cid* était joué sur une scène compartimentée, ce qui paraissait contraire à l'unité de lieu ; l'action se déroulait en 36 heures au moins, alors que l'unité de temps exigeait que tout se passât en 24 heures ; enfin l'unité d'action semblait compromise par la présence d'une jeune femme, amie de Chimène, également amoureuse du héros. Mais, malgré l'accueil mitigé réservé au *Cid* par le Cardinal de Richelieu et l'Académie française, les Parisiens lui font un triomphe et Boileau peut écrire en 1667 (*Satire* IX) :

« En vain contre le Cid un ministre se ligue
Tout Paris, pour Chimène, a les yeux de Rodri-
[gue. »

Le public afflue aux représentations et apprend par cœur des tirades de cette pièce, sorte de *Roméo et Juliette* qui, en plus, se termine bien.

Portrait de Corneille en 1647. École française. (Musée National du château de Versailles.)

Corneille s'éloigne ensuite du théâtre et pendant trois ans, il médite sur les problèmes de l'art dramatique et prépare de grandes tragédies : *Horace* et *Cinna* en 1640, *Polyeucte* en 1642. De 1643 à 1650, Corneille fait preuve d'une grande fécondité, mais aucune des pièces de cette période n'égale ses grandes œuvres. En 1651, une nouvelle tragédie, *Nicomède*, est un nouveau triomphe. Mais l'année suivante, Corneille fait jouer *Pertharite*. C'est un échec et Corneille se retire du théâtre pendant sept ans.

Des raisons sentimentales contribuent à la reprise de sa création dramatique. En 1658, Molière joue à Rouen, et Corneille tombe amoureux d'une jeune actrice de sa troupe. De 1658 à 1674, il écrit onze pièces ; mais dans aucune il ne retrouve l'équilibre entre la grandeur et la vérité humaine que l'on trouve dans ses chefs-d'œuvre.
Pendant les dernières années de sa carrière, Corneille voit son prestige entamé par le succès de son jeune rival, Racine. Après *Suréna* (1674), qui connaît un succès médiocre, il se retire définitivement du théâtre, pour se consacrer à la traduction d'œuvres religieuses.

PRINCIPALES ŒUVRES

1629 — Mélite (comédie)
1634 — La place royale (comédie)
1635 — Médée (tragédie)
1636 — L'illusion comique (comédie)
Le Cid (tragi-comédie)
1640 — Horace (tragédie)
Cinna (tragédie)
1642 — Polyeucte (tragédie)
1644 — Rodogune (tragédie)
1651 — Nicomède (tragédie)
1651 — Sertorius (tragédie)
1667 — Attila (tragédie)
1674 — Suréna (tragédie)

Les comédies

A l'inverse de celles de Molière, les comédies de Corneille font peu de place à l'étude des caractères. Elles n'ont pas non plus de fonction morale. Ce sont de simples divertissements qui utilisent avec modération les ressources du comique. Aux valets bouffons, aux médecins ridicules, aux pédants et aux avares, il préfère des personnages vrais, de jeunes bourgeois comme lui, aux prises avec les difficultés du quotidien : l'argent et l'amour. Il reproduit avec fidélité le langage et les manières de son temps. Il puise dans ses impressions, dans ses souvenirs, il transpose des aventures de sa vie sentimentale (*Mélite*). Ce réalisme crée une atmosphère qui se rapproche plus de celle du drame bourgeois que de la comédie proprement dite. Mais déjà *La place royale* annonce par son sujet ses futures tragédies où s'illustre le renoncement personnel : Alidor met à l'épreuve sa volonté en renonçant à son amour pour Angélique, qui lui paraît une entrave à sa liberté. Ces histoires d'amour contrarié sont touchantes et ne manquent pas de tendresse, mais ce sont ses tragédies qui ont assuré la gloire de Corneille.

Le Cid (tragi-comédie en vers, 1636)

Cette œuvre a été inspirée à Corneille par une comédie espagnole de Guilhem de Castro, *La jeunesse du Cid*, publiée en 1631. Le vieux Don Diègue demande à son fils Rodrigue de venger son honneur en se battant en duel contre le comte Don Gormas. Rodrigue se trouve devant un choix difficile, car Don Gormas n'est autre que le père de celle qu'il aime, Chimène (voir extrait page 133). En dépit de sa douleur, Rodrigue décide de faire son devoir et provoque le comte en duel. Il le tue. Il se présente ensuite devant Chimène, lui dit qu'il l'aime toujours mais qu'il a dû faire son devoir : « Je le ferais encore, si j'avais à le faire. » Bien que profondément affligée[1] par la mort de son père, Chimène approuve la conduite de Rodrigue tout en lui déclarant qu'elle fera elle aussi son devoir et demandera justice. La nuit suivante, les Maures[2] débarquent par surprise à Séville. A la tête d'une petite armée improvisée, Rodrigue se dirige vers le port et met les envahisseurs en déroute (voir extrait page 136). Deux chefs Maures qu'il a fait prisonniers, impressionnés par sa valeur militaire, l'appellent leur Cid (seigneur). Le roi de Castille félicite Rodrigue pour son éclatante victoire, mais Chimène demande toujours réparation. Finalement, elle se résout à voir Rodrigue impuni. La fin de la pièce laisse entrevoir que les deux jeunes gens se marieront après un an de deuil.

Horace (tragédie en vers, 1640)

Le sujet a été emprunté à Tite-Live. Albe et Rome sont en guerre et les deux cités ont choisi chacune trois champions qui vont s'affronter dans un combat qui décidera de la victoire. Rome choisit les trois frères Horace et Albe les trois frères Curiace. Ce choix, fondé sur la valeur des combattants, issus de grandes familles, provoque un drame sentimental : la sœur des Horaces, Camille, est fiancée à un Curiace, tandis que la sœur des Curiaces, Sabine, est l'épouse d'un des Horaces. Deux Horaces sont tués au combat, mais le troisième réussit à venir à bout des trois Curiaces blessés. Il rentre à Rome en vainqueur où il trouve Camille, sa sœur, qui lui reproche d'avoir tué son fiancé et qui maudit Rome. Furieux, Horace tue sa sœur. Il ne sera pas condamné.

Cinna (tragédie en vers, 1640)

Cette œuvre où se mêlent la politique et l'amour, est inspirée de Sénèque. Emilie a juré de se venger de l'empereur Auguste, qui a fait périr son père. Elle promet à Cinna de l'épouser s'il accepte d'assassiner Auguste. Or l'empereur, fatigué du pouvoir, songe à abdiquer ; il convoque Cinna et Maxime qu'il considère comme ses amis les plus fidèles, et il leur demande leur avis avant de prendre sa décision. Afin de

1. *Touchée, blessée, rendue triste.*
2. *Les Arabes.*

ne pas priver Emilie de sa vengeance, Cinna conseille à Auguste de garder le pouvoir. En apprenant que Cinna conspire par amour pour Emilie, Maxime dévoile le complot à l'empereur. Auguste fait venir les coupables et obtient leurs aveux. Alors, s'élevant au-dessus d'une légitime colère, et pour prouver qu'il est maître de lui « comme de l'Univers », il accorde son pardon à tous.

Polyeucte (tragédie en vers, 1642)

Le sujet est tiré de la vie de Polyeucte, un saint qui vécut en Arménie au IVe siècle. Pauline a aimé à Rome un chevalier, Sévère ; mais son père s'est opposé à leur mariage. La jeune fille a alors suivi son père à Mélitène, en Arménie, où celui-ci doit prendre un poste de gouverneur. Croyant Sévère mort, elle consent à épouser là-bas Polyeucte, pour qui elle n'éprouve pourtant aucun amour. Mais Sévère n'est pas mort, il est même devenu le favori de l'empereur, et un jour, il arrive à Mélitène où il va offrir un sacrifice aux dieux. Pauline lui annonce son mariage et lui dit adieu. Entre-temps Polyeucte s'est converti au christianisme. Dans sa foi de nouveau converti, il trouble le sacrifice offert par Sévère en brisant les idoles. Le père de Pauline, gouverneur de la région, a le pouvoir de le sauver, s'il accepte de se repentir. Pauline vient le voir dans sa prison et le supplie de renier sa foi et de vivre pour elle car, pleine d'admiration pour son attitude courageuse, elle l'aime maintenant. Polyeucte résiste à cet appel qui le bouleverse pourtant. Il fait venir Sévère, le premier amour de Pauline, et le charge de veiller sur sa femme. Puis, détaché des biens de ce monde, il choisit de mourir en martyr. Après sa mort, Pauline et son père se convertissent à leur tour au christianisme.

LES PERSONNAGES

Des héros

On appelle « héros cornéliens » des figures d'exception, généralement tirées de l'histoire, qui osent faire ce que le commun des mortels n'est pas capable d'entreprendre. Si ces hommes et ces femmes (par exemple Cléopâtre dans *Rodogune*) s'élèvent au-dessus de l'ordinaire, c'est qu'ils sont prédisposés par leur nature à jouer un rôle exceptionnel. Pour exprimer de façon claire et immédiatement perceptible sur scène cette prédisposition, Corneille choisit ses héros non pas parmi le peuple mais dans l'aristocratie. Ce choix ne s'est pas fait par hasard ; il est dicté à Corneille par la situation sociale de l'époque, agitée par les revendications politiques de la noblesse. Convaincue d'avoir, de par l'histoire, un rôle éminent à jouer dans l'histoire française, la noblesse voudrait mettre des limites au pouvoir royal. On appelle cette période de l'histoire de France la Fronde (voir p. 118). La haute naissance des héros cornéliens est une sorte de garant de leur valeur morale : le Cid, Horace, Polyeucte sont des aristocrates, Auguste dans *Cinna* est même empereur.

La passion de la gloire

Ces héros sont confrontés à des situations ou des événements qui les obligent à prendre parti pour un intérêt qui est supérieur à leur intérêt personnel. L'intérêt supérieur peut prendre des formes diverses (vengeance d'un père dans *Le Cid*, défense de la patrie dans *Horace* ; raison d'État dans *Cinna*) tandis que l'intérêt personnel est presque toujours représenté par l'amour. Une fois que le héros cornélien a accepté ce qui lui apparaît comme son devoir, il ne revient plus sur sa décision. Ce qui était contrainte extérieure devient une force intérieure qui le garantit de la faiblesse et de l'angoisse. C'est la passion de la gloire. Voilà le mot-clef du théâtre de Corneille, presque toujours associé, à la rime, au mot « victoire » ou « mémoire » (renommée). La gloire désigne la réalisation passionnée du but qu'a choisi le héros ; c'est elle qui nourrit sa volonté.

Une volonté à toute épreuve

Dans l'accomplissement de sa volonté, le héros cornélien n'obéit pas à la morale traditionnelle : « gloire n'est pas synonyme de bien ». Parce qu'il a décidé de faire son devoir quel qu'en soit le prix (« A qui venge un père il n'est rien d'impossible », *Le Cid*), le héros se met souvent hors-la-loi : Rodrigue est accusé de meurtre par Chimène, Horace est mis en accusation pour avoir tué sa sœur, Polyeucte est mis à mort pour avoir brisé les idoles. Cette intransigeance dans la réalisation d'un dessein peut prendre des formes cruelles et brutales. Elle peut aussi prendre des formes monstrueuses, incompréhensibles pour qui ne connaît pas le héros cornélien. Dans *Pertharite,* un tyran demande à l'héroïne Rodelinde de choisir entre le mariage et la mort de son fils ; Rodelinde répond qu'elle l'épousera quand il aura tué son fils, voulant ainsi mettre le comble à la haine qu'il lui inspire.

L'apothéose de la gloire

En général, l'effort du héros pour atteindre le but qu'il s'est fixé lui permet effectivement de l'atteindre, et aussi de retrouver ce qu'il a sacrifié de sa vie personnelle, car l'héroïsme exerce une sorte de fascination sur les autres. Ainsi, la volonté de vengeance de Chimène cède devant la vaillance de Rodrigue, le paganisme et la froideur de Pauline cèdent devant la détermination de Polyeucte de mourir en martyr, la haine d'Emilie pour Auguste, dans *Cinna,* cède devant la magnanimité de l'empereur qui accorde son

Le dénouement de Rodogune *(acte V). Cléopâtre, au premier plan à gauche, vient de boire le poison qu'elle avait préparé pour Antiochus et Rodogune, debout au milieu de la salle. Tapisserie exécutée en 1764 d'après un tableau de Charles-Antoine Coypel. (Musée du Louvre, Paris.)*

pardon à tout le monde. Quels que soient les moyens employés, l'accomplissement de la volonté du héros est bien la marque de sa supériorité morale ; on peut ainsi parler de « tragédies sans tragique » puisque le héros n'est pas vaincu mais obtient au contraire ce qu'il voulait. La mort même de Polyeucte ou de Cléopâtre dans *Rodogune* n'est pas une défaite mais une apothéose, puisqu'elle est l'accomplissement de leurs destinées.

LA CONCEPTION DE L'AMOUR

L'amour chez Corneille ne supporte aucune faiblesse. Le héros cornélien est capable de passion mais il ne peut aimer que ce qu'il estime. Une sorte d'instinct très sûr le guide dans le choix de la personne aimée, et cet amour est généralement réciproque. Il peut y avoir des drames amoureux, à cause du conflit entre le devoir et l'amour, mais il n'y a pas de tragédie amoureuse. L'amour n'est que le faire-valoir de la gloire et il faut qu'il se contente en général de la seconde place, sauf dans le cas de *Suréna*, la dernière tragédie de Corneille, où la passion de la gloire est justement placée dans l'amour. Le général Suréna préfère se faire tuer plutôt que d'épouser une princesse qu'il n'aime pas. Racine, au contraire, donnera vraiment le premier rôle à la passion amoureuse qui occupera toute la scène et créera tout le tragique de ses pièces.

LE STYLE DE CORNEILLE

Le caractère dominant de son style est sa nécessité théâtrale. C'est grâce à cette adéquation [1] parfaite entre le style et l'action que le théâtre de Corneille est devenu une référence littéraire.

Le raisonnement

Le raisonnement y tient une grande place parce que c'est par lui que la volonté des héros se détermine. Les longues tirades ou les monologues révèlent une argumentation serrée parce qu'ils doivent amener ou justifier un acte qui portera toute la pièce.

La force et le mouvement

La pensée sait ensuite se condenser en quelques vers vigoureux, tout à fait adaptés à la nature forte et exceptionnelle du héros :

« Je suis jeune, il est vrai, mais aux âmes bien [nées
La valeur n'attend pas le nombre des années. »
(*Le Cid,* II, 3)

Parfois, les répliques s'entrechoquent vers à vers ou hémistiche à hémistiche [2] et évoquent déjà par leur rythme la bataille :

LE COMTE. — Retire-toi d'ici
RODRIGUE. — Marchons sans discourir.
LE COMTE. — Es-tu si las de vivre ?
RODRIGUE. — As-tu peur de mourir ?
(*Le Cid*, II,2)

La poésie

Les vers purement poétiques sont rares parce que le héros cornélien, face à son devoir, s'efforce de faire taire son cœur. De temps en temps pourtant ils jaillissent comme celui-ci tiré du *Cid* (III, 4) :

« Je cherche le silence et la nuit pour pleurer »

Si on se laisse abuser par le cadre historique des œuvres de Corneille, on ne verra qu'archaïsme et vérités dépassées. Mais si, au lieu de nous attarder aux costumes, aux décors et aux circonstances, nous cherchons à pénétrer les motivations profondes des héros cornéliens, alors l'œuvre apparaît dans toute sa modernité. Elle témoigne de cette force mystérieuse qui, de nos jours encore, anime les êtres d'exception et les pousse à engager toutes leurs forces, jusqu'à leur vie même, pour accomplir des exploits.

BIBLIOGRAPHIE
Georges Couton, *Corneille,* Paris, Hatier (1959) (remarquable introduction).
Jacques Maurens, *La tragédie sans tragique : le néo-stoïcisme dans l'œuvre de P. Corneille,* Paris, Armand Colin, 1966.
André Stegmann, *L'héroïsme cornélien, génèse et signification,* Paris, Armand Colin, 1968, 2 vol.

1. *Harmonie, adaptation, conformité.*
2. *Moitié d'un vers.*

LE CID

Le héros entre le devoir et l'amour

Le vieux Don Diègue a été nommé par le roi précepteur de son fils, le prince de Castille. Le comte Don Gormas, commandant de l'armée du roi, est furieux car il comptait obtenir cette charge. Il donne alors un soufflet à Don Diègue ; celui-ci veut se battre en duel mais il est aussitôt désarmé par son adversaire. Blessé dans son honneur, le vieux Don Diègue fait alors appel à son fils, Rodrigue.

ACTE I, SCÈNE 4

DON DIÈGUE. — O rage ! ô désespoir ! ô vieillesse ennemie !
N'ai-je donc tant vécu que pour cette infamie ?
Et ne suis-je blanchi [1] dans les travaux guerriers
Que pour voir en un jour flétrir [2] tant de lauriers [3]
Mon bras, qu'avec respect toute l'Espagne admire,
Mon bras, qui tant de fois a sauvé cet empire,
Tant de fois affermi le trône de son roi,
Trahit donc ma querelle, et ne fait rien pour moi ?
O cruel souvenir de ma gloire passée !
Œuvre de tant de jours en un jour effacée !
Nouvelle dignité, fatale à mon bonheur !
Précipice élevé d'où tombe mon honneur !
Faut-il de votre éclat voir triompher le Comte,
Et mourir sans vengeance, ou vivre dans la honte ?
Comte, sois de mon prince à présent gouverneur :
Ce haut rang n'admet point un homme sans honneur ;
Et ton jaloux orgueil, par cet affront insigne,
Malgré le choix du Roi, m'en a su rendre indigne.
Et toi, de mes exploits glorieux instrument,
Mais d'un corps tout de glace inutile ornement,
Fer, jadis [4] tant à craindre et qui, dans cette offense,
M'as servi de parade [5] et non pas de défense,
Va, quitte désormais le dernier des humains,
Passe, pour me venger, en de meilleurs mains.

1. Et n'ai-je vieilli ?
2. Faner.
3. Les lauriers sont signes de gloire.
4. Autrefois.
5. Ornement inutile.

ACTE I, SCÈNE 5

DON DIÈGUE. — Rodrigue, as-tu du cœur ?
DON RODRIGUE. — Tout autre que mon père
L'éprouverait sur l'heure.
DON DIÈGUE. — Agréable colère !
Digne ressentiment à ma douleur bien doux !
Je reconnais mon sang à ce noble courroux ;
Ma jeunesse revit en cette ardeur si prompte.
Viens, mon fils, viens, mon sang, viens réparer ma honte ;
Viens me venger.

DON RODRIGUE. — De quoi ?
DON DIÈGUE. — D'un affront si cruel,
Qu'à l'honneur de tous deux il porte un coup mortel :
D'un soufflet. L'insolent en eût perdu [1] la vie ;
Mais mon âge a trompé ma généreuse envie :
Et ce fer que mon bras ne peut plus soutenir,
Je le remets au tien pour venger et punir.
Va contre un arrogant éprouver ton courage :
Ce n'est que dans le sang [2] qu'on lave un tel outrage ;
Meurs ou tue. Au surplus [3], pour ne te point flatter,
Je te donne à combattre un homme à redouter :
Je l'ai vu, tout couvert de sang et de poussière,
Porter partout l'effroi dans une armée entière.
J'ai vu par sa valeur cent escadrons rompus [4],
Et pour t'en dire encor quelque chose de plus,
Plus que brave soldat, plus que grand capitaine,
C'est...
DON RODRIGUE. — De grâce, achevez.
DON DIÈGUE. — Le père de Chimène.
DON RODRIGUE. — Le...
DON DIÈGUE. — Ne réplique point, je connais ton amour ;
Mais qui peut vivre infâme est indigne du jour.
Plus l'offenseur est cher, et plus grande est l'offense.
Enfin tu sais l'affront, et tu tiens la vengeance :
Je ne te dis plus rien. Venge-moi, venge-toi ;
Montre-toi digne fils d'un père tel que moi.
Accablé des malheurs [5] où le destin me range [6] ;
Je vais les déplorer [7] : va, cours, vole, et nous venge [8].

1. Aurait perdu.
2. C'est seulement dans le sang.
3. En outre.
4. Vaincus.
5. Accablé par les malheurs.
6. Auxquels le destin me soumet.
7. Les pleurer longtemps.
8. Et venge-nous.

ACTE I, SCÈNE 6

DON RODRIGUE. — Percé [1] jusques [2] au fond du cœur
D'une atteinte imprévue aussi bien que mortelle,
Misérable vengeur d'une juste querelle,
Et malheureux objet d'une injuste rigueur,
Je demeure immobile, et mon âme abattue
Cède au coup qui me tue.
Si près de voir mon feu [3] récompensé,
O Dieu, l'étrange peine !
En cet affront mon père est l'offensé,
Et l'offenseur le père de Chimène !
Que je sens de rudes combats !
Contre mon propre honneur mon amour s'intéresse :
Il faut venger un père, et perdre une maîtresse.
L'un m'anime le cœur, l'autre retient mon bras.
Réduit au triste choix ou de trahir ma flamme,
Ou de vivre en infâme,
Des deux côtés mon mal est infini.
O Dieu, l'étrange peine !
Faut-il laisser un affront impuni ?

1. Touché.
2. Jusque.
3. Amour.

Le Cid : *Rodrigue propose sa vie à Chimène, pour expier le meurtre de son père. Chimène est interprétée par Sylvia Monfort et Rodrigue par Gérard Philipe, l'acteur français de théâtre le plus célèbre du XX*

Faut-il punir le père de Chimène ?
Père, maîtresse, honneur, amour,
Noble et dure contrainte, aimable tyrannie,
Tous mes plaisirs sont morts, ou ma gloire ternie.
L'un me rend malheureux, l'autre indigne du jour [4].
Cher et cruel espoir d'une âme généreuse,
Mais ensemble amoureuse,
Digne ennemi de mon plus grand bonheur,
Fer qui causes ma peine,
M'es-tu donné pour venger mon honneur [5] ?
M'es-tu donné pour perdre ma Chimène ?
Il vaut mieux courir au trépas [6]
Je dois [7] à ma maîtresse aussi bien qu'à mon père ;
J'attire en me vengeant sa haine et sa colère ;
J'attire ses mépris en ne me vengeant pas.
A mon plus doux espoir l'un me rend infidèle,
Et l'autre indigne d'elle.
Mon mal augmente à le vouloir guérir ;
Tout redouble ma peine.
Allons, mon âme ; et puisqu'il faut mourir,
Mourons du moins sans offenser Chimène.
Mourir sans tirer ma raison [8] !
Rechercher un trépas si mortel à ma gloire !
Endurer que l'Espagne impute à ma mémoire
D'avoir mal soutenu l'honneur de ma maison !
Respecter un amour dont mon âme égarée
Voit la perte assurée !
N'écoutons plus ce penser suborneur [9],
Qui ne sert qu'à ma peine.
Allons, mon bras, sauvons du moins l'honneur,

4. De la vie.
5. Allusion à l'épée que lui a donnée son père pour accomplir la vengeance.
6. Il vaut mieux se suicider.
7. Je suis redevable.
8. Ici, il se ressaisit : « Quoi, mourir sans faire mon devoir ! »
9. Séducteur.

Puisqu'après tout il faut perdre Chimène.
Oui, mon esprit s'était déçu [10].
Je dois tout à mon père avant qu'à ma maîtresse :
Que je meure au combat, ou meure de tristesse,
Je rendrai mon sang pur comme je l'ai reçu.
Je m'accuse déjà de trop de négligence :
Courons à la vengeance ;
Et tout honteux d'avoir tant balancé,
Ne soyons plus en peine,
Puisqu'aujourd'hui mon père est l'offensé,
Si l'offenseur est père de Chimène.

Le Cid, acte I, scène 4, scène 5, scène 6.

10. Avait eu une faiblesse.

L'exploit du héros

Rodrigue tue le comte en duel. Puis il fait irruption dans l'appartement de Chimène (contre toutes les règles de la décence, en de telles circonstances) avec l'intention de lui offrir sa vie en réparation du meurtre de son père. Chimène n'est pas là, et pour éviter un scandale, Elvire, sa gouvernante, demande à Rodrigue de se cacher. Lorsque Chimène revient, elle confie à Elvire qu'elle aime toujours Rodrigue en dépit de son crime :

« C'est peu dire aimer, Elvire, je l'adore
Ma passion s'oppose à mon ressentiment [1]. »

Et elle décide de « le poursuivre, le perdre et mourir avec lui ». Rodrigue a tout entendu. Il sort de sa cachette. Chimène refuse l'offre qu'il lui fait de se venger elle-même en le tuant de sa propre main. Rodrigue sort. Les deux amants se quittent la mort dans l'âme.

Mais voilà qu'arrive à point nommé une attaque des Maures. La patrie est en danger. Rodrigue, qui veut mourir, prend la tête d'une troupe de cinq cents hommes dévoués à sa famille. Il vient à bout de l'envahisseur et raconte, à son retour, son exploit.

DON RODRIGUE. — Sous moi [2] donc cette troupe s'avance,
Et porte sur le front une mâle assurance.
Nous partîmes cinq cents ; mais par un prompt renfort
Nous nous vîmes trois mille en arrivant au port.
Tant, à nous voir marcher avec un tel visage,
Les plus épouvantés reprenaient de courage !
J'en cache les deux tiers, aussitôt qu'arrivés,
Dans le fond des vaisseaux qui lors furent trouvés ;
Le reste, dont le nombre augmentait à toute heure,
Brûlant d'impatience autour de moi demeure,
Se couche contre terre et, sans faire aucun bruit,
Passe une bonne part d'une si belle nuit.
Par mon commandement la garde en fait de même,
Et se tenant cachée, aide à mon stratagème [3] ;
Et je feins hardiment d'avoir reçu de vous
L'ordre qu'on me voit suivre et que je donne à tous.
Cette obscure clarté [4] qui tombe des étoiles

1. Haine, rancune.
2. Sous mon commandement.
3. Ma ruse.
4. Alliance de mots contraires pour produire un effet poétique.

Enfin avec le flux [5] nous fait voir trente voiles ;
L'onde s'enfle dessous, et d'un commun effort
Les Mores et la mer montent jusques au port.
On les laisse passer ; tout leur paraît tranquille :
Point de soldats au port, point au murs de la ville.
Notre profond silence abusant leurs esprits,
Ils n'osent plus douter de nous avoir surpris ;
Ils abordent sans peur, ils ancrent, ils descendent,
Et courent se livrer aux mains qui les attendent.
Nous nous levons alors, et tous en même temps
Poussons jusques au ciel mille cris éclatants.
Les nôtres, à ces cris, de nos vaisseaux répondent ;
Ils paraissent armés, les Mores se confondent [6],
L'épouvante les prend à demi descendus ;
Avant que de combattre, ils s'estiment perdus
Ils couraient au pillage, et rencontrent la guerre ;
Nous les pressons sur l'eau, nous les pressons sur terre,
Et nous faisons courir des ruisseaux de leur sang,
Avant qu'aucun résiste ou reprenne son rang.
Mais bientôt, malgré nous, leurs princes les rallient ;
Leur courage renaît, et leurs terreurs s'oublient :
La honte de mourir sans avoir combattu
Arrête leur désordre, et leur rend leur vertu [7].
Contre nous de pied ferme ils tirent leurs alfanges [8] ;
De notre sang au leur font d'horribles mélanges.
Et la terre, et le fleuve, et leur flotte, et le port,
Sont des champs de carnage, où triomphe la mort.
O combien d'actions, combien d'exploits célèbres
Sont demeurés sans gloire au milieu des ténèbres,
Où chacun, seul témoin des grands coups qu'il donnait,
Ne pouvait discerner où le sort inclinait !
J'allais de tous côtés encourager les nôtres,
Faire avancer les uns, et soutenir les autres,
Ranger ceux qui venaient, les pousser à leur tour,
Et ne l'ai pu savoir jusques au point du jour
Mais enfin sa clarté montre notre avantage :
Le More voit sa perte et perd soudain courage ;
Et voyant un renfort qui nous vient secourir,
L'ardeur de vaincre cède à la peur de mourir.
Ils gagnent leurs vaisseaux, ils en coupent les câbles,
Poussent jusques aux cieux des cris épouvantables,
Font retraite en tumulte, et sans considérer
Si leurs rois avec eux peuvent se retirer.
Pour souffrir ce devoir leur frayeur est trop forte :
Le flux les apporta ; le reflux les remporte,
Cependant que leurs rois, engagés parmi nous,
Et quelque peu des leurs, tous percés de nos coups,
Disputent vaillamment et vendent bien leur vie.
A se rendre moi-même en vain je les convie :

5. La marée montante.
6. Le désordre et la confusion s'emparent de leurs rangs.
7. Ici : vertu guerrière, courage.
8. Sabres larges et courbés.

Le cimeterre au poing, ils ne m'écoutent pas ;
Mais voyant à leurs pieds tomber tous leurs soldats,
Et que seuls désormais en vain ils se défendent,
Ils demandent le chef : je me nomme, ils se rendent.
Je vous les envoyai tous deux en même temps ;
Et le combat cessa faute de combattants.

Le Cid, acte IV, scène 3 (extrait, vers 1258 à 1328).

CINNA

L'instant du monologue

A partir d'**Horace** ***(1640), l'Antiquité romaine fournit à Corneille de nombreux sujets de tragédies.*** **Cinna** ***met en scène un complot dirigé contre Auguste et tramé par amour pour une femme. L'empereur vient d'être mis au courant de ce complot et il apprend que le chef de la conjuration est Cinna, qu'il considérait comme un de ses plus fidèles amis. Nous avons ici l'exemple parfait du monologue tragique. Le personnage apparaît partagé entre plusieurs sentiments ; il hésite et livre au public son dialogue intérieur. Il fait une sorte de bilan de sa vie et plaide successivement contre lui-même et contre Cinna. Les décisions inébranlables des héros cornéliens prennent racine dans ces hésitations. Pour Auguste, ce sera la clémence.***

Ciel [1] à qui voulez-vous désormais que je fie [2]
Les secrets de mon âme et le soin de ma vie ?
Reprenez le pouvoir que vous m'avez commis [3].
Si donnant des sujets il ôte des amis,
Si tel est le destin des grandeurs souveraines
Que leurs plus grands bienfaits n'attirent que des haines,
Et si votre rigueur les condamne à chérir
Ceux que vous animez à les faire périr
Pour elles rien n'est sûr : qui peut tout doit tout craindre.
Rentre en toi-même, Octave [4], et cesse de te plaindre.
Quoi ! tu veux qu'on t'épargne, et n'a rien épargné !
Songe aux fleuves de sang où ton bras s'est baigné,
De combien ont rougi les champs de Macédoine [5].
Combien en a versé la défaite d'Antoine [6].
Combien celle de Sexte [7], et revois tout d'un temps
Pérouse [8] au sien [9] noyée et tous ses habitants ;
Remets dans ton esprit, après tant de carnages,
De tes proscriptions les sanglantes images,
Où toi-même, des tiens devenu le bourreau,
Au sein de ton tuteur [10] enfonças le couteau ;
Et puis ose accuser le destin d'injustice
Quand tu vois que les tiens s'arment pour ton supplice,
Et que, par ton exemple à ta perte guidés,

1. Invocation au ciel et non pas exclamation.
2. Que je confie.
3. Remis, confié.
4. Auguste reprend ici le nom qu'il portait dans sa jeunesse, lorsqu'il n'était encore que le fils adoptif de César.
5. Allusion aux batailles livrées aux meurtriers de César.
6. Allusion à la bataille d'Actium.
7. Sextus Pompée, fils de l'Ancien rival de César.
8. Pendant les guerres civiles.
9. Dans le sien = dans son sang.
10. Le père d'Emilie tué par Auguste.

Cinna : *Jean Vilar dans le rôle d'Auguste, au cours d'une répétition à Rouen en 1954.*

Ils violent des droits que tu n'as pas gardés [11]
Mais que mon jugement au besoin [12] m'abandonne !
Quelle fureur [13], Cinna, m'accuse et te pardonne ?
Toi dont la trahison me force à retenir
Ce pouvoir souverain dont tu me veux punir,
Me traite en criminel, et fait seule mon crime,
Relève pour l'abattre un trône illégitime,
Et, d'un zèle effronté couvrant son attentat,
S'oppose pour me perdre au bonheur de l'État [14] ?
Donc jusqu'à l'oublier je pourrais me contraindre !
Tu vivrais en repos après m'avoir fait craindre !
Non, non, je me trahis moi-même d'y penser :
Qui pardonne aisément invite à l'offenser.
Punissons l'assassin, proscrivons les complices.
Mais quoi ! toujours du sang, et toujours des supplices !
Ma cruauté se lasse, et ne peut s'arrêter :
Je veux me faire craindre, et ne fais qu'irriter.
Rome a pour ma ruine une hydre [15] trop fertile,
Une tête coupée en fait renaître mille,
Et le sang répandu de mille conjurés
Rend mes jours plus maudits, et non plus assurés.
Octave, n'attends plus le coup d'un nouveau Brute [16] :

11. Respectés.
12. Au moment où j'en ai besoin.
13. Folie, égarement.
14. Allusion à une grande scène de la pièce (acte II, scène 1). Pour le bien de l'État, Auguste voulait abdiquer et avait demandé conseil à Maxime et Cinna qui, voulant tuer l'empereur, lui avait conseillé de garder le pouvoir.
15. Serpent fabuleux à plusieurs têtes qui repoussaient chaque fois qu'on les coupait. C'est Hercule qui en vint à bout.
16. Nom francisé de Brutus, un des assassins de César.

Meurs ; et dérobe-lui la gloire de ta chute.
Meurs : tu ferais pour vivre un lâche et vain effort,
Si tant de gens de cœur font des vœux pour ta mort,
Et si tout ce que Rome a d'illustre jeunesse
Pour te faire périr tout à tour s'intéresse ;
Meurs, puisque c'est un mal que tu ne peux guérir ;
Meurs enfin, puisqu'il faut ou tout perdre ou mourir :
La vie est peu de chose, et le peu qui t'en reste
Ne vaut pas l'acheter [17] par un prix si funeste ;
Meurs, mais quitte du moins la vie avec éclat ;
Éteins-en le flambeau dans le sang de l'ingrat,
A toi-même en mourant immole ce perfide ;
Contentant ses désirs punis son parricide [18] ;
Fais un tourment pour lui de ton propre trépas,
En faisant qu'il le voie et n'en jouisse pas.
Mais jouissons plutôt nous-même de sa peine [19] ;
Et, si Rome nous hait, triomphons de sa haine.
O Romains ! ô vengeance ! ô pouvoir absolu !
O rigoureux combat d'un cœur irrésolu
Qui fait en même temps tout ce qu'il se propose !
D'un prince malheureux ordonnez quelque chose.
Qui [20] des deux dois-je suivre, et duquel m'éloigner ?
Ou laissez-moi périr ou laissez-moi régner.

Cinna, acte IV, scène 2

17. Ne vaut pas qu'on l'achète.
18. A considéré jusqu'ici Cinna comme un fils.
19. De son supplice.
20. Laquelle des deux voies...

POLYEUCTE

Une inflexible volonté

En brisant les idoles païennes lors de la cérémonie organisée par Sévère, Polyeucte n'a pas agi à la légère. Une force intérieure lui dictait d'agir ainsi en dépit des dangers et des persécutions auxquelles sont exposés les chrétiens. Même Pauline qui vient le voir dans sa prison pour l'assurer de son amour ne peut faire dévier Polyeucte de la voie qu'il a choisie. Et dans les derniers vers, il clame encore plus fort sa volonté.

PAULINE. — Qui de vous deux aujourd'hui m'assassine ?
Sont-ce tous deux ensemble, ou chacun à son tour ?
Ne pourrai-je fléchir la nature ou l'amour ?
Et n'obtiendrai-je rien d'un époux ni d'un père ?
FÉLIX. — Parlez à votre époux.
POLYEUCTE. — Vivez avec Sévère.
PAULINE. — Tigre, assassine-moi du moins sans m'outrager.
POLYEUCTE. — Mon amour, par pitié, cherche à vous soulager ;
Il voit quelle douleur dans l'âme vous possède,
Et sait qu'un autre amour [1] en est le seul remède.
Puisqu'un si grand mérite a pu vous enflammer,

1. Allusion à Sévère, le premier amour de Pauline.

Sa présence toujours a droit de vous charmer :
Vous l'aimiez, il vous aime, et sa gloire augmentée...
PAULINE. — Que t'ai-je fait, cruel, pour être ainsi traitée,
Et pour me reprocher [2] au mépris de ma foi [3] ;
Un amour si puissant que j'ai vaincu pour toi ?
Vois, pour te faire vaincre un si fort adversaire,
Quels efforts à moi-même il a fallu me faire [4].
Quels combats j'ai donnés pour te donner un cœur
Si justement acquis à son premier vainqueur ;
Et si l'ingratitude en ton cœur ne domine,
Fais quelque effort sur toi pour te rendre à Pauline :
Apprends d'elle à forcer ton propre sentiment ;
Prends sa vertu [5] pour guide en ton aveuglement ;
Souffre que de toi-même elle obtienne ta vie,
Pour vivre sous tes lois à jamais asservie.
Si tu peux rejeter de si justes désirs,
Regarde au moins ses pleurs, écoute ses soupirs,
Ne désespère pas une âme qui t'adore.
POLYEUCTE. — Je vous l'ai déjà dit, et vous le dis encore,
Vivez avec Sévère, ou mourez avec moi.
Je ne méprise point vos pleurs ni votre foi ;
Mais, de quoi que pour vous notre amour m'entretienne,
Je ne vous connais plus, si vous n'êtes chrétienne.
C'en est assez, Félix, reprenez ce [6] courroux,
Et sur cet insolent [7] vengez vos dieux et vous.
PAULINE. — Ah ! mon père, son crime à peine [8] est pardonnable ;
Mais s'il est insensé, vous êtes raisonnable.
La nature est trop forte, et ses aimables traits
Imprimés dans le sang ne s'effacent jamais :
Un père est toujours père, et sur cette assurance
J'ose appuyer encore un reste d'espérance
Jetez sur votre fille un regard paternel :
Ma mort suivra la mort de ce cher criminel ;
Et les dieux trouveront sa peine illégitime,
Puisqu'elle confondra l'innocence et le crime,
Et qu'elle changera, par ce redoublement,
En injuste rigueur un juste châtiment ;
Nos destins, par vos mains rendus inséparables,
Nous doivent rendre heureux ensemble ou misérables,
Et vous seriez cruel jusques au dernier point
Si vous désunissiez ce que vous avez joint.
Un cœur à l'autre uni jamais ne se retire,
Et pour l'en séparer il faut qu'on le déchire.
Mais vous êtes sensible à mes justes douleurs,
Et d'un œil paternel vous regardez mes pleurs.
FÉLIX. — Oui, ma fille, il est vrai qu'un père est toujours père ;
Rien n'en peut effacer le sacré caractère :
Je porte un cœur sensible, et vous l'avez percé ;
Je me joins avec vous contre cet insensé.

2. Et pour que tu me reproches.
3. Fidélité.
4. Quels efforts sur moi-même il a fallu que je fasse.
5. Son énergie morale.
6. Votre courroux.
7. L'insolent que je suis.
8. Difficilement.

Une scène de Polyeucte : *Pauline implorant Sévère, par la compagnie Claire Duhamel (Alliance française, 1962).*

Malheureux Polyeucte, es-tu seul insensible ?
Et veux-tu rendre seul [9] ton crime irrémissible ?
Peux-tu voir tant de pleurs d'un œil si détaché ?
Peut-tu voir tant d'amour sans en être touché ?
Ne reconnais-tu plus ni beau-père, ni femme,
Sans amitié pour l'un, et pour l'autre sans flamme ?
Pour reprendre les noms et de gendre et d'époux,
Veux-tu nous voir tous deux embrasser tes genoux [10]
POLYEUCTE. — Que tout cet artifice est de mauvaise grâce !
Après avoir deux fois essayé la menace,
Après m'avoir fait voir Néarque [11] dans la mort,
Après m'avoir montré cette soif du baptême,
Pour opposer à Dieu l'intérêt de Dieu même,
Vous vous joignez ensemble ! Ah ! ruses de l'enfer,
Faut-il tant de fois vaincre avant que triompher ?
Vos résolutions usent trop de remise [12].
Prenez la vôtre enfin, puisque la mienne est prise.
Je n'adore qu'un Dieu, maître de l'univers,
Sous qui tremblent le ciel, la terre, et les enfers ;
Un Dieu qui, nous aimant d'une amour infinie,
Voulut mourir pour nous avec ignominie,
Et qui, par un effort de cet excès d'amour,
Veut pour nous en victime être offert chaque jour.
Mais j'ai tort d'en [13] parler à qui ne peut m'entendre.
Voyez l'aveugle erreur que vous osez défendre :
Des crimes les plus noirs vous souillez tous vos dieux ;
Vous n'en [14] punissez point qui n'ait son maître aux cieux :
La prostitution, l'adultère, l'inceste,
Le vol, l'assassinat, et tout ce qu'on déteste,
C'est l'exemple qu'à suivre offrent vos immortels.
J'ai profané leur temple et brisé leurs autels ;
Je le ferais encor, si j'avais à la faire [15].
Même aux yeux de Félix, même aux yeux de Sévère,
Même aux yeux du sénat, aux yeux de l'empereur.

Polyeucte, acte V, scène 3 (extrait, vers 1581 à 1673)

9. Toi seul.
10. Geste rituel des suppliants dans l'Antiquité.
11. Navigateur grec (IVe siècle av. J.-C.).
12. Vos décisions tardent trop.
13. De parler de Dieu.
14. Des crimes.
15. C'est le vers exact qu'emploie aussi le Cid.

PASCAL (1623-1662)

Pascal est un écrivain solitaire qui brille et qui fascine comme une étoile. Génie multiple, excellent mathématicien, ardent janséniste [1], il a consacré toute sa rigueur, toute son imagination et toute sa foi à défendre l'ordre de Port-Royal. Son œuvre pose des problèmes fondamentaux et ne laisse pas indifférent le lecteur moderne.

LA VIE

Pascal passe ses premières années à Clermont-Ferrand, en Auvergne. Élevé par son père, très bon mathématicien, et ses deux sœurs, il ne met jamais les pieds dans un collège. Il étonne son entourage par ses dispositions précoces pour les sciences. A neuf ans il rédige un traité sur les sons. A douze ans, il apprend la géométrie, seul, en cachette. A seize ans, il rédige un traité sur les coniques. A dix-huit ans, il imagine et fait construire une machine à calculer.

Son père s'étant cassé la jambe à Rouen, il est soigné par deux personnes, fervents adeptes du jansénisme, qui ne tardent pas à convertir toute la famille. Pascal n'en continue pas moins ses travaux scientifiques. A vingt-quatre ans, il se rend à Paris, fait des expérience sur la pression atmosphérique et rencontre Descartes. Il fréquente les libertins [2], s'amuse dans le monde et semble oublier Dieu.

A la suite d'un accident de voiture, près de Paris, il traverse une crise de mysticisme, déterminée sans doute par l'influence d'une de ses sœurs qui est entrée à Port-Royal chez les jansénistes. Au cours d'une méditation religieuse, il se sent illuminé par la foi et se retire aussi à Port-Royal. C'est là qu'il écrit *Les provinciales* (1656). Ses dernières années sont troublées par de terribles souffrances. Il s'occupe encore quelquefois de problèmes scientifiques, mais travaille surtout à un ouvrage sur la religion chrétienne que la mort (1662) ne lui laisse pas le temps de terminer et dont les fragments reconstitués forment *Les pensées.*

La « Pascaline », machine à calculer inventée par Pascal à l'âge de dix-neuf ans (1642). (Conservatoire National des Arts et Métiers, Paris.)

L'HOMME

Dans cette nature exceptionnelle se réunissent trois grandes qualités, souvent contradictoires, mais qui, chez lui, forment un accord parfait.

Il possède au plus haut point la rigueur scientifique. Il appelle cette qualité « l'esprit de géométrie ». Elle lui permet des raisonnements rigoureux à partir de quelques principes clairs.

1. Voir p. 121.

2. Le mot « libertin » est un terme ambigu parce que le libertinage est moins une doctrine qu'une façon de vivre, caractérisée par la liberté de pensée, le refus des dogmes religieux et aussi parfois par la liberté des mœurs.

Portrait du jeune Pascal par son ami Jean Domat. Sanguine. (Bibliothèque Nationale, Paris.)

Il est doué d'une sensibilité enflammée, stimulée par une grande force d'imagination. Il appelle cette qualité « l'esprit de finesse ». Elle permet les relations avec autrui, l'ouverture à l'art, les intuitions. Cette sensibilité n'est pas de la tendresse, il est trop rigoureusement janséniste pour cela.

Enfin, sa rigueur scientifique ne le rend nullement hostile à la religion et aux mystères de la foi. Il distingue clairement leurs domaines respectifs :

« L'éclaircissement de cette différence doit nous faire plaindre l'aveuglement de ceux qui apportent la seule autorité pour preuve dans les matières physiques, au lieu de raisonnement et des expériences, et nous donner de l'horreur pour la malice des autres, qui emploient le raisonnement seul dans la théologie au lieu de l'Écriture et des Pères. »

(Fragment d'un traité du vide)

LES PROVINCIALES

C'est une occasion qui fait de Pascal un écrivain. En 1656, Arnauld, maître à penser du couvent janséniste, publie une lettre imprudente. Il est attaqué par les jésuites et un procès théologique s'engage. Arnauld, plus à l'aise dans le débat religieux que dans la polémique, demande à Pascal de porter l'affaire devant le public. De janvier 1656 à mars 1657, Pascal publie donc dix-huit lettres anonymes dont le succès fait enrager ses adversaires qui ne peuvent en découvrir l'auteur. On désigne ses lettres du nom de *Provinciales,* parce qu'elles simulent une correspondance entre un « provincial » et l'un de ses amis qui l'informe.

Analyse du contenu

On distingue nettement trois parties dans les *Provinciales.*

— Les questions de la grâce : elles occupent les quatre premières lettres. Elles traitent de la censure dont Arnauld est l'objet et des différentes interprétations de la grâce entre jésuites et jansénistes. Ce sont encore des lettres de défense.

— La morale relâchée des jésuites (lettres 5 à 16) : Pascal prend l'offensive. Il attaque d'abord la base de cette morale relâchée qui est le probabilisme : toute opinion soutenue par un docteur sérieux est probable [1], même si un autre docteur sérieux dit le contraire et en propose une autre. Ainsi, bien qu'il soit écrit dans l'Évangile : « donnez l'aumône de votre superflu », on peut s'en trouver dispensé, parce que le docte Vasquez explique très bien que, pour les riches, le superflu c'est le nécessaire. Un autre artifice des casuistes (théologiens qui s'appliquent à résoudre les difficultés de la conscience) est représenté par ce qu'ils apellent la direction d'intention ; on peut commettre une mauvaise action pourvu que l'intention ait été orientée vers le bien. Grâce à ce procédé, on justifie le duel par exemple : on n'avait pas l'intention de tuer son adversaire mais seulement de venger son honneur. Les lettres abondent en exemples tristes ou plaisants sur l'hypocrisie de la casuistique, qui n'a plus rien à voir avec la vraie morale de l'Évangile.

— Questions théologiques (lettres 17 et 18) : dans les deux dernières *Provinciales,* Pascal revient à Jansénius, fondateur du jansénisme. Il affirme que celui-ci ne représente pas une hérésie dans l'Église.

Les procédés dans les Provinciales

Pascal n'est pas un théologien, mais un logicien, et lorsqu'il débat de problèmes de théologie, il essaie seulement de trouver la faille dans le raisonnement de ses adversaires.

Pourtant, Pascal n'est pas un tacticien impartial qui considère la polémique comme un jeu de l'esprit : une conviction profonde l'anime. C'est avec dégoût qu'il rejette l'idée d'une religion qui serait accommodante et se plierait aux désirs de chaque homme. Il croit fermement qu'il existe une vérité éternelle et une loi morale invariable pour tous. C'est là sa rigueur janséniste.

Pour retenir l'attention du public qui ne connaît pas les subtilités du problème, Pascal invente le personnage d'un jeune narrateur, auteur des lettres. Dans les quatre premières lettres, ce jeune homme joue le naïf ; il rend visite à plusieurs théologiens pour se faire expliquer le problème de la grâce dont il est question dans

1. *Digne de foi.*

la polémique. Chaque fois, il reçoit des réponses différentes, qui montrent bien l'incohérence de la position des jésuites, incapables de se mettre d'accord entre eux et de s'entendre sur les termes.
A partir de la quatrième lettre, la fausse naïveté fait place à l'ironie. Pascal s'amuse aux dépens des jésuites et utilise contre eux les ressources du comique, pour les discréditer.
A partir de la douzième lettre, le ton change. Pascal ne se contente plus de faire rire. L'indignation éclate contre ceux qui adaptent les lois éternelles à leurs petits désirs personnels. L'ironie fait place à l'éloquence, aux désirs violents de convaincre ses lecteurs. Pascal ne s'amuse plus, il défend avec passion les idées auxquelles il croit.

Intérêt des Provinciales

Le débat théologique à l'origine des *Provinciales* a depuis longtemps perdu de son actualité. Mais ce qui est toujours remarquable dans ces lettres, c'est la pureté de la forme, la puissance de la langue, bien que Pascal lui-même ne se soit jamais pris pour un écrivain. Boileau, si rigoureux, voyait dans les *Provinciales* la seule création qui fût supérieure à tout ce qu'avait produit l'Antiquité. C'est un compliment d'une grande portée puisque Boileau était le plus farouche défenseur des Anciens (voir p. 190).

LES PENSÉES

Pascal voulait écrire une *Apologie de la religion chrétienne.* Il souhaitait dix années de bonne santé pour mener à bien ce travail ; il n'eut que cinq ans de maladie. A sa mort, il laisse plusieurs liasses de feuillets difficiles à déchiffrer. Pendant deux siècles, des parents, des amis, des érudits s'efforcent de déchiffrer ces notes et de les classer. L'ordre dans lequel Pascal avait rangé les liasses permet de dégager un fil conducteur, sans pourtant nous assurer que ce soit celui voulu en définitive par Pascal.

Idées directrices des Pensées

Le but est d'amener les libertins à croire en la religion chrétienne. Il s'agit d'abord de montrer à ces libertins que la religion n'est pas contraire à la raison ; ensuite, on les amènera à aimer cette religion, on leur montrera qu'elle est vraie, « vénérable parce qu'elle a bien connu l'homme ; aimable parce qu'elle promet le vrai bien ».
Cette démarche de Pascal est originale ; il ne commence pas par vouloir prouver l'existence de Dieu, car il sait que ce débat est sans limite. Il part plutôt de la situation de l'homme dans l'univers, de ce que tout le monde peut constater et comprendre.
L'homme est un mystère : c'est une créature étrange, composée de misère et de grandeur, un être indéfini que l'on a du mal à cerner (extrait p. 147). Cette créature qu'est l'homme est fragile comme un roseau, nous dit Pascal (il tombe facilement malade, il est facile de le tuer) mais il est incroyablement supérieur à tout ce qui paraît plus résistant que lui parce qu'il peut penser (« c'est un roseau pensant ») et sait qu'il est fragile. Pascal s'interroge alors avec angoisse sur la destinée de l'homme : « Quelle chimère

Les religieuses de Port-Royal faisant la conférence dans la solitude. *Port-Royal des Champs était le haut lieu du catholicisme janséniste. Le couvent fut rasé en 1710 sur ordre de Louis XIV. Gouache anonyme, vers 1710. (Musée National des Granges de Port-Royal.)*

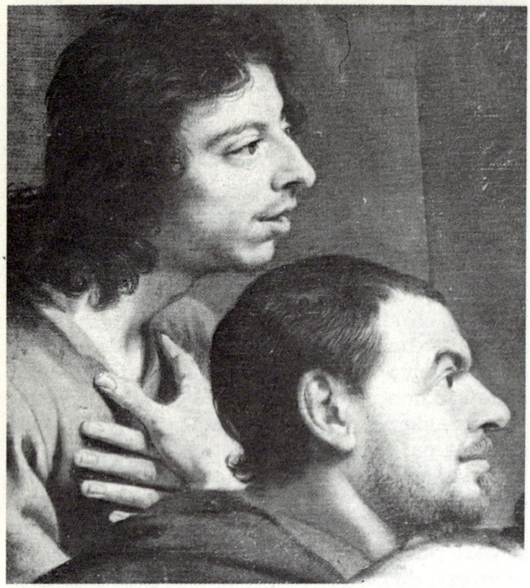

Détail de La Cène, *tableau de Philippe de Champaigne, exécuté vers1655. Le personnage de gauche représente Pascal. (Musée du Louvre, Paris.)*

est-ce donc que l'homme ? Quelle nouveauté, quel monstre, quel chaos, quel sujet de contradiction, quel prodige ! Juge de toutes choses, imbécile ver de terre, dépositaire du vrai, cloaque d'incertitude et d'erreur, gloire et rebut de l'univers. »

Les philosophes n'arrivent pas à expliquer le mystère de l'homme. Les uns, comme les stoïciens, n'ont voulu voir que sa grandeur. Les autres, comme Montaigne [1], n'ont voulu voir que sa faiblesse.

Le christianisme apporte une solution : ce mélange de misère et de grandeur s'explique parce que l'homme a connu la grandeur avant le péché originel, et qu'il en a gardé des traces : « Si l'homme n'avait jamais été corrompu, il jouirait dans son innocence et de la vérité et de la félicité avec assurance. Et si l'homme n'avait jamais été que corrompu, il n'aurait aucune idée ni de la vérité, ni de la béatitude. »

Ainsi la religion chrétienne, loin d'être une obscure superstition, apporte-t-elle une explication acceptable par la raison. De plus, cette raison nous prouve que nous avons tout intérêt à accepter la religion : c'est le fameux pari pascalien. Nous ne perdons rien à parier que Dieu existe. D'un côté (nous parions que Dieu existe, et il n'existe pas) nous avons vécu en chrétiens qui sont les plus heureux des hommes ; d'un autre côté (nous parions que Dieu existe, et il existe véritablement) nous avons une chance de gagner la vie éternelle : « Pesons le gain et la perte en prenant choix, que Dieu est. Estimons ces deux cas : si vous gagnez, vous gagnez tout ; si vous perdez, vous ne perdez rien. Gagez donc qu'il est, sans hésiter. »

Le problème de la foi : mais parier, ce n'est pas encore avoir la foi, qui est une adhésion du cœur. Pour croire, il nous suffira de vouloir croire ; faire d'abord comme si l'on y croyait pour préparer le terrain à la venue de la grâce.

La vérité du christianisme : quand nous serons décidés à croire, à chercher Dieu, et à souhaiter que le christianisme soit vrai, Pascal se fait fort de nous démontrer sa vérité. Il nous prouvera, par les prophéties, que le Christ est même une vérité historique.

Intérêt des Pensées

Il y a peu de lecture sur ce difficile sujet de la religion qui soit aussi passionnante que celle des *Pensées*. En effet, le livre n'est pas, à proprement parler, un ouvrage religieux. Il traite de questions toujours d'actualité : la force de l'imagination, la force de l'habitude, la guerre, l'ennui, le mystère de l'univers.

L'intérêt vient aussi de la personnalité de l'auteur. Comme un mathématicien, il envisage la religion comme une hypothèse à vérifier par l'expérience. Mais cet homme rigoureux ne manque pas d'imagination quand il évoque, par exemple, l'infiniment grand et l'infiniment petit, entre lesquels se situe l'homme (voir extrait p. 147).

C'est enfin l'accent de sincérité qui s'échappe de chaque page. L'auteur ne se laisse aller à aucune coquetterie littéraire. Toute son écriture est tendue par la volonté de convaincre : aucun procédé, aucune figure de style gratuite pour enjoliver. Il dit lui-même dans les *Pensées :* « la vraie éloquence se moque de l'éloquence » (c'est-à-dire de la rhétorique).

Les Pensées connaissent un succès immédiat. Bien qu'elles restent marquées par les préoccupations d'une époque, elles continuent de fasciner, même ses adversaires, dont les premiers furent les philosophes du XVIIIe siècle. Aujourd'hui encore, le déclin des grandes idéologies athées (existentialisme, marxisme), le déchirement du monde moderne incapable de mettre fin à ses problèmes laissent une large place à la réflexion de Pascal.

1. Pascal apprécie beaucoup Les essais, *même s'il émet beaucoup de réserves et reproche à Montaigne de trop parler de lui.*

BIBLIOGRAPHIE
Jean Mesnard, *Pascal,* Paris, Hatier, « Connaissance des Lettres », 1967 (excellente introduction à l'œuvre de Pascal).

LES PENSÉES

Pascal situe l'homme dans le monde

C'est un appel à l'homme, à chaque homme, que lance ici Pascal. Il l'invite à mesurer son importance par rapport à l'univers. Il s'apercevra qu'il n'est ni le plus grand, ni le plus petit, le commencement et la fin de rien, pris entre deux extrémités qu'il ne connaît pas, entre deux infinis : l'infiniment grand et l'infiniment petit. Dans l'évocation de ces deux infinis, l'écriture de Pascal, tendue par une grande force d'imagination, donne le vertige. Il s'attaque ici à la « présomption » de l'homme qui se croit le seigneur de l'univers et il demande avec une insistance troublante : « Qu'est-ce que l'homme ? » Pascal vivait au XVIIe siècle mais la question qu'il pose est de toutes les époques.

Que l'homme contemple donc la nature entière dans sa haute et pleine majesté, qù'il éloigne sa vue des objets bas qui l'environnent. Qu'il regarde cette éclatante lumière, mise comme une lampe éternelle pour éclairer l'univers, que la terre lui paraisse comme un point au prix du vaste tour que cet astre décrit et qu'il s'étonne de ce que ce vaste tour lui-même n'est qu'une pointe très délicate [1] à l'égard de celui que les astres qui roulent dans le firmament embrassent. Mais si notre vue s'arrête là, que l'imagination passe outre ; elle se lassera plutôt de concevoir, que la nature de fournir. Tout ce monde visible n'est qu'un trait imperceptible dans l'ample sein de la nature. Nulle idée n'en approche. Nous avons beau enfler nos conceptions [2], au-delà des espaces imaginables, nous n'enfantons que des atomes, au prix de la réalité des choses. C'est une sphère — dont le centre est partout, la circonférence nulle part. Enfin c'est le plus grand caractère sensible de la toute-puissance de Dieu, que notre imagination se perde dans cette pensée.

Que l'homme, étant revenu à soi, considère ce qu'il est au prix de ce qui est ; qu'il se regarde comme égaré dans ce canton [3] détourné de la nature ; et que de ce petit cachot où il se trouve logé, j'entends l'univers, il apprenne à estimer la terre, les royaumes, les villes et soi-même son juste prix.

Qu'est-ce qu'un homme dans l'infini ?

Mais pour lui présenter un autre prodige aussi étonnant, qu'il recherche dans ce qu'il connaît les choses les plus délicates. Qu'un ciron [4] lui offre dans la petitesse de son corps des parties incomparablement plus petites, des jambes avec des jointures [5], des veines dans ses jambes, du sang dans ses veines, des humeurs [6] dans ce sang, des gouttes dans ses humeurs, des vapeurs dans ces gouttes ; que, divisant encore ces dernières choses, il épuise ses forces en ces conceptions, et que le dernier objet où il peut arriver soit maintenant celui de notre discours ; il pensera peut-être que c'est là l'extrême petitesse de la nature. Je veux lui faire voir là dedans un abîme nouveau. Je lui veux peindre non seulement l'univers visible, mais l'immensité qu'on peut concevoir de la nature, dans l'enceinte de ce raccourci d'atome. Qu'il y voie une infinité d'univers, dont chacun a son firmament, ses planètes, sa terre, en la même proportion que le monde visible ; dans cette terre, des animaux, et enfin des cirons [4], dans lesquels il

1. Fine.
2. Augmenter nos capacités de concevoir.
3. Coin.
4. Tout petit insecte que l'on trouve dans le fromage ou la farine.
5. Articulations.
6. Minuscules parties de la matière.

retrouvera ce que les premiers ont donné ; et trouvant encore dans les autres la même chose sans fin et sans repos, qu'il se perde dans ces merveilles, aussi étonnantes dans leur petitesse que les autres par leur étendue ; car qui n'admirera que notre corps, qui tantôt n'était pas perceptible dans l'univers, imperceptible lui-même dans le sein du tout, soit à présent un colosse, un monde, ou plutôt un tout, à l'égard du néant où l'on ne peut arriver ?

Qui se considérera de la sorte s'effrayera de soi-même, et, se considérant soutenu dans la masse que la nature lui a donnée, entre ces deux abîmes de l'infini et du néant, il tremblera dans la vue de ces merveilles ; et je crois que, sa curiosité se changeant en admiration, il sera plus disposé à les contempler en silence qu'à les rechercher avec présomption.

Car enfin qu'est-ce que l'homme dans la nature ? Un néant à l'égard de l'infini, un tout à l'égard du néant, un milieu entre rien et tout. Infiniment éloigné de comprendre les extrêmes, la fin des choses et leur principe sont pour lui invinciblement cachés dans un secret impénétrable, également incapable de voir le néant d'où il est tiré, et l'infini où il est englouti.

Que fera-t-il donc, sinon d'apercevoir [quelque] apparence du milieu des choses, dans un désespoir éternel de connaître ni leur principe ni leur fin ? Toutes choses sont sorties du néant et portées jusqu'à l'infini. Qui suivra ces étonnantes démarches ? L'auteur de ces merveilles les comprend. Tout autre ne le peut faire.

Pensées, section II, 72 (édition Brunschvicg).

Pascal juge les activités humaines

Toutes les actions des hommes, des plus simples aux plus glorieuses, ne sont motivées que par une seule chose : oublier ce que nous sommes, oublier « le malheur naturel de notre condition ». Dès qu'il est au repos, l'homme ressent son néant, alors il s'occupe — Pascal dit : « se divertit » — pour échapper à l'angoisse. Pascal ramène toutes les activités humaines à la notion de divertissement : la danse, la chasse, la guerre. L'homme court toujours après une satisfaction qui ne cesse de lui échapper, car dès qu'il a atteint son but, il lui faut recommencer une autre activité pour ne pas retomber dans l'angoisse de sa condition. Pascal voudrait au contraire que l'homme mette à profit cette situation pour se tourner vers Dieu au lieu de toujours fuir.

Divertissement. — Quand je m'y suis mis quelquefois, à considérer les diverses agitations des hommes, et les périls et les peines où ils s'exposent, dans la cour, dans la guerre, d'où naissent tant de querelles, de passions, d'entreprises hardies et souvent mauvaises, etc., j'ai découvert que tout le malheur des hommes vient d'une seule chose, qui est de ne savoir pas demeurer en repos, dans une chambre. Un homme qui a assez de bien pour vivre, s'il savait demeurer chez soi avec plaisir, n'en sortirait pas pour aller sur la mer ou au siège d'une place. On n'achètera une charge [1] à l'armée si cher, que parce qu'on trouverait insupportable de ne bouger de la ville ; et on ne recherche les conversations et les divertissements des jeux que parce qu'on ne peut demeurer chez soi avec plaisir.

1. Fonction. Sous l'Ancien Régime les fonctions militaires et juridiques s'achetaient, ce qui explique que la plupart des officiers et des juges étaient nobles et riches.

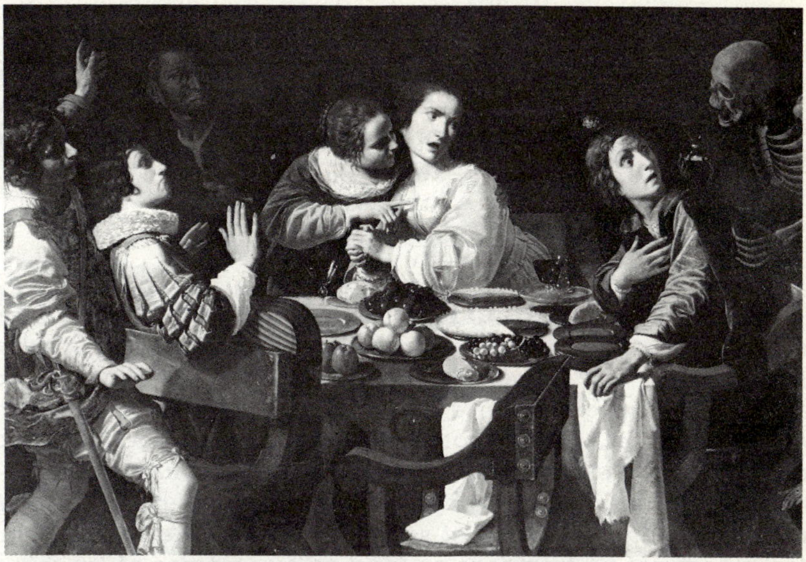

La mort vient à table ; *elle vient troubler les divertissements. Pascal reproche aux hommes d'être trop futiles et de ne penser ni à la mort ni à Dieu. Peinture anonyme sur toile, vers 1623-1625. (New Orleans Museum of Art, La Nouvelle-Orléans.)*

Mais quand j'ai pensé de plus près, et qu'après avoir trouvé la cause de tous nos malheurs, j'ai voulu en découvrir la raison, j'ai trouvé qu'il y en a une bien effective, qui consiste dans le malheur naturel de notre condition faible et mortelle, et si misérable, que rien ne peut nous consoler, lorsque nous y pensons de près.

Quelque condition qu'on se figure, si l'on assemble tous les biens qui peuvent nous appartenir, la royauté est le plus beau poste du monde, et cependant qu'on s'en imagine [2] accompagné [3] de toutes les satisfactions qui peuvent le toucher. S'il [4] est sans divertissement, et qu'on le laisse considérer et faire réflexion sur ce qu'il est, cette félicité languissante ne le soutiendra point, il tombera par nécessité dans les vues qui le menacent, des révoltes qui peuvent arriver, et enfin de la mort et des maladies qui sont inévitables ; de sorte que, s'il est sans ce qu'on appelle divertissement, le voilà malheureux, et plus malheureux que le moindre de ses sujets, qui joue et se divertit.

De là vient que le jeu et la conversation des femmes, la guerre, les grands emplois sont si recherchés. Ce n'est pas qu'il y ait en effet du bonheur, ni qu'on s'imagine que la vraie béatitude soit d'avoir l'argent qu'on peut gagner au jeu, ou dans le lièvre qu'on court : on n'en voudrait pas s'il était offert. Ce n'est pas cet usage mol [5] et paisible, et qui nous laisse penser à notre malheureuse condition, qu'on recherche, ni les dangers de la guerre, ni la peine des emplois, mais c'est le tracas qui nous détourne d'y penser et nous divertit.

Raison pourquoi [6] on aime mieux la chasse que la prise.

De là vient que les hommes aiment tant le bruit et le remuement [7], de là vient que la prison est un supplice si horrible ; de là vient que le plaisir de la solitude est une chose incompréhensible. Et c'est enfin le plus grand sujet de félicité de la condition des rois, de [*ce*] qu'on essaie sans cesse à les divertir et à leur procurer toutes sortes de plaisirs.

Le roi est environné de gens qui ne pensent qu'à divertir le roi, et à l'empêcher de penser à lui. Car il est malheureux, tout roi qu'il est, s'il y pense.

2. Qu'on se l'imagine alors.
3. Logiquement, accord masculin avec roi, qui remplaçait dans la première rédaction royauté.
4. Le roi.
5. Cette situation calme.
6. C'est la raison pour laquelle.
7. Animation.

Voilà tout ce que les hommes ont pu inventer pour se rendre heureux. Et ceux qui font sur cela les philosophes, et qui croient que le monde est bien peu raisonnable de passer tout le jour à courir après un lièvre qu'ils ne voudraient pas avoir acheté, ne connaissent guère notre nature. Ce lièvre ne nous garantirait pas de la vue de la mort et des misères, mais la chasse — qui nous en détourne — nous en garantit.

Pensées, section II, 139 (édition Brunschvicg).

Le « snobisme » des esprits forts

Les hommes ont l'habitude de s'inquiéter pour des bagatelles (profession, honneur), alors qu'ils ne se préoccupent jamais de la mort, qui signifie pourtant la perte de tout. Cette insouciance qui fait mal juger de l'importance respective des choses, n'est en fait souvent qu'une attitude, qu'une façade. Les gens affectent de ne pas penser à la mort et à l'au-delà par simple bravade, pour montrer qu'ils sont libres et se sont affranchis de la religion. Ces gens qui font les importants ne trompent au fond qu'eux-mêmes et les sots qui les approuvent, car ce jeu est ridicule. Pascal les exhorte à être au moins honnêtes avec eux-mêmes et à ne pas jouer aux plus forts, alors qu'ils sont dans l'ignorance de tout.
L'attitude de Pascal est toute différente de celle de Montaigne qui conseille de penser à la vie plutôt qu'à la mort qui viendra bien assez tôt ; quand l'heure viendra, c'est la nature qui nous enseignera comment bien mourir.

Rien n'est si important à l'homme que son état, rien ne lui est si redoutable que l'éternité ; et ainsi, qu'il se trouve des hommes indifférents à la perte de leur être et au péril d'une éternité de misères, cela n'est point naturel. Ils sont tout autres à l'égard de toutes les autres choses : ils craignent jusqu'aux plus légères, ils les prévoient, ils les sentent ; et ce même homme qui passe tant de jours et de nuits dans la rage et dans le désespoir pour la perte d'une charge [1] ou pour quelque offense imaginaire à son honneur, c'est celui-là même qui sait qu'il va tout perdre par la mort, sans inquiétude et sans émotion. C'est une chose monstrueuse de voir dans un même cœur et en même temps cette sensibilité pour les moindres choses et cette étrange insensibilité pour les plus grandes. C'est un enchantement incompréhensible, et un assoupissement surnaturel, qui marque une force toute-puissante qui le cause.

Il faut qu'il y ait un étrange renversement dans la nature de l'homme pour faire gloire d'être dans cet état, dans lequel il semble incroyable qu'une seule personne puisse être. Cependant l'expérience m'en fait voir en si grand nombre que cela serait surprenant, si nous ne savions que la plupart de ceux qui s'en mêlent se contrefont [2] et ne sont pas tels en effet ; ce sont des gens qui ont ouï [3] dire que les belles manières du monde consistent à faire ainsi l'emporté [4]. C'est ce qu'ils appellent avoir secoué le joug [5] et qu'ils essayent d'imiter. Mais il ne serait pas difficile de leur faire entendre combien ils s'abusent en cherchant par là de l'estime. Ce n'est pas le moyen d'en acquérir, je dis même parmi les personnes du monde qui jugent sainement des choses et qui savent que la seule voie d'y réussir est de se

1. Fonction importante.
2. Portent un masque.
3. Entendu.
4. A jouer l'émancipé.
5. S'être débarrassé de tout esclavage. Le joug est une pièce de bois qui sert à atteler les bœufs.

faire paraître honnête, fidèle, judicieux et capable de servir utilement son ami, parce que les hommes n'aiment naturellement que ce qui peut leur être utile. Or, quel avantage y a-t-il pour nous à ouïr dire à un homme qu'il a donc secoué le joug, qu'il ne croit pas qu'il y ait un Dieu qui veille sur ses actions, qu'il se considère comme seul maître de sa conduite, et qu'il ne pense en rendre compte qu'à soi-même ? Pense-t-il nous avoir porté par là à avoir désormais bien de la confiance en lui et en attendre des consolations, des conseils et des secours dans tous les besoins de la vie ? Prétendent-ils nous avoir bien réjoui, de nous dire qu'ils tiennent que notre âme n'est qu'un peu de vent et de fumée, et encore de nous le dire d'un ton de voix fier et content ? Est-donc une chose à dire gaîment ? et n'est-ce pas une chose à dire tristement, au contraire, comme la chose du monde la plus triste ?

S'ils y pensaient sérieusement, ils verraient que cela est si mal pris [6], si contraire au bon sens, si opposé à l'honnêteté et si éloigné en toutes manières de ce bon air qu'ils cherchent, qu'ils seraient plutôt capables de redresser que de corrompre ceux qui auraient quelque inclination à les suivre. Et en effet, faites-leur rendre compte [7] de leurs sentiments et des raisons qu'ils ont de douter de la religion ; il vous diront des choses si faibles et si basses, qu'ils vous persuaderont du contraire. C'était ce que leur disait un jour fort à propos une personne : « Si vous continuez à discourir de la sorte, leur disait-il, en vérité vous me convertirez. » Et il avait raison, car qui n'aurait horreur de se voir dans des sentiments où l'on a pour compagnons des personnes si méprisables ?

Ainsi ceux qui ne font que feindre ces sentiments seraient bien malheureux de contraindre leur naturel [8] pour se rendre les plus impertinents des hommes. S'ils sont fâchés dans le fond de leur cœur de n'avoir pas plus de lumière, qu'ils ne le dissimulent pas : cette déclaration ne sera point honteuse. Il n'y a de honte qu'à n'en point avoir. Rien n'accuse davantage une extrême faiblesse d'esprit que de ne pas connaître quel est le malheur d'un homme sans Dieu ; rien ne marque davantage une mauvaise disposition du cœur que de ne pas souhaiter la vérité des promesses éternelles ; rien n'est plus lâche que de faire le brave contre Dieu. Qu'ils laissent donc ces impiétés à ceux qui sont assez mal nés pour en être véritablement capables ; qu'ils soient au moins honnêtes gens s'ils ne peuvent être chrétiens, et qu'ils reconnaissent enfin qu'il n'y a que deux sortes de personnes qu'on puisse appeler raisonnables ; ou ceux qui servent Dieu de tout leur cœur parce qu'ils le connaissent, ou ceux qui le cherchent de tout leur cœur, parce qu'ils ne le connaissent pas.

Pensées, section III, 194 (édition Brunschvicg).

6. Si mal tourné.
7. Posez-leur des questions sur.
8. Forcer leur comportement naturel.

MOLIÈRE (1622-1673)

Aujourd'hui, après trois siècles, Molière apparaît toujours comme le plus grand auteur français de comédies. Dans beaucoup d'esprits, il reste même le modèle de l'homme de théâtre qui a voulu consacrer toutes ses forces à l'art dramatique. Ses pièces reflètent toutes une morale de l'équilibre et du bon sens. C'est en cela, peut-être plus que par son style, que Molière est un auteur classique.

Portrait de Molière, par Charles Coypel, d'après Nicolas Mignard. (Collection de la Comédie-Française, Paris.)

LA VIE

Jean-Baptiste Poquelin est né à Paris, dans une famille bourgeoise aisée ; son père était tapissier du roi. Il reçoit une bonne instruction et obtient sa licence en droit. Mais il se sent une vocation pour le théâtre. En 1643, il prend le nom de Molière[1] et, avec l'actrice Madeleine Béjart, il fonde l'Illustre Théâtre. Molière, acteur et directeur de troupe, tente sa chance à Paris, mais il ne peut rivaliser avec les deux grands théâtres parisiens qui existent déjà, et en 1645 l'Illustre Théâtre fait faillite.

Alors, pendant treize ans, lui et ses comédiens parcourent la province. Tout en exerçant son métier d'acteur, Molière écrit quelques farces inspirées de la Commedia dell' arte, ainsi que ses premières comédies. *L'étourdi* (1653) et *Le dépit amoureux* (1656) remportent un vif succès. Rentré à Paris en 1658, Molière, dont la troupe a obtenu la protection du frère du roi Louis XIV, donne en 1659 *Les précieuses ridicules.* C'est un triomphe ; cette pièce inaugure en France la comédie de mœurs, c'est-à-dire des pièces où sont analysés des comportements sociaux. En 1661, Molière et sa troupe s'installent définitivement au Palais-Royal, siège de l'actuelle Comédie-Française. En 1662, il épouse une de ses comédiennes, Armande Béjart, âgée de dix-neuf ans et sœur de Madeleine.

La faveur du public et le soutien de roi permettent à Molière de monter ses pièces, malgré l'hostilité de certains partis, notamment celui des dévots. Il s'adonne avec passion à ses multiples activités de directeur de troupe, d'acteur et d'auteur. Le roi l'appelle souvent à la cour pour qu'il y joue ses pièces ou pour lui commander des spectacles de circonstance. Il semble être comblé, il est riche, son fils a pour parrain Louis XIV en personne. Mais un jour de février 1673, alors

1. A l'époque, presque tous les jeunes hommes bien nés qui choisissaient le théâtre ou la vie d'artiste prenaient un pseudonyme.

Madeleine Béjart, qui fonda avec Molière l'Illustre Théâtre. Ici, dans le rôle de Magdelon des Précieuses ridicules. *Peinture anonyme sur marbre. (Collection J. Kugel.)*

qu'il joue le rôle du malade dans sa dernière pièce, *Le malade imaginaire,* Molière est pris d'un malaise sur scène et meurt quelques heures plus tard. Le public qui croyait à un jeu d'acteur ne s'était aperçu de rien.

PRINCIPALES ŒUVRES

L'œuvre de Molière est immense. C'est une véritable comédie humaine. Les personnages de ses principales pièces ne sont pas des types généraux et simplistes, mais des êtres nuancés, complexes, contradictoires parfois, qui permettent encore aujourd'hui aux metteurs en scène de multiples interprétations.

1659 — Les précieuses ridicules
1662 — L'école des femmes
1663 — La critique de l'école des femmes
L'impromptu de Versailles
1664 — Tartuffe (version en 3 actes)
1665 — Dom Juan
1666 — Le misanthrope
Le médecin malgré lui
1668 — Amphitryon
George Dandin
1669 — L'avare
Tartuffe (version en 5 actes)
1670 — Le bourgeois gentilhomme
1671 — Psyché
Les fourberies de Scapin
1672 — Les femmes savantes
1673 — Le malade imaginaire

L'école des femmes
(comédie en 5 actes et en vers, 1662)

Arnolphe voudrait bien se marier, mais il a une hantise : être un mari trompé. Il a chez lui une jeune pupille[1], Agnès, qu'il projette d'épouser. Pour éviter qu'elle lui échappe, il l'élève à la campagne, loin du monde et dans la solitude. Il croit ainsi s'assurer une future épouse naïve mais fidèle. Pourtant, malgré ses précautions, Agnès découvre l'amour avec le jeune Horace. Tous les soins pris par Arnolphe se retournent contre lui et la pièce se termine par le mariage d'Agnès et d'Horace.

Molière montre qu'il est vain de vouloir s'opposer au naturel, qui finit toujours par reprendre le dessus ; c'est là une des grandes idées de Molière, qu'il cherchera à illustrer dans toutes ses pièces.

Tartuffe
(comédie en 3 actes et en vers, 1664)

Orgon est un bourgeois instruit et intelligent. Mais un jour il introduit chez lui un certain Tartuffe, qui se présente sous les dehors du plus parfait dévot. Orgon éprouve tant d'admiration et de confiance pour cet homme qu'il prend pour un « saint personnage », qu'il lui lègue toute sa fortune et veut lui donner sa fille Marianne en mariage. Mais Tartuffe est un hypocrite qui essaie de séduire la propre femme d'Orgon, Elmire. Celle-ci, pour le démasquer, feint de lui donner un rendez-vous galant ; Orgon, caché sous la table, entend tout et se rend enfin à l'évidence. Il veut alors chasser Tartuffe de chez lui, mais il n'en a plus le pouvoir, puisqu'il lui a légué tous ses biens. Heureusement, l'intervention du roi amène le châtiment du coupable.

Tartuffe est un modèle de comédie de caractères ; tous les personnages y sont vivants et nuancés, mais Tartuffe est vraiment le plus intéressant. Cet aventurier utilise la religion pour arriver à ses fins. Il est intelligent, astucieux et aussi excellent comédien, sachant changer de ton selon les personnes ou les circonstances ; mais sa sensualité cause sa perte. Molière prétend n'avoir voulu dénoncer que les hypocrites, mais les dévots se sont sentis visés et ils ont réussi pendant un temps à faire interdire la pièce.

1. Orpheline prise en charge par une personne (comme ici), ou par un groupe.

Dom Juan
(comédie en 5 actes et en prose, 1665)

Molière a repris l'histoire de Dom Juan qui d'Espagne est passée en Italie, puis en France. Au début de la pièce, Dom Juan déclare à son valet Sganarelle que son bonheur consiste à séduire toutes les femmes sans s'attacher à aucune. Et de fait, on le voit, dans les scènes suivantes, fuir celle qu'il vient d'abandonner, Elvire, et se lancer dans de nouvelles aventures amoureuses. Mais un jour, à l'orée d'une forêt, il voit sur un tombeau la statue d'un homme qu'il a tué autrefois en duel. Par provocation et par jeu, il invite la statue à dîner. Celle-ci vient effectivement au rendez-vous, et au moment où Dom Juan fait l'apologie de l'hypocrisie qui va lui permettre, dit-il, de tromper son monde en toute impunité[1] la statue tend la main à Dom Juan qui la saisit. Il succombe, dévoré par un feu invisible, sous les yeux horrifiés de Sganarelle.

Cette pièce mêle le fantastique au quotidien, le comique au tragique. Quant au personnage de Dom Juan, c'est l'un des plus complexes et des plus ambigus de toute l'œuvre de Molière. C'est un être qui change éternellement, qui ne se laisse pas enfermer dans une définition, et chez qui il est difficile de faire la part du jeu et du sérieux.

Le misanthrope
(comédie en 5 actes et en vers, 1666)

Dans le salon de Célimène, une jeune veuve, Alceste s'en prend avec véhémence à tous les mensonges mondains qui lui font détester les hommes. Alceste est un misanthrope. En diverses occasions, il se montre d'une parfaite et cruelle sincérité qui lui vaut bien des ennuis. Pourtant, il aime Célimène, cette coquette qui dit du mal des autres, mais chaque fois qu'il veut le lui avouer, survient un visiteur qui empêche sa confidence. En réalité, Célimène s'amuse avec tous les hommes qui fréquentent son salon et quand enfin ils s'en aperçoivent et l'abandonnent, seul reste Alceste qui lui propose de l'épouser pourvu qu'elle se décide à quitter ce monde futile. Comme elle hésite, Alceste rompt avec elle et se retire du monde.

Le misanthrope est un document sur la vie mondaine de la noblesse urbaine. Molière montre le contraste entre le raffinement affiché et la médiocrité des intentions. L'extrême politesse cache la sécheresse des cœurs, la conversation se limite souvent à dire du mal des autres, et la galanterie cache un mépris pour la femme et les sentiments amoureux.

L'avare
(comédie en 5 actes et en prose, 1668)

Le riche Harpagon plonge ses deux enfants Élise et Cléante dans la misère matérielle et morale à cause de sa formidable avarice. Il veut donner sa fille Élise, qui aime un jeune garçon, en mariage au riche seigneur Anselme parce que celui-ci est disposé à la prendre sans dot[2]. Cependant, Harpagon lui-même est amoureux d'une jeune fille nommée Marianne ; sans le savoir, il est ainsi le rival de son fils qui est amoureux de la même Marianne. La disparition de la cassette qui contient tout son trésor va déchaîner chez Harpagon un désespoir proche de la folie. Tout ce désordre est suivi d'un heureux dénouement : les jeunes amoureux sont réunis et Harpagon retrouve sa cassette.

La figure d'Harpagon concentre sur elle presque tout l'intérêt. Son avarice est telle qu'il en perd toute diginité et fait le malheur de sa famille. Cependant il n'est pas tout d'une pièce puisque son amour pour Marianne, jeune fille pauvre, est en contradiction avec son goût immodéré pour l'argent.

Les femmes savantes
(comédie en 5 actes et en vers, 1672)

Philaminte, sa sœur Bélise et sa fille Armande aspirent à être savantes et à vivre exclusivement pour les plaisirs de l'esprit. Philaminte, très autoritaire, impose son style de vie à toute sa famille, désespérant ainsi son mari Chrysale, partisan de la juste mesure. Philaminte veut forcer sa fille Henriette à épouser un pédant ridicule qu'elle prend pour un grand esprit. Celui-ci n'aspire en fait qu'à la dot de la jeune fille ; heureusement, il est démasqué à temps. Tout finit bien pour Henriette qui épouse celui qu'elle aime et pour Chrysale qui retrouve son autorité de chef de famille.

Remarquable étude de caractères, cette pièce est aussi une comédie de mœurs où Molière se moque de la préciosité (voir p. 122). Il montre que la passion excessive des études peut nuire à l'unité de la vie sociale (ici, une famille) sans approuver Chrysale qui rêve de réduire la femme au rôle de ménagère. Selon lui, l'instruction a des vertus pour tous les sexes mais il faut se garder d'être pédant.

Le malade imaginaire
(comédie en 3 actes et en prose, 1673)

Argan est obsédé par le souci de sa santé ; c'est un malade imaginaire. Il s'est entouré de médecins et prétend marier sa fille à l'un d'eux. Il est d'ailleurs poussé à sacrifier ses enfants par sa seconde femme, qui lui fait faire un testament en sa faveur. Mais son fils lui ouvre les yeux et il accepte le mariage de ses enfants selon leurs cœurs. C'est l'occasion pour Molière de dénoncer le charlatanisme de certains médecins.

1. *Sans risquer de se faire punir.*
2. *Fortune que la jeune fille doit apporter dans le ménage le jour de son mariage.*

LA PENSÉE DE MOLIÈRE

Apologie de la nature et du bon sens

Pour Molière, l'homme doit suivre la nature ; c'est là sa grande idée directrice. Il serait en ce sens un disciple de Rabelais et de Montaigne si le mot nature, en ce siècle classique, n'avait un sens légèrement différent de celui du XVIe siècle. La nature de Molière, c'est la nature raisonnable et ordonnée, c'est le bon sens et le juste milieu, souvent incarné dans ses pièces par les personnages de valets. Molière ne défend pas la liberté des instincts qui mettent en péril la vie sociale. Suivre la nature, c'est savoir éviter les excès, une façon de rejoindre le grand équilibre classique. Cette conception du juste milieu a plusieurs implications, visibles selon les pièces.

Du point de vue physique par exemple, il est dangereux de s'exposer à la pédanterie des médecins, et le malade est plus avisé de suivre les conseils de la nature : « La nature d'elle-même, quand nous la laissons faire, se tire doucement du désordre où elle est tombée. C'est notre inquiétude, c'est notre impatience qui gâte tout ; et presque tous les hommes meurent de leurs remèdes et non de leurs maladies. »

(*Le malade imaginaire,* III, 3)

Du point de vue intellectuel, il faut se garder de faire le pédant (comme Trissotin dans *Les femmes savantes)* ou le bel esprit (comme Oronte dans *Le misanthrope).* L'important est d'être un honnête homme (voir p. 122). Les femmes aussi doivent se garder d'étaler leur savoir et se contenter d'une instruction discrète :

« Je consens qu'une femme ait des clartés[1] de [tout
Mais je ne lui veux point la passion choquante
De se rendre savante afin d'être savante. »

(*Les femmes savantes,* I, 3)

Du point de vue moral, l'honnêteté se situe aussi dans un juste milieu qui n'est ni la révolte d'un Dom Juan ni la dévotion hypocrite d'un Tartuffe :

« Les bons et vrais dévots, qu'on doit suivre à la [trace,
Ne sont pas ceux aussi qui font tant de grimace. »

(Tartuffe, I, 5)

Les vices comme l'hypocrisie (*Tartuffe)* l'avarice *(L'avare),* l'orgueil *(Le bourgeois gentilhomme),* l'égoïsme (*Le malade imaginaire)* enlèvent à l'homme tout sentiment naturel et le rendent invivable.

Du point de vue social enfin, l'harmonie est maintenue grâce à un équilibre qui respecte aussi bien l'ordre de la nature que l'ordre de la société. Des époux bien assortis ne doivent pas avoir une trop grande différence d'âge et doivent être issus du même milieu. Un bourgeois ne doit pas se prétendre gentilhomme (noble) et chacun doit chercher le bonheur dans le rang où la naissance l'a placé.

Une morale de la raison

Cette morale n'a rien de révolutionnaire et elle reprend l'idéal du grand siècle dans lequel vivait Molière : chacun et chaque chose doit rester à la place qui est la sienne et contribue ainsi à l'équilibre général. Bousculer cet équilibre, c'est s'exposer à des dangers.

Vouloir se singulariser au milieu de ses semblables, c'est s'exposer au ridicule :

« La parfaite raison fuit toute extrémité. »

(*Le misanthrope,* I, 1)

« Toujours au plus grand nombre on doit [s'accommoder
Et jamais il ne faut se faire regarder. »

(*École des maris,* I, 1)

Chose plus grave, en voulant se distinguer, on rend malheureux sa famille ; Orgon (*Tartuffe),* Harpagon (*L'avare),* Philaminte (*Les femmes savantes),* Argan (*Le malade imaginaire)* veulent marier leurs enfants contre leur gré pour suivre leur folie.

C'est s'exposer à la ruine et chaque fois on côtoie le drame, au risque de tout perdre.

LA COMÉDIE

La peinture des mœurs

Molière connaît, pour les avoir fréquentés, les milieux les plus variés et il présente avec précision les mœurs de son temps ; il situe avec justesse les personnages dans leur milieu social. Le salon aristocratique de Célimène (*Le misanthrope)* fréquenté par des marquis reçus à la cour ne ressemble pas au salon bourgeois des *Femmes savantes* où Trissotin affiche son mépris pour la noblesse. Molière sait aussi très bien peindre les travers des divers milieux de son époque (préciosité excessive, pédantisme, prétention de la bourgeoisie à égaler la noblesse). Mais Molière ne s'intéresse pas à l'actualité pour elle-même, il cherche les vérités plus générales qu'elle exprime. A travers le ridicule des modes passagères, il met en lumière les défauts de tous les hommes, qui sont de toutes les époques.

La peinture des caractères

Molière remplace les types conventionnels des comédies des auteurs qui l'ont précédé par des personnages profondément humains. Il n'y a pas deux servantes identiques dans son théâtre, elle ont chacune quelque chose de personnel. Et s'il met en relief un aspect déterminé du caractère, ses personnages ne s'identifient pas pour autant à leur vice : tout en étant avare, Harpagon est amoureux d'une jeune fille pauvre ; Tartuffe est hypocrite, mais il ne peut cacher son penchant pour la femme d'Orgon. Tous les personnages

1. *Des lumières sur tout ; des connaissances.*

principaux de ses pièces ont une personnalité complexe, voir contradictoire. Bien qu'ils soient souvent comiques, aucun n'est un pantin de farce.

Les procédés dramatiques

Soucieux de vérité plutôt que de nouveauté, Molière juge inutile d'inventer des sujets extraordinaires. Il puise le plus souvent dans la tradition des écrivains latins et italiens ou dans le répertoire des farces du Moyen Age (cependant *Tartuffe, Les précieuses ridicules, Le misanthrope* sont des sujets originaux). L'intrigue a peu d'importance (c'est généralement un mariage contrarié). Quant au dénouement, il est amené par un concours de circonstances qui n'est pas toujours vraisemblable : l'intervention du roi dans *Tartuffe* ; une fausse nouvelle dans *Les femmes savantes*. La vérité des événements importe moins que la vérité des comportements. L'art de Molière consiste à présenter le développement d'un vice et ses conséquences dans des situations empruntées à la vie courante.

Le Bourgeois Gentilhomme : *Jacques Charon dans le rôle de monsieur Jourdain. Par la Comédie-Française, mise en scène de Jean-Louis Barrault (1972).*

LE COMIQUE

Ainsi, pour nous divertir, Molière nous donne le plaisir de reconnaître nos semblables et leurs défauts dans des situations comiques.

— Comique de mots : c'est le plus rare et Molière ne joue guère sur la langue, quelques exceptions mises à part :

« Ce monsieur Loyal porte une air bien déloyal. »

(*Tartuffe*, V, 9).

— Comique de jeux de scène : déguisements, coups de bâton, baisers qui se trompent d'adresse, substitution de personnes, cérémonies bouffonnes sont par contre des moyens fréquemment employés.

— Comique d'interruption et de répétition : un personnage ne parvient pas à s'exprimer parce qu'il est sans cesse interrompu par un autre (*Le misanthrope, Tartuffe, Le malade imaginaire*). Dans une même scène un mot revient plusieurs fois et crée un effet comique par sa répétition : « Qu'allait-il faire dans cette galère ? » (*Les fourberies de Scapin*).

— Comique de contraste : dans deux scènes très rapprochées, un même personnage se trouve dans deux situations très différentes. Deux amants se brouillent, puis se réconcilient (*Tartuffe, Le bourgeois gentilhomme*). Ou encore, une scène comique succède à une scène dramatique (*Misanthrope* IV, 4 ; *Avare* IV, 4).

— Comique de caractère : c'est le genre de comique le plus réussi chez Molière. Il sait faire jaillir d'un mot tout le ridicule de ses personnages : la crédulité d'Orgon, l'avarice d'Harpagon, la vanité du bourgeois gentilhomme : « Ma fille sera marquise en dépit de tout le monde, et si vous me mettez en colère je la ferai duchesse (III, 2) ; l'égoïsme d'Argan : « Une fille d'un bon naturel doit être ravie d'épouser ce qui est utile à la santé de son père. » (*Le malade imaginaire* I, 5).

LE STYLE

Les puristes ont reproché à Molière des négligences de style, « des expressions bizarres et impropres »[1]. Certes, Molière a écrit très vite car il a beaucoup écrit, et il lui arrive de commettre des maladresses, mais elles sont infimes par rapport à l'ensemble de son œuvre. En réalité, Molière, qui cherche à faire vivre devant nos yeux une grande diversité de personnages, n'a pas de style propre. Il donne à chacun le style et le ton qui convient à ses sentiments, à son caractère, à sa condition, d'où l'exagération, le jargon, l'incorrection, le patois. En fait il s'agit d'une langue non pas faite pour être lue mais pour être entendue. Les personnages de Molière qui ne vivent que par ce qu'ils disent[2] gagnent beaucoup aux libertés que l'auteur prend avec la langue.

1. *Vauvenargues,* Réflexions critiques sur quelques poètes.
2. *Comme tous les personnages de théâtre puisqu'il n'y a pas de narrateur.*

BIBLIOGRAPHIE

A. Simon, *Molière par lui-même,* Paris, Seuil, 1957.
Jacques Guicharnaud, *Molière, une aventure théâtrale,* Paris, Gallimard, 1968.
Paul Bénichou, *Morales du grand siècle,* Paris, Gallimard, « Idées », 1969 (un chapitre sur Molière).

L'ÉCOLE DES FEMMES

Présentation d'Arnolphe

Arnolphe a quarante-deux ans. Il explique à son ami Chrysalde comment il élève la jeune Agnès depuis l'âge de quatre ans, afin d'en faire une épouse idéale. Ce qui le réjouit fort, c'est la naïveté de cette enfant plongée dans l'innocence la plus complète.

ARNOLPHE. – Chacun a sa méthode.
En femme, comme en tout , je veux suivre ma mode [1].
Je me vois riche assez pour pouvoir, que je croi,
Choisir une moitié [2] qui tienne tout de moi
Et de qui la soumise et pleine dépendance
N'ait à me reprocher aucun bien ni naissance.
Un air doux et posé, parmi d'autres enfants,
M'inspira de l'amour pour elle dès quatre ans :
Sa mère se trouvant de pauvreté pressée,
De la lui demander il me vint la pensée,
Et la bonne paysanne, apprenant mon désir,
A s'ôter cette charge eut beaucoup de plaisir.
Dans un petit couvent, loin de toute pratique [3]
Je la fis élever selon ma politique,
C'est-à-dire ordonnant quels soins on emploierait
Pour la rendre idiote autant qu'il se pourrait.
Dieu merci, le succès a suivi mon attente.
Et, grande, je l'ai vue à tel point innocente
Que j'ai béni le Ciel d'avoir trouvé mon fait,
Pour me faire une femme au gré de mon souhait.
Je l'ai donc retirée, et, comme ma demeure
A cent sortes de monde est ouverte à toute heure,
Je l'ai mise à l'écart, comme il faut tout prévoir,
Dans cette autre maison, où nul ne me vient voir ;
Et, pour ne point gâter sa bonté naturelle,
Je n'y tiens que des gens tout aussi simples qu'elle.
Vous me direz : « Pourquoi cette narration ? »
C'est pour vous rendre instruit de ma précaution.
Le résultat de tout est qu'en ami fidèle,
Ce soir, je vous invite à souper avec elle :
Je veux que vous puissiez un peu l'examiner,
Et voir si de mon choix on me doit condamner.
CHRYSALDE. – J'y consens.
ARNOLPHE. – Vous pourrez, dans cette conférence,
Juger de sa personne et de son innocence.
CHRYSALDE. – Pour cet article-là, ce que vous m'avez dit
Ne peut...
ARNOLPHE. – La vérité passe encor mon récit.
Dans ses simplicités à tous coups je l'admire,
Et parfois elle en dit dont je pâme de rire [4]

1. Ma façon d'agir.
2. Une femme.
3. Enseignement.
4. Et parfois elle en dit qui me font mourir de rire.

L'autre jour (pourrait-on se le persuader ?)
Elle était fort en peine, et me vint demander
Avec une innocence à nulle autre pareille,
Si les enfants qu'on fait se faisaient par l'oreille.
CHRYSALDE. – Je me réjouis fort, Seigneur Arnolphe...

L'école des femmes, acte I, scène 1 (vers 123 à 165).

L'école des femmes : *Louis Jouvet interprète Arnolphe. Sa pupille Agnès est jouée par Madeleine Ozeray. Création du Théâtre de l'Athénée, Paris, 1936.*

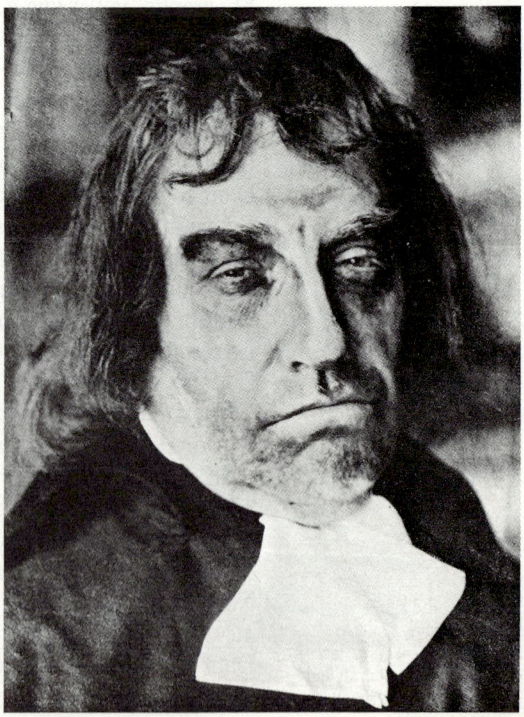

Tartuffe : *Une admirable composition de Lucien Guitry dans le rôle de Tartuffe. Théâtre du Vaudeville, avril 1923. (Dépt des Arts du Spectacle, Bibliothèque Nationale, Paris.)*

TARTUFFE

La sensualité d'un hypocrite

Tartuffe, recueilli par Orgon, passe pour un homme sincèrement attaché à la religion, un dévot. En fait, c'est un hypocrite qui, non content de profiter en parasite de l'hospitalité d'Orgon, essaye de séduire sa femme Elmire. Tartuffe répond ici à Elmire qui vient de lui dire combien cette entreprise de séduction la surprend de la part d'un homme qui ne cesse de proclamer devant les autres une morale austère.

TARTUFFE. – Ah ! pour être dévot, je n'en suis pas moins homme ;
Et lorsqu'on vient à voir vos célestes appas,
Un cœur se laisse prendre et ne raisonne pas.
Je sais qu'un tel discours de moi paraît étrange ;
Mais, madame, après tout, je ne suis pas un ange,
Et, si vous condamnez l'aveu que je vous fais,
Vous devez vous en prendre à vos charmants attraits.
Dès que j'en vis briller la splendeur plus qu'humaine,
De mon intérieur vous fûtes souveraine.
De vos regards divins l'ineffable douceur
Força la résistance où s'obstinait mon cœur ;
Elle surmonta tout, jeûnes, prières, larmes,
Et tourna tous mes vœux du côté de vos charmes.
Mes yeux et mes soupirs vous l'ont dit mille fois,
Et pour mieux m'expliquer j'emploie ici la voix.
Que si vous contemplez d'une âme un peu bénigne [1]
Les tribulations [2] de votre esclave indigne [3],
S'il faut que vos bontés veuillent me consoler
Et jusqu'à mon néant daignent se ravaler,
J'aurai toujours pour vous, ô suave merveille,
Une dévotion à nulle autre pareille.
Votre honneur avec moi ne court point de hasard
Et n'a nulle disgrâce à craindre de ma part.
Tous ces galants de cour dont les femmes sont folles
Sont bruyants dans leurs faits et vains dans leurs paroles ;
De leur progrès sans cesse on les voit se targuer ;
Ils n'ont point de faveurs qu'ils n'aillent divulguer,
Et leur langue indiscrète, en qui l'on se confie,
Déshonore l'autel où leur cœur sacrifie
Mais les gens comme nous brûlent d'un feu discret,
Avec qui pour toujours on est sûr du secret.
Le soin que nous prenons de notre renommée
Répond de toute chose à la personnc aimée,
Et c'est en nous qu'on trouve, acceptant notre cœur,
De l'amour sans scandale et du plaisir sans peur.

Tartuffe, acte III, scène 3 (extrait, vers 966 à 100).

1. Et si vous regardez avec quelque indulgence.
2. Les actions, les menées aventureuses.
3. C'est Tartuffe qui se désigne ainsi lui-même.

MOLIÈRE

DOM JUAN

Un conquérant

C'est seulement dans la scène 2 qu'apparaît Dom Juan. Dans la scène 1, son valet Sganarelle l'a présenté en son absence comme « un grand seigneur méchant homme ». Ici, Dom Juan se présente lui-même à la suite d'une remontrance de son valet qui lui avoue trouver « fort vilain d'aimer de tous côtés » comme il fait.

DOM JUAN. – Quoi ? tu veux qu'on se lie à [1] demeurer au premier objet qui nous prend, qu'on renonce au monde pour lui, et qu'on n'ait plus d'yeux pour personne ? La belle chose de vouloir se piquer [2] d'un faux honneur d'être fidèle, de s'ensevelir pour toujours dans une passion, et d'être mort dès sa jeunesse à toutes les autres beautés qui nous peuvent frapper les yeux ! Non, non : la constance n'est bonne que pour des ridicules ; toutes les belles ont droit de nous charmer, et l'avantage d'être rencontrée la première ne doit point dérober aux autres les justes prétentions qu'elles ont toutes sur nos cœurs. Pour moi, la beauté me ravit partout où je la trouve et je cède facilement à cette douce violence dont elle nous entraîne. J'ai beau être engagé [3], l'amour que j'ai pour une belle n'engage point mon âme à faire injustice aux autres ; je conserve des yeux pour voir le mérite de toutes, et rends à chacune les hommages et les tributs où [4] la nature nous oblige. Quoi qu'il en soit, je ne puis refuser mon cœur à tout ce que je vois d'aimable ; et dès qu'un beau visage me le demande, si j'en [5] avais dix mille, je les donnerais tous. Les inclinations naissantes, après tout, ont des charmes inexplicables, et tout le plaisir de l'amour est dans le changement. On goûte une douceur extrême à réduire [6], par cent hommages, le cœur d'une jeune beauté, à voir de jour en jour les petits progrès qu'on y fait, à combattre par des transports, par des larmes et des soupirs, l'innocente pudeur d'une âme qui a peine à rendre les armes, à forcer pied à pied toutes les petites résistances qu'elle nous oppose, à vaincre les scrupules dont elle se fait un honneur et la mener doucement où nous avons envie de la faire venir. Mais lorsqu'on en est maître une fois, il n'y a plus rien à dire ni rien à souhaiter ; tout le beau de la passion est fini, et nous nous endormons dans la tranquillité d'un tel amour, si quelque objet nouveau ne vient réveiller nos désirs, et présenter à notre cœur les charmes attrayants d'une conquête à faire. Enfin il n'est rien de si doux que de triompher de la résistance d'une belle personne, et j'ai sur ce sujet l'ambition des conquérants, qui volent perpétuellement de victoire en victoire, et ne peuvent se résoudre à borner leurs souhaits. Il n'est rien qui puisse arrêter l'impétuosité de mes désirs : je me sens un cœur à aimer toute la terre ; et comme Alexandre [7], je souhaiterais qu'il y eût d'autres mondes, pour y pouvoir étendre mes conquêtes amoureuses.

Dom Juan, acte I, scène 2 (extrait).

1. S'engage à.
2. Se glorifier.
3. Fiancé ou marié.
4. Auxquels.
5. En = des cœurs.
6. Faire la conquête.
7. Alexandre le Grand.

Un trompeur élégant

En essayant d'enlever une jeune fille qui vient de se marier, Dom Juan fait naufrage. Il est sauvé par des paysans. A peine remis du naufrage, Dom Juan séduit successivement deux paysannes à qui il promet le mariage. Ébloui par ce grand seigneur, elles le croient sur parole, et lorsque le hasard les met toutes deux en présence, elles ne pensent qu'à se disputer plutôt que de songer que Dom Juan est un menteur. En présence des deux femmes, Dom Juan ne perd pas la face et continue son double jeu avec beaucoup d'habileté, et lorsqu'enfin il s'éloigne, elle sont toutes deux persuadées d'avoir la préférence.

Dom Juan : ***Michel Piccoli interprète Dom Juan dans une mise en scène de Marcel Bluwal pour la télévision française en 1965. On le voit ici avec Charlotte et Maturine, les deux paysannes : Josée Steiner et Françoise Caillaud (Acte II, scène 4).***

MATHURINE, *à Dom Juan.* — Monsieur, que faites-vous donc là avec Charlotte ? Est-ce que vous lui parlez d'amour aussi ?

DOM JUAN, *bas à Mathurine.* — Non, au contraire, c'est elle qui me témoignait une envie d'être ma femme, et je lui répondais que j'étais engagé à vous[1].

CHARLOTTE, *à Dom Juan.* — Qu'est-ce que c'est donc que vous veut Mathurine ?

DOM JUAN, *bas à Charlotte.* — Elle est jalouse de me voir vous parler, et voudrait bien que je l'épousasse ; mais je lui dis que c'est vous que je veux.

MATHURINE. — Quoi ? Charlotte...

DOM JUAN, *bas à Mathurine.* — Tout ce que vous lui direz sera inutile ; elle s'est mis cela dans la tête.

CHARLOTTE. — Quement[2] donc ! Mathurine...

DOM JUAN, *bas à Charlotte.* — C'est en vain que vous lui parlerez ; vous ne lui ôterez point cette fantaisie[3].

MATHURINE. — Est-ce que... ?

DOM JUAN, *bas à Mathurine.* — Il n'y a pas moyen de lui faire entendre raison.

CHARLOTTE. — Je voudrais...

DOM JUAN, *bas à Charlotte.* — Elle est obstinée comme tous les diables.

MATHURINE. — Vrament[4]...

1. Que je vous avais donné ma parole.
2. Comment.
3. Idée bizarre.
4. Vraiment.

DOM JUAN, *bas à Mathurine.* — Ne lui dites rien, c'est une folle.

CHARLOTTE. — Je pense...

DOM JUAN, *bas à Charlotte.* — Laissez-la là, c'est une extravagante.

MATHURINE. — Non, non : il faut que je lui parle.

CHARLOTTE. — Je veux voir un peu ses raisons.

MATHURINE. — Quoi ?...

DOM JUAN, *bas à Mathurine.* — Je gage [5] qu'elle va vous dire que je lui ai promis de l'épouser.

CHARLOTTE. — Je...

DOM JUAN, *bas à Charlotte.* — Gageons qu'elle vous soutiendra que je lui ai donné parole de la prendre pour femme.

MATHURINE. — Holà ! Charlotte, ça n'est pas bien de courir sur le marché [6] des autres.

CHARLOTTE. — Ça n'est pas honnête, Mathurine, d'être jalouse que Monsieur me parle.

MATHURINE. — C'est moi que Monsieur a vue la première.

CHARLOTTE. — S'il vous a vue la première, il m'a vue la seconde, et m'a promis de m'épouser.

DOM JUAN, *bas à Mathurine.* — Eh bien ! que vous ai-je dit ?

MATHURINE, *à Charlotte.* — Je vous baise les mains [7] c'est moi, et non pas vous, qu'il a promis d'épouser.

DOM JUAN, *bas à Charlotte.* — N'ai-je pas deviné ?

CHARLOTTE. — A d'autres [8], je vous prie ; c'est moi, vous dis-je.

MATHURINE. — Vous vous moquez des gens ; c'est moi, encore un coup.

CHARLOTTE. — Le vlà qui est pour [9] le dire, si je n'ai pas raison.

MATHURINE. — Le vlà qui est pour me démentir, si je ne dis pas vrai.

CHARLOTTE. — Est-ce, Monsieur, que vous lui avez promis de l'épouser ?

DOM JUAN, *bas à Charlotte.* — Vous vous raillez de moi.

MATHURINE. — Est-il vrai, Monsieur, que vous lui avez donné parole d'être son mari ?

DOM JUAN, *bas à Mathurine.* — Pouvez-vous avoir cette pensée ?

CHARLOTTE. — Vous voyez qu'al le soutient [10].

DOM JUAN, *bas à Charlotte.* —Laissez-la faire.

MATHURINE. — Vous êtes témoin comme al l'assure.

DOM JUAN, *bas à Mathurine.* — Laissez-la dire.

CHARLOTTE. — Non, non : il faut savoir la vérité.

MATHURINE. — Il est question de juger ça.

CHARLOTTE. — Oui, Mathurine, je veux que Monsieur vous montre votre bec jaune [11].

MATHURINE. — Oui, Charlotte, je veux que Monsieur vous rende un peu camuse [12].

CHARLOTTE. — Monsieur, videz la querelle [13], s'il vous plaît.

MATHURINE. — Mettez-nous d'accord, Monsieur.

CHARLOTTE, *à Mathurine.* — Vous allez voir.

MATHURINE, *à Charlotte.* — Vous allez voir vous-même.

CHARLOTTE, *à Dom Juan.* — Dites.

MATHURINE, *à Dom Juan.* — Parlez.

DOM JUAN, *embarrassé, leur dit à toutes deux :* — Que voulez-vous que je dise ? Vous soutenez également toutes deux que je vous ai promis de vous

5. Je parie.
6. Chercher à prendre le bien des autres.
7. Formule de politesse employée ironiquement.
8. Racontez cela à d'autres que moi.
9. Il est là et il va pouvoir le dire.
10. Qu'elle l'affirme.
11. Vous montre comme vous êtes sotte (les jeunes oiseaux ont le tour du bec jaune).
12. Vous assomme par la promesse qu'il m'a faite, comme un coup de poing sur le nez.
13. Mettez un terme à la querelle.

prendre pour femmes. Est-ce que chacune de vous ne sait pas ce qui en est, sans qu'il soit nécessaire que je m'explique davantage ? Pourquoi m'obliger là-dessus à des redites ? Celle à qui j'ai promis effectivement n'a-t-elle pas en elle-même de quoi se moquer des discours de l'autre, et doit-elle se mettre en peine, pourvu que j'accomplisse ma promesse ? Tous les discours n'avancent point les choses ; il faut faire et non pas dire, et les effets [14] décident mieux que les paroles. Aussi n'est-ce rien que par là que je vous veux mettre d'accord, et l'on verra, quand je me marierai, laquelle des deux a mon cœur *(Bas à Mathurine :)* Laissez-lui croire ce qu'elle voudra. *(Bas à Charlotte :)* Laissez-la se flatter dans son imagination. *(Bas à Mathurine :)* Je vous adore. *(Bas à Charlotte :)* Je suis tout à vous. *(Bas à Mathurine :)* Tous les visages sont laids auprès du vôtre. *(Bas à Charlotte :)* On ne peut plus souffrir les autres quand on vous a vue. J'ai un petit ordre à donner ; je viens vous retrouver dans un quart d'heure. *(Il sort.)*

CHARLOTTE, *à Mathurine.* — Je suis celle qu'il aime, au moins.

MATHURINE, *à Charlotte.* — C'est moi qu'il épousera.

SGANARELLE. — Ah ! pauvres filles que vous êtes, j'ai pitié de votre innocence, et je ne puis souffrir de vous voir courir à votre malheur. Croyez-moi l'une et l'autre : ne vous amusez point [15] à tous les contes qu'on vous fait, et demeurez dans votre village.

DOM JUAN, *revenant.* — Je voudrais bien savoir pourquoi Sganarelle ne me suit pas.

SGANARELLE, *à ces filles.* — Mon maître est un fourbe ; il n'a dessein que de vous abuser, et en a bien abusé d'autres ; c'est l'épouseur du genre humain, et... *(Il aperçoit Dom Juan.)* Cela est faux ; et quiconque vous dira cela, vous lui devez dire qu'il en a menti. Mon maître n'est point l'épouseur du genre humain, il n'est point fourbe, il n'a pas dessein de vous tromper, et n'en a point abusé d'autres. Ah ! tenez, le voilà ; demandez-le plutôt à lui-même.

14. Les faits.
15. Ne vous laisser pas amuser par tous les contes...

Dom Juan, acte II, scène 4 (extrait).

Qui est Dom Juan ?

Dom Juan est poursuivi par les frères d'Elvire, abandonnée après son mariage. Ils se déguisent pour échapper à leurs poursuivants. Sganarelle, déguisé en médecin, se prend pour un homme d'esprit et engage la discussion avec son maître dont il voudrait connaître les pensées. On a souvent utilisé cette scène pour essayer de démontrer que Dom Juan était un matérialiste athée. En fait, Dom Juan ne prend pas son interlocuteur au sérieux et on peut se demander si ses réponses expriment le fond de sa pensée ou ne sont que le moyen de choquer un interlocuteur qu'il connaît bien et dont il ne fait pas grand cas.

SGANARELLE. — Mais laissons là la médecine, où [1] vous ne croyez point, et parlons des autres choses ; car cet habit me donne de l'esprit, et je me sens en humeur de disputer contre vous. Vous savez bien que vous me permettez les disputes, et que vous ne me défendez que les remontrances.

DOM JUAN. — Eh bien !

SGANARELLE. — Je veux savoir un peu vos pensées à fond. Est-il possible que vous ne croyiez point du tout au Ciel ?

1. A laquelle.

DOM JUAN. — Laissons cela.

SGANARELLE. — C'est-à-dire que non. Et à l'Enfer ?

DOM JUAN. — Eh !

SGANARELLE. — Tout de même. Et au diable, s'il vous plaît ?

DOM JUAN. — Oui, oui.

SGANARELLE. — Aussi peu. Ne croyez-vous point l'autre vie ?

DOM JUAN. — Ah ! ah ! ah !

SGANARELLE. — Voilà un homme que j'aurai bien de la peine à convertir. Et dites-moi un peu, le Moine bourru [2], qu'en croyez-vous ? eh !

DOM JUAN. — La peste soit du fat !

SGANARELLE. — Et voilà ce que je ne puis souffrir ; car il n'y a rien de plus vrai que le Moine bourru, et je me ferais pendre pour celui-là. Mais encore faut-il croire quelque chose dans le monde : qu'est-ce donc que vous croyez ?

DOM JUAN. — Ce que je crois ?

SGANARELLE. — Oui.

DOM JUAN. — Je crois que deux et deux sont quatre, Sganarelle, et que quatre et quatre sont huit.

SGANARELLE. — La belle croyance que voilà ! Votre religion, à ce que je vois, est donc l'arithmétique ? Il faut avouer qu'il se met d'étranges folies dans la tête des hommes, et que, pour avoir bien étudié, on en est bien moins sage le plus souvent. Pour moi, Monsieur je n'ai point étudié comme vous, Dieu merci, et personne ne saurait se vanter ne m'avoir jamais rien appris ; mais, avec mon petit sens, mon petit jugement, je vois les choses mieux que tous les livres, et je comprends fort bien que ce monde que nous voyons n'est pas un champignon qui soit venu tout seul en une nuit. Je voudrais bien vous demander qui a fait ces arbres-là, ces rochers, cette terre, et ce ciel que voilà là-haut, et si tout cela s'est bâti de lui-même. Vous voilà, vous, par exemple, vous êtes là : est-ce que vous vous êtes fait tout seul, et n'a-t-il pas fallu que votre père ait engrossé votre mère pour vous faire ? Pouvez-vous voir toutes les inventions dont la machine de l'homme est composée sans admirer de quelle façon cela est agencé l'un dans l'autre ? ces nerfs, ces os, ces veines, ces artères, ces..., ce poumon, ce cœur, ce foie, et tous ces autres ingrédients qui sont là et qui... Oh ! dame, interrompez-moi donc, si vous voulez. Je ne saurais disputer, si l'on ne m'interrompt. Vous vous taisez exprès, et me laissez parler par belle malice.

DOM JUAN. — J'attends que ton raisonnement soit fini.

SGANARELLE. — Mon raisonnement est qu'il y a quelque chose d'admirable dans l'homme, quoi que vous puissiez dire, que tous les savants ne sauraient expliquer. Cela n'est-il pas merveilleux que me voilà ici, et que j'aie quelque chose dans la tête qui pense cent choses différentes en un moment, et fait de mon corps tout ce qu'elle veut ? Je veux frapper des mains, hausser le bras, lever les yeux au ciel, baisser la tête, remuer les pieds, aller à droit, à gauche, en avant, en arrière, tourner...

(Il se laisse tomber en tournant.)

DOM JUAN. — Bon ! voilà ton raisonnement qui a le nez cassé.

SGANARELLE. — Morbleu ! je suis bien sot de m'amuser à raisonner avec vous. Croyez ce que vous voudrez : il m'importe bien que vous soyez damné !

Dom Juan, acte III, scène 1 (extrait).

2. Personnage des superstitions populaires.

Un hypocrite de circonstance

A la fin de l'acte IV, et contre toutes les règles classiques de la vraisemblance, Dom Juan invite à dîner la statue du Commandeur qu'il a tué autrefois en duel. La statue accepte l'invitation. Le valet Sganarelle est terrorisé et quand, un peu plus tard, au début de l'acte V, il entend son maître annoncer sa conversion et faire devant son père l'éloge de la religion chrétienne et de l'humilité, il croit que son maître s'est converti à cause justement de cette apparition de la statue et par peur de la punition céleste. C'est pourtant mal connaître le personnage foncièrement changeant de Dom Juan. Celui-ci n'adopte cette nouvelle attitude que par hypocrisie et va s'en servir de façade pour être à l'abri de ceux qui le poursuivent sans cesse.

SGANARELLE. — Ah ! Monsieur, que j'ai de joie de vous voir converti ! Il y a longtemps que j'attendais cela, et voilà, grâce au Ciel, tous mes souhaits accomplis.

DOM JUAN. — La peste le benêt[1] !

SGANARELLE. — Comment, le benêt ?

DOM JUAN. — Quoi ? tu prends pour de bon argent[2] ce que je viens de dire, et tu crois que ma bouche était d'accord avec mon cœur ?

SGANARELLE. — Quoi ? ce n'est pas... Vous ne... Votre... *(à part.)* Oh ! quel homme ! quel homme ! quel homme !

DOM JUAN. — Non, non, je ne suis point changé, et mes sentiments sont toujours les mêmes.

SGANARELLE. — Vous ne vous rendez pas à la surprenante merveille de cette statue mouvante et parlante ?

DOM JUAN. — Il y a bien quelque chose là dedans que je ne comprends pas ; mais quoi que ce puisse être, cela n'est pas capable ni de convaincre mon esprit, ni d'ébranler mon âme ; et si j'ai dit[3] que je voulais corriger ma conduite et me jeter dans un train de vie exemplaire, c'est un dessein que j'ai formé par pure politique[4], un stratagème utile, une grimace nécessaire où je veux me contraindre, pour ménager un père dont j'ai besoin, et me mettre à couvert, du côté des hommes, de cent fâcheuses aventures qui pourraient m'arriver. Je veux bien, Sganarelle, t'en faire confidence, et je suis bien aise d'avoir un témoin du fond de mon âme et des véritables motifs qui m'obligent à faire les choses.

SGANARELLE. — Quoi ? vous ne croyez rien du tout, et vous voulez cependant vous ériger en homme de bien ?

DOM JUAN. — Et pourquoi non ? Il y en a tant d'autres comme moi, qui se mêlent de ce métier, et qui se servent du même masque pour abuser le monde !

SGANARELLE, *à part.* — Ah ! quel homme ! quel homme !

DOM JUAN. — Il n'y a plus de honte maintenant à cela : l'hypocrisie est un vice à la mode, et tous les vices à la mode passent pour vertus. Le personnage d'homme de bien est le meilleur de tous les personnages qu'on puisse jouer aujourd'hui, et la profession d'hypocrite a de merveilleux avantages. C'est un art de qui l'imposture est toujours respectée ; et quoi qu'on la découvre, on n'ose rien dire contre elle. Tous les autres vices des hommes sont exposés à la censure, et chacun a la liberté de les attaquer

1. Le sot.
2. Pour argent comptant, pour vrai.
3. Si j'ai dit à mon père tout à l'heure.
4. Calcul.

hautement ; mais l'hypocrisie est un vice privilégié, qui, de sa main, ferme la bouche à tout le monde et jouit en repos d'une impunité souveraine. On lie, à force de grimaces une société étroite avec tous les gens du parti. Qui en choque un, se les jette tous sur les bras ; et ceux que l'on sait même agir de bonne foi là-dessus, et que chacun connaît pour être véritablement touchés, ceux-là, dis-je, sont toujours les dupes des autres ; ils donnent hautement dans le panneau des grimaciers, et appuient aveuglément les singes de leurs actions. Combien crois-tu que j'en connaisse qui, par ce stratagème, ont rhabillé [5] adroitement les désordres de leur jeunesse, qui se sont fait un bouclier du manteau de la religion, et, sous cet habit respecté, ont la permission d'être les plus méchants hommes du monde ? On a beau savoir leurs intrigues et les connaître pour ce qu'ils sont, ils ne laissent pas pour cela d'être en crédit parmi les gens [6], et quelque baissement de tête, un soupir mortifié, et deux roulements d'yeux rajustent dans le monde tout ce qu'ils peuvent faire. C'est sous cet abri favorable que je veux me sauver, et mettre en sûreté mes affaires. Je ne quitterai point mes douces habitudes : mais j'aurai soin de me cacher et me divertirai à petit bruit [7]. Que si je viens à être découvert, je verrai, sans me remuer, prendre mes intérêts à toute la cabale [8] et je serai défendu par elle envers et contre tous. Enfin c'est là le vrai moyen de faire impunément tout ce je voudrai. Je m'érigerai en censeur des actions d'autrui, jugerai mal [9] de tout le monde, et n'aurai bonne opinion que de moi. Dès qu'une fois on m'aura choqué tant soit peu, je ne pardonnerai jamais et garderai tout doucement une haine irréconciliable. Je ferai [10] le vengeur des intérêts du Ciel, et, sous ce prétexte commode, je pousserai mes ennemis, je les accuserai d'impiété, et saurai déchaîner contre eux des zélés indiscrets, qui, sans connaissance de cause, crieront en public contre eux, qui les accableront d'injures et les damneront hautement de leur autorité privée. C'est ainsi qu'il faut profiter des faiblesses des hommes, et qu'un sage esprit s'accommode aux vices de son siècle.

Dom Juan, acte V, scène 2 (extrait).

5. Réparé.
6. Ils n'en sont pas moins fort bien vus par les autres.
7. Sans faire scandale.
8. Cabale = complot. Il s'agit ici de la cabale des dévots.
9. Défavorablement.
10. Je jouerai le rôle de.

LE MISANTHROPE

Honnête sans être honnête homme

Alceste incarne le personnage du misanthrope. Nous sommes à la fin de la pièce et nous apprenons qu'il a failli perdre un procès, victime des médisances et des calomnies des autres. N'ayant échappé que de justesse à cette injustice, il n'en est que plus amer contre les hommes. Il annonce ici à son ami Philinte, honnête homme modéré, que sa décision est prise et qu'il va quitter cette société pour laquelle il n'est pas fait. Cette pièce n'a pas seulement un intérêt historique ; elle met en lumière le conflit entre la comédie dans laquelle toute société engage ses membres et le développement sincère de l'individu.

ALCESTE. — La résolution en est prise, vous dis-je.
PHILINTE. — Mais, quel que soit ce coup, faut-il qu'il vous oblige...

ALCESTE. — Non, vous avez beau faire et beau me raisonner,
Rien de ce que je dis ne me peut détourner,
Trop de perversité règne au siècle où nous sommes.
Et je veux me tirer du commerce [1] des hommes.
Quoi ! contre ma partie [2] on voit tout à la fois
L'honneur, la probité, la pudeur et les lois ;
On publie en tous lieux l'équité de ma cause,
Sur la foi de mon droit mon âme se repose :
Cependant je me vois trompé par le succès [3]
J'ai pour moi la justice, et je perds mon procès !
Un traître, dont on sait la scandaleuse histoire,
Est sorti triomphant d'une fausseté noire !
Toute la bonne foi cède à sa trahison !
Il trouve, en m'égorgeant, moyen d'avoir raison !
Le poids de sa grimace, où brille l'artifice,
Renverse le bon droit, et tourne [4] la justice !
Il fait par un arrêt couronner son forfait ;
Et, non content encor [5] du tort que l'on me fait,
Il court parmi le monde un livre abominable,
Et de qui la lecture est même condamnable,
Un livre à mériter la dernière rigueur,
Dont le fourbe a le front de me faire l'auteur !
Et, là-dessus, on voit Oronte qui murmure,
Et tâche méchamment d'appuyer l'imposture !
Lui qui d'un honnête homme à la cour tient le rang,
A qui je n'ai rien fait qu'être sincère et franc,
Qui me vient, malgré moi, d'une ardeur empressée,
Sur des vers qu'il a faits demander ma pensée ;
Et, parce que j'en use avec honnêteté,
Et ne le veux trahir, lui ni la vérité,
Il aide à m'accabler d'un crime imaginaire !
Le voilà devenu mon plus grand adversaire,
Et jamais de son cœur je n'aurai de pardon,
Pour n'avoir pas trouvé que son sonnet fût bon !
Et les hommes, morbleu ! sont faits de cette sorte !
C'est à ces actions que la gloire les porte !
Voilà la bonne foi, le zèle vertueux,
La justice et l'honneur que l'on trouve chez eux !
Allons, c'est trop souffrir les chagrins qu'on nous forge :
Tirons-nous de ce bois et de ce coupe-gorge.
Puisque entre humains ainsi vous vivez en vrais loups,
Traîtres, vous ne m'aurez de ma vie avec vous.

Le misanthrope, acte V, scène 1 (extrait, vers 1481 à 1524).

1. De la fréquentation.
2. Ma cause au tribunal.
3. Le résultat, bon ou mauvais.
4. Inverse le sens de la justice.
5. Encore.

LA FONTAINE (1621-1695)

La Fontaine compte parmi les plus célèbres écrivains de la littérature française. Fabuliste de génie, son œuvre, trois siècles après, paraît toujours aussi neuve, toujours aussi fraîche. Figure originale, il reste l'unique grand poète du XVIIe siècle, l'exception magnifique d'un genre voué, en cette période classique, à la convention.

Portrait de La Fontaine par Jean-François de Troy. (Bibliothèque Publique et universitaire, Genève.)

LA VIE

Originaire de la bourgeoisie aisée de Champagne, Jean de la Fontaine a connu une jeunesse sans problème. Il prend la fonction de « maître des eaux et forêts » qui le met en contact direct avec la nature. Après l'échec de son mariage en 1647, il se rend à Paris, où il commence à fréquenter les milieux littéraires et à se familiariser avec les Anciens : Horace, Virgile, Ovide.

A 37 ans, il est encore inconnu. C'est alors qu'il fait une rencontre déterminante : celle du surintendant Fouquet qui lui accorde une pension après l'audition du poème *Adonis.* Ses premiers essais littéraires datent de cette époque. Mais Fouquet tombe en disgrâce auprès de Louis XIV en 1661 ; La Fontaine s'exile alors dans le Limousin.

Il revient à Paris en 1664 en qualité de gentilhomme auprès de la duchesse d'Orléans, au palais du Luxembourg. Cette protection lui ouvre les grands salons de l'époque et c'est en 1665 qu'il va dédier à Marie-Anne Mancini, duchesse de Bouillon, ses *Contes.* Ceux-ci seront rapidement suivis du premier recueil des *Fables*, genre qui l'a rendu célèbre.

Après le décès de la duchesse d'Orléans en 1672, il est accueilli chez madame de la Sablière, femme cultivée, tenant salon. En 1678 paraît le 2e recueil des *Fables*, plus élaborées et plus remarquées encore.

En 1684, il finit par être reçu à l'Académie française, malgré une vie très irrégulière et les réticences de Louis XIV. En 1692, gravement malade, il se convertit au catholicisme. En 1694, un an avant sa mort, il publie un dernier recueil de *Fables,* dont certaines sont marquées par ses nouvelles préoccupations.

PRINCIPALES ŒUVRES

Si ses œuvres les plus connues sont de loin les *Fables*, sa production englobe cependant des genres très divers :

Adonis (1658)

Cette imitation des poèmes d'Ovide et de l'*Adone* de Marini laisse déjà deviner un poète original.

Le songe de Vaux (1658), puis l'élégie aux nymphes de Vaux

Il s'agit de poèmes de circonstances où l'auteur manifeste son amitié et sa reconnaissance à Fouquet, son premier protecteur.

Contes et nouvelles en vers (1668)

Cette suite de récits galants et parfois osés est imitée des modèles anciens et italiens, notamment Boccace. Louis XIV les juge sévèrement, ce qui ne les empêche pas d'avoir du succès. La Fontaine inaugure l'emploi des vers irréguliers qui deviendront chose courante dans les *Fables*.

Fables, livres I à VI (1668)

Ce recueil était destiné à l'éducation morale du jeune dauphin (le fils de Louis XIV). La Fontaine est alors âgé de 47 ans et son recueil lui vaut un triomphe. Il contient des fables très connues comme *La cigale et la fourmi*, *Le corbeau et le renard*, *Le chêne et le roseau*, que tous les Français ont apprises à l'école.

Les amours de Psyché et de Cupidon (1669)

C'est un poème galant écrit partie en prose, partie en vers. L'inspiration est fortement teintée de mythologie.

Fables, livres VII à XI (1678)

Ce deuxième recueil est dédié à madame de Montespan. Les fables sont plus construites et La Fontaine y est moins distant et froid que dans celles de 1668. *Les deux amis*, *La laitière et le pot au lait*, *Les deux pigeons* comptent parmi les plus caractéristiques.

L'Épître à Huet (1687)

La Fontaine prend parti pour l'imitation des Anciens dans la fameuse Querelle des Anciens et les Modernes. C'est dans cette épître que l'auteur dit que l'on peut à la fois imiter et rester original :

« Mon imitation n'est point un esclavage. »

Fables, livres XII (1694)

La Fontaine dédie ce livre au duc de Bourgogne. La morale y est plus modérée, comme assagie. C'est celle de la Fontaine sentant la mort proche et retrouvant le chemin de la religion.

LE GENRE DES FABLES

En soi, la fable est un genre très conventionnel au XVIIe siècle. La Fontaine est partisan — sans intransigeance — de l'imitation des Anciens. Cela explique que dans le premier recueil, les *Fables* ressemblent à celles d'Esope[1] et de Phèdre[2] : de brefs récits ayant pour but l'éducation morale du lecteur. Mais La Fontaine développe et enrichit les fables souvent trop sèches et trop brèves de ses modèles : il dépasse par là le strict cadre de l'imitation.

Dans le deuxième recueil, le monde décrit est plus vaste et rappelle celui de la cour et du XVIIe siècle en général. Le style est plus varié lui aussi, riche en métaphores, en emprunts divers à la langue savante ou aux dialectes régionaux. C'est qu'entre-temps, La Fontaine a découvert une source d'inspiration nouvelle grâce à un orientaliste qui fréquente lui aussi le salon de madame de La Sablière ; il s'agit du *Livres des lumières* ou *La conduite des rois,* du fabuliste indien Pilpay. Cette poésie étant trop longue à ses yeux, La Fontaine choisit de la raccourcir. De nombreuses réflexions philosophiques viennent se mêler aux règles morales, les fables deviennent un champ de réflexion propre à La Fontaine, qui prend de plus en plus de liberté par rapport aux fables classiques. L'humour, presque toujours présent dans ses fables, est un des apports les plus originaux de La Fontaine ; il obtient des effets amusants, comiques même, en intervenant directement pour commenter le récit ; l'exemple qui suit est tiré de *L'homme et de la couleuvre* :

« Un homme vit une couleuvre :
'Ah ! méchante, dit-il, je m'en vais faire une
[œuvre
Agréable à tout l'univers !
A ces mots, l'animal pervers
(C'est le serpent que je veux dire,
Et non l'homme : on pourrait aisément s'y trom
[per)... »

LA STRUCTURE DES FABLES

L'action

La Fontaine a défini lui-même ses fables dans *Le bûcheron et Mercure* :

« Une ample comédie à cent actes divers
Et dont la scène est l'Univers. »

Chaque fable est en effet comparable à une petite pièce de théâtre avec une mise en scène soigneusement construite. Il y a d'abord une exposition de la situation, suivie d'une présentation des personnages qui s'engagent alors dans une action dramatique, terminée par un dénouement (avec une morale).

Le décor

Le décor est habituellement la campagne, mais l'évocation de la nature se fait sans longue

1. *Fabuliste grec du VIIe siècle avant J.-C.*
2. *Fabuliste latin du Ier siècle après J.-C.*

description. Quelques mots bien choisis suffisent. Les paysages de la province française ne sont qu'esquissés mais c'est toujours avec beaucoup de charme dans la simplicité qu'affleure la nature :

« L'onde était transparente ainsi qu'aux plus
[beaux jours »

Le héron, livre VII, 4.

Ce n'est jamais la nature sauvage et violente, mais plutôt le monde de la ferme et des prairies.

Les acteurs

L'homme est le héros de quelques-unes des plus célèbres fables de La Fontaine (*La mort et le bûcheron*, *Le paysan du Danube*, *Le savetier et le financier*) mais les acteurs préférés du poète sont les animaux. On a accusé La Fontaine de commettre des erreurs concernant le comportement des animaux mis en scène. Or, le fabuliste ne s'est jamais prétendu naturaliste, même s'il aimait observer la nature. Il ne cherche pas dans ses fables à faire une description exacte de la vie des animaux et de l'organisation de la nature ; celle-ci lui offre simplement un décor et des symboles. Ni le renard, ni le corbeau ne sont amateurs de fromage, et une mouche n'a jamais parlé à un cheval. Le monde des animaux est là pour refléter le monde des hommes. Cette analogie est rendue possible par les rapprochements qui existent depuis toujours entre le comportement animal et le comportement humain : « Capitaine Renard... », « Damoiselle belette, au corps long et flouet », etc. Le monde des fables s'anime devant nous comme un théâtre à la fois merveilleux et familier.

L'intrigue

Généralement, il y a un conflit entre les animaux et la forme dramatique est alors soit comique, soit tragique. Elle est comique si le plus sot se laisse berner par le plus malin (*Le renard et le bouc*, *Le renard et le corbeau*). Elle est tragique lorsque le plus faible est victime du plus fort, contre tout sentiment de pitié (*Le loup et l'agneau*).

LA MORALE

Depuis Esope, la fable comporte une morale en conclusion ; c'est une loi du genre. Il est difficile de dégager une morale unique et continue tout au long des fables ; trente-deux ans séparent en effet le premier recueil du douzième et dernier. Ce qui leur est commun, c'est que La Fontaine se fait le colporteur de la sagesse des nations : il conseille d'accepter humblement la soumission aux lois de la nature. La diversité des caractères et les conflits qui résultent inévitablement de cette diversité sont pour le poète le produit du destin. Il condamne ceux qui veulent à tout prix changer le monde et il se fait l'adepte d'une philosophie proche de celle des épicuriens [1] : éviter les affrontements en renonçant à l'ambition, à la vanité, au luxe. Le bonheur est dans la solitude, la modération et l'indépendance.

L'ART

La Fontaine a prétendu passer une moitié de sa vie à dormir et l'autre à ne rien faire. C'était une boutade [2]. Ceux qui l'ont cru se sont trompés. En fait, La Fontaine est un travailleur acharné lorsqu'il s'agit de ses écrits ; il corrige patiemment ses vers jusqu'à ce qu'il trouve enfin la formulation qui lui semble la plus concise, la plus précise. En cela, il est très classique.
Il utilise des vers irréguliers (12, 10, 8 et même 2 syllabes), rythmés différemment suivant le contexte, permettant une grande richesse d'expression qui s'adapte à l'action ou à la situation. Deux exemples vont illustrer cette virtuosité dans l'utilisation des mètres et des rythmes. Dans *La jeune veuve*, La Fontaine nous montre que, malgré ses lamentations et ses appels pathétiques, la jeune femme qui vient de perdre son mari ne songe nullement à mourir : (Elle)

« Lui criait : 'Attends-moi, je te suis ; et mon
[âme
Aussi bien que la tienne est prête à s'envoler !
Le mari fait seul le voyage ».

Dans *Le trésor et les deux hommes*, c'est la stupéfaction de l'homme qui s'aperçoit de la disparition de son trésor que La Fontaine réussit à exprimer en un seul mot, employé à la bonne place et au bon moment :

« Tandis que le galand [3] à grands pas se retire,
L'homme au trésor arrive, et trouve son argent
Absent. »

Des critiques ont évoqué Lucrèce, Virgile et même Homère pour parler du talent de La Fontaine et de sa maîtrise de la versification. André Gide comparait même sa sensibilité à celle de Mozart. Il reste que la finesse du récit et l'exactitude des rythmes font des *Fables* l'une des productions les plus achevées, mais aussi les plus complexes, de l'art classique.

1. Disciples du philosophe grec Épicure ; la morale épicurienne a pour but la recherche du plaisir.
2. Trait d'esprit, plaisanterie.
3. Le chanceux, celui qui vient de trouver le trésor par hasard.

BIBLIOGRAPHIE

Pierre Clarac, La Fontaine, Paris, Hatier, « Connaissance des Lettres », 1959.
Jean-Pierre Collinet, Le monde littéraire de La Fontaine, P.U.F., 1970.

CONTES ET NOUVELLES

Les débuts du poète

Cette petite histoire est tirée des Contes et nouvelles en vers. *Le ton plaisant et la liberté du sujet sont typiques de l'esprit du recueil. La Fontaine écrit dans la préface : « Ce n'est pas une faute de jugement que d'entretenir les gens d'aujourd'hui de contes un peu libres. Je ne pêche pas en cela contre la morale. » Et quand on lui reproche le manque de vraisemblance (qualité classique par excellence) de ses contes, il répond : « ... ce n'est ni le vrai, ni le vraisemblable qui font la beauté et la grâce de ces choses-ci : c'est seulement la manière de les conter ».*

ALIS MALADE

Alis malade, et se sentant presser,
Quelqu'un lui dit : « Il faut se confesser ;
Voulez-vous pas mettre en repos votre âme ?
— Oui, je le veux, lui répondit la dame :
Qu'à père André on aille de ce pas ;
Car il entend d'ordinaire mon cas. »
Un messager y court en diligence,
Sonne au couvent, de toute sa puissance.
« Qui venez-vous demander ? lui dit-on.
— C'est père André, celui qui d'ordinaire
Entend Alis dans sa confession.
— Vous demandez, reprit alors un frère,
Le père André, le confesseur d'Alis ?
Il est bien loin : hélas ! le pauvre père
Depuis dix ans confesse en paradis. »

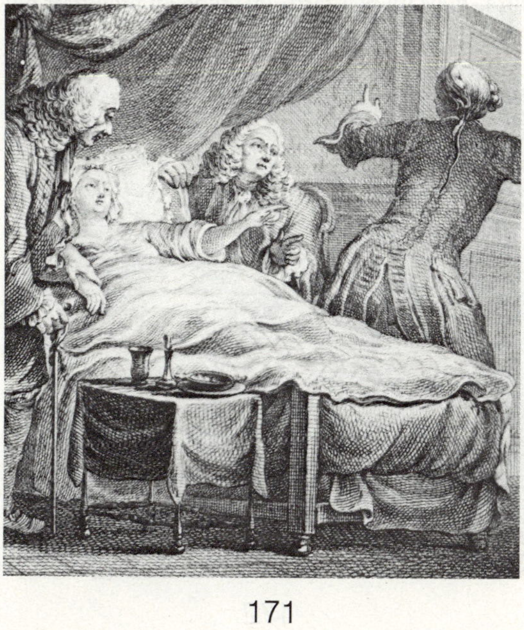

Alis malade. *Planche gravée d'après Charles Eisen, illustrant l'édition de 1762 des* **Contes et nouvelles en vers** *de La Fontaine. (Bibliothèque Nationale, Paris.)*

LA FONTAINE

FABLES

La satire dans la fable

La Fontaine s'est inspiré pour cette fable du* Roman de Renart*, célèbre œuvre satirique du Moyen-Age (voir page 29). La Fontaine ne glorifie pas la ruse victorieuse ; il cherche plutôt à dénoncer la vanité, telle qu'il pouvait l'observer chez les courtisans autour de lui. C'est un bon exemple des modifications successives que peut subir une même histoire, suivant les préoccupations des époques.

LE CORBEAU ET LE RENARD

Maître [1] Corbeau, sur un arbre perché,
Tenait en son bec un fromage.
Maître [1] Renard, par l'odeur alléché [2],
Lui tint à peu près ce langage :
« Hé ! Bonjour, monsieur du Corbeau [3],
Que vous êtes joli ! que vous me semblez beau !
Sans mentir, si votre ramage [4]
Se rapporte à [5] votre plumage,
Vous êtes le phénix [6] des hôtes de ces bois. »
A ces mots, le corbeau ne se sent pas de joie,
Et pour montrer sa belle voix,
Il ouvre un large bec, laisse tomber sa proie.
Le renard s'en saisit, et dit : « Mon bon monsieur,
Apprenez que tout flatteur
Vit aux dépens de celui qui l'écoute
Cette leçon vaut bien un fromage sans doute. »
Le corbeau, honteux et confus,
Jura, mais un peu tard, qu'on ne l'y prendrait plus.

Fables, Livre premier, fable 2.

1. Emploi ironique d'un titre donné à des personnages officiels (avocats, notaires...).
2. Attiré.
3. Particule qui anoblit le Corbeau pour le flatter.
4. Votre chant.
5. Correspond à.
6. Oiseau extraordinaire des légendes grecques qui renaissait toujours de ses cendres ; ici, dans la bouche de Renard : « vous êtes un être unique et merveilleux ».

Le Corbeau et le Renard. ***Vignette au burin de François Chauveau illustrant les*** **Œuvres choisies** ***de La Fontaine (1668). (Bibliothèque Nationale, Paris.)***

Une comédie champêtre

Il s'agit d'une des plus célèbres fables du poète. C'est une parfaite petite comédie avec exposition (présentation du décor et des personnages), action et ralentissement avant le dénouement. En conclusion vient la morale. Cette fable a donné naissance à l'expression « faire la mouche du coche », pour désigner un importun.

Le coche et la mouche. *Planche gravée d'après J.-B. Oudry, illustrant les* **Fables choisies** *de La Fontaine (1755-1759). (Bibliothèque Nationale, Paris.)*

LE COCHE ET LA MOUCHE

Dans un chemin montant, sablonneux, malaisé,
Et de tous les côtés au soleil exposé,
    Six forts chevaux tiraient un coche [1].
Femmes, moine, vieillards, tout était descendu :
L'attelage suait, soufflait, était rendu [2].
Une mouche survient et des chevaux s'approche,
Prétend les animer par son bourdonnement,
Pique l'un, pique l'autre, et pense à tout moment,

1. Diligence.
2. A bout, épuisé.

Qu'elle fait aller la machine,
S'assied sur le timon [3], sur le nez du cocher.
Aussitôt que le char chemine,
Et qu'elle voit les gens marcher,
Elle s'en attribue uniquement la gloire,
Va, vient, fait l'empressée : il semble que ce soit
Un sergent de bataille allant en chaque endroit
Faire avancer ses gens et hâter la victoire.
La mouche, en ce commun besoin,
Se plaint qu'elle agit seule, et qu'elle a tout le soin ;
Qu'aucun n'aide aux chevaux à se tirer d'affaire.
Le moine disait son bréviaire :
Il prenait bien son temps ! Une femme chantait :
C'était bien de chansons qu'alors il s'agissait !
Dame mouche s'en va chanter à leurs oreilles
Et fait cent sottises pareilles.
Après bien du travail, le coche arrive au haut [4] :
« Respirons maintenant ! dit la mouche aussitôt :
J'ai tant fait que nos gens sont enfin dans la plaine.
Ça [5], Messieurs les chevaux, payez-moi de ma peine ».

Ainsi certaines gens, faisant les empressés,
S'introduisent dans les affaires :
Ils font partout les nécessaires
Et, partout importuns, devraient être chassés.

Fables, Livre septième, fable IX.

3. Sur une charrette ou une diligence, pièce de bois longue à laquelle sont attelés les chevaux.
4. Hiatus (rencontre de deux voyelles dont l'une termine un mot et l'autre commence l'autre mot) qui marque l'ultime effort pour gravir la pente. Le hiatus était contraire aux règles classiques édictées par Boileau. La Fontaine, bien que classique, est de ceux qui savent briser les règles quand il le faut.
5. Eh bien !.

ÉPITRE À HUET

Imitation et originalité

En janvier 1687, Charles Perrault lit à l'Académie son poème* Le siècle de Louis le Grand, *dans lequel il exalte les mérites de son époque, qu'il n'hésite pas à comparer à ceux de l'Antiquité. La polémique s'engage, les clans se forment ; c'est la Querelle des Anciens et des Modernes* *(voir p. 192)**. Du côté des modernes, il ya Perrault et Fontenelle, du côté des Anciens, Boileau et Racine. La Fontaine, que l'on classe généralement dans le camp des Anciens, des admirateurs de l'Antiquité, prend en fait une position beaucoup plus nuancée et personnelle. Pour lui, l'imitation des Anciens, loin de paralyser son talent, est un stimulant qui ne le ferme pas pour autant au monde des Modernes.
Le texte qui suit, adressé à son ami Huet, évêque de Soissons et admirateur aussi des Anciens, est capital pour la compréhension de l'esthétique d'un siècle et saisir l'intelligence d'une personnalité telle que La Fontaine.

Quelques imitateurs, sot bétail, je l'avoue,
Suivent en vrais moutons le pasteur de Mantoue [1] :

1. Il s'agit de Virgile.

J'en use d'autre sorte ; et me laissant guider,
Souvent à marcher seul j'ose me hasarder.
On me verra toujours pratiquer cet usage ;
Mon imitation n'est point un esclavage :
Je ne prends que l'idée, et les tours, et les lois,
Que nos maîtres suivaient eux-mêmes autrefois.
Si d'ailleurs quelque endroit plein chez eux d'excellence
Peut entrer dans mes vers sans nulle violence,
Je l'y transporte, et veux qu'il n'ait rien d'affecté,
Tâchant de rendre mien cet air d'antiquité.
Je vois avec douleur ces routes méprisées :
Art et guides, tout est dans les Champs-Élysées [2].
J'ai beau les évoquer, j'ai beau vanter leurs traits,
On me laisse tout seul admirer leurs attraits.
Térence [3] est dans mes mains ; je m'instruis dans Horace [4] ;
Homère et son rival sont mes dieux du Parnasse.
Je le dis aux rochers ; on veut d'autres discours :
Ne pas louer son siècle est parler à des sourds.
Je le loue, et je sais qu'il n'est pas sans mérite ;
Mais près de ces grands noms notre gloire est petite (...)
(...) Je chéris l'Arioste et j'estime le Tasse ;
Plein de Machiavel, entêté [5] de Boccace,
J'en parle si souvent qu'on en est étourdi ;
J'en lis qui sont du Nord, et qui sont du Midi.
Non qu'il ne faille un choix dans leurs plus beaux ouvrages :
Quand notre siècle aurait ses savants et ses sages,
En trouverai-je un seul approchant de Platon ?
La Grèce en fourmillait dans son moindre canton.
La France a la satire et le double théâtre ;
Des bergères d'Urfé [6] chacun est idolâtre ;
On nous promet l'histoire, et c'est un haut projet.
J'attend beaucoup de l'art, beaucoup plus du sujet :
Il est riche, il est vaste, il est plein de noblesse ;
Il me ferait trembler pour Rome et pour la Grèce.
Quant aux autres talents, l'ode, qui baisse un peu,
Veut de la patience ; et nos gens ont du feu.
Malherbe [7] avec Racan [8], parmi les chœurs des anges,
Là-haut de l'Éternel célébrant les louanges,
Ont emporté leur lyre ; et j'espère qu'un jour
J'entendrai leurs concerts au céleste séjour.

A Monseigneur l'Évêque de Soissons,
1687, vers 21-42 et 77-96.

2. Nom que l'on donne dans la mythologie gréco-romaine au séjour des âmes des morts qui furent vertueux pendant leur vie.
3. Auteur comique latin.
4. Poète satirique et lyrique latin.
5. Ayant des œuvres de Boccace plein la tête.
6. Honoré d'Urfé, auteur dur roman pastoral précieux *L'Astrée* (voir p.123).
7. Malherbe (1555-1628) s'est attaché à codifier la langue française.
8. Poète français, un des disciples favoris de Malherbe.

RACINE (1639-1699)

Jean Racine est considéré aujourd'hui comme le plus grand auteur de tragédies de la littérature française. Il emprunte aux tragédies antiques le thème de l'homme accablé par une fatalité, qui est souvent la passion amoureuse. Les personnages raciniens sont dans l'ensemble plus crédibles que ceux de Corneille. Les tragédies de Racine frappent par l'extrême simplicité du vocabulaire employé, mis au service d'une description très fine et nuancée de l'âme humaine. Par toutes ces qualités, Racine est le représentant du théâtre tragique classique français.

LA VIE

La jeunesse

Né à la Ferté-Milon [1] en 1639, Jean Racine fait trois années d'études à Port-Royal-des-Champs, haut lieu du jansénisme [2]. Des discussions entre ses maîtres jansénistes, il retient surtout l'idée de la misère de l'homme sans la grâce. Il se passionne pour les cultures grecque et latine, apprend par cœur et annote les tragédies de Sophocle et d'Euripide.

L'éloignement de Port-Royal

Il complète sa formation par des études de logique à Paris, où il prend goût à une vie mondaine et fait la connaissance de La Fontaine. Il fait ses débuts dans la poésie avec *La nymphe de la Seine* (1660), qui lui rapporte une récompense de la part de Louis XIV, roi de France, mais des reproches sévères de la part de ses maîtres de Port-Royal. Il part alors à Uzès [3] où il espère recevoir le bénéfice d'un bien ecclésiastique. Mais comme il n'obtient rien au bout d'un an, il décide de rentrer à Paris avec l'ambition de réussir dans la carrière littéraire.

Paris et les succès

Il reçoit à nouveau une gratification pour son *Ode sur la convalescence du roi* et la *Renommée aux muses.* A cette époque, il fait aussi la connaissance de Boileau et de Molière. C'est en 1664 qu'il fait son premier essai dans le genre de la tragédie avec *La Thébaïde* ou *Les frères ennemis*. Il continue dans la voie du théâtre l'année suivante avec l'*Alexandre*, pièce sentimentale conforme au goût de l'époque, ce qui explique son succès. Mais, il se brouille avec Molière et se lance dans une polémique qui le sépare de Port-Royal.

La gloire

L'année 1667 marque le début des triomphes de Racine : son *Andromaque* est vivement applaudie. Malgré les attaques des partisans de Corneille dont la célébrité diminue peu à peu, Racine ne se décourage pas et après la comédie *Les plaideurs* (1668), il revient à la tragédie avec *Britannicus* (1669). En écrivant cette pièce, il fait le pari de battre son rival Corneille dans sa propre spécialité. C'est un demi-échec, effacé par *Bérénice* (1670). Dès lors, il produit coup sur coup *Bajazet*, *Mithridate* et *Iphigénie*. Ses succès théâtraux, la protection de grandes personnalités, son élection à l'Académie française provoquent la jalousie de ses ennemis.

La retraite

Racine renonce au théâtre pour se consacrer à sa nouvelle tâche d'historiographe du roi (avec

1. Dans l'Aisne, département du Nord de la France.
2. Doctrine religieuse formulée par le théologien Jansenius : l'homme est par nature un pécheur. Pour résister au péché, il lui faut la grâce de Dieu. Or celui-ci la donne ou la refuse aux bons ou aux mauvais sans que les hommes puissent comprendre ses motifs, qu'il faut accepter.
3. Dans le sud de la France.

Portrait de Racine par l'école de Pierre Mignard, XVIIe siècle. (Musée National du château de Versailles.)

Boileau). Sa vie devient plus réglée : il se réconcilie avec ses maîtres de Port-Royal et se marie avec une bourgeoise discrète et vertueuse, oubliant ses passions pour des actrices célèbres. Il élève ses sept enfants dans la piété et le respect de la religion. Il faut toute l'énergie de sa protectrice, madame de Maintenon, pour l'amener à revenir au théâtre : *Esther* et *Athalie* sont ses dernières pièces.

PRINCIPALES ŒUVRES

En 27 ans, il a écrit douze pièces dont onze sont des tragédies.
1664 - La Thébaïde.
1665 - Alexandre le Grand
1667 - Andromaque
1668 - Les plaideurs (comédie)
1669 - Britannicus
1670 - Bérénice
1672 - Bajazet
1673 - Mithridate
1674 - Iphigénie en Aulide
1677 - Phèdre
1689 - Esther
1691 - Athalie

Andromaque (1667)

C'est la première tragédie révélant tout le talent de Racine. Le triomphe est dû en partie à l'actrice mademoiselle Du Parc, amante de Racine et ancienne actrice de la troupe de Molière.
Andromaque, la veuve d'Hector, est prisonnière avec son fils Astyanax de Pyrrhus, roi d'Épire. Oreste, le fils d'Agamemnon, vient réclamer Astyanax pour le livrer aux Grecs qui en ont peur. En fait, il est venu tenter une dernière fois de gagner le cœur d'Hermione, qu'il aime mais qui est la fiancée de Pyrrhus. Celui-ci aime Andromaque mais comme elle le repousse, il la menace de livrer Astyanax. Hermione pense alors qu'elle pourra enfin épouser Pyrrhus, au grand désespoir d'Oreste, qui décide de l'enlever. Déchirée entre le souvenir de son mari et l'amour de son fils, Andromaque en appelle à la pitié de Pyrrhus, qui lui accorde un délai de réflexion. Elle trouve une solution : elle épousera Pyrrhus pour sauver son fils et se tuera après le mariage pour sauver son honneur de veuve.
Hermione est folle de jalousie en apprenant ce mariage et elle promet sa main à Oreste s'il la venge en tuant Pyrrhus. Oreste obéit, mais à son étonnement, Hermione le maudit pour son geste avant de se tuer. Il perd la raison pendant que le peuple d'Épire chasse les Grecs.

Britannicus (1669)

L'empereur Néron fait enlever Junie, la fiancée de Britannicus, en espérant la séduire. Devant sa résistance, il fait arrêter Britannicus et, influencé par l'esclave arriviste Narcisse, il provoque l'empoisonnement de Britannicus contre la volonté de sa mère, Agrippine. Dans son désespoir, la malheureuse Junie renonce à la vie de femme et devient prêtresse vestale.

Bérénice (1670)

Cette pièce concurrençait directement le *Tite et Bérénice* de Corneille joué par la troupe de Molière. Elle obtint nettement plus de succès. C'est dans *Bérénice* que Racine a prouvé qu'il était possible de faire quelque chose à partir de rien, puisqu'on a pu résumer la pièce en trois mots latins, empruntés à l'auteur Suétone : « *invitus invitam dimisit* » (malgré lui et malgré elle, il la renvoya).
L'empereur de Rome, Titus, aime la reine de Palestine, Bérénice, et en est aimé. Il décide de renoncer à elle pour raison d'État. Bérénice comprend finalement que Titus l'aime toujours malgré tout : devant tant de force de caractère, elle se domine et accepte, elle aussi, de renoncer à son amour et quitte Titus.

Iphigénie (1674)

La flotte grecque dirigée par le roi Agamemnon ne peut partir à la conquête de Troie car les vents s'y opposent : seul le sacrifice de sa fille Iphigénie peut changer la situation. Achille, son fiancé, veut la défendre, mais Iphigénie se résigne, après avoir tenté d'obtenir la pitié de son père. Elle est sauvée par une révélation miraculeuse : Ériphyle, sa rivale, est la vraie victime attendue par les dieux.
Avec cette pièce, Racine revient au monde de la tragédie grecque. Elle obtint un très vif succès.

Phèdre

La fausse nouvelle de la mort de Thésée amène sa femme, Phèdre, à avouer son amour pour son beau-fils, Hippolyte. Celui-ci la rejette. Pour éviter la jalousie de Thésée qui revient, elle accuse, sur les conseils de sa nourrice Oenone, son beau-fils d'avoir voulu la séduire. Thésée maudit son fils. Phèdre, qui apprend qu'Hippolyte aime Aricie, ne fait rien pour le défendre. Oenone, chassée par Phèdre, se suicide. Hippolyte est tué par l'intervention d'un monstre marin et Phèdre s'empoisonne. Dans son agonie, elle avoue à son mari sa passion coupable.

Esther (1689)

Cette tragédie, commandée par madame de Maintenon, favorite du roi, pour l'éducation morale des élèves de Saint-Cyr, une institution pédagogique qu'elle dirigeait, ne devait pas parler d'amour : elle marque le retour en religion de Racine.

Le roi perse Assuérus ne sait rien des origines juives de sa femme Esther. Quand son ministre Aman lui conseille le massacre de tous les Juifs de son royaume, Esther lui avoue qu'elle est juive et intervient pour son peuple. Le roi accepte et comprend la fausseté d'Aman, qu'il fait assassiner.

Athalie (1691)

Créée dans les mêmes circonstances qu'*Esther*, *Athalie* a été jouée à Saint-Cyr avec un minimum de décor et de costumes. C'est la première fois que la présence de la divinité agit directement sur scène par l'intermédiaire d'un personnage.

Athalie a conquis le pouvoir en faisant tuer tous les enfants du roi Osochias. En fait, le grand prêtre Joad en a recueilli un, Joas, qui possède une sagesse directement ihspirée de Dieu. Après lui avoir parlé, Athalie est persuadée qu'il est l'enfant qu'elle a vu en songe ; il lui enfonçait un poignard dans le cœur. Elle essaie de l'emmener par la ruse hors du temple où il se trouve, mais n'y parvient pas. Elle revient alors avec des soldats. C'est alors que le grand prêtre l'invite à pénétrer dans le temple pour lui présenter l'enfant. Elle accepte et tombe ainsi dans le piège : des lévites[1] armés l'exécutent et Joas est proclamé roi.

L'évanouissement d'Esther *par Antoine Coypel. Tableau donné au roi par l'artiste en 1697. (Musée du Louvre, Paris.)*

LE STYLE

Un style élégant

Racine attache une grande importance à la courtoisie et aux convenances. Ses héros s'expriment toujours avec beaucoup de distinction : même quand leurs passions violentes les troublent, même lorsque des événements extraordinaires se produisent, ils ne perdent pas le contrôle de leur langage.

Un style sobre

Le vocabulaire employé par Racine est très réduit. Il cherche à obtenir les effets les plus spectaculaires avec les moyens les plus limités. Il donne beaucoup de force à des mots simples en les organisant avec justesse.

Un style harmonieux

La musicalité du vers de 12 pieds, l'alexandrin, permet à Racine de varier l'expression selon l'état d'âme de ses personnages. Racine peut rompre le rythme de l'alexandrin à des moments critiques : il isole ainsi tel ou tel mot ou groupe de mots et force le spectateur à fixer son attention sur la portée des paroles prononcées, ou bien laisse couler le vers sous le flot de la passion. Deux exemples tirés d'Andromaque vont illustrer l'habileté de Racine à varier les rythmes :

« Je me livre en aveugle au destin qui m'entraîne
J'aime : je viens chercher Hermione en ces lieux,
La fléchir, l'enlever, ou mourir à ses yeux. »

(Oreste à Pylade, vers 98 à 100)

« Captive, toujours triste, importune à moi-même,
Pouvez-vous souhaiter qu'Andromaque vous
[aime ? »

(Andromaque à Pyrrhus, vers 301 et 302)

MÉTHODE ET STRUCTURE

La méthode est classique

Le théâtre de Racine était parfaitement conforme à l'idéal classique des trois unités tel que le

1. *Gardiens du temple.*

philosophe grec Aristote l'avait défini : lieu, temps et action (voir p. 192).
Mais il ne faisait pas de ces règles une condition absolue ; dans la préface de *Bérénice,* il affirme que « la principale règle est de plaire et de toucher ». Il faut donc émouvoir le spectateur et ce sont les émotions qui remplacent dans le théâtre de Racine les actions spectaculaires. Chez Racine, on ne meurt pas sur scène, on y souffre, on y espère. *Bérénice* est la pièce où Racine a le mieux réussi à appliquer cette idée ; l'action dramatique à proprement parler y est inexistante.

La structure est classique

Le modèle classique de la tragédie commence par une exposition des personnages et de la situation, suivie d'une crise. L'action se précipitait ensuite jusqu'au dénouement. Racine modifie ce système : chez lui, la pièce commence au stade de la crise. Les personnages se trouvent au pied du mur. Une décision s'impose alors, il va falloir agir :

« Nous voici donc, hélas, à ce jour détestable »
(début de *La Thébaïde)*

Les passions et les tensions sont tellement fortes qu'il suffit d'un événement mineur pour que l'action s'engage. Le jour où se déroule la tragédie est celui de l'explosion des sentiments, amour, haine ou jalousie. A partir de ce moment, l'issue fatale est inévitable.

LES PERSONNAGES

L'univers de Racine est régi par la fatalité ; mais il ne s'agit pas d'une fatalité extérieure (événements inévitables, interventions des dieux), il s'agit d'une fatalité intérieure. Le personnage racinien est victime de ses propres sentiments, de ses propres passions. Les passions dominantes sont : l'amour, l'ambition, la jalousie. Elles correspondent d'ailleurs aux sentiments dominants qui règnent dans le public aristocratique et oisif pour lequel écrit Racine.
Les tragédies de Racine nous dépeignent la folie de l'homme qui ne peut résister à ses désirs et qui préfère tuer ou mourir plutôt que d'abandonner et de se raisonner (Néron tue Britannicus ; Phèdre se suicide). Un critique moderne, Roland Barthes, assimile cette impossibilité de résister au désir à une impossibilité de passer à l'âge adulte, de maîtriser ses sentiments. Dans une perspective psychologique, les tragédies raciniennes seraient la mise en scène de la violence des désirs de l'adolescence, qui auraient la possibilité de se développer complètement, sans être arrêtés par la censure de l'éducation et de la société. En effet, les héros de Racine peuvent tout se permettre : ce sont des rois, des reines, des empereurs, des généraux ; leur situation leur permet de réaliser leurs désirs, même les plus fous. Aucune règle, aucune convention n'est assez forte pour les retenir. C'est dans cette violence et dans cette brutalité mises à nu que réside la modernité des pièces de Racine, même si le décor ne correspond plus à nos goûts.

Le théâtre de Racine est celui des grandes passions alors que celui de Corneille était celui des grandes volontés. Il nous apprend à mesurer notre faiblesse plutôt que notre force ; l'héroïsme fait place au jansénisme [1].
L'œuvre théâtrale de Racine atteint le sommet de l'art classique dans sa simplicité et sa rigueur. Les tragédies sont simples, car l'action est réduite au minimum, Racine voulant le moins d'intrigue possible. Elles sont simples car la langue utilisée est très sobre. Elles sont simples enfin par la psychologie des personnages, prisonniers d'une passion, d'une obsession qui les dirige. Le théâtre de Racine est aussi celui de la rigueur classique où les trois unités (lieu, temps et action) sont scrupuleusement respectées. Le vocabulaire, bien que limité, permet, par un sévère travail de combinaison des expressions, de rendre les nuances les plus fines. Ce théâtre exige beaucoup de talent de la part des acteurs, qui doivent savoir rendre toutes les subtilités du cœur et du langage.

BIBLIOGRAPHIE

Roland Barthes, sur Racine, Paris, Le Seuil, 1963.
Thierry Maulnier, Racine, Paris, Gallimard, 1935 (toujours très intéressant).
Jean-Jacques Roubine, Lectures de Racine, Paris, Armand Colin, « U2 », 1971 (bonne présentation des différentes interprétations de Racine au cours des siècles ; bibliographie importante).
J. Starobinski, Racine et la poétique du regard, dans *L'Oeil vivant*, Gallimard, 1968.

1. *Voir introduction générale p.121.*

RACINE

ANDROMAQUE

L'amour derrière la guerre

C'est dans cette scène qu'Andromaque apparaît pour la première fois. Elle est immédiatement confrontée à Pyrrhus, fils d'Achille, qui, dans un premier temps, lui expose les projets des Grecs : redoutant qu'Astyanax (fils d'Andromaque) ne devienne pour eux aussi dangereux que son père Hector, ils veulent que Pyrrhus le leur livre. On remarquera que Pyrrhus utilise cet argument pour vaincre la résistance d'Andromaque et on notera surtout ses premiers mots, chargés de tout son espoir amoureux.

PYRRHUS. — Me cherchiez-vous, madame ?
Un espoir si charmant me serait-il permis ?
ANDROMAQUE. — Je passais jusqu'aux lieux où l'on garde mon fils.
Puisqu'une fois le jour vous souffrez que je voie
Le seul bien qui me reste et d'Hector et de Troie,
J'allais, seigneur, pleurer un moment avec lui :
Je ne l'ai point encore embrassé d'aujourd'hui !
PYRRHUS. — Ah ! madame ! les Grecs, si j'en crois leurs alarmes [1],
Vous donneront bientôt d'autres sujets de larmes,
ANDROMAQUE. — Et quelle est cette peur dont leur cœur est frappé,
Seigneur ? Quelque troyen vous est-il échappé ?
PYRRHUS. — Leur haine pour Hector n'est pas encore éteinte :
Ils redoutent son fils.
ANDROMAQUE. — Digne objet de leur crainte !
Un enfant malheureux qui ne sait point encor
Que Pyrrhus est son maître, et qu'il est fils d'Hector !
PYRRHUS. — Tel qu'il est, tous les Grecs demandent qu'il périsse.
Le fils d'Agamemnon [2] vient hâter son supplice.
ANDROMAQUE. — Et vous prononcerez un arrêt [3] si cruel ?
Est-ce mon intérêt qui le rend criminel ?
Hélas ! on ne craint point qu'il venge un jour son père ;
On craint qu'il n'essuyât les larmes de sa mère.
Il m'aurait tenu lieu d'un père et d'un époux ;
Mais il me faut tout perdre, et toujours par vos coups.
PYRRHUS. — Madame, mes refus ont prévenu vos larmes.
Tous les Grecs m'ont déjà menacé de leurs armes ;
Mais, dussent-ils encore, en repassant les eaux,
Demander votre fils avec mille vaisseaux,
Coutât-il tout le sang qu'Hélène a fait répandre,
Dussé-je après dix ans voir mon palais en cendre,
Je ne balance point, je vole à son secours,
Je défendrai sa vie aux dépens de mes jours.
Mais, parmi ces périls où je cours pour vous plaire,
Me refuserez-vous un regard moins sévère ?
Haï de tous les Grecs, pressé de tous côtés,
Me faudra-t-il combattre encor vos cruautés ?

1. Inquiétudes.
2. Oreste.
3. Jugement.

Je vous offre mon bras. Puis-je espérer encore
Que vous accepterez un cœur qui vous adore ?
En combattant pour vous, me sera-t-il permis
De ne vous point compter parmi mes ennemis ?
ANDROMAQUE. — Seigneur, que faites-vous, et que dira la Grèce ?
Faut-il qu'un si grand cœur montre tant de faiblesse ?
Voulez-vous qu'un dessein si beau, si généreux,
Passe pour le transport d'un esprit amoureux ?
Captive, toujours triste, importune à moi-même,
Pouvez-vous souhaiter qu'Andromaque vous aime ?
Quels charmes ont pour vous des yeux infortunés
Qu'à des pleurs éternels vous avez condamnés ?

Andromaque, acte I, scène 4, (extrait, vers 258 à 304).

Des passions non partagées

Pyrrhus regrette le rôle qu'il a joué pendant la guerre de Troie. Il souligne qu'il a tout fait depuis qu'Andromaque et son fils sont ses prisonniers pour leur rendre la vie agréable. Il finit même par se déclarer prêt à les défendre contre les Grecs et à recréer une puissance comparable à Troie. On notera le changement de ton devant le refus obstiné d'Andromaque. Il se livre à une espèce de chantage, plongeant Andromaque dans un dilemme.

Andromaque : *Andromaque, veuve d'Hector, implore Pyrrhus, fils d'Achille. Catherine Sellers et Jean Desailly au Théâtre de France en 1962.*

PYRRHUS. — (...) Je puis, en moins de temps que les Grecs ne l'ont pris,
Dans ses murs relevés couronner votre fils.
ANDROMAQUE. — Seigneur, tant de grandeurs ne nous touchent plus guère ;
Je les lui promettais tant qu'a vécu son père.
Non, vous n'espérez plus de nous revoir encor,
Sacrés murs [1], que n'a pu conserver mon Hector !
A de moindres faveurs des malheureux [2] prétendent,
Seigneur ; c'est un exil que mes pleurs vous demandent.
Souffrez, que loin des Grecs, et même loin de vous,
J'aille cacher mon fils, et pleurer mon époux.
Votre amour contre nous allume trop de haine.
Retournez, retournez à la fille d'Hélène [3].
PYRRHUS. — Et le puis-je, madame ? Ah ! que vous me gênez !
Comment lui rendre un cœur que vous me retenez ?
Je sais que de mes vœux on lui promit l'empire ;
Je sais que pour régner elle vint dans l'Épire [4],
Le sort vous y voulût l'une et l'autre amener,
Vous, pour porter des fers, elle, pour en donner.
Cependant ai-je pris quelque soin de lui plaire ?
Et ne dirait-on pas, en voyant au contraire
Vos charmes tout-puissants, et les siens dédaignés,
Qu'elle est ici captive, et que vous y régnez ?
Ah ! qu'un seul des soupirs que mon cœur vous envoie,
S'il s'échappait vers elle, y porterait de joie.
ANDROMAQUE. — Et pourquoi vos soupirs seraient-ils repoussés ?
Aurait-elle oublié vos services passés ?
Troie, Hector, contre vous, révoltent-ils son âme ?
Aux cendres d'un époux doit-elle enfin sa flamme ?
Et quel époux encore ! Ah ! souvenir cruel !
Sa mort seule a rendu votre père [5] immortel ;
Il doit au sang d'Hector tout l'éclat de ses armes ;
Et vous n'êtes tous deux connus que par mes larmes.
PYRRHUS. — Eh bien ! madame, eh bien ! il faut vous obéir :
Il faut vous oublier, ou plutôt vous haïr.
Oui, mes vœux ont trop loin poussé leur violence
Pour ne plus s'arrêter que dans l'indifférence ;
Songez-y bien : il faut désormais que mon cœur,
S'il n'aime avec transport [6], haïsse avec fureur.
Je n'épargnerai rien dans ma juste colère :
Le fils me répondra des mépris de la mère ;
La Grèce le demande ; et je ne prétends pas
Mettre toujours ma gloire à sauver des ingrats.
ANDROMAQUE. — Hélas ! il mourra donc ! il n'a pour sa défense
Que les pleurs de sa mère, et que son innocence...
Et peut-être après tout, en l'état où je suis,
Sa mort avancera la fin de mes ennuis.
Je prolongeais pour lui ma vie et ma misère ;
Mais enfin sur ses pas j'irai revoir son père.

Andromaque, acte I, scène 4, (extrait, vers 331 à 378).

1. Les murs fortifiés de Troie.
2. Son fils et elle, malheureux, ne veulent pas un engagement aussi grand.
3. Hermione, amoureuse de Pyrrhus.
4. Il était décidé qu'Hermione serait « la reine des désirs » de Pyrrhus mais aussi celle de son royaume, l'Épire.
5. Pyrrhus est le fils d'Achille, le Grec qui a tué Hector.
6. Mouvement violent de l'âme, signe de la passion.

Le refus de céder

C'est la dernière fois qu'Andromaque apparaît. Elle sera totalement absente dans le cinquième acte. Elle vient de dire à Céphise qu'elle accepte le mariage avec Pyrrhus. On verra toutefois qu'en fait elle ne cède pas et que sa décision est plus subtile que ne le croit sa confidente.

ANDROMAQUE. — Oui, je m'y trouverai. Mais allons voir mon fils.
CÉPHISE. — Madame, qui vous presse ? Il suffit que sa vue
Désormais à vos yeux ne soit plus défendue.
Vous lui pourrez bientôt prodiguer vos bontés,
Et vos embrassements ne seront plus comptés.
Quel plaisir d'élever un enfant qu'on voit croître,
Non plus comme un esclave élevé pour son maître,
Mais pour voir avec lui renaître tant de rois.
ANDROMAQUE. — Céphise, allons le voir pour la dernière fois.
CÉPHISE. — Que dites-vous ? O dieux !
ANDROMAQUE. — O ma chère Céphise !
Ce n'est point avec toi que mon cœur se déguise :
Ta foi, dans mon malheur, s'est montrée à mes yeux ;
Mais j'ai cru qu'à mon tour tu me connaissais mieux.
Quoi donc ! as-tu pensé qu'Andromaque infidèle
pût trahir un époux qui croit revivre en elle.
Et que, de tant de morts réveillant la douleur,
Le soin de mon repos me fît troubler le leur ?
Est-ce là cette ardeur tant promise à sa cendre ?
Mais son fils périssait, il l'a fallu défendre.
Pyrrhus en m'épousant s'en déclare l'appui ;
Il suffit : je veux bien m'en reposer sur lui.
Je sais quel est Pyrrhus : violent, mais sincère,
Céphise, il fera plus qu'il n'a promis de faire.
Sur le courroux des Grecs je m'en repose encor :
Leur haine va donner un père au fils d'Hector,
Je vais donc, puisqu'il faut, que je me sacrifie,
Assurer à Pyrrhus le reste de ma vie ;
Je vais, en recevant sa foi sur les autels,
L'engager à mon fils par des nœuds [1] immortels.
Mais aussitôt ma main, à moi seule funeste,
D'une infidèle vie abrégera le reste [2] ;
Et, sauvant ma vertu, rendra ce que je dois
A Pyrrhus, à mon fils, à mon époux, à moi.
Voilà de mon amour l'innocent stratagème :
Voilà ce qu'un époux m'a commandé lui-même,
J'irai seule rejoindre Hector et mes aïeux.
Céphise, c'est à toi de me fermer les yeux.
CÉPHISE. — Ah ! ne prétendez pas que je puisse survivre...
ANDROMAQUE. — Non, non, je te défends, Céphise de me suivre.
Je confie à tes soins mon unique trésor.
Si tu vivais pour moi, vis pour le fils d'Hector.

1. Les liens du mariage mais aussi ceux de la promesse de Pyrrhus.
2. Allusion directe au suicide.

De l'espoir des Troyens seule dépositaire,
Songe à combien de rois tu deviens nécessaire.
Veille auprès de Pyrrhus ; fais-lui garder sa foi :
S'il le faut, je consens qu'on lui parle de moi ;
Fais-lui valoir l'hymen où je me suis rangée [3] :
Dis-lui qu'avant ma mort je lui fus engagée ;
Que ses ressentiments doivent être effacés ;
Qu'en lui laissant mon fils, c'est l'estimer assez.
Fais connaître à mon fils les héros de sa race ;
Autant que tu pourras, conduis-le sur leur trace :
Dis-lui par quels exploits leurs noms ont éclaté,
Plutôt ce qu'ils ont fait que ce qu'ils ont été ;
Parle-lui tous les jours des vertus de son père ;
Et quelquefois aussi parle-lui de sa mère.
Mais qu'il ne songe plus, Céphise, à nous venger :
Nous lui laissons un maître, il le doit ménager.
Qu'il ait de ses aïeux un souvenir modeste :
Il est du sang d'Hector, mais il en est le reste ;
Et pour ce reste enfin j'ai moi-même, en un jour,
Sacrifié mon sang, ma haine, et mon amour.
CÉPHISE. — Hélas !
ANDROMAQUE. — Ne me suis point, si ton cœur en alarmes
Prévoit qu'il ne pourra commander à tes larmes.
On vient. Cache tes pleurs, Céphise ; et souviens-toi
Que le sort d'Andromaque est commis à ta foi [4].

Andromaque, acte IV, scène 1, (extrait, vers 1064 à 1129).

3. Le mariage auquel j'ai cédé.
4. Soumis à ta loyauté : Céphise pourrait révéler à Pyrrhus les projets d'Andromaque, pour la sauver malgré elle.

La folie tragique de la passion

Dans cette dernière scène de la pièce, Oreste va apprendre qu'Hermione est morte. Comme il a tout sacrifié pour elle, allant jusqu'à assassiner Pyrrhus, il ne comprend plus et devient fou. Pour traduire le délire d'Oreste, Racine utilise des procédés stylistiques particuliers comme l'allitération, qui est la répétition insistante d'une sonorité (exemple : vers 37, allitération en s).

PYLADE. — Hermione, seigneur ? Il la faut oublier
Quoi ! toujours l'instrument et l'objet de sa rage
Cherchez-vous chez les morts quelque nouvel outrage ?
Et parce qu'elle meurt, faut-il que vous mouriez ?
ORESTE. — Elle meurt ! Dieux ! qu'entends-je ?
PYLADE. — Eh quoi ! vous l'ignoriez !
En rentrant dans ces lieux nous l'avons rencontrée
Qui courait vers le temple, inquiète, égarée.
Elle a trouvé Pyrrhus porté par des soldats
Que son sang excitait à venger son trépas.
Sans doute à cet objet sa rage s'est émue.
Mais du haut de la porte enfin nous l'avons vue

Un poignard à la main sur Pyrrhus se courber,
Lever les yeux au ciel, se frapper et tomber.
ORESTE. — Grâce aux dieux, mon malheur passe mon espérance !
Oui, je te loue, ô ciel, de ta persévérance !
Appliqué sans relâche au soin de me punir,
Au comble des douleurs tu m'as fait parvenir,
Ta haine a pris plaisir à former ma misère ;
J'étais né pour servir d'exemple à ta colère,
Pour être du malheur un modèle accompli.
Eh bien ! je meurs content, et mon sort est rempli.
Où sont ces deux amants ? Pour couronner ma joie,
Dans leur sang, dans le mien, il faut que je me noie ;
L'un et l'autre en mourant je les veux regarder :
Réunissons trois cœurs qui n'ont pu s'accorder...
Mais quelle épaisse nuit tout à coup m'environne ?
De quel côté sortir ? D'où vient que je frissonne ?
Quelle horreur me saisit ! Grâce au ciel j'entrevois...
Dieux ! quels ruisseaux de sang coulent autour de moi !
PYLADE. — Ah ! seigneur !
ORESTE. — Quoi ! Pyrrhus, je te rencontre encore :
Trouverai-je partout un rival que j'abhorre ?
Percé de tant de coups, comment t'es-tu sauvé ?
Tiens, tiens, voilà le coup que je t'ai réservé.
Mais que vois-je ? A mes yeux Hermione l'embrasse !
Elle vient l'arracher au coup qui le menace !
Dieux ! quels affreux regards elle jette sur moi !
Quels démons, quels serpents traîne-t-elle après soi ?
Eh bien ! filles d'enfer, vos mains sont-elles prêtes ?
Pour qui sont ces serpents qui sifflent sur vos têtes ?
A qui destinez-vous l'appareil [1] qui vous suit ?
Venez-vous m'enlever dans l'éternelle nuit ?
Venez, à vos fureurs Oreste s'abandonne.
Mais non, retirez-vous, laissez faire Hermione :
L'ingrate mieux que vous saura me déchirer ;
Et je lui porte enfin mon cœur à dévorer.
PYLADE. — Il perd le sentiment [2]. Amis, le temps nous presse ;
Ménageons les moments que ce transport nous laisse.
Sauvons-le. Nos efforts deviendraient impuissants
S'il reprenait ici sa rage avec ses sens.

Andromaque, acte V, scène 5, (extrait, vers 1600 à 1648).

1. Apparence, décor solennel et somptueux.
2. Il perd la raison.

BÉRÉNICE

Les amours sacrifiées

Bérénice refuse de croire que Titus veuille se séparer d'elle. Elle veut l'entendre de la bouche de Titus lui-même. Dans cette scène émouvante, elle fait valoir les arguments de l'amour contre ce qu'elle prend pour la froide raison d'État. Elle finira par comprendre qu'en fait, Titus l'aime toujours, comme le montre la fin de cet extrait.

TITUS. — (...) Je sais tous les tourments où ce dessein [1] me livre :
Je sens bien que sans vous je ne saurais plus vivre,
Que mon cœur de moi-même est prêt à s'éloigner ;
Mais il ne s'agit plus de vivre, il faut régner.
BÉRÉNICE. — Eh bien ! régnez, cruel, contentez votre gloire :
Je ne dispute plus. J'attendais, pour vous croire,
Que cette même bouche, après mille serments
D'un amour qui devait unir tous nos moments,
Cette bouche, à mes yeux s'avouant infidèle,
M'ordonnât elle-même une absence éternelle.
Moi-même j'ai voulu vous entendre en ce lieu.
Je n'écoute plus rien : et, pour jamais, adieu...
Pour jamais ! Ah ! seigneur ! songez-vous en vous-même
Combien ce mot cruel est affreux quand on aime ?
Dans un mois, dans un an, comment souffrirons-nous,
Seigneur, que tant de mers me séparent de vous ;
Que le jour recommence, et que le jour finisse,
Sans que jamais Titus puisse voir Bérénice,
Sans que, de tout le jour, je puisse voir Titus ?
Mais quelle est mon erreur, et que de soins perdus !
L'ingrat, de mon départ consolé par avance,
Daignera-t-il compter les jours de mon absence ?
Ces jours si longs pour moi lui sembleront trop courts.
TITUS. — Je n'aurai pas, madame, à compter tant de jours :
J'espère que bientôt la triste renommée
Vous fera confesser que vous étiez aimée.
Vous verrez que Titus n'a pu, sans expirer...
BÉRÉNICE. — Ah ! seigneur ! s'il est vrai, pourquoi nous séparer ?
Je ne vous parle point d'un heureux hyménée [2].
Rome à ne plus vous voir m'a-t-elle condamnée ?
Pourquoi m'enviez-vous l'air que vous respirez ?
TITUS. — Hélas ! vous pouvez tout, madame : demeurez :
Je n'y résiste point. Mais je sens ma faiblesse.
Il faudra vous combattre et vous craindre sans cesse,
Et sans cesse veiller à retenir mes pas,
Que vers vous à toute heure entraînent vos appas.
Que dis-je ? En ce moment mon cœur, hors de lui-même,
S'oublie, et se souvient seulement qu'il vous aime.

1. Devenir empereur.
2. Mariage.

BÉRÉNICE. — Eh bien ! seigneur, eh bien ! qu'en peut-il arriver ?
Voyez-vous les Romains prêts à se soulever ?
TITUS. — Et qui sait de quel œil ils prendront cette injure ?
S'ils parlent, si les cris succèdent au murmure,
Faudra-t-il par le sang justifier mon choix ?
S'ils se taisent, madame, et me vendent leurs lois,
A quoi m'exposez-vous ? Par quelle complaisance
Faudra-t-il quelque jour payer leur patience ?
Que n'oseront-ils point alors me demander ?
Maintiendrai-je des lois que je ne puis garder ?
BÉRÉNICE. — Vous ne comptez pour rien les pleurs de Bérénice !
TITUS. — Je les compte pour rien ! Ah ! ciel ! quelle injustice !
BÉRÉNICE. — Quoi ! pour d'injustes lois que vous pouvez changer,
En d'éternels chagrins vous-même vous plonger !
Rome a ses droits, seigneur : n'avez-vous pas les vôtres
Ses intérêts sont-ils plus sacrés que les nôtres ?
Dites, parlez.
TITUS. — Hélas ! que vous me déchirez !
BÉRÉNICE. — Vous êtes empereur, seigneur, et vous pleurez !

Bérénice, acte IV, scène 5 (extrait, vers 1099 à 1154).

PHÈDRE

Les amours interdites

Souffrant d'un mal mystérieux, Phèdre, la femme de Thésée, est interrogée par sa confidente, Oenone. Mais Phèdre a peur de parler car elle sait que sa passion secrète pour Hippolyte, fils issu d'un premier mariage de son mari Thésée, risque d'éclater. Dans cette scène de l'aveu, elle n'ose pas même prononcer le nom de celui qu'elle aime. On notera comment Phèdre en vient insensiblement à avouer.

PHÈDRE. — Je t'en ai dit assez : épargne-moi le reste.
Je meurs, pour ne point faire un aveu si funeste.
OENONE. — Mourez donc, et gardez un silence inhumain ;
Mais pour fermer vos yeux cherchez une autre main ;
Quoiqu'il vous reste à peine une faible lumière,
Mon âme chez les morts descendra la première ;
Mille chemins ouverts y conduisent toujours,
Et ma juste douleur choisira les plus courts.
Cruelle ! quand ma foi vous a-t-elle déçue ?
Songez-vous qu'en naissant mes bras vous ont reçue ?
Mon pays, mes enfants, pour vous j'ai tout quitté.
Réserviez-vous ce prix à ma fidélité ?
PHÈDRE. — Quel fruit espères-tu de tant de violence ?
Tu frémiras d'horreur si je romps le silence.
OENONE. — Et que me direz-vous qui ne cède, grands dieux,
A l'horreur de vous voir expirer à mes yeux ?

PHÈDRE. — Quand tu sauras mon crime et le sort qui m'accable,
Je n'en mourrai pas moins ; j'en mourrai plus coupable.
OENONE. — Madame, au nom des pleurs que pour vous j'ai versés,
Par vos faibles genoux que je tiens embrassés,
Délivrez mon esprit de ce funeste doute.
PHÈDRE. — Tu le veux : lève-toi.
OENONE. — Parlez : je vous écoute.
PHÈDRE. — Ciel ! que lui vais-je dire ! et par où commencer ?
OENONE. — Par de vaines frayeurs cessez de m'offenser.
PHÈDRE. — O haine de Vénus ! O fatale colère !
Dans quels égarements l'amour jeta ma mère [1] !
OENONE. — Oublions-les madame ; et qu'à tout l'avenir
Un silence éternel cache ce souvenir.
PHÈDRE. — Ariane, ma sœur [2], de quel amour blessée
Vous mourûtes aux bords où vous fûtes laissée !
OENONE. — Que faites-vous, madame ? et quel mortel ennui
Contre tout votre sang vous anime aujourd'hui ?
PHÈDRE. — Puisque Vénus le veut, de ce sang déplorable
Je péris la dernière et la plus misérable.
OENONE. — Aimez-vous ?
PHÈDRE. — De l'amour j'ai toutes les fureurs.
OENONE. — Pour qui ?
PHÈDRE. — Tu vas ouïr le comble des horreurs.
J'aime… A ce nom fatal, je tremble, je frissonne,
J'aime…
OENONE. — Qui ?
PHÈDRE. — Tu connais ce fils de l'Amazone [3],
Ce prince si longtemps par moi-même opprimé ?
OENONE. — Hippolyte ? Grands dieux !
PHÈDRE. — C'est toi qui l'as nommé !

Phèdre, acte I, scène 3 (extrait, vers 225 à 264).

1. La mère de Phèdre, Pasiphaé, fut elle-même prise d'une passion violente et insensée pour un taureau blanc.
2. La sœur de Phèdre, Ariane, avait été abandonnée sur l'île grecque de Naxos par Thésée.
3. La première femme de Thésée et donc la mère d'Hippolyte, l'amazone Antiope.

Dénouement tragique

Phèdre vient de prendre du poison. Avant de mourir, elle va avouer à son mari qu'elle a menti en accusant Hippolyte. A la différence de l'amour chez Corneille, l'amour racinien est loin d'être une expérience exaltante. Il abat, dégrade le corps et l'âme et conduit à la catastrophe.

PHÈDRE. — (…) Il faut à votre fils rendre son innocence :
Il n'était point coupable.
THÉSÉE. — Ah ! père infortuné !
Et c'est sur votre foi que je l'ai condamné !
Cruelle ! pensez-vous être assez excusée…
PHÈDRE. — Les moments me sont chers ; écoutez-moi, Thésée :
C'est moi qui sur ce fils chaste et respectueux
Osai jeter un œil profane, incestueux.
Le ciel mit dans mon sein une flamme funeste :

La détestable Oenone a conduit tout le reste.
Elle a craint qu'Hippolyte, instruit de ma fureur [1],
Ne découvrît un feu [2] qui lui faisait horreur :
La perfide, abusant de ma faiblesse extrême,
S'est hâtée à vos yeux, de l'accuser lui-même.
Elle s'en est punie, et, fuyant mon courroux,
A cherché dans les flots [3] un supplice trop doux.
Le fer aurait déjà tranché ma destinée ;
Mais je laissais gémir la vertu soupçonnée :
J'ai voulu, devant vous, exposant mes remords,
Par un chemin plus lent descendre chez les morts.
J'ai pris, j'ai fait couler dans mes brûlantes veines
Un poison que Médée [4] apporta dans Athènes.
Déjà jusqu'à mon cœur le venin parvenu
Dans ce cœur expirant jette un froid inconnu ;
Déjà je ne vois plus qu'à travers un nuage
Et le ciel et l'époux que ma présence outrage ;
Et la mort, à mes yeux dérobant la clarté,
Rend au jour qu'ils souillaient toute sa pureté.
PANOPE. — Elle expire, seigneur !
THÉSÉE. — D'une action si noire
Que ne peut avec elle expirer la mémoire !
Allons, de mon erreur, hélas ! trop éclaircis,
Mêler nos pleurs au sang de mon malheureux fils !
Allons de ce cher fils embrasser ce qui reste,
Expier la fureur d'un vœu [5] que je déteste :
Rendons-lui les honneurs qu'il a trop mérités ;
Et, pour mieux apaiser ses mânes irrités,
Que, malgré les complots d'une injuste famille,
Son amante [6] aujourd'hui me tienne lieu de fille !

Phèdre, acte V, scène 7 (extrait, vers 1612 à 1654).

1. Mis au courant de ma passion pour lui.
2. Ardeur de l'amour.
3. Oenone s'est suicidée en se jetant dans la mer.
4. Magicienne.
5. Réparer la folie, le vœu étant la malédiction que Thésée a prononcée contre Hippolyte.
6. Aricie, amante de Thésée.

Phèdre : *Sarah Bernhardt (1844-1923) est l'une des plus célèbres actrices du répertoire français. Elle incarne ici Phèdre. (Dépt des Arts du Spectacle, Bibliothèque Nationale, Paris.)*

BOILEAU (1636-1711)

Poète formaliste mais aussi écrivain satirique redouté, Nicolas Boileau peut être considéré comme le théoricien du classicisme en France. Il a contribué à diffuser les thèses classiques à partir des grandes œuvres théâtrales de Corneille et Racine. Enfin, c'est un écrivain très exigeant, à la recherche de la pureté du français, sans les excès de la préciosité.

Portrait de Boileau, grand théoricien de l'art classique. École française du XVIIIe siècle (Musée National du château de Versailles).

LA VIE

Né à Paris dans une famille bourgeoise, Nicolas Boileau étudie la théologie, puis le droit, après une enfance assombrie par la mort de ses parents et par la maladie. En 1657, un modeste héritage lui permet de s'engager dans la carrière littéraire. Il fréquente alors une société de philosophes et de libertins[1], fait la connaissance de Molière et se met à écrire ses premières satires, dont la publication en 1666 lui attire de nombreux ennemis. Il pénètre peu à peu dans les milieux mondains dont les discussions l'amènent à formuler en 1674 son *Art poétique*. Le succès lui vaut d'être présenté à Louis XIV : il est nommé en même temps que Racine historiographe du roi, en 1677. Dès lors, Boileau n'écrit plus beaucoup et mène une vie bourgeoise. Il entre à l'Académie en 1684. C'est là que sera relancée la Querelle des Anciens et des Modernes, où il reprend sa plume d'écrivain satirique. Après une dernière polémique avec les jésuites[2], Boileau, malade, meurt à Paris en 1711.

PRINCIPALES ŒUVRES

Les Satires (de 1666 à 1705)

Ce sont des poèmes en vers où l'écrivain dénonce les défauts de ses contemporains. Boileau a composé les premières dans sa jeunesse et s'est

1. Personnes qui ne cherchent que leur plaisir personnel et affirment que chacun est libre de penser ce qu'il veut.
2. Membres de la Compagnie ou Société de Jésus, ordre religieux fondé au XVIe siècle par Ignace de Loyola. Ils pensent que l'homme est capable d'obtenir par ses mérites la Grâce divine et de se faire pardonner ses péchés. Par là, ils s'opposent radicalement aux idées des jansénistes.

surtout attaqué à des écrivains auxquels il reprochait d'être superficiels et maladroits. Mais certaines satires, et en particulier les dernières, traitent aussi des problèmes de la littérature en général et de la morale.

L'art poétique (1674)

C'est un long poème divisé en quatre chants. Boileau y analyse tous les genres poétiques : l'élégie, l'ode, le sonnet, etc., mais surtout, ce qui est intéressant pour nous, la comédie et la tragédie.
A tort, cette œuvre a fait considérer Boileau comme le père du classicisme, alors qu'il n'en est que le produit : en effet, il a seulement mis en ordre les idées et les méthodes du théâtre dit classique, tel qu'il existait déjà et tel que Racine, par exemple, l'avait pratiqué.

Épîtres (1674-1683-1695)

L'épître est à l'origine une lettre en vers. Boileau imite ce genre du poète latin Horace et s'en sert pour décrire sa vie quotidienne, mais aussi pour exposer des idées littéraires.

Le Lutrin (1674-1683)

C'est une épopée comique où Boileau met dans la bouche de personnages grossiers ou simples un langage très élégant et poli. Il s'oppose ainsi à la tradition burlesque, consistant à faire parler vulgairement des personnages nobles.

THÉORIES

Boileau condamne tout ce qui, dans le style d'un auteur, est arrogant ou pédant, toute inspiration artificielle, mais aussi tout sujet vulgaire ou burlesque. L'auteur classique doit centrer son

Histoire poétique de la guerre nouvellement déclarée entre les Anciens et les Modernes *(gravure anonyme, 1688). Une représentation militaire de la dispute qui opposa les partisans de l'imitation de l'Antiquité aux partisans de la Modernité (1687-1694). Six corps d'armée se font face de part et d'autre d'une rivière ; du côté des Anciens, on reconnaît les poètes grecs, les poètes latins et les orateurs anciens avec, en première ligne, Homère, Virgile et Démosthène ; du côté des Modernes leur sont opposés les poètes français, les poètes italiens et espagnols, les orateurs modernes avec, en première ligne, Corneille (mort en 1684), Torquato Tasso et l'Arioste (Bibliothèque Nationale, Paris).*

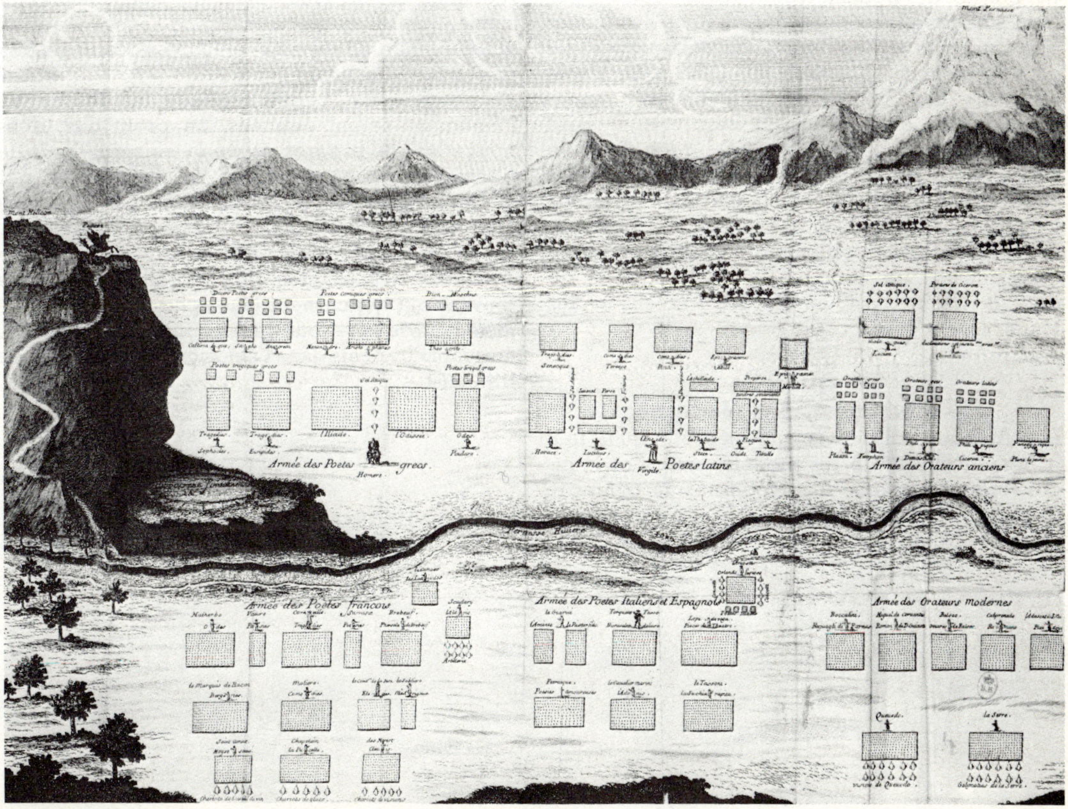

œuvre sur la nature humaine. Les sentiments que l'on veut faire naître chez le public seront provoqués par des portraits fidèles des faiblesses de l'homme : la pitié doit être éveillée par le spectacle du malheur d'un personnage qui souffre et non par des scènes de violence ; l'humour par le spectacle de mœurs ou d'attitudes drôles, et non par un comique grossier.

Boileau a dicté un certain nombre de principes dont l'auteur classique ne doit pas s'écarter.

— Pour être poète, il faut avoir des dons naturels. Mais l'inspiration seule ne suffit pas.

— L'inspiration et l'imagination doivent être soumises au contrôle de la raison.

— Un travail important sur le style est nécessaire. Pour cela, l'auteur doit suivre l'exemple des auteurs grecs et latins : leurs études de la nature humaine sont profondes et peuvent donc être imitées.

— L'auteur doit respecter les règles d'Aristote et surtout veiller à maintenir, dans toute pièce de théâtre une triple unité : de l'action (une seule intrigue), du lieu (ne pas promener les personnages à travers les pays) et du temps (pas d'action qui dépasserait le cadre d'une journée).

— Enfin et surtout, il doit éviter de mettre en scène des situations fantaisistes : l'action doit être vraisemblable.

Le mérite de Boileau est d'avoir su tirer ces quelques principes clairs et ordonnés des pièces que Corneille et Racine avaient déjà écrites. De nombreux imitateurs sans talent du XVIIe siècle et même des siècles suivants ont cru qu'en écoutant les conseils de Boileau, ils seraient célèbres : mais on ne saurait lui en faire le reproche. Il annonce par son œuvre les idées maîtresses du XVIIIe siècle : la clarté et la raison.

La réflexion de Boileau sur la création poétique l'a amené tout naturellement à prendre position dans une dispute littéraire qui a marqué la fin du XVIIe siècle : la Querelle des Anciens et des Modernes.

La Querelle des Anciens et des Modernes

Les Anciens sont ceux qui pensent qu'il faut imiter en littérature les modèles grecs et latins qui seraient parfaits. Les Modernes au contraire disent que l'inspiration doit être libre et surtout actuelle. En fait, derrière cette querelle littéraire se cache un débat plus général : c'est l'opposition entre les conservateurs et les partisans du progrès.

La querelle commence par de petites rivalités de portée limitée.

Certains écrivains « modernistes » du XVIIe siècle prennent pour sujet l'histoire religieuse chrétienne et non plus le monde mythologique des Grecs ; Boileau, qui affirme la supériorité du monde antique, réagit. Il était déjà intervenu dans une autre affaire : des tableaux exposés au château de Versailles portaient une inscription en français ; Boileau l'avait fait remplacer par une inscription en latin.

Une crise est déclenchée par un scandale public en présence de Louis XIV lui-même : le poète Charles Perrault [1] lit devant l'Académie un texte appelé : *Le siècle de Louis Le Grand* (Louis Le Grand désigne Louis XIV). Il y affirme que les auteurs modernes sont aussi bons que les anciens et même meilleurs. Ceci déclenche des réactions très vives de la part des Anciens. Ils répondent par des textes violents qui essaient de ridiculiser leurs adversaires. Dans leur camp, on trouve La Fontaine (voir p. 174), Boileau et La Bruyère. En face, on trouve, outre Perrault, le philosophe Fontenelle (voir p. 217). Boileau et Perrault se réconcilient en 1700, mais au début du XVIIIe siècle, cette querelle reprend avec d'autres acteurs. Elle se termine plutôt à l'avantage des thèses modernistes.

Et pendant un certain temps, les thèses de l'Antiquité seront oubliées, au profit des idées nouvelles du progrès et de la raison. Toute la littérature du XVIIIe siècle est influencée par les conséquences de la querelle. Les écrivains chercheront de nouvelles formes d'expression. Ils n'essaieront plus de créer, comme les Anciens, des œuvres intemporelles, mais des œuvres qui concernent leur époque. On connait justement le rôle joué par les intellectuels et les écrivains français dans l'éclosion de la Révolution française.

1. *Auteur français très célèbre pour ses contes.*

BIBLIOGRAPHIE

Pierre Clarac, *Boileau,* Paris, Hatier, « Connaissance des Lettres », 1964.

LES SATIRES

Boileau défend la satire

Les premières satires de Boileau ont déchaîné les passions dans les milieux littéraires ; l'auteur, en effet, ne ménage pas ses adversaires, qu'il n'hésite pas à nommer, contrairement aux règles en usage dans le genre de la satire. Dans la Satire IX, qui date de 1667, Boileau feint de se demander si la satire est légitime. Il répond ici avec beaucoup d'humour, se moquant des styles alors à la mode (odes, églogues). Il justifie son choix en reprenant deux thèmes fondamentaux du classicisme : l'exigence de la raison et l'éducation du public.

La Satire, dit-on, est un métier funeste,
Qui plaît à quelques gens, et choque tout le reste.
La suite en est à craindre : en ce hardi métier
La peur plus d'une fois fit repentir Regnier [1].
Quittez ces vains plaisirs, dont l'appât vous abuse :
A de plus doux emplois occupez votre Muse :
Et laissez à Feuillet [2] réformer l'Univers.
Et sur quoi donc faut-il que s'exercent mes vers ?
Irai-je dans une Ode, en phrases de Malherbe [3],
Troubler dans ses roseaux le Danube superbe :
Délivrer de Sion [4] le peuple gémissant ;
Faire trembler Memphis [5], ou pâlir le Croissant [6] :
Et passant du Jourdain les ondes alarmées,
Cueillir, mal à propos, les palmes Idumées [7] ?
Viendrai-je, en une Églogue [8], entouré de troupeaux,
Au milieu de Paris enfler mes chalumeaux [9],
Et dans mon cabinet assis au pied des hêtres,
Faire dire aux échos des sottises champêtres ?
Faudra-t-il de sens froid, et sans être amoureux,
Pour quelque Iris [10] en l'air faire le langoureux ;
Lui prodiguer les noms de Soleil et d'Aurore,
Et toujours bien mangeant mourir par métaphore ?
Je laisse aux doucereux ce langage affecté
Où s'endort un esprit de mollesse hébété.
La Satire en leçons, en nouveautés fertile,
Sait seule assaisonner le plaisant et l'utile,
Et d'un vers qu'elle épure aux rayons du bon sens,
Détrompe les Esprits des erreurs de leur temps.
Elle seule bravant l'orgueil et l'injustice,
Va jusque sous le dais [11] faire pâlir le vice ;
Et souvent sans rien craindre, à l'aide d'un bon mot,
Va venger la raison des attentats d'un Sot.

Satire IX,
Vers 243-274.

1. Mathurin Regnier (1573-1613) : poète satirique français qui s'en est pris à Malherbe. Il était très connu et très populaire au XVIIe siècle.
2. Prédicateur célèbre par sa violence et sa dureté.
3. Les vers qui suivent sont de Malherbe ; ils étaient devenus des clichés dans la poésie héroïque du temps.
4. Israël.
5. Puissante ville de l'ancienne Égypte.
6. Symbole de la puissance turque.
7. Nom employé comme adjectif. Idumée correspond à peu près à la Judée.
8. Ouvrage de poésie pastorale où l'on introduit des bergers qui conversent ensemble.
9. Flûte de berger ; « enfler mes chalumeaux » signifie jouer de la flûte.
10. Nom généralement donné par les poètes à la femme aimée.
11. Ouvrage qui couronne un autel ou un trône.

BOILEAU

L'ART POÉTIQUE

La littérature vue par les classiques

L'Art poétique ***est l'exposé officiel de la doctrine classique. La brève histoire de la poésie française ici tracée par Boileau est présentée comme une marche hors du chaos vers la raison et la clarté.***

Durant les premiers ans du Parnasse françois [1]
Le caprice tout seul faisait toutes les lois.
La rime, au bout des mots assemblés sans mesure,
Tenait lieu d'ornements, de nombre et de césure.
Villon sut le premier, dans ces siècles grossiers,
Débrouiller l'art confus de nos vieux romanciers [2].
Marot bientôt après fit fleurir les ballades [3],
Tourna des triolets, rima des mascarades [4],
A des refrains réglés asservit les rondeaux,
Et montra pour rimer des chemins tout nouveaux.
Ronsard, qui le suivit, par une autre méthode,
Réglant tout, brouilla tout, fit un art à sa mode,
Et toutefois longtemps eut un heureux destin.
Mais sa muse, en français parlant grec et latin,
Vit dans l'âge suivant, par un retour grotesque,
Tomber de ses grands mots le faste pédantesque.
Ce poète orgueilleux, trébuché de si haut
Rendit plus retenus Desportes et Bertaut. [5]
Enfin Malherbe [6] vint, et, le premier en France,
Fit sentir dans les vers une juste cadence,
D'un mot mis en sa place enseigna le pouvoir,
Et réduisit la muse aux règles du devoir.
Par ce sage écrivain la langue réparée
N'offrit plus rien de rude à l'oreille épurée.
Les stances avec grâce apprirent à tomber,
Et le vers sur le vers n'osa plus enjamber.
Tout reconnut ses lois ; et ce guide fidèle
Aux auteurs de ce temps sert encor de modèle.
Marchez donc sur ses pas ; aimez sa pureté,
Et de son tour heureux imitez la clarté.
Si le sens de vos vers tarde à se faire entendre,
Mon esprit aussitôt commence à se détendre ;
Et, de vos vains discours prompt à se détacher
Ne suit point un auteur qu'il faut toujours chercher. (...)
Avant donc que d'écrire apprenez à penser.
Selon que notre idée est plus ou moins obscure,
L'expression la suit, ou moins nette, ou plus pure.
Ce que l'on conçoit bien s'énonce clairement,
Et les mots pour le dire arrivent aisément.

L'art poétique,
Chant I, vers 113 à 154.

1. De la poésie française. Le Parnasse est une montagne en Grèce où séjournent Apollon et ses muses.
2. Cet éloge de Villon est un peu obscur. Ce qui frappe maintenant chez Villon, c'est qu'il a été un des premiers à faire une poésie personnelle, naturelle.
3. Marot n'est pas l'inventeur des ballades qui datent du XIIe siècle.
4. Il n'a fait ni triolet, ni mascarade !
5. Deux poètes de la fin du XVIe siècle.
6. Pour Boileau, le premier poète moderne.

MADAME DE SÉVIGNÉ (1626-1696)

Madame de Sévigné n'a écrit ni tragédie ni roman ni poésie, mais elle a excellé dans l'art épistolaire. Elle a écrit plus de mille lettres à des personnages importants de l'époque et surtout à sa fille. Cet ensemble varié et spirituel constitue la vivante chronique de tout un quart de siècle.

LA VIE

Marie de Rabutin-Chantal est née à Paris. Orpheline de bonne heure, elle est élevée par un oncle qui lui fait donner une éducation soignée (elle apprend l'italien, l'espagnol, le latin). Mariée à un jeune seigneur en 1644, elle devient marquise de Sévigné. Elle fréquente les salons, où elle brille par son charme et son esprit. Elle engage une correspondance avec des personnalités de l'époque : madame de La Fayette, le cardinal de Retz. Ses lettres sont déjà fort appréciées. Elle a 26 ans lorsque son mari est tué en duel. Par la suite, elle s'occupe beaucoup de ses enfants et surtout de sa fille. Lorsque celle-ci se marie en 1671 et suit son époux à Grignan, dans le Midi de la France, elle lui écrit de longues lettres, au moins deux par semaine, depuis Paris, mais aussi de Bretagne où elle possède un château. Lorsque madame de Sévigné meurt en 1696, elle a écrit près de 1 200 lettres, réparties sur une trentaine d'années. Certaines ont été perdues, beaucoup d'autres n'ont été publiées qu'au cours du XVIIIe et du XIXe siècle.

Portrait de madame de Sévigné par Pierre Mignard (Musée Carnavalet, Paris).

LE PERSONNAGE

Dans cette correspondance, nous voyons vivre et évoluer pendant trente ans une personnalité, un peu comme dans les *Essais* de Montaigne, mais les préoccupations et le ton sont différents. Elle apparait spirituelle, enjouée ; elle a tendance à voir les choses sous leur côté agréable. Sa tendresse pour sa fille, la force de ses amitiés nous sont livrées sans fard.

Elle a été marquée par le courant précieux de l'Hôtel de Rambouillet, sans en prendre les défauts. Elle garde l'imagination vive et une gaieté naturelle. Elle nous dit ses goûts, ses lectures, ses préférences. Elle admire mademoiselle de Scudéry et Corneille ; elle se trompe parfois, comme en témoigne le peu d'intérêt qu'elle accorde à Racine : « Ce n'est pas pour les siècles à venir ». Sans être austère, elle est attirée par le jansénisme et Pascal. Chose rare à l'époque classique, elle sait nous dire aussi son émerveillement pour la nature et la beauté des saisons.

L'INTÉRÊT DOCUMENTAIRE

Sa situation mondaine la met en mesure d'être bien renseignée sur tout, et elle se fait un plaisir de renseigner à son tour ses correspondants. Elle raconte les événements qui agitent la cour et la capitale : procès du surintendant Fouquet, mort de Turenne, exécution de La Brinvilliers, etc. De façon plus vivante que dans des mémoires, elle nous donne la chronique du règne de Louis XIV, avec, semaine par semaine, tous les commérages et les faits divers. Pendant ses séjours en province, son écriture est proche de celle du reportage : elle raconte comment on voyage, comment les paysans font les foins, la thérapeutique des eaux à Vichy. Elle montre aussi le climat spirituel et moral de l'époque : la portée du cartésianisme sur les esprits, l'influence du jansénisme, le malaise d'une noblesse encore secouée par l'échec de la Fronde.

L'ART DE MADAME DE SÉVIGNÉ

Il y a chez elle un désir très fort de briller et de plaire. L'art épistolaire est à la mode au XVIIe siècle et l'auteur sait que ses lettres, si elles sont bien tournées, ont des chances d'être lues publiquement dans les salons de la bonne société. Il y a donc peu de réelles confidences et de détails intimes : ces lettres ont un caractère social. La futilité et le bavardage sont, à certains moments, inévitables, mais la coquetterie littéraire n'altère pas les trois qualités principales de son style : la vivacité, le naturel et la variété. L'élocution aisée, la spontanéité, de jolies trouvailles d'expression (éveillée « comme une potée de souris ») font le charme de son écriture. Sous sa plume rien n'est banal, elle a le don de la mise en scène et l'art de trouver chaque fois le côté accrocheur des choses.

Les lettres de madame de Sévigné sont autant de tableaux des gens et des choses de son époque. On y voit vivre une femme brillante et à l'aise dans son milieu. Elle fait partie de ce que l'on appelle les auteurs mondains.

BIBLIOGRAPHIE
Jean Cordelier, *Madame de Sévigné par elle-même,* Paris, Seuil, 1967.
Roger Duchêne, *Madame de Sévigné et la lettre d'amour,* Paris, Bordas, 1970.

LETTRES

Une parisienne raconte

De 1670 à 1680, un énorme scandale agite Paris ; il s'agit de l'Affaire des poisons. La marquise de Brinvilliers, accusée de meurtre, révèle sous la torture les détails de cette affaire, qui touche des personnages importants de la cour. Trente-quatre condamnations à mort sont prononcées et exécutées, notamment celle de la Brinvilliers que nous raconte ici madame de Sévigné.

Enfin c'en est fait, la Brinvilliers est en l'air. Son pauvre petit corps a été jeté, après l'exécution, dans un fort grand feu, et les cendres au vent, de sorte que nous la respirerons, et par la communication des petits esprits [1], il nous prendra quelque humeur empoisonnante dont nous serons tous étonnés. Elle fut jugée dès hier. Ce matin, on lui a lu son arrêt, qui était de faire amende honorable à Notre-Dame et d'avoir la tête coupée, son corps brûlé, les cendres au vent. On l'a présentée à la question [2], elle a dit qu'il n'en était pas besoin, et qu'elle dirait tout. En effet, jusqu'à cinq heures du soir elle a conté sa vie, encore plus épouvantable qu'on ne le pensait. Elle a empoisonné dix fois de suite son père (elle ne pouvait en venir à bout), ses frères et plusieurs autres. Et toujours l'amour et les

1. Allusions aux « petits esprits », émanations que Descartes considérait comme les principes de la vie et du sentiment.
2. Torture pendant laquelle on questionne les accusés.

confidences mêlés partout. Elle n'a rien dit contre Pennautier. Après cette confession, on n'a pas laissé de lui donner la question dès le matin, ordinaire et extraordinaire ; elle n'en a pas dit davantage. Elle a demandé à parler à Monsieur le Procureur général ; elle a été une heure avec lui. On ne sait point encore le sujet de cette conversation. A six heures on l'a menée, nue en chemise et la corde au cou, à Notre-Dame faire l'amende honorable. Et puis on l'a remise dans le même tombereau, où je l'ai vue, jetée à reculons sur de la paille, avec une cornette [3] basse et sa chemise, un docteur auprès d'elle, le bourreau de l'autre côté. En vérité, cela m'a fait frémir. Ceux qui ont vu l'exécution disent qu'elle a monté sur l'échafaud avec bien du courage. Pour moi, j'étais sur le pont Notre-Dame avec la bonne d'Escars ; jamais il ne s'est vu tant de monde, ni Paris si ému ni si attentif. Et demandez-moi ce qu'on a vu, car pour moi je n'ai vu qu'une cornette, mais enfin ce jour était consacré à cette tragédie. J'en saurai demain davantage, et cela vous reviendra.

3. Coiffe.

Lettre à madame de Grignan (17 juillet 1676).

Encore un petit mot de Brinvilliers. Elle est morte comme elle a vécu, c'est-à-dire résolument. Elle entra dans le lieu où l'on devait lui donner la question, et voyant trois seaux d'eau : « C'est assurément pour me noyer, car de la taille dont je suis, on ne prétend pas que je boive tout cela. » Elle écouta son arrêt, dès le matin, sans frayeur ni sans faiblesse ; et sur la fin, elle le fit recommencer, disant que ce tombereau l'avait frappée d'abord, et qu'elle en avait perdu l'attention pour le reste. Elle dit à son confesseur par le chemin, de faire mettre le bourreau devant elle, « afin de ne point voir, dit-elle, ce coquin de Desgrez qui m'a prise ». Il était à cheval devant le tombereau. Son confesseur la reprit de ce sentiment ; elle dit : «Ah, mon Dieu ! je vous en demande pardon ; qu'on me laisse donc cette étrange vue. » Et monta seule et nu-pieds sur l'échelle et sur l'échafaud, et fut un quart d'heure mirodée [4], rasée, dressée et redressée, par le bourreau ; ce fut un grand murmure et une grande cruauté. Le lendemain on cherchait ses os, parce que le peuple disait qu'elle était sainte.

4. Ajustée (La Brinvilliers fut d'abord décapitée avant d'être brûlée).

Lettre à madame de Grignan (22 juillet 1676).

La marquise de Brinvilliers *: compromise dans l'affaire des poisons, elle fut condamnée et suppliciée (1676). Dessin exécuté peu avant le supplice par Charles le Brun (Musée du Louvre, Paris).*

MADAME DE LA FAYETTE (1634-1693)

Le nom de madame de La Fayette reste indissociablement lié à son œuvre maîtresse : La princesse de Clèves. *Considérée par certains comme le premier roman de la littérature française, cette œuvre reste sans conteste le chef-d'œuvre du roman précieux.*

LA VIE

Marie-Madeleine de La Vergne est née à Paris. Elle fréquente la meilleure société et se fait remarquer par sa beauté et son intelligence. Scarron la décrit ainsi : « toute lumineuse et toute précieuse ». En 1655, elle épouse le comte de La Fayette, beaucoup plus âgé qu'elle, et qui est fort occupé par l'administration de ses domaines en Auvergne. Au bout de trois ans, elle revient se fixer définitivement à Paris. Bien accueillie à la cour, elle devient l'une des intimes d'Henriette d'Angleterre, belle-sœur du roi. Chez elle, elle reçoit une société choisie : madame de Sévigné, le cardinal de Retz et surtout La Rochefoucauld, qui devient le plus fidèle de ses amis. Conseillée par des hommes de lettres, elle se met à écrire, sans jamais pourtant signer ses œuvres. Mais peu à peu, la mort de ses amis l'isole du monde ; elle mène une vie retirée et de plus en plus austère, d'où l'influence janséniste n'est pas absente.

Portrait de madame de La Fayette. Peinture d'Antoine Hoerse (Musée des Beaux Arts de Tours).

L'ŒUVRE

La princesse de Montpensier (1662)

Cette nouvelle raconte l'histoire d'une femme qui lutte contre l'amour défendu. Sans aller jusqu'à tromper son mari, elle découvre pourtant qu'elle a cessé d'être pure dans son cœur. Le style est sobre et les sentiments y sont dépeints avec beaucoup de vérité.

Zaïde (1669-1671)

Publié sous la signature d'un homme, c'est un

roman baroque en deux parties, parues successivement. Il prolonge le courant du roman héroïque, auquel il emprunte le décor espagnol.

La princesse de Clèves (1678)

C'est encore un livre qui paraît sans la mention du nom de madame de La Fayette. Une vraie campagne publicitaire, orchestrée par les salons, assure cependant le succès de l'ouvrage.
Présentée à la cour d'Henri II, mademoiselle de Chartres éblouit tout le monde par sa beauté. Le jeune prince de Clèves en tombe amoureux et obtient sa main, bien que la jeune fille n'éprouve guère plus que de l'estime pour lui. A l'occasion d'un bal, elle fait la connaissance du duc de Nemours. C'est le début d'une grande passion, si forte qu'elle l'avoue à son mari. Miné par la jalousie, monsieur de Clèves meurt de chagrin. Le duc de Nemours se fait de plus en plus pressant. La princesse de Clèves lui avoue son amour, mais lui déclare que son devoir lui interdit de l'épouser. Elle se retire dans une maison religieuse.

LA PRINCESSE DE CLÈVES

Roman de mœurs

L'action se déroule sous les règnes d'Henri II et de François II (XVIe siècle). Madame de La Fayette s'est documentée sérieusement sur l'époque et les personnages qu'elle fait revivre : Henri II, Catherine de Médicis, Marie Stuart, etc. La trame historique est une contrainte romanesque à laquelle sait se plier l'auteur : ainsi, l'étiquette interdit à madame de Clèves de s'absenter longtemps de la cour. Mais sur ce fond historique se superpose l'image d'une autre cour, celle de Louis XIV, et tout ce que madame de La Fayette a pu observer personnellement de la vie des princes.

Roman sentimental : héroïsme du cœur

Les personnages de madame de La Fayette mettent l'honneur au-dessus de toutes choses. Torturés par la passion amoureuse, ils n'osent jamais s'abandonner. L'héroïsme de leur sacrifice rappelle la tragédie cornélienne. Cette morale n'a pas d'assise religieuse, elle repose sur les seules conventions sociales, et lorsque la princesse de Clèves se retire dans un couvent, c'est plus pour fuir le monde qui l'a tant fait souffrir que pour se tourner vers Dieu.

Roman précieux

Bien que brève, cette œuvre est construite selon la technique du roman précieux : quatre épisodes secondaires s'intercalent dans l'intrigue principale. Des procédés peu classiques, parce que peu vraisemblables, sont utilisés pour mener le développement de l'histoire : conversation surprise au bon moment, lettre égarée, portrait dérobé, etc. Le langage est typiquement précieux avec une abondance d'adjectifs en *-able* et de superlatifs.
Le code de l'amour relève aussi de la préciosité. Le duc de Nemours est un homme délicat et galant. Le vocabulaire amoureux est celui de la carte du Tendre de mademoiselle de Scudéry (voir p. 124) : « estime », « reconnaissance », « inclination ». Le tragique naît de « l'inclination » du prince de Clèves pour une jeune femme qui n'a pour lui que de « l'estime » et de la « reconnaissance », alors qu'entre elle et le duc de Nemours existe une forte « inclination » réciproque.

Au milieu des interminables romans du XVIIe siècle (*l'Astrée, Le grand Cyrus, Clélie), La princesse de Clèves,* œuvre très brève, est le seul à retenir encore notre attention. Cette brièveté, légère et précise comme une esquisse fait la modernité du livre qui reste cependant typique du genre précieux.

BIBLIOGRAPHIE
Marie-Jeanne Durry, *Madame de La Fayette,* Paris, Mercure de France, 1960 et 1962, 2 vol.
Bernard Pingaud, *Madame de La Fayette par elle-même,* Paris, Seuil, 1965 (d'excellentes remarques sur le roman d'analyse).
Maurice Laugaa *Lectures de Madame de La Fayette,* Paris, Armand Colin, 1971 (ouvrage riche mais difficile).

MADAME DE LA FAYETTE

LA PRINCESSE DE CLÈVES

L'héroïsme du cœur

Le texte ci-dessous est tiré des dernières pages du roman. La mort du mari de la princesse de Clèves, son amour qu'elle ne peut satisfaire pour le duc de Nemours, tout cela lui détruit la santé. Malade, elle ne se rétablit que lentement avant de s'enfermer dans une maison religieuse. Bien qu'elle n'ait pas oublié celui qu'elle aime, le duc de Nemours, elle se fait violence pour ne plus le revoir. Ce refus de s'abandonner à l'amour, cette mortification des sens sans aucun motif religieux ressemble à une glorieuse tentative d'auto-destruction.

Cette vue si longue et si prochaine[1] de la mort fit paraître à madame de Clèves les choses de cette vie de cet œil si différent dont on les voit dans la santé. La nécessité de mourir, dont elle se voyait si proche, l'accoutuma à se détacher de toutes choses, et la longueur de sa maladie lui en fit une habitude. Lorsqu'elle revint de cet état, elle trouva néanmoins que monsieur de Nemours n'était pas effacé de son cœur ; mais elle appela à son secours, pour se défendre contre lui, toutes les raisons qu'elle croyait avoir pour ne l'épouser jamais. Il se passa un assez grand combat en elle-même. Enfin, elle surmonta les restes de cette passion qui était affaiblie par les sentiments que la maladie lui avait donnés : la pensée de la mort lui avait reproché la mémoire de monsieur de Clèves. Ce souvenir, qui s'accordait avec son devoir, s'imprima fortement dans son cœur. Les passions et les engagements du monde lui parurent tels qu'ils paraissent aux personnes qui ont des vues plus grandes et plus éloignées. Sa santé, qui demeura considérablement affaiblie, lui aida à conserver ses sentiments ; mais comme elle connaissait ce que peuvent les occasions sur les résolutions les plus sages, elle ne voulut pas s'exposer à détruire les siennes ni revenir dans les lieux où était ce qu'elle avait aimé. Elle se retira, sur le prétexte de changer d'air, dans une maison religieuse, sans faire paraître un dessein arrêté de renoncer à la cour.

A la première nouvelle qu'en eut monsieur de Nemours, il sentit le poids[2] de cette retraite, et il en vit l'importance. Il crut dans ce moment qu'il n'avait plus rien à espérer ; la perte de ses espérances ne l'empêcha pas de mettre tout en usage pour faire revenir madame de Clèves. Il fit écrire à la Reine, il fit écrire le vidame[3], il l'y[4] fit aller ; mais tout fut inutile. Le vidame la vit : elle ne lui dit point qu'elle eût pris des résolutions. Il jugea néanmoins qu'elle ne reviendrait jamais. Enfin, monsieur de Nemours y alla lui-même, sur le prétexte d'aller à des bains. Elle fut extrêmement troublée et surprise d'apprendre sa venue. Elle lui fit dire, par une personne de mérite qu'elle aimait et qu'elle avait alors auprès d'elle, qu'elle le priait de ne pas trouver étrange si elle ne s'exposait point au péril de le voir, et de détruire, par sa présence, des sentiments qu'elle devait conserver ; qu'elle voulait bien qu'il sût qu'ayant trouvé que son devoir et son repos s'opposaient au penchant qu'elle avait d'être à lui, les autres choses du monde lui avaient paru si indifférentes, qu'elle y avait renoncé pour jamais ; qu'elle ne pensait plus qu'à celles de l'autre vie, et qu'il ne lui restait aucun sentiment que le désir de le voir dans les mêmes dispositions où elle était.

1. La maladie lui a fait envisager pendant longtemps une mort prochaine.
2. La gravité.
3. Le vidame de Chartres (celui qui s'occupe des terres de l'évêché) est parent de la princesse de Clèves.
4. Dans sa retraite.

Monsieur de Nemours pensa expirer de douleur en présence de celle qui lui parlait[5]. Il la pria vingt fois de retourner à madame de Clèves, afin de faire en sorte qu'il la vît ; mais cette personne lui dit que madame de Clèves lui avait non seulement défendu de lui aller redire aucune chose de sa part, mais même de lui rendre compte de leur conversation. Il fallut, enfin, que ce prince repartît, aussi accablé de douleur que le pouvait être un homme qui perdait toute sorte d'espérances de revoir jamais une personne qu'il aimait d'une passion la plus violente, la plus naturelle et la mieux fondée qui ait jamais été. Néanmoins il ne se rebuta point encore, et il fit tout ce qu'il put imaginer de capable de la faire changer de dessein. Enfin, des années entières s'étant passées, le temps et l'absence ralentirent sa douleur et sa passion. Madame de Clèves vécut d'une sorte qui ne laissa pas d'apparence qu'elle pût jamais revenir. Elle passait une partie de l'année dans cette maison religieuse, et l'autre chez elle, mais dans une retraite et dans des occupations plus saintes que celles des couvents les plus austères ; et sa vie, qui fut assez courte, laissa des exemples de vertu inimitables.

La princesse de Clèves.

5. La « personne de mérite » qu'a envoyée la princesse de Clèves.

La princesse de Clèves apparaît au bal de la cour. Marina Vlady interprète le rôle principal dans un film de Jean Delannoy (1961), tiré du roman de madame de La Fayette.

LES MORALISTES

Si nous avons choisi de regrouper sous le titre de moralistes La Rochefoucauld, La Bruyère et Saint-Simon, c'est que plusieurs points communs les rassemblent. Ils portent chacun, bien que sous des formes différentes (Maximes, Portraits, Mémoires), *un regard critique sur la société où ils vivent. Aucun n'a véritablement une idéologie originale, une théorie politique, mais ils nous offrent tous des vues, des réflexions morales sur la conduite des hommes. Enfin, à eux trois, ils encadrent parfaitement les différentes périodes du XVIIe siècle : siècle de Louis XIII pour La Rochefoucauld, classicisme pour La Bruyère et fin de siècle pour Saint Simon.*

La Rochefoucauld (1613-1680)

LA VIE

François de La Rochefoucauld appartient à la plus haute noblesse de France. Contemporain de Corneille, c'est encore un personnage de l'époque de Louis XIII. Sa jeunesse est aventureuse ; il fait ses premières armes en Italie, complote contre Richelieu, est emprisonné à la Bastille et participe à la Fronde pour plaire à une dame. Gravement blessé au combat à Paris, il se retire en province, avant de revenir dans la capitale en 1656.

Il fréquente les salons, fait la connaissance de madame de Sévigné et devient l'ami de madame de La Fayette. En 1662, il entreprend la rédaction de ses *Mémoires ;* mais l'œuvre pour laquelle il reste célèbre, ce sont *les Maximes.* On en publie cinq éditions de son vivant, qui connaissent énormément de succès. La Rochefoucauld meurt en 1680, et c'est Bossuet qui lui donne les derniers sacrements.

Portrait de La Rochefoucauld, un homme qui disait ne rire jamais. École française du XVIIe siècle (Musée National du château de Versailles).

PRINCIPALES ŒUVRES

Les Mémoires

Cet ouvrage relate la période qui va de la régence d'Anne d'Autriche à la Fronde. Il paraît à Bruxelles en 1662 et dès sa parution, il fait scandale. L'auteur y emploie sa lucidité à démasquer les mobiles inavoués, psychologiques ou politiques, des différents protagonistes et intrigants de cette période mouvementée. Ce n'est pas un essai historique car il n'y a aucune réflexion globale pour essayer d'insérer cette période dans le courant de l'histoire.

Les Maximes

C'est un divertissement mondain qui est le point de départ des *Maximes*. Dans les salons de madame de Sablé, amie des jansénistes, les invités se livrent à des joutes oratoires mêlées de morale, de philosophie et de religion. C'est La Rochefoucauld qui a su le mieux condenser le résultat de ces entretiens en choisissant « l'amour-propre » comme fil directeur.

LA MORALE DES MAXIMES

L'idée centrale est que l'égoïsme est le mobile de tous nos actes : « Les vertus se perdent dans l'intérêt comme les fleuves dans la mer »
(Maxime 171)

Pour cet homme qui se vantait de ne rire jamais, l'homme n'est pas bon. La générosité est interprétée comme de l'ambition déguisée, la modestie comme « le désir d'être loué deux fois », la tolérance des princes comme « une politique pour gagner l'affection des peuples ». Pour ce personnage sans illusion, il n'y a pas de vertu pure ; c'est l'équilibre des vices qui donne à l'individu une apparence d'homme de bien. Ce pessimiste désenchanté dénonce les fausses sagesses et l'hypocrisie ; il place au-dessus de tout la lucidité qui permet de voir l'homme tel qu'il est : égoïste, vaniteux, orgueilleux. Tout comme Corneille, il reconnaît qu'il y a « des héros en mal comme en bien » et que plus le crime est grand, plus il passe pour glorieux (ex : les grandes batailles). Cette vision de l'homme n'est pas absolument originale et le catholicisme, avec Saint-Augustin, avait déjà parlé de la nature humaine en ces termes peu flatteurs. Ce qui fait le prix de cette œuvre, c'est que La Rochefoucauld a su y mêler les apports de plusieurs cultures (Antiquité, Machiavel, Montaigne, conversations de salons, jansénisme, etc.) en les centrant sur un idéal d'honnêteté : ne pas tricher, essayer d'être honnête avec soi-même.
Du point de vue du style, l'expression est lapidaire, parfois sèche, mais elle ne manque pas de réussite dans les aphorismes [1]. La Rochefoucauld est l'un des maîtres du genre littéraire que l'on appelle le fragment (et que l'on retrouve chez Nietzsche).

La Bruyère (1645-1696)

LA VIE

Cet aîné de huit enfants, issu d'une famille sans noblesse, fait des études et devient avocat à Paris, puis trésorier des finances en Normandie. On ne sait pas grand-chose de sa vie, si ce n'est qu'il a vécu en célibataire et s'est fait des relations dans les milieux ecclésiastiques et littéraires.
Sur les recommandations de Bossuet, il devient le précepteur du petit-fils du prince de Condé : tâche ingrate et parfois humiliante, où il peut observer les différentes faces de la comédie humaine. En 1668, il publie son ouvrage unique : les *Caractères*. Celui-ci connaît beaucoup de succès, d'autant plus qu'il excite la curiosité des gens qui se croient visés et encourage les interprétations malveillantes de tous bords.

En littérature, La Bruyère n'était pas un novateur ; dans la fameuse Querelle des Anciens et des Modernes, il prend parti pour les Anciens.
« On ne saurait en écrivant rencontrer le parfait, et, s'il se peut, surpasser les Anciens que par leur imitation » *(Des ouvrages de l'esprit)*

L'ŒUVRE : LES CARACTÈRES

Dans la première édition, l'auteur cache son identité et s'abrite derrière l'autorité d'un moraliste grec en joignant à son œuvre la traduction des *Caractères* de Théophraste ; le titre initial est le suivant : *Les Caractères de Théophraste, traduits du grec, avec les caractères ou mœurs de ce siècle.* Constamment enrichis de 1688 à

1. *Sentence renfermant un grand sens en peu de mots.*

Portrait de La Bruyère par Nicolas de Largillière, XVIIe siècle (Musée National du château de Versailles).

1694 (huitième édition) les *Caractères* comptent seize chapitres où il serait aventureux de vouloir déceler une progression didactique.

I. *Des ouvrages de l'esprit :* très important pour comprendre l'esthétique classique.
II. *Du mérite personnel*
III. *Des femmes*
IV. *Du cœur*
V. *De la société et de la conversation*
VI. *Des biens de fortune*
VII. *De la ville*
VIII. *De la cour*
IX. *Des grands*
X. *Du souverain ou de la république*
XI. *De l'homme*
XII. *Des jugements*
XIII. *De la mode*
XIV. *De quelques usages ;* réflexions sur les abus et les manies des hommes
XV. *De la chaire ;* réflexion sur l'éloquence religieuse
XVI. *Des esprits forts ;* critique du libertinage intellectuel.

Si l'ouvrage est devenu célèbre grâce à ses portraits, il contient aussi beaucoup de maximes dans le style de La Rochefoucauld.

LA BRUYÈRE MORALISTE

Sans atteindre la grandeur de ses prédécesseurs (Montaigne, Pascal et La Rochefoucauld) La Bruyère a voulu montrer la faiblesse et les contradictions de la nature humaine. S'il n'a pas une très bonne opinion de l'homme, il n'est pas désillusionné comme La Rochefoucauld. Il est persuadé que le sort des hommes peut être amélioré pour peu qu'on leur montre le droit chemin et il est comparable dans ses convictions aux grands orateurs chrétiens du siècle comme Bossuet : « On ne doit parler, on ne doit écrire que pour l'instruction ». Sa morale est modeste et sans héroïsme : la médiocrité est préférable au succès injustement gagné. En fait, La Bruyère n'a rien d'un penseur et ses aphorismes ne sont pas très percutants. C'est plutôt un très bon peintre de la société qu'il a fréquentée ; c'est pourquoi la partie des portraits dans les *Caractères* a connu plus de succès que ses maximes.

LA PEINTURE SOCIALE

La Bruyère n'est ni un ennemi de la société, ni un adversaire du régime en place ; c'est d'abord un observateur attentif qui a su utiliser toutes les possibilités qui lui étaient données de voir le monde et ses défauts. Plus que des individus, il s'applique à peindre des types sociaux ; ses satires visent donc les catégories sociales du XVIIe siècle : les « grands », les riches, les gens de justice, la haute bourgeoisie...

Ce critique à l'œil vif, qui écrit autant par plaisir que par dépit (il a souffert de sa médiocre condition sociale), reste très traditionaliste. Les vices de la société lui paraissent venir uniquement de la corruption des individus, et l'idée que les structures de la société pourraient être remises en cause pour une plus grande justice ne l'effleure même pas. Il admire la royauté, fait l'éloge de Louis XIV, respecte la noblesse même s'il critique certains nobles, et reste très attaché à la religion catholique et à ses institutions. Néanmoins, il a le courage de reprendre les attaques d'un Montaigne contre les cruautés de la torture ; il est réellement touché par la misère des campagnes françaises ; son besoin de justice le rend intraitable envers les bassesses et les hypocrisies de la cour.

L'ART DE LA BRUYÈRE

L'auteur écrit lui-même : « C'est un métier que de faire un livre comme de faire une pendule. » Artisan de la langue, écrivain scrupuleux, La Bruyère polit et repolit ses phrases, recherche avec application la variété et l'effet à produire. Il recherche toujours le terme le plus juste (les femmes « étalent » leur gorge), le plus expressif, et réserve généralement un trait final, brusque et inattendu, pour conclure en beauté et frapper d'autant l'attention du lecteur : « Il regarde ses jambes, il se voit au miroir ; l'on ne peut être plus content de personne qu'il l'est de lui-même (...) Il met du rouge, mais rarement, il n'en fait

Habit d'épée en été. *Le costume d'un élégant au XVIIe siècle, avec perruque, épée et rubans. Gravure de Nicolas Bonnart (Bibliothèque Nationale, Paris).*

pas habitude : il est vrai aussi qu'il porte des chausses [2] et un chapeau [3], et qu'il n'a ni boucles d'oreilles, ni collier de perles : aussi ne l'ai-je pas mis dans le chapitre des femmes. »

(*Iphis*, XIII De la mode)

Il y a du réalisme dans les portraits de La Bruyère, qui a le goût du détail, de l'anecdotique, du piquant, pour mieux « attirer l'attention » (Taine). Il a l'art de découvrir dans les apparences le détail caractéristique (geste, manie, habillement) qui révèle l'être intime. Pourtant ses portraits ne sont pas toujours vivants et s'ils visent juste, s'ils sont bien vus, ils restent souvent à la surface des choses et manquent de génie intuitif. Ce mélange de concision et d'observation, cette recherche du mot juste et de l'effet calculé a contribué à assurer la renommée de La Bruyère dans les lycées français, car il est devenu pour des générations d'écoliers le modèle d'un certain exercice de style.

LE CLASSICISME

Comme dans presque toutes les œuvres classiques (hormis chez madame de Sévigné) la description de la nature est totalement absente des *Caractères ;* ils sont tout entier voués à l'homme et à l'analyse de ses comportements.

La Bruyère est méfiant à l'égard des forces de l'imagination qui « emporte loin des règles et de la justesse » ; il est persuadé que tout l'art vient d'un effort de clarté, pour être bien entendu du public : « Tout l'esprit d'un auteur consiste à bien définir et à bien peindre » Cette volonté classique de plaire en se conformant à un goût et à des règles ne lui enlève pas toute largeur de vue ; il reconnaît ainsi dans *Le Cid* de Corneille un type de beauté qui réussit à s'imposer hors des règles.

Dans ses portraits, La Bruyère est un précieux témoin de son temps. Il nous renseigne, de façon souvent fort amusante, sur la société du XVIIe siècle et ses travers. Mais le style très travaillé n'est guère plus qu'une belle mécanique littéraire.

Saint-Simon (1675-1755)

Bien que l'œuvre de Saint-Simon ait été écrite au XVIIIe siècle, il convient de rattacher cet écrivain à l'époque sur laquelle il a porté son témoignage, celle du classicisme finissant.

LA VIE

Saint-Simon est né à Paris en 1675. Son père l'éduque dans l'admiration de Louis XIII à qui sa famille doit toute sa noblesse. Après un court passage à l'armée, il démissionne, jugeant qu'il ne monte pas assez vite en grade. Il vient à la cour et loge à Versailles. Bien que très vaniteux et très fier de sa noblesse, il se fait un devoir d'assister au lever et au coucher du roi et de suivre en tout point l'étiquette, comme un courtisan servile.

Après la mort de Louis XIV, l'arrivée au pouvoir

1. *Culotte.*
2. *Au XVIIe siècle, les femmes ne portaient pas de chapeau.*

Portrait de Saint-Simon jeune attribué à Hyacinthe Rigaud (Collection du Musée de Chartres).

de son ami le duc d'Orléans lui donne enfin le rôle politique qu'il attendait. Il fait partie du conseil de régence, et est chargé d'une ambassade extraordinaire en Espagne pour demander la main de l'Infante pour Louis XV.
A la mort du régent, on le prie de quitter la cour où il s'était rendu insupportable. Il se retire chez lui, tantôt à Paris, tantôt en Normandie, jusqu'à sa mort, tout occupé à rédiger ses *Mémoires.*

L'ŒUVRE : LES MÉMOIRES

Grand lecteur de mémoires pendant sa jeunesse, Saint-Simon commence dès l'âge de 19 ans à noter au jour le jour ce qu'il voit. Mais c'est seulement en 1734 qu'il entreprend de mettre en forme les notes accumulées. Il consacre douze ans à ce travail, sachant que le lecteur ne demande pas aux mémoires la même chose qu'à l'histoire ; les mémoires servent à nous faire pénétrer dans les coulisses de l'histoire : « On voudrait y voir les princes avec leurs maîtresses, et les ministres dans leur vie journalière. Outre une curiosité si raisonnable, on en connaîtrait bien mieux les mœurs du temps et le génie des monarques. »
A sa mort, tous ses biens sont saisis par ses créanciers. Plus tard, ses écrits sont mis sous séquestre par ordre du roi. Ce n'est qu'au XIXe siècle que *les Mémoires* de Saint-Simon auront le droit d'être publiées.

UNE MINE D'INFORMATIONS

Saint-Simon s'était donné pour tâche de « savoir le mieux qu'il pourrait les affaires de son temps ». Poussé par une curiosité insatiable, adorant regarder (ses yeux ont une mémoire fidèle et il s'est lui-même défini comme un « voyeux »), il a mis par écrit tout ce que sa position sociale lui a permis de voir. Il a beau être fier et vaniteux, il parle peu de lui et se cantonne dans le rôle du témoin qui observe. Il excelle dans l'art du portrait. Les acteurs qu'il nous montre sont les gens de la cour à la fin du règne de Louis XIV et au début du règne de Louis XV. Les anecdotes se succèdent, tantôt tristes, tantôt plaisantes, comme cette scène où Louis XIV s'emporte contre son ministre Louvois : « Le roi fut à l'instant, et contre son naturel, si transporté de colère qu'il se jetta sur les pincettes de la cheminée, et en allait charger Louvois, sans madame de Maintenon qui se jeta aussitôt entre eux deux en s'écriant : "Ah ! Sire, qu'allez-vous faire ?" et lui ôta les pincettes des mains. » (VIII).
Mais sa gourmandise pour les détails lui fait prendre au sérieux des faits insignifiants, tandis qu'il donne à de grands événements des explications mesquines. Il n'a que haine et mépris pour le régime de Louis XIV et ses ministres bourgeois qui ont pris la place de la noblesse ; dépité, il écrit que celle-ci n'est désormais plus « bonne qu'à se faire tuer » à la guerre et « n'a d'autre choix que de croupir dans une mortelle et ruineuse oisiveté », alors qu'elle a vocation d'être la vraie conseillère du roi. Il n'est cependant pas malveillant par principe et sait se montrer généreux et sensible aux misères des petites gens accablées d'impôts.

VALEUR ARTISTIQUE

Observateur très doué, ses récits et tableaux sont pleins de formes, d'images et de mouvements. Ses portraits des personnages de la cour ont beaucoup de relief. Sa vraie grandeur vient de ce qu'il considérait lui-même comme des défauts : ses négligences de style, ses répétitions, la longueur de phrases désarticulées. Cette indifférence aux règles du bon usage fait la modernité et la vitalité de ce style très personnel. Saint Simon a écrit l'une des œuvres les plus originales de la prose française et Chateaubriand disait de lui : il a « écrit à la diable [1] pour l'immortalité ».

1. *Rapidement, sans chercher les effets de style.*

BIBLIOGRAPHIE

Jean Starobinski, « La Rochefoucauld : les morales substitutives » dans *La Nouvelle Revue Française,* juillet-août 1966.
Maurice Lange, *La Bruyère, critique des conditions et des institutions sociales,* Paris, Hachette, 1906.
François-Régis Bastide, *Saint Simon par lui-même, Paris, Seuil, Collection « Microcosme »,* n° 15.

LA ROCHEFOUCAULD

MAXIMES

Une lucidité sans complaisance

Sont regroupées ici un certain nombre de maximes qui concernent toutes les relations des hommes entre eux et des hommes avec eux-mêmes. Ces aphorismes permettent de se faire une idée de la pensée de celui qui disait : « Les vertus se perdent dans l'intérêt comme les fleuves dans la mer ».

Maxime 2. L'amour-propre [1] est le plus grand de tous les flatteurs.

Maxime 15. La clémence des princes n'est souvent qu'une politique pour gagner l'affection des peuples.

Maxime 19. Nous avons tous assez de force pour supporter les maux d'autrui.

Maxime 31. Si nous n'avions point de défauts, nous ne prendrions pas tant de plaisir à en remarquer dans les autres.

Maxime 87. Les hommes ne vivraient pas longtemps en société, s'ils n'étaient les dupes les uns des autres.

Maxime 110. On ne donne rien si libéralement que ses conseils.

Maxime 119. Nous sommes si accoutumés à nous déguiser aux autres qu'enfin nous nous déguisons à nous-mêmes.

Maxime 138. On aime mieux dire du mal de soi-même que de n'en point parler.

Maxime 149. Le refus des louanges est un désir d'être loué deux fois.

Maxime 158. La flatterie est une fausse monnaie qui n'a de cours que par notre vanité.

Maxime 159. Ce n'est pas assez d'avoir de grandes qualités, il en faut avoir l'économie [2].

Maxime 200. La vertu n'irait pas loin si la vanité ne lui tenait compagnie.

Maxime 218. L'hypocrisie est un hommage que le vice rend à la vertu.

Maxime 226. Le trop grand empressement qu'on a de s'acquitter d'une obligation est une espèce d'ingratitude.

Maxime 253. De toutes les passions celle qui est la plus inconnue, c'est la paresse ; elle est la plus violente et la plus maligne de toutes, quoique sa violence soit insensible, et que les dommages qu'elle cause soient très cachés. Si nous considérons attentivement son pouvoir, nous verrons qu'elle se rend en toutes rencontres maîtresse de nos sentiments, de nos intérêts et de nos plaisirs, c'est le petit poisson qui a la force d'arrêter les plus grands navires ; c'est une bonace [3] plus dangereuse aux plus importantes affaires que les écueils et les plus grandes tempêtes. Ce repos de la paresse est un charme secret de l'âme qui suspend soudainement ses plus ardentes poursuites et ses plus opiniâtres résolutions ; et enfin pour donner la véritable idée de cette passion, il faut dire que la paresse est une béatitude de l'âme qui la console de toutes ses pertes et la fait renoncer à toutes ses prétentions.

Maxime 303. Quelque bien qu'on nous dise de nous, on ne nous apprend rien de nouveau.

Maxime 387. Un sot n'a pas assez d'étoffe pour être bon.

Maxime 410. Le plus grand effort de l'amitié n'est pas de montrer vos défauts à un ami, c'est de lui faire voir les siens.

1. Amour de soi.
2. Il faut savoir les mettre en valeur.
3. Calme plat de la mer avant ou après la tempête.

LA BRUYÈRE

LES CARACTÈRES

L'art du double portrait

Voici un exemple typique de portraits opposés : d'abord le riche, ensuite le pauvre ; La Bruyère peint moins des individus que des caractères sociaux. Dans la présentation des deux types, l'auteur a porté beaucoup d'attention à la symétrie dans la construction. A vrai dire, ni l'un ni l'autre ne sont présentés sous des aspects positifs. Nous citons à titre de document un extrait du journal **Le mercure galant** ***de juin 1693 ; La Bruyère vient d'être reçu à l'Académie française et le journal commente ainsi l'ouvrage — les*** **Caractères** ***— qui lui ont valu cet honneur : «(...) Rien n'est plus aisé que de faire trois ou quatre pages d'un portrait qui ne demande point d'ordre, et il n'y a point de génie si borné qui ne soit capable de coudre ensemble quelques médisances de son prochain, et d'ajouter ce qui lui paraît capable de faire rire. »***

Giton a le teint frais, le visage plein et les joues pendantes, l'œil fixe et assuré, les épaules larges, l'estomac haut, la démarche ferme et délibérée ; il parle avec confiance, il fait répéter celui qui l'entretient, et il ne goûte que médiocrement tout ce qu'il lui dit : il déploie un ample mouchoir et se mouche avec grand bruit ; il crache fort loin et il éternue fort haut, il dort le jour, il dort la nuit, et profondément ; il ronfle en compagnie. Il occupe à table et à la promenade plus de place qu'un autre ; il tient le milieu en se promenant avec ses égaux ; il s'arrête, et l'on s'arrête ; il continue de marcher, et l'on marche ; tous se règlent sur lui ; il interrompt, il redresse ceux qui ont la parole ; on ne l'interrompt pas, on l'écoute aussi longtemps qu'il veut parler ; on est de son avis, on croit les nouvelles qu'il débite. S'il s'assied, vous le voyez s'enfoncer dans un fauteuil, croiser les jambes l'une sur l'autre, froncer le sourcil, abaisser son chapeau [1] sur ses yeux pour ne voir personne, ou le relever ensuite et découvrir son front par fierté et par audace. Il est enjoué, grand rieur, impatient, présomptueux, colère [2], libertin, politique, mystérieux sur les affaires du temps ; il se croit du talent et de l'esprit : il est riche.

Phédon a les yeux creux, le teint échauffé, le corps sec et le visage maigre ; il dort peu et d'un sommeil fort léger ; il est abstrait, rêveur, et il a avec de l'esprit l'air d'un stupide [3], il oublie de dire ce qu'il sait, ou de parler d'événements qui lui sont connus ; et s'il le fait quelquefois, il s'en tire mal ; il croit peser à ceux à qui il parle, il conte brièvement, mais froidement, il ne se fait pas écouter, il ne fait point rire : il applaudit, il sourit à ce que les autres lui disent, il est de leur avis, il court, il vole pour leur rendre de petits services ; il est complaisant flatteur, empressé, il est mystérieux sur ses affaires, quelquefois menteur ; il est superstitieux, scrupuleux, timide ; il marche doucement et légèrement, il semble craindre de fouler la terre ; il marche les yeux baissés, et il n'ose les lever sur ceux qui passent : il n'est jamais du nombre de ceux qui forment un cercle pour discourir ; il se met derrière celui qui parle, recueille furtivement ce qui se dit, et il se retire si on le regarde : il n'occupe point de lieu, il ne tient point de place, il va les épaules serrées, le chapeau abaissé sur ses yeux

1. L'usage au XVIIe siècle était de rester couvert sauf devant les dames et le roi.
2. Coléreux.
3. Étymologiquement : frappé de stupeur.

pour n'être point vu, il se replie et se renferme dans son manteau ; il n'y a point de rues ni de galeries si embarrassées et si remplies de monde où il ne trouve moyen de passer sans effort et de se couler sans être aperçu : si on le prie de s'asseoir, il se met à peine sur le bord d'un siège, il parle bas dans la conversation, et il articule mal ; libre néanmoins sur les affaires publiques, chagrin contre le siècle, médiocrement prévenu [4] des ministres et du ministère. Il n'ouvre la bouche que pour répondre ; il tousse, il se mouche sous son chapeau, il crache presque sur soi, et il attend qu'il soit seul pour éternuer ou, si cela lui arrive, c'est à l'insu de la compagnie ; il n'en coûte à personne ni salut, ni compliment : il est pauvre.

4. En faveur auprès de...

Les Caractères,
Chapitre VI, Des biens de fortune.

Un ton nouveau dans la critique

***Dans le chapitre VIII des** Caractères, **La Bruyère se penche sur le monde de la cour. La description qui suit, sur les abus des courtisans, serait banale si l'auteur ne jouait pas la fausse naïveté qui donne une nouvelle perspective au récit. D'après le ton du narrateur, on peut en effet se représenter celui-ci comme un étranger venu d'un lointain pays où l'on n'a jamais entendu parler de la France, et qui s'étonne en toute bonne foi des mœurs qu'il découvre. Le roi lui-même et la religion catholique sont présentés comme des choses mystérieuses et surprenantes. Ce procédé littéraire qui consiste à faire de l'exotisme à l'envers pour présenter des choses connues sous une apparence inhabituelle sera repris par Montesquieu dans les** Lettres persanes.*

L'on parle d'une région où les vieillards sont galants, polis et civils ; les jeunes gens au contraire, durs, féroces, sans mœurs ni politesse : ils se trouvent affranchis de la passion des femmes dans un âge où l'on commence ailleurs à la sentir ; ils leur préfèrent des repas, des viandes, et des amours ridicules. Celui-là chez eux [1] est sobre et modéré, qui ne s'enivre que de vin : l'usage trop fréquent qu'ils en ont fait le leur a rendu insipide ; ils cherchent à réveiller leur goût déjà éteint par des eaux-de-vie, et par toutes les liqueurs les plus violentes ; il ne manque à leur débauche que de boire de l'eau-forte [2]. Les femmes du pays précipitent le déclin de leur beauté par des artifices qu'elles croient servir à les rendre belles : leur coutume est de peindre leurs lèvres, leurs joues, leurs sourcils et leurs épaules, qu'elles étalent avec leur gorge, leurs bras et leurs oreilles, comme si elles craignaient de cacher l'endroit par où elles pourraient plaire, ou de ne pas se montrer assez. Ceux qui habitent cette contrée [3] ont une physionomie qui n'est pas nette, mais confuse, embarrassée dans une épaisseur de cheveux étrangers, qu'ils préfèrent aux naturels et dont ils font un long tissu pour couvrir leur tête : il descend à la moitié du corps, change les traits, empêche qu'on ne connaisse [4] les hommes à leur visage. Ces peuples d'ailleurs ont leur Dieu et leur roi : les grands de la nation s'assemblent tous les jours, à une certaine heure, dans un temple qu'ils nomment église ; il y a au fond de ce temple un autel consacré à leur Dieu, où un prêtre célèbre des mystères qu'ils appellent saints, sacrés et redoutables ; les grands forment un vaste

1. Pour eux.
2. De l'acide.
3. Région, pays.
4. Reconnaisse.

cercle au pied de cet autel, et paraissent [5] débout, le dos tourné directement aux prêtres et aux saints mystères, et les faces élevées vers leur roi, que l'on voit à genoux sur une tribune, et à qui ils semblent avoir tout l'esprit et tout le cœur appliqué. On ne laisse pas de voir dans cet usage une espèce de subordination ; car ce peuple paraît adorer le prince, et le prince adorer Dieu. Les gens du pays le nomment*** ; il est à quelque quarante-huit degrés d'élévation du pôle, et à plus d'onze cents lieues de mer des Iroquois [6] et des Hurons [6].

5. Se montrent.
6. Indiens d'Amérique.

Les Caractères,
Chapitre VIII, *De la cour*

Un aspect de la vie de la cour. Le roi, à cheval, en promenade dans le parc du château de Versailles. On le voit ici, entouré de ses courtisans, devant la grotte de Thétis (nom d'un petit bâtiment construit en 1664, qui fut détruit peu après). Peinture de l'École Française du XVIIe *siècle :* Louis XIV devant la grotte de Thétis *(Musée National du château de Versailles).*

SAINT-SIMON

MÉMOIRES

Un observateur attentif de la cour

La duchesse de Bourgogne, petite-fille de Louis XIV, est enceinte. Malgré son état, le roi décide quand même de l'emmener de Versailles à Marly où il possède un autre château. A la suite du voyage, la jeune femme fait une fausse couche. Saint Simon nous décrit la scène où Louis XIV apprend de la duchesse du Lude le drame dont il est implicitement responsable. On y sent la froide ironie (tête à tête du roi silencieux avec les carpes ; en français on dit : « muet comme une carpe ») d'un courtisan qui n'estime guère son roi.

Le tête-à-tête ne fut pas long. Elle s'en retourna, et le Roi revint vers nous et jusque près des Carpes [1] sans mot dire. Chacun vit bien de quoi il était question, et personne ne se pressait de parler. A la fin le Roi, arrivant tout auprès du bassin, regarda ce qui était là de plus principal, et sans adresser la parole à personne, dit d'un air de dépit ces seules paroles : « La duchesse de Bourgogne est blessée [2] » Voilà M. de La Rochefoucauld à s'exclamer, M. de Bouillon, le duc de Tresmes et le maréchal de Boufflers à répéter à basse note, puis M. de La Rochefoucauld à se récrier plus fort que c'était le plus grand malheur du monde, et que, s'étant déjà blessée d'autres fois, elle n'en aurait peut-être plus. « Eh ! quand cela serait, interrompit le Roi tout d'un coup avec colère, qui jusque-là n'avait dit mot, qu'est-ce que cela me ferait ? Est-ce qu'elle n'a pas déjà un fils ? et, quand il mourrait, est-ce que le duc de Berry n'est pas en âge de se marier et d'en avoir ? et que m'importe qui me succède des uns ou des autres ! Ne sont-ce pas également mes petits-fils [3] » ? Et tout de suite, avec impétuosité : « Dieu merci ! elle est blessée, puisqu'elle avait à l'être, et je ne serai plus contrarié dans mes voyages et dans tout ce que j'ai envie de faire par les représentations des médecins et les raisonnements des matrones. J'irai et viendrai à ma fantaisie, et on me laissera en repos ». Un silence à entendre une fourmi marcher succéda à cette espèce de sortie : on baissait les yeux, à peine osait-on respirer. Chacun demeura stupéfait ; jusqu'aux gens des bâtiments et aux jardiniers demeurèrent immobiles. Ce silence dura plus d'un quart d'heure.

Le Roi le rompit, appuyé sur la balustrade, pour parler d'une carpe. Personne ne répondit. Il adressa après la parole sur ces carpes, à des gens des bâtiments, qui ne soutinrent pas la conversation à l'ordinaire ; il ne fut question que des carpes avec eux. Tout fut languissant, et le Roi s'en alla quelque temps après. Dès que nous osâmes nous regarder hors de sa vue, nos yeux, se rencontrant, se dirent tout : ce qui se trouva là de gens furent, pour ce moment, les confidents les uns des autres. On admira, on s'étonna, on s'affligea, on haussa les épaules. Quelque éloignée que soit maintenant cette scène, elle m'est toujours également présente. M. de La Rochefoucauld était en furie, et, pour cette fois, n'avait pas tort ; le premier écuyer en pâmait d'effroi. J'examinais, moi, tous les personnages des yeux et des oreilles, et je me sus gré d'avoir jugé depuis longtemps que le Roi n'aimait et ne comptait que lui, et était à soi-même sa fin dernière.

Mémoires, 1694-1752.

1. Il s'agit du bassin des Carpes, où il se trouvait avant la discussion avec la duchesse du Lude.
2. A fait une fausse-couche.
3. Les enfants légitimes de Louis XIV moururent tous avant lui. Louis XV qui lui succéda était son arrière petit-fils.

Les hasards heureux de l'escarpolette *(1768-1769). Peinture de Jean-Honoré Fragonard (The Wallace Collection, Londres).*

LE XVIIIe SIÈCLE

Le XVIIIe siècle français est un siècle de transition, de recherche mais aussi de tradition. En politique, on passe de l'Ancien Régime à la Révolution ; dans l'art et la littérature, c'est l'abandon progressif du classicisme au profit de la sensibilité pré-romantique. La recherche dans le domaine des sciences et des idées donne lieu à un véritable bouillonnement fait d'expériences et de projets ; la curiosité philosophique, stimulée par l'exemple anglais, remet en cause la base des institutions et parfois les fondements de la morale. Mais toute cette effervescence ne touche que les hautes classes de la société, certains nobles et certains grands bourgeois qui ont de l'instruction et le temps de la réflexion. Car, en dépit de la proclamation de nouveaux idéaux et de la croyance au progrès qui ont valu à ce siècle l'appellation de siècle des Lumières, la France reste dans son ensemble un pays rural, traditionnel et inégalitaire.

LA FIN DE L'ANCIEN RÉGIME

Décadence de l'autorité royale

En 1715, Louis XIV, incarnation de l'absolutisme monarchique, meurt. Louis XV, son arrière-petit-fils, est trop jeune pour gouverner. Une période de régence est nécessaire (1715-1723). Le régent, Philippe d'Orléans, est un homme intelligent mais débauché. Il ne se soucie guère des intérêts de l'État, qui perd peu à peu de son autorité.
Lorsque Louis XV accède au pouvoir, les Français l'accueillent très favorablement. Mais, inconstant et influençable, il est incapable de mettre fin aux difficultés du royaume. L'influence des favorites qui l'entourent (madame du Barry, madame de Pompadour) achèvent de le rendre impopulaire. Quand il meurt, il est un objet de haine pour tous les Français.
S'ils n'aiment plus Louis XV, les Français sont encore favorables à la royauté, et le personnage rond et tranquille de Louis XVI les rassure. Arrivé au pouvoir en 1774, il a de bonnes intentions. Il veut réformer la société. Mais il est trop faible pour s'opposer à la résistance organisée des grands privilégiés. Les mauvaises récoltes dues à la dureté de l'hiver 1788-1789 augmentent le mécontentement général.
Louis XVI doit alors se résoudre à faire une chose exceptionnelle : convoquer les États généraux. Il s'agit d'une assemblée représentant tous les ordres du royaume ; elle doit délibérer sur les moyens de sortir de la crise. Cet aveu d'impuissance de la part du roi marque la fin de l'absolutisme royal.

Dégradation des finances royales

Les finances furent le talon d'Achille de la monarchie. Elle en mourut. La France du XVIIIe siècle n'est pourtant pas un pays pauvre, c'est même un pays prospère et bien peuplé. C'est l'État qui est pauvre et n'arrive pas à remplir ses caisses. Or l'État a besoin d'argent pour rembourser les dettes laissées par Louis XIV, pour entretenir la cour et ses plaisirs et pour faire la guerre.
Il y aura trois guerres jusqu'à la Révolution ; la dernière, la guerre de Sept Ans (1756-1763) contre la Prusse et l'Angleterre sera désastreuse pour la France ; celle-ci devra céder presque toutes ses colonies à l'Angleterre.
Si l'autorité de Louis XIV avait réussi à masquer l'ampleur des difficultés financières et à faire taire les mécontents, après sa mort, plus personne n'est prêt à accepter des sacrifices pour redresser la situation, surtout pas les privilégiés.
Dans cette longue période de drame financier, trois tentatives de redressement apportent un répit plus ou moins long. La première tentative, sous la régence, est celle de Law, qui crée une banque royale avec pouvoir d'émettre des billets de banques. Elle en émet plus qu'elle n'a de réserve en métal précieux, et après une période d'euphorie, c'est la banqueroute. La seconde tentative, sous le règne de Louis XV, est moins spectaculaire mais plus heureuse. Le cardinal Fleury, qui gouverne la France comme un Premier ministre, sait redonner une stabilité monétaire au royaume, de 1726 à 1743. Enfin, sous Louis XVI, le ministre Turgot, homme éclairé et auteur d'articles parus dans l'*Encyclopédie,* tente une réforme courageuse qui vise à faire payer les privilégiés. Mal soutenu par le roi, il échoue et c'est la crise.

Dessin allégorique représentant les trois ordres (de gauche à droite : le Tiers état, la noblesse et le clergé) partant pour Versailles à la réunion des États généraux. (Bibliothèque Nationale, Paris).

Une société inégalitaire

Dans son principe, la monarchie est à la fois centralisée (toutes les décisions viennent de Paris) et concentrée (tous les pouvoirs sont entre les mains du roi). La pratique n'est pas aussi simple, à cause des disparités régionales, des coutumes et des traditions provinciales.
La France, dans son ensemble, est inégalitaire et tous les Français, même les plus humbles, jouissent de droits et de privilèges auxquels ils sont d'autant plus attachés que ceux-là sont minces. Seuls les grands bourgeois, commerçants et industriels, sont embarrassés par cette juridiction confuse et cette administration compliquée qui gênent la libre circulation des marchandises et le libre développement de leurs entreprises.
A côté de la survivance de ces traditions provinciales qui font partie de la vie quotidienne des Français, il y a des injustices sociales très mal supportées.
Dans la France d'Ancien Régime, il y a trois ordres : le clergé, la noblesse et le Tiers état. Le Tiers état est de loin le plus important puisqu'il

La prise de la Bastille, *le 14 juillet 1789, marque de façon symbolique la chute de l'Ancien Régime. Le 14 Juillet est devenu la fête nationale française. Image populaire imprimée vers 1798 (Bibliothèque Nationale, Paris).*

compte plus de 97 % de la population. Il englobe tout ce qui n'appartient pas au clergé ni à la noblesse, le pauvre paysan comme le grand bourgeois. Il regroupe tous ceux qui travaillent, mais n'ont pas accès au pouvoir. La haute noblesse et le haut clergé (car il y a aussi des petits nobles et des curés qui sont pauvres) s'accrochent au pouvoir politique que Louis XIV leur a enlevé. Ils sont totalement improductifs, mais ils ont d'énormes privilèges : ils ne payent presque pas d'impôts au roi mais en demandent toujours plus au Tiers état.

Pour mener à bien une réforme en profondeur, il aurait fallu s'attaquer radicalement au principe des privilèges : supprimer les grands privilèges, sources d'énormes inégalités mais aussi du même coup les petits privilèges provinciaux auxquels le peuple reste attaché. Louis XVI tente une réforme dans ce sens, mais il n'ose pas aller jusqu'au bout et se trouve en face d'une triple opposition :

— les grands privilégiés (haute noblesse et haut clergé) soupçonnent le pouvoir de vouloir abolir leurs privilèges, sources de richesses ;

— les bourgeois impatients l'accusent de ne pas aller assez loin dans la lutte contre les inégalités ;

— le peuple, méfiant à l'égard d'un Paris froid et lointain, craint de voir disparaître les petits particularismes provinciaux dont il profite.

La Révolution française

Profitant des hésitations et de la faiblesse de Louis XVI, les Parlements représentant les grands privilégiés passent à l'offensive. Ils organisent la résistance contre les réformes et prétendent imposer des limites au pouvoir royal. Ils entrent parfois en rébellion ouverte et violente contre les troupes du roi (comme à Grenoble). Le point de départ de la Révolution ne vient donc pas du petit peuple, mais des grands privilégiés qui ne veulent pas lâcher leurs énormes avantages. Il s'agit d'abord d'une « révolution aristocratique ». Mais déjà le peuple et les bourgeois s'organisent. Le Tiers état sait que si les réformes n'aboutissent pas, c'est lui seul qui devra supporter l'effort de redressement des finances, en payant encore plus d'impôts. Lorsque, à l'occasion des États généraux réunis par le roi, les représentants du Tiers état montent à Paris, ils refusent de partir avant qu'il y ait eu une transformation profonde des institutions. Cette volonté est le début de la révolution bourgeoise à Paris. Celle-ci devient violente à cause des maladresses de la cour et du roi. Le 14 juillet 1789, le peuple armé prend la Bastille [1], symbole de l'injustice et de l'absolutisme royal. Après dix ans de révolution, Bonaparte, futur Napoléon, prend le pouvoir et impose sa loi.

UNE FRANCE ENCORE TRADITIONNELLE

Un royaume de paysans

De 19 millions d'habitants à la mort de Louis XIV, la France passe à 26 millions sous Louis XVI. C'est le pays le plus peuplé d'Europe. La

1. *Une prison à Paris.*

Cet intérieur d'une chaumière montre la pauvreté des paysans de l'époque, qui forment la majorité de la population. Il n'y a pratiquement aucun meuble et le sol est en terre battue. Hubert Robert. Intérieur rustique *(Musée des Beaux Arts, Chartres).*

population est essentiellement paysanne. Les campagnes ne connaissent pas la misère, les famines ont disparu et, dans sa production globale, l'agriculture est prospère bien qu'elle reste traditionnelle et mal équipée. Les efforts d'un groupe d'économistes (les physiocrates) pour renouveler les structures agricoles restent limités et rencontrent peu d'écho.

Le blocage industriel

L'industrie française n'est pas encore une industrie moderne comme celle de l'Angleterre ; les habitudes capitalistes ne sont pas entrées dans les mœurs. La libre circulation des biens à l'intérieur du territoire est entravée par les innombrables particularismes locaux ; l'argent circule difficilement. La noblesse française méprise l'entreprise et, à l'inverse des lords anglais, considère l'exercice d'une activité comme indigne d'elle ; les nobles se refusent donc à tout travail productif. Quant à l'immense majorité de la bourgeoisie active, elle préfère investir son argent dans des entreprises plus sécurisantes : l'agriculture, le commerce et l'immobilier. Les seuls embryons d'industrie sont représentés par le textile (manufacture d'Oberkampf) et la métallurgie.

Une bourgeoisie impatiente

Le clergé représente 1 % de la population française, la noblesse 2 %. La majorité, formée de paysans, vit mal sur des terres trop petites. Reste la bourgeoisie, qui est la classe montante de la société d'Ancien Régime.
La petite bourgeoisie est composée de petits commerçants, de médecins, de professeurs, d'avocats. Ils vivent surtout dans les villes. Ils ont de l'instruction ; ils lisent les nouveaux livres et consultent la presse ; ils prennent conscience de leur valeur. Issus du peuple, ils seront les représentants du peuple pendant la Révolution, et les députés des assemblées révolutionnaires.
Les grands bourgeois sont banquiers ou riches commerçants ; ils font du commerce avec les lointaines colonies. Ils sont parfois plus riches que les nobles et ils enragent de ne pas disposer d'un prestige social et d'un pouvoir politique en rapport avec leur importance réelle. Ils critiquent la société des ordres, celle des privilèges dus à la naissance, même si parfois, mais plus rarement, leur secret désir est de devenir nobles. Ils ont lu aussi les philosophes et tous demandent une participation plus active de la bourgeoisie aux affaires de l'État, une organisation plus juste et plus efficace de l'administration et des impôts. Ils acueillent les penseurs modernes dans leurs salons ; ce sont eux qui sont le plus ouverts aux idées des Lumières parce que ce sont eux qui y ont le plus d'intérêts.

LE SIÈCLE DES LUMIÈRES

Dans l'évolution de la pensée, on peut distinguer facilement deux étapes avec pour point de repère la date de 1750, qui correspond au premier *Discours* de Rousseau, suivi en 1751 de la parution des premiers volumes de l'*Encyclopédie*. Avant 1750, c'est la période de formation de l'esprit critique. Après 1750, les écrivains, qui ne sont plus des courtisans pensionnés, deviennent des adversaires décidés de toutes les traditions ; cette période est celle de la lutte philosophique. C'est en effet l'esprit philosophique qui marque la pensée du XVIIIe siècle, sous l'influence de l'Angleterre.

L'exemple anglais

Si, à la plus belle période du classicisme, la France donne le ton aux autres nations européennes, le centre de gravité politique, économique et culturel se déplace peu à peu jusqu'à l'Angleterre. A la soudure entre le XVIIe et le XVIIIe siècle, c'est ce pays qui est imité et admiré. Les raisons en sont multiples : l'Angleterre est en avance sur le plan religieux, politique et économique.

La multiplicité des religions en Angleterre a préparé à la tolérance, alors qu'en France on se battait encore entre catholiques pour des problèmes de dogme : « S'il n'y avait en Angleterre qu'une religion, son despotisme serait à craindre ; s'il y en avait deux, elles se couperaient la gorge ; mais il y en a trente, elles vivent en paix, heureuses ». (Voltaire, *Lettres anglaises,* VI). De cette tolérance est née l'idée d'un juste milieu qui permet de concevoir Dieu de la façon la plus large possible. Cette conception très souple de l'Être suprême que l'on a appelé déisme a fortement influencé Voltaire, propagateur des idées anglaises en France.

La seconde raison qui explique l'avance de l'Angleterre est d'ordre politique : la bourgeoisie anglaise a fait sa révolution un an avant la France. En 1649, le roi Charles Ier a été exécuté et le nouveau roi a accepté de gouverner sous le contrôle du Parlement. A l'absolutisme français s'oppose la monarchie constitutionnelle à l'anglaise, plus libérale.

La troisième raison est d'ordre économique. Alors que la France est encore ancrée dans l'agriculture traditionnelle et le refus de l'industrie, l'Angleterre dispose déjà d'une base commerciale et financière moderne qui préfigure le capitalisme.

L'avance de l'Angleterre est également perceptible dans le domaine intellectuel. Déjà au XVIIe siècle, La Fontaine fait l'éloge des penseurs anglais qui s'appuient sur l'expérience. Trois noms dominent la pensée anglaise et contribuent à son rayonnement international : Bacon, Newton et Locke. C'est surtout ce dernier qui influe sur la pensée des philosophes français. Son œuvre majeure, l'*Essai sur l'entendement humain* (1690) a été plusieurs fois traduite et rééditée. On résume sa pensée par deux notions : l'empirisme (l'expérience est la source de toute science) et le sensualisme (« toutes nos idées nous viennent des sens »). Locke applique ces principes aussi bien à la politique qu'à la religion et à l'éducation, soutenant que chaque individu doit faire lui-même les expériences nécessaires à la conduite de sa vie, sans avoir à subir l'intolérance des dogmes et le carcan des interdits. Cette liberté de pensée est un exemple pour la philosophie française qui cherche à s'émanciper du poids de l'absolutisme et de la religion catholique.

Un esprit nouveau : les philosophes et la raison

Le XVIIIe siècle est appelé siècle des philosophes car, contrairement au XVIIe siècle, les écrivains s'occupent moins d'esthétique que de problèmes philosophiques. La philosophie n'a pas envahi d'un seul coup le devant de la scène ; outre l'exemple anglais, trois précurseurs français sont à l'origine de ce mouvement. Le premier est Descartes (voir p. 121) ; dans son *Discours de la méthode* (1637), il fonde une philosophie du doute qui élimine tout ce qui ne résiste pas à l'examen de la raison. Le second est Pierre Bayle, qui donne l'exemple d'une grande audace philosophique dans ses *Pensées sur la comète* (1682) et son *Dictionnaire historique et critique* (1697). Fontenelle enfin, neveu de Corneille et homme d'une intelligence lumineuse, publie les *Entretiens sur la pluralité des mondes* (1686) et l'*Histoire des oracles* (1687) qui sont des modèles de vulgarisation scientifique et d'esprit critique.

Le mot philosophe a un sens très particulier au XVIIIe siècle. Ce n'est pas un sage qui médite sur le monde mais un militant qui s'oppose à tout ce qui est irrationnel : « Le philosophe est donc un homme qui agit en tout par raison. » (Article « Philosophe » dans l'*Encyclopédie*).

Cette confiance dans la raison entre en conflit immédiat avec la foi religieuse qui demande de croire à une révélation. L'article « Raison » de l'*Encyclopédie* est très net à cet égard :

« ... partout où nous avons une décision claire et évidente de la raison, nous ne pouvons être obligés d'y renoncer pour embrasser l'opinion contraire, sous prétexte que c'est une matière de foi. La raison de cela, c'est que nous sommes hommes avant d'être chrétiens. »

Le choix est clairement défini : pour se guider, le philosophe préfère les « lumières » de la raison, mot qui était traditionnellement réservé à la grâce divine et qui s'applique maintenant à l'activité intellectuelle de l'homme. Muni de ce flambeau, le philosophe tente de remettre tous les préjugés politiques et religieux en question. On ne se contente plus de bien dire et de bien écrire (voir La Fontaine p. 68), on devient militant pour répandre les idées de liberté, de tolérance et de progrès. Le philosophe a une vocation pour l'action, il veut être utile à la société, et ce qui dans la littérature du XVIIIe

Cette scène matinale montre la richesse et le raffinement de certains intérieurs bourgeois par rapport à la pauvreté des paysans. Une telle peinture montre également que la sensibilité du XVIIIe siècle donne une importance accrue à la femme. Un nouvel art de vivre se dessine en effet, plus sensuel et plus tolérant. S'il y a encore très peu de femmes écrivains, elles sont en revanche au centre des préoccupations littéraires et artistiques et la reconnaissance des droits de la femme à la révolution de 1789 est la conséquence logique de cette évolution. Le matin, *tableau de Nicolas Lancret (National Gallery, Londres).*

siècle nous intéresse aujourd'hui est, dans son ensemble, une littérature de combat et d'opposition.

L'idée de liberté

En 1771, Diderot écrit à la princesse Dashoff : « Chaque siècle a son esprit qui le caractérise ; l'esprit du nôtre semble être celui de la liberté. » On peut le constater dans tous les domaines. En économie, le XVIIIe siècle voit naître les théories dites « libérales » et le développement de la concurrence réclamée par la bourgeoisie. Du point de vue des mœurs, le philosophe est souvent assimilé à un libertin qui ne respecte rien. Sans aller aussi loin que Sade, Diderot réclame déjà le droit au divorce. La condition féminine trouve en Marivaux et en madame de Lambert des défenseurs aussi raisonnables qu'avancés. Du point de vue social, Diderot et Rousseau s'engagent pour l'abolition de l'esclavage et prophétisent la révolte des Noirs. Du point de vue pédagogique, *l'Émile* de Rousseau demande de respecter la liberté de l'enfant et de traiter les adolescents comme des égaux « afin qu'ils le deviennent ». Du point de vue linguistique, on cherche dans la littérature anglaise le modèle d'une « langue libre » qui ne soit pas codifiée à l'excès comme la langue héritée du XVIIe siècle. Rousseau refuse d'avoir recours à une langue trop compliquée et il écrit dans l'*Essai sur l'origine des langues* : « Toute langue avec laquelle on ne peut se faire entendre au peuple rassemblé est une langue servile ; il est impossible qu'un peuple demeure libre et qu'il parle cette langue-là. » Ce rôle politique accordé à la langue témoigne d'une attitude très moderne. Enfin, du point de vue religieux, liberté est bien sûr synonyme de tolérance. Toutes ces prises de position en faveur des libertés se font en grande partie à partir d'une observation sans préjugés de la nature, à l'instar des sciences.

L'essor des sciences

Dans les *Pensées de l'interprétation de la nature* (1754), Diderot écrit : « Nous (c'est-à-dire les philosophes) avons trois moyens principaux : l'observation de la nature, la réflexion et l'expérience. L'observation recueille des faits ; la réflexion les combine ; l'expérience vérifie le résultat de la combinaison. » Cette attitude du philosophe est comparable à celle du scientifique dont le modèle français nous est donné par le grand naturaliste Buffon (*Histoire naturelle,* 1749-1789). La littérature et la science ne forment plus deux domaines séparés et les grandes décou-

Le XVIIIe est aussi le siècle des expérimentations scientifiques dont Buffon, ici dans son cabinet, est le plus pur représentant. Buffon a laissé une vaste Histoire naturelle *en 36 volumes. Dessin de Jacques de Sève, XVIIIe siècle. (Bibliothèque Nationale, Paris.)*

vertes scientifiques enthousiasment les philosophes. C'est l'époque où la théorie de la gravitation universelle de l'Anglais Newton ouvre la voie aux découvertes de l'astronomie et de la physique. On constate que la terre est aplatie aux deux pôles ; on trouve l'explication du phénomène des marées ; on réussit à calculer la trajectoire des comètes. Dans un domaine plus pratique, on invente le thermomètre, on perfectionne la machine à vapeur, on définit les propriétés du courant électrique. La science est à la mode ; c'est un fait de société. Même si elles manquent souvent de rigueur, les conversations de salon tournent maintenant davantage autour des découvertes et des expériences scientifiques qu'autour du problème de la grâce divine comme au XVIIe siècle.

Le début des sciences humaines : l'Encyclopédie

A partir de 1751, Diderot et d'Alembert entreprennent de publier une *Encyclopédie.* C'est une vaste publication comportant au total dix-sept volumes de texte, quatre volumes de supplément et onze volumes de planches (dessins). L'argent nécessaire à la réalisation de cette œuvre vient de la souscription de quatre mille lecteurs. « Encyclopédie » veut dire « enchaînement de connaissances » ; elle contient l'exposé complet des métiers, des sciences et de la philosophie au XVIIIe siècle. Son élaboration demande vingt ans de travail et beaucoup de tenacité pour surmonter les tracasseries et les censures. Du point de vue pratique, c'est un énorme répertoire de toutes les connaissances de l'époque. Du point de vue philosophique, c'est une critique, le plus souvent indirecte, des croyances et préjugés de l'époque. Le ton général est modéré et les articles pris isolément peuvent sembler inoffensifs à première vue. Mais les Encyclopédistes se servent d'un système ingénieux pour répandre leurs idées : les renvois. Un article apparemment très orthodoxe renvoie à un autre article qui, sous une apparence bénigne, glisse quelques attaques ; cet article renvoie à son tour à un troisième article, qui modifie lui aussi le précédent, de telle sorte que, de renvoi en renvoi, la pensée devient toujours plus subversive.

La doctrine d'ensemble de l'*Encyclopédie* est la suivante : l'humanité progresse, elle n'est pas éternellement condamnée aux mêmes malheurs. Or, ce progrès n'est pas dû à la théologie, qui a trop longtemps maintenu l'homme en esclavage, mais à la raison libérée. Si, jusqu'à présent, le progrès s'est surtout manifesté dans le domaine des sciences, il ne devrait pas tarder, grâce à l'action militante des philosophes, à se manifester dans les autres domaines : religion, morale et politique. L'*Encyclopédie* fonde ce qu'on appelle les sciences humaines, en s'attachant non plus à la métaphysique où autre spéculation[1], mais en cherchant à travers les sciences et toutes les œuvres de l'homme à mieux connaître cet homme. C'est le sens de la pensée de Diderot dans l'article « Encyclopédie » publié au tome V : « Pourquoi n'introduirons-nous pas l'homme dans notre ouvrage, comme il est placé dans l'univers ? Pourquoi n'en ferons-nous pas un centre commun ? Est-il dans l'espace infini quelque point d'où nous puissions, avec plus d'avantage, faire partir les lignes immenses que nous nous proposons d'étendre à tous les autres points ? »

C'est l'élimination pure et simple de Dieu pour la compréhension du monde.

Une planche de l'Encyclopédie : "L'art d'écrire". Gravure de Robert Bénard. (Bibliothèque Nationale de Paris.)

1. *Étude, recherche abstraite.*

L'attraction de Paris

Dans ce mouvement des Lumières, Versailles, ancienne cour de Louis XIV, est éclipsé par Paris. Les dernières années de règne du grand roi avaient été mornes et sévères. Dès la régence, on affiche un goût nouveau pour les plaisirs et le luxe. On se sent soudain libéré ; on a soif de parler, de se rencontrer, d'échanger des idées. Les écrivains et les penseurs, quoique souvent de condition modeste, aiment se réunir dans les endroits à la mode : clubs, cafés et salons.
Le club le plus connu dans la première moitié du siècle est le Club de l'Entresol, ainsi nommé parce qu'il se trouvait à l'entresol d'un hôtel particulier, place Vendôme. Il comprend une vingtaine de membres. L'un deux le définit ainsi : « C'était une espèce de Club à l'anglaise, ou de société entièrement libre, composée de gens qui aimaient à raisonner sur ce qui se passait, pouvaient se réunir et dire leur avis sans crainte d'être incompris. En tout temps on y trouvait des gazettes de France, de Hollande et même les papiers anglais ».
Les cafés, plus populaires, connaissent une vogue extraordinaire. En 1715, lorsque meurt Louis XIV, on en compte déjà trois cents à Paris. Le plus célèbre est le café Procope, ouvert en 1695 par un Sicilien. On y rencontre Fontenelle, Diderot et surtout Voltaire.
Les salons sont très fréquentés par l'élite intellectuelle, notamment ceux de la duchesse du Maine, de la marquise de Lambert et de madame de Tencin. On cause, on fait des lectures publiques, de la musique et de petites expériences scientifiques. On y rencontre Voltaire, Diderot, Rousseau, l'abbé Galiani, secrétaire de l'ambassade de Naples à Paris. Mais il ne faut pas exagérer le sérieux de ces réunions ; les salons ne sont pas des endroits où l'on ne fait que philosopher ; on s'y amuse aussi beaucoup, on y organise des bals et des fêtes. Pour les privilégiés, le XVIIIe est le siècle de tous les plaisirs. Les œuvres des peintres Boucher et Fragonard rendent bien cette atmosphère sensuelle.

Le café Procope, fondé par un Sicilien à Paris. On peut s'y retrouver à toute heure et discuter sans contrainte. Gravure anonyme du XVIIIe siècle. (Musée Carnavalet, Paris.)

Cosmopolitisme à la française

Plus que tout autre, le XVIIIe siècle s'intéresse à tout ce qui est différent, étranger, nouveau ; on se passionne pour la musique italienne, pour les voyages, pour les récits d'explorateurs. En un mot, on est cosmopolite.
Si l'influence de l'Angleterre est fondamentale, le rôle de la France dans la propagation des Lumières est prépondérant. Le prestige de Paris rayonne sur toute l'Europe, même si la France a dû céder à la Prusse le rôle de première puissance militaire qu'elle avait sous Louis XIV.
Poussés par la curiosité et une foi militante dans le progrès et la raison, les philosophes n'hésitent pas à traverser les frontières. Voltaire est accueilli par Frédéric II de Prusse et Diderot par Catherine de Russie.
En Europe, le français devient la langue des gens cultivés. Beaucoup d'étrangers, et non des moindres, écrivent en français et en 1783, l'Académie de Berlin met au concours la question suivante : « Qu'est-ce qui a rendu la langue française universelle ? » Non seulement la langue mais toute la culture française deviennent des valeurs universelles ; il est facile aux Français, dans ces conditions, de se prétendre cosmopolites. Toujours est-il qu'un art de vivre et un goût, que ce soit en architecture, en peinture ou en littérature, se définissent sur les bords de la Seine et se trouvent reproduits, avec plus ou moins de fidélité, d'un bout à l'autre de l'Europe.

LES COURANTS LITTÉRAIRES

S'il est facile de retenir la date de 1750 comme point de repère dans l'évolution de la pensée philosophique, il est plus difficile de distinguer des périodes nettement marquées pour les courants littéraires. Deux grands courants en effet s'entremêlent tout au long de ce siècle : le premier est sous-tendu par une écriture politique, l'autre est porté par l'expression des sentiments. Les deux courants coexistent et nous ne les séparons ici que pour la commodité de l'étude.

Une écriture politique

Au XVIe siècle, littérature, religion et politique formaient un amalgame tantôt burlesque (Rabelais), tantôt lyrique (Ronsard), tantôt pathétique (D'Aubigné). Sous Louis XIV, les deux « grands sujets », comme La Bruyère appelait la religion et la politique, deviennent progressivement tabous. Au XVIIIe siècle, la politique et la religion redeviennent partie intégrante de la littérature, comme au XVIe siècle, mais sous une autre forme ; la lutte contre les valeurs traditionnelles est à la fois plus fine et plus percutante car les philosophes sont plus familiarisés avec les combats d'idées ; d'autre part, l'ordre et la rigueur du XVIIe siècle classique ont laissé des traces et les attaques sont moins désordonnées. La littérature, comme domaine exclusif des belles lettres, a disparu, et on peut dire qu'au XVIIIe siècle, tous les grands écrivains sont des « écrivains politiques ».

Le premier d'entre eux est le fondateur de la science politique ; il s'agit de Montesquieu. Celui-ci a consacré son expérience de magistrat à l'étude des institutions juridiques et sociales réellement existantes, et non plus pensées dans l'abstrait ; c'est là sa grande nouveauté, car ses prédécesseurs avaient toujours pris pour objet de leurs études le concept abstrait de « société en général ». Montesquieu, au contraire, s'attache au concret avec rigueur. Bien qu'il écrive son œuvre dans la première moitié du siècle, il exprime déjà les tendances philosophiques qui connaîtront leur plein épanouissement après 1750.

Pour ses contemporains, Voltaire est d'abord un poète de génie. Mais plus que ses poésies et ses tragédies, c'est sa verve polémique et son admirable talent de vulgarisateur qui nous intéressent aujourd'hui. Ses *Lettres philosophiques* ou *Lettres sur les Anglais* (1734) familiarisent le public français avec les pensées de Locke et de Newton, et avec les institutions politiques de l'Angleterre.

Mais l'un des penseurs les plus originaux de l'époque est sans conteste Rousseau, qui, à partir de 1750 dans son premier *Discours*, a mis la réflexion politique au centre de son œuvre littéraire, sans s'abaisser à la polémique. C'est à lui que nous devons le renouvellement de la pensée sur les grands thèmes de la liberté, de la propriété et de l'ordre ; son influence sur les grands hommes de la Révolution n'est pas négligeable.

Montesquieu, Voltaire et Rousseau sont les figures de proue de ce qu'on peut appeler la littérature politique ; mais leurs préoccupations étaient communes à tout un siècle. Même dans des genres plus conventionnels, un homme de théâtre comme Beaumarchais ou un poète comme Chénier, sans être des écrivains politiques, ont su à l'occasion se montrer militants.

Une nouvelle sensibilité

Si, au XVIIe siècle, les théologiens et les moralistes (La Rochefoucauld, par exemple) considéraient, au nom de la raison, les sentiments comme néfastes, au XVIIIe un certain nombre d'écrivains les mettent à l'honneur. Dans les *Pensées philosophiques* de 1746, Diderot écrit : « On déclame sans fin contre les passions ; on leur impute toutes les peines de l'homme et on oublie qu'elles sont aussi la source de tous les plaisirs. »

— Éloge des passions : au XVIIIe siècle le mot « passions » recouvre tous les sentiments violents qui engagent l'être tout entier, et en premier lieu l'amour et ses effets. Cet engouement pour les passions vient encore une fois de l'Angleterre avec deux romans importants : *Clarisse Harlowe* de Richardson et *Tom Jones* de Fielding (1749). En France, on retrouve la description des passions dans deux romans célèbres : *Manon Lescaut* de l'abbé Prévost et *La nouvelle Héloïse* de Rousseau. L'analyse des passions pénètre aussi le domaine philosophique. Les philosophes les considèrent comme la base de toute activité. Les passions, si longtemps refoulées, se voient maintenant attribuer la première place. Dans l'article « Passions » de l'*Encyclopédie,* on lit : « Ce sont les passions qui mettent tout en mouvement, qui animent le tableau de cet univers, qui donnent, pour ainsi dire l'âme et la vie à ses différentes parties. »

— Éloge de la nature : suivre ses passions, c'est d'abord suivre sa nature. Jamais le mot « nature » n'a été plus en vogue qu'au XVIIIe siècle. Il désigne d'abord tout ce que les lois de la raison, au XVIIe siècle, avaient censuré et l'on va jusqu'à écrire : « La raison nous trompe plus souvent que la nature » (Vauvenargues).

C'est un renversement complet par rapport au siècle précédent ; on fait de nouveau confiance à l'homme qui peut progresser et arriver au bien en suivant sa nature. On ne cherche pas à éliminer la religion, mais la religion révélée est remplacée par la religion naturelle. La nature retrouvée semble offrir un nouveau moyen d'atteindre la vérité. Dieu ne s'impose plus aux hommes, ce sont les hommes qui arrivent à Dieu en se conformant à leur nature. « La religion naturelle va de l'homme à Dieu et lui présente le bien selon l'homme, la droiture et la probité

Le XVIIIe est le siècle des sentiments, des élans passionnés. Fragonard, un des peintres des plus représentatifs de l'époque, a intitulé ce tableau Le vœu à l'amour. *(Musée des Beaux Arts d'Orléans.)*

dont l'humanité est capable. » (Muralt - 1739). On est loin de la rigueur janséniste d'un Pascal qui exigeait toujours plus de l'homme.

Dans cet enthousiasme pour la nature, on entend d'abord par « nature » un état primitif antérieur à toute civilisation qui précède le stade de la réflexion : « Ah ! Vivent les Hurons[1] qui sans lois, sans prisons et sans tortures, passent la vie dans la douceur, dans la tranquillité et jouissent d'un bonheur inconnu aux Français. Nous vivons simplement sous les lois de l'instinct et de la conduite innocente que la Nature nous a imprimées dès le berceau. » (La Hontan, *Dialogues curieux entre l'auteur et un sauvage de bon sens qui a voyagé,* 1704).

Mais au cours du siècle, la notion de nature s'affine : de statique — désignant un état — elle devient dynamique et désigne le guide qui conduit l'homme vers son accomplissement (*Émile* de Jean-Jacques Rousseau) et mène l'humanité vers le progrès et le bonheur. La nature est devenue la raison du cœur.

— Éloge du bonheur : « Il n'y a qu'un devoir, c'est d'être heureux » (Diderot). Le thème du bonheur revient comme un leitmotiv dans la littérature du XVIIIe siècle. On ne pense plus au tragique de la vie, on ne pense plus à la mort. (« La pensée de la mort nous trompe, car elle nous fait oublier de vivre ». — Vauvenargues) on pense aux plaisirs et au bonheur. Voltaire donne une illustration de cet état d'esprit dans les *Discours sur l'homme* :

« Le bonheur est un bien que nous vend la [nature,
Il n'est point ici bas de moissons sans culture.
Je suis homme, et d'un Dieu je chéris la clé- [mence.
La nature, attentive à remplir vos désirs,
Vous appelle à ce Dieu par la voix du plaisir. »

Le bonheur est presque toujours mis en relation avec les sentiments et la simplicité d'une vie naturelle : « Vous autres Européens, dont l'esprit se remplit dès l'enfance de tant de préjugés contraires au bonheur, vous ne pouvez concevoir que la nature puisse donner tant de lumières et de plaisirs. Votre âme, circonscrite dans une petite sphère de connaissances humaines, atteint bientôt le terme de ses jouissances artificielles : mais la nature et le cœur sont inépuisables. » (Bernardin de Saint-Pierre, *Paul et Virginie*).

Mais croire qu'il suffit de suivre la nature pour être heureux et éviter les conflits serait trop simple. Rousseau, dans *La nouvelle Héloïse,* montre que la recherche du bonheur naturel peut mettre en danger l'ordre social. Pour obéir à son devoir, Julie, l'héroïne de *La nouvelle Héloïse,* doit surmonter les désirs de son cœur en se montrant vertueuse. C'est en effet la vertu qui permet de sublimer nos désirs sans pourtant

1. *Peuple indigène d'Amérique du Nord, devenu le symbole d'une vie simple et naïve.*

y renoncer, en les plaçant à un niveau supérieur, spirituel, pour en jouir encore plus intensément. Certes, la vertu exige de lourds sacrifices, mais elle seule permet de réconcilier le cœur et le devoir.

LES GENRES LITTÉRAIRES

La poésie : paralysée par les classiques

Paralysée par l'imitation des classiques, la poésie du XVIIIe siècle devient artificielle. Certes, les petits poètes ont beaucoup de succès à l'époque, mais presque aucune de leurs œuvres n'est passée à la postérité, car aucune n'était originale. Le genre poétique ne correspond pas au génie de ce siècle philosophe et la musique des mots se réfugie dans de très belles pages en prose, en particulier chez Rousseau et Diderot, qui lui même s'interroge : « La poésie veut quelque chose d'énorme, de barbare et de sauvage... Quand verra-t-on naître des poètes ? » Chénier, mort trop jeune, victime de la Révolution, n'a eu le temps de nous donner que les promesses d'un grand poète.

Le théâtre : influencé par les classiques

Le théâtre reste le genre littéraire le plus apprécié du XVIIIe siècle, et si Voltaire est considéré comme le plus grand écrivain de son temps, ce n'est pas à cause de ses contes ou de ses œuvres philosophiques, mais parce qu'il est auteur dramatique. Or ses pièces de théâtre sont aujourd'hui considérées comme médiocres. En fait, pour le lecteur moderne, quatre noms dominent le théâtre du XVIIIe : Regnard et Le Sage, mais surtout Marivaux et Beaumarchais.

Regnard maintient la tradition moliéresque du comique grâce aux procédés classiques de la farce, du jeu de mots, des situations burlesques et des coups de théâtre. Son œuvre la plus réussie est *Le légataire universel.*

Le Sage a écrit une bonne comédie, *Turcaret,* mais il est plus connu pour ses romans.

Marivaux s'intéresse aux subtilités du discours amoureux dans des comédies toutes en nuances, où l'analyse du cœur féminin est particulièrement fine. Mais si exquises soient-elles, ses œuvres restent dans la norme classique.

Beaumarchais est l'auteur de comédies de mœurs *(Le barbier de Séville ; Le mariage de Figaro ; La mère coupable).* Ses personnages, empruntés à la société du XVIIIe siècle, traitent de problèmes de l'époque et notamment de l'opposition bourgeoisie/noblesse. Il prend ainsi ses distances par rapport à l'Antiquité qui restait encore le modèle des auteurs dramatiques du XVIIe siècle : « Que me font à moi, sujet paisible d'un État monarchique du XVIIIe siècle, les révolutions d'Athènes et de Rome ? Quel véritable intérêt puis-je prendre à la mort d'un tyran du Péloponnèse ? au sacrifice d'une jeune princesse en Aulide [1] ? Il n'y a dans tout cela rien à voir pour moi, aucune moralité qui me convienne. » (*Essai sur le genre dramatique sérieux,* 1767).

L'épanouissement du genre romanesque : loin des classiques

Si la poésie et une grande partie du théâtre sont restées fidèles aux modèles classiques (et peuvent être ainsi définies comme post-classiques) il n'en est pas de même du roman qui connaît un véritable épanouissement au XVIIIe siècle. Les noms de Le Sage, Marivaux, l'abbé Prévost, Diderot, Rousseau, Laclos, Sade témoignent de cette vitalité [2]. Cela va du roman picaresque [3]. (*Gil Blas* de Le Sage) au roman noir (Sade) en passant par le roman par lettres *(La nouvelle Héloïse de* Rousseau*).*

Le Sage est surtout un romancier réaliste. Il s'est largement inspiré de la littérature espagnole, notamment dans *Le diable boîteux* (1707) et *L'histoire de Gil Blas de Santillane.* Ce dernier roman raconte les aventures d'un jeune Espagnol naïf, Gil Blas, qui part faire ses études à Salamanque. Il est arrêté par des voleurs, reste six mois avec eux et devient voleur à son tour. Puis il s'évade, devient successivement laquais, secrétaire d'un duc, puis finalement Premier ministre, avant d'arriver à la sagesse et de se retirer du monde. Certes, l'action du roman se déroule en Espagne, mais c'est en fait la société française que dépeint ici Le Sage avec précision et humour.

Marivaux, qui excelle dans le théâtre, a écrit quelques romans ; les plus connus, *La vie de Marianne* (1731-1741) et *Le paysan parvenu* (1735-1736) sont inachevés. Comme dans ses pièces, l'analyse des sentiments y est particulièrement subtile.

L'abbé Antoine François Prévost est l'auteur d'une cinquantaine de romans mais son nom est surtout lié aux *Mémoires et aventures d'un homme de qualité qui s'est retiré du monde,* dont le tome VII est constitué par l'histoire de *Manon Lescaut.* L'auteur y décrit avec force la toute-puissance de la passion. Le jeune chevalier des Grieux rencontre à Amiens une toute jeune fille, Manon, dont il tombe éperdument amoureux. Il l'enlève et s'installe avec elle à Paris. Mais Manon est volage. Elle se laisse séduire par d'autres amoureux et entraîne son malheureux amant dans de multiples aventures. Des Grieux

1. Terme employé par Racine désignant vraisemblablement Aulis, un port grec. Ici, allusion à la pièce de Racine : Iphigénie.
2. Pour les romans de Diderot, Rousseau, Laclos et Sade, voir les chapitres correspondants.
3. Le roman picaresque est l'un des genres les plus florissants de la littérature espagnole ; il décrit les aventures des picaros (fripons).

continuera quand même d'aimer Manon jusqu'à la mort de celle-ci.

Originalité du XVIIIe : une « littérature » hors des genres traditionnels

La véritable originalité du XVIIIe siècle vient en fait de ces œuvres qui sortent des trois genres traditionnels (poésie, théâtre, roman). La passion de convaincre les lecteurs, les domaines nouveaux abordés ont fait inventer aux écrivains de l'époque des formes nouvelles. *L'esprit des lois* de Montesquieu, les *Discours, l'Émile, Le contrat social, Les rêveries, Les confessions* de Rousseau, l'*Encyclopédie* dirigée par Diderot sont autant d'œuvres difficiles à classer parce que leurs auteurs, pour dire ce qu'ils avaient à dire, ont inventé leurs propres règles et leurs propres formes.

Le XVIIe siècle fut appelé « le siècle des saints », le XVIIIe « le siècle des philosophes ». Ces deux dénominations témoignent de l'ampleur du changement. On passe de la foi à la curiosité, de l'admiration des Anciens à l'éloge des passions, de la volonté de conserver à la volonté de changer. Le XVIIIe siècle a remué beaucoup d'idées, a livré beaucoup d'attaques, a renversé beaucoup de croyances, convaincu d'avoir une mission à remplir. Les écrivains et philosophes sont animés d'un dessein généreux : ils veulent installer l'homme sur la terre, le rendre plus heureux et peut-être meilleur car ils croient au progrès de l'humanité.

BIBLIOGRAPHIE

Histoire :

Ch. Kunstler, *La vie quotidienne sous Louis XVI,* Paris, Hachette, 1950.
Ch. Kunstler, *La vie quotidienne sous Louis XV,* Paris, Hachette, 1953.

Études générales :

Robert Mauzi, *L'idée de bonheur au XVIIIe siècle,* Paris, Armand Colin, 1960.
Paul Hazard, *La pensée européenne au XVIIIe siècle de Montesquieu à Lessing,* réédition Fayard 1963.
Jean Ehrard, *L'idée de nature en France dans la première moitié du XVIIIe siècle, S.E.V.P.E.N., 1963.*
Jean Starobinski, L'invention de la liberté, Genève, Skira, 1965 (très beau et très intéressant livre d'art).
Michel Launay et Georges Mailhos, *Introduction à la vie littéraire du XVIIIe siècle,* Paris, Bordas, coll. « Études », 1968.
Furio Diaz, *Filosofia e politica nel Settecento francese,* Turin, Einaudi, 1962, réédition 1973 (seul grand livre traitant de la relation entre philosophie et politique pour cette période).

Sur le roman : H. Coulet, *Le roman jusqu'à la Révolution,* Paris, Armand Colin, 1968.

Sur le théâtre : F. Gaiffe, *Le drame en France au XVIIIe siècle,* 1910.

Sur l'Encyclopédie : Jacques Proust, *Diderot et l'Encyclopédie,* Paris, Armand Colin, 1962.
L'Encyclopédie, Paris, Armand Colin, 1965 (petit livre pratique).

Une lecture de d'Alembert chez madame Geoffrin. *D'alembert fut avec Diderot l'un des initiateurs de l'*Encyclopédie. *Dessin de François Boucher. (Collection particulière, Paris.)*

LE XVIIIe SIÈCLE - CHRONOLOGIE

	Histoire et sciences	Littérature française	Littérature étrangère	Arts
1709	Dispersion des religieuses de Port-Royal (jansénistes)	Lesage : *Turcaret*		
1710			Leibnitz (All.) : *Theodicée*	
1712	Destruction de Port-Royal	Fénelon : *Traité de l'existence de Dieu*		Watteau : *L'embarquement pour Cythère*
1713				Vivaldi : *Stravaganza*
1714			Leibnitz : *Monadologie*	Couperin : *Concerts royaux*
1715	Mort de Louis XIV	Lesage : *Gil Blas de Santillane*		Vivaldi : *concerts pour violon*
1716	Système de Law			Watteau : *Gilles*
1719			Defoe (Angl.) : *Robinson Crusoë*	
1721		Montesquieu : *Les lettres persanes*		J.-S. Bach : *Les concertos brandebourgeois*
1722				J.S. Bach : *Le clavecin bien tempéré*
1723	Majorité officielle de Louis XV	Marivaux : *La double inconstance* Saint Simon : début des *Mémoires* (1723-1750)		J.-S. Bach : *Le magnificat* Rameau : *Pièces de clavecin*
1725	Louis XV épouse Marie Leszczynska Mort de Pierre le Grand de Russie et avènement de Catherine		Vico (It.) : *La science nouvelle* (1725-1744)	Vivaldi : *Les quatre saisons*
1726	Ministère Fleury (1726-1743)		Swift (Angl.) : *Les voyages de Gulliver*	Tiepolo : Fresques de la cathédrale d'Udine
1728		Voltaire : *La Henriade* Abbé Prévost : *Mémoires d'un homme de qualité*		
1729				J.-S. Bach : *La passion selon saint Mathieu* Metastase : *Semiramis*
1730		Marivaux : *Le jeu de l'amour et du hasard*	Fielding (Angl.) : *Tom Pouce*	Canaletto : *Vue de la Charité*
1731	Suppression de la peine de mort pour sorcellerie	Abbé Prévost : *Manon Lescaut* Marivaux : *La vie de Marianne*		
1733				Rameau : *Hippolyte et Aricie*
1734			Metastase (It.) : *La clémence de Titus*	Rameau : *Castor et Pollux*
1736	Confirmation des théories de Newton sur l'attraction universelle	Voltaire : *Le mondain*		Pergolèse : *Stabat mater*
1737		Marivaux : *Les Fausses confidences*		
1740	Guerre de succession d'Autriche (1740-1748) Début du règne de Frédéric II de Prusse (1740-1786)			Boucher : *Le triomphe de Vénus* J.-S. Bach : *Le clavecin bien tempéré*
1741			Richardson (Angl.) : *Pamela*	Haendel : *Le messie*
1742		L'abbé Prévost traduit *Pamela* de Richardson		
1743	Mort de Fleury Louis XV gouverne par lui-même			Knobelsdorff : Château de Sans-Souci à Potsdam (1743-1748)
1744	Guerre coloniale avec l'Angleterre (1744-1758)	Marivaux : *La dispute*		

LE XVIIIe SIÈCLE - CHRONOLOGIE

	Histoire et sciences	Littérature française	Littérature étrangère	Arts
1745	Madame de Pompadour favorite (1745-1764)			Hogarth : *Le mariage à la mode*
1746		Diderot : *Pensées philosophiques*		Canaletto : *La Tamise vue de la terrasse de la maison Richmond* *La serva padrona* de Pergolese jouée à Paris
1747			Richardson (Angl.) : *Clarissa Harlowe*	
1748		Montesquieu : *L'esprit des lois* Voltaire : *Zadig*	Klopstock (All.) : *La messiade*	Quentin de La Tour : *Marie Leszczynska* Piranese : Vue de Rome
1749	Diderot emprisonné à Vincennes	Buffon : *Histoire naturelle* Diderot : *Lettre sur les aveugles*	Fielding (Angl.) : *Tom Jones*	J.-S. Bach : *L'art de la fugue*
1750	Voltaire : Séjour en Prusse (1750-1753)	D'Alembert : *Prospectus de l'Encyclopédie* Rousseau : *Discours sur les sciences et les arts*	Goldoni (It.) : *Le café*	Tiepolo décore Wurzbourg
1751	*L'esprit des lois* mis à l'index	*L'encyclopédie* (1751-1765) Voltaire : *Le siècle de Louis XIV*		
1752	Agitation parlementaire (1752-1757)	Voltaire : *Micromégas*		Boucher : *Madame de Pompadour*
1753	Le Parlement exilé de Paris		Goldoni (It.) : *La locandiera*	
1754		Rousseau : *Discours sur l'origine de l'inégalité*		
1755	Tremblement de terre à Lisbonne	Mort de Montesquieu Rousseau : *Essai sur l'origine des langues*		Quentin de La Tour : *Madame de Pompadour*
1756	Guerre de Sept Ans (1756-1763)			
1758		Rousseau : *Lettre à d'Alembert sur les spectacles* Helvetius : *De l'esprit*		
1759	Interdiction de *L'encyclopédie*	Voltaire : *Candide*		Oberkampf crée la première manufacture de toiles peintes à Jouy-en-Josas
1760		Diderot : *La religieuse* (publié en 1796) Début de la rédaction du *Neveu de Rameau* (publié en 1805)	Lessing traduit le théâtre de Diderot Goldoni (It.) : *Les rustres*	
1761		Rousseau : *La nouvelle Héloïse*		Greuze : *L'accordée de village*
1762	Audotafé de *l'Émile* à Paris et à Genève, *du Contrat social* à Genève	Rousseau : *Émile, Du contrat social* Voltaire : *Pièces originales sur la mort du sieur Calas* Diderot écrit le *Neveu de Rameau* Académie française : *Dictionnaire*	Gozzi (It.) : *La princesse Turandot*	Gluck : *Orphée et Eurydice*
1763				Mozart est présenté dans les salons parisiens
1764	Mort de madame de Pompadour. Madame du Barry favorite	Voltaire : *Dictionnaire philosophique*		
1765				Greuze : *La malédiction paternelle*
1768	Voyage de Cook (1768-1779)	Quesnay : *La physiocratie*		
1769	James Watt perfectionne la machine à vapeur			

LE XVIIIe SIÈCLE - CHRONOLOGIE

	Histoire et sciences	Littérature française	Littérature étrangère	Arts
1770		Rousseau : fin des *Confessions* D'Holbach : *Le système de la nature*		
1771	Mauvaise récolte de crise économique		Goldoni (It.) : *Le bourru bienfaisant* (en français à Paris)	Mozart : *La clémence de Titus*
1772	Lavoisier jette les bases de la chimie moderne	*Encyclopédie :* 6 volumes, planches Helvetius : *De l'homme*		
1773	Voyage de Diderot à la cour de Russie	Diderot : *Jacques le fataliste*	Goethe *(All.) : Goetz de Berlichingen*	
1774	Émeutes de la faim Mort de Louis XV Louis XVI, roi de France Turgot aux finances		Goethe (All.) : *Les souffrances du jeune Werther* Burger (All.) : *Lenore*	Gluck : *Iphigénie en Aulide*
1775		Beaumarchais : *Le barbier de Séville*		Mozart : *Concerto pour violon et orchestre* Fragonard : *Les Baigneuses*
1776	Indépendances des États-Unis	Rousseau : *Les rêveries* (1776-1778) Traduction française d'Ossian et de Shakespeare D'Holbach : *Morale universelle*	Klinger (All.) : *Sturm und Drang*	
1777	Sade est enfermé à la Bastille		Capitaine Cook (Angl.) : *Voyage autour du monde*	Erard construit son premier *piano forte*
1779			Lessing (All.) : *Nathan le sage* Goethe (All.) : *Iphigénie en Tauride* (1779-1789)	
1780			Lessing (All.) : *L'éducation du genre humain*	
1781		Rousseau : *Confessions* (1781-1788)	Kant (All.) : *Critique de la raison pure* Schiller (All.) : *Les brigands*	Mozart : *Idoménée* Paisiello : *La servante maîtresse*
1782		Laclos : *Les liaisons dangereuses*	Alfieri (It.) : *Saül* Goethe (All.) : *Le roi des Aulnes*	Guardi : concert dans la salle des philharmoniques Mozart : *Grande messe en ut mineur*
1783	Premières montgolfières		Alfieri (It.) : *Oreste*	Goya : *Autoportrait* Mozart : *L'enlèvement au sérail* Puccini : *Didon*
1784		Beaumarchais : *Le mariage de Figaro* Rivarol : *Discours sur l'universalité de la langue française*	Schiller (All.) : *Intrigue et amour* Kant (All.) : *Réponse à la question : qu'est-ce que les lumières ?*	Piranèse : *Antiquités romaines* (1784-1787)
1785	Expédition de La Pérouse (1785-1788)		Raspe (All.) : *Aventures du baron de Münchhausen* Kant : *Fondements de la métaphysique des mœurs* Goethe : *Prométhée*	David : *Le serment des Horaces*
1786				Mozart : *Les noces de Figaro* à Vienne Guardi : *Tableaux vénitiens*
1787	L'assemblée des notables refuse le programme de Calonne	Bernardin de Saint-Pierre : *Paul et Virginie*	Goethe : *Egmont* Schiller : *Don Carlos* Goldoni : *Mémoires*, en français	Mozart : *Dom Juan* Mozart : *Petite musique de nuit*
1788	Convention des États-Généraux	Rousseau : Publications des Livres VII à XII des *Confessions*	Kant : *Critique de la raison pratique*	Mozart : *Symmphonie en ut majeur, dite "Jupiter"*

	Histoire et sciences	Littérature française	Littérature étrangère	Arts
1789	Émeutes agraires dans toute la France 5 mai : réunion des États-Généraux 17 juin : le Tiers se proclame Assemblée nationale 20 juin : serment du Jeu de paume 9 juillet : Assemblée Constituante 14 juillet : prise de la Bastille Sade sort de la Bastille Présidence de George Washington aux U.S.A. (1789-1797)	Lavoisier : *Traité de chimie* Mme de Staël : *Lettres sur Rousseau* Sieyès : *Qu'est-ce que le Tiers état ?*	Goethe : *Torquato tasso* William Blake (Angl.) : *Les chants de l'innocence* Alfieri (It.) : *Marie Stuart*	David : *Le serment du jeu de paume* Mozart : *Cosi fan tutte*
1790	Créations des 83 départements		Goethe (All.) : première version de *Faust* Kant (All.) : *Critique du jugement* Burke (Angl.) : *Considérations sur la révolution française*	
1791	Liberté des théâtres Naissance du mouvement "Sans Culotte" Fuite du roi arrêté à Varennes		Sade : *Justine*	Mozart : *La clémence de Titus ; La flûte enchantée* Haydn : *Orphée et Eurydice*
1792	Proclamation de la République	Beaumarchais : *La mère coupable* Chénier : *Bucoliques* (publié en 1809)		Rouget de Lisle : *La Marseillaise*
1793	Exécution de Louis XVI	Casanova : rédaction des *Mémoires*		*David : Marat assassiné* Goya : *Les caprices* Haydn : *Stabat Mater*
1794	Exécution de Danton Chute de Robespierre		Goethe : *A la nature*	Goya : *La maison des fous*
1795	Réouverture des églises Suppression du tribunal révolutionnaire	Sade : *La philosophie dans le boudoir*	Goethe : *Elégies romaines*	
1796	Bonaparte, général en chef de l'armée d'Italie	Madame de Stael : *De l'influence des passions*	Goethe : *Les années d'apprentissage de Wilhelm Meister*	Invention de la lithographie en Allemagne
1797		Sade : *La nouvelle Justine* Chateaubriand : *Essai sur les révolutions*	Goethe (All.) : *Hermann et Dorothée*	Cherubini : *Médée*
1798	Expédition d'Égypte par Bonaparte			David : *Bonaparte* Beethoven : *Sonate "Pathétique"*
1799	Coup d'État ; Bonaparte devient Napoléon	Chateaubriand : première version du *Génie du christianisme*	F. Schlegel (All.) : *Lucinde*	David : *L'enlèvement des Sabines*
1800		Sade : *Les crimes de l'amour*	Jean-Paul (All.) : *Titan*	Paganini : *24 caprices pour violon seul* David : *Madame Récamier*

MONTESQUIEU (1689-1755)

Montesquieu, qui a vécu dans la première moitié du XVIIIe siècle, n'a pas connu la période d'épanouissement de l'esprit philosophique ; il en fut pourtant le précurseur. Il est aussi l'initiateur des sciences politiques fondées sur une observation rigoureuse des sociétés et des différents régimes politiques.

LA VIE

Le magistrat (1689-1728)

Il est né près de Bordeaux, d'une famille de parlementaires. On lui donne pour parrain un mendiant pour qu'il acquière le sens de la fraternité humaine. Il devient parlementaire à son tour, mais il se passionne aussi pour les sciences, et écrit différents mémoires scientifiques. En 1721, il publie, sans nom d'auteur, les *Lettres persanes ;* c'est le succès immédiat. Il fait de nombreux séjours à Paris, fréquente le salon de madame de Lambert et le Club de l'Entresol (voir p. 220). Il est reçu à l'Académie française en 1727.

Le voyageur (1728-1731)

Voulant écrire un vaste ouvrage sur l'organisation politique des différentes nations, il entreprend un grand voyage à travers l'Europe pour se documenter. Il visite l'Autriche, la Hongrie, l'Italie (Venise, Milan, Turin, Florence, Rome et Naples) les Pays-Bas, et fait un long séjour en Angleterre, dont il admire l'organisation politique. Puis il rentre en France dans son château du Bordelais.

L'érudit (1731-1755)

Il lit beaucoup, travaille autant, absorbé par la réalisation de son œuvre maîtresse : *L'esprit des lois.* Il fait quand même de fréquents voyages à Paris où il rencontre madame de Tencin, d'Alembert et d'autres penseurs. Quand *L'esprit des lois* paraît à Genève en 1748, il obtient immédiatement un énorme succès. En dix-huit mois, il est réalisé 22 éditions, et l'ouvrage est traduit dans toutes les langues. Attaqué aussi bien par les jansénistes que par les jésuites, l'ouvrage est dénoncé à Rome. Montesquieu craint de devoir s'exiler. Il meurt en 1755, après une vie dont le travail fut le plus grand réconfort. « L'étude a été pour moi le souverain remède contre les dégoûts de la vie, n'ayant jamais eu de chagrin qu'une heure de lecture n'ait dissipé. » *(Pensées diverses)*

Portrait de Montesquieu, à l'âge de 50 ans, en costume de président du Parlement de Bordeaux. Peint en 1738-1739 par Jean Ier Lapenne. (Académie des Sciences, Belles Lettres et Arts de Bordeaux.)

PRINCIPALES ŒUVRES

Les Lettres persanes (161 lettres parues en 1721)

Montesquieu a trente-deux ans quand il commence les *Lettres persanes.* L'Orient est à la mode, à cause des récits de voyageurs et d'une traduction des *Mille et une nuits* parue en 1708. Deux Persans, Usbek et Rica, ont quitté Ispahan (19 mars 1711) pour leur sécurité. Ils arrivent à Paris (4 mai 1712). Ils restent en relation par lettres avec leurs amis de Perse. Ils correspondent aussi l'un avec l'autre, Rica s'étant fixé à Paris tandis qu'Usbek partait pour la campagne. Ils décrivent avec humour les habitudes et les institutions des Français ; c'est l'occasion pour Montesquieu de faire une satire morale et politique de la France.

Considérations sur les causes de la grandeur des Romains et de leur décadence (1734)

Monstesquieu fait ici figure d'historien philosophe. Sans raconter les faits, supposés connus (ce qui est significatif de la culture générale de l'époque) il réfléchit sur les causes de ce développement. Montesquieu montre comment, grâce à sa discipline militaire (I et II), à sa constitution, qui conciliait la liberté des citoyens avec l'autorité de l'État, grâce à son habileté à profiter des divisions de ses adversaires (III-IV), Rome parvient à se rendre maîtresse du monde, mais comment cette grandeur fit aussi sa perte (IX-XXIII).

L'esprit des lois (1748)

Montesquieu distingue pour commencer trois gouvernements :
— le despotique, fondé sur la crainte, où toute l'autorité est aux mains d'un seul homme,
— le monarchique, fondé sur l'honneur, où l'autorité s'exerce par des pouvoirs intermédiaires,
— le républicain, fondé sur la vertu politique, où l'autorité est aux mains du peuple (II et III).
Puis il indique les moyens (l'éducation, les lois, la justice) de maintenir ces principes, et les dangers de les laisser corrompre. Il étudie dans quelle mesure aussi, et à quelles conditions, chaque gouvernement a le pouvoir ou le devoir de faire la guerre. Mais les lois ne sont pas faites pour l'État seulement. Elles sont faites aussi pour le peuple ; on assure sa liberté en évitant de réunir dans une même main deux des trois grands pouvoirs : législatif, exécutif, judiciaire. Séparés, ils servent de frein les uns aux autres. C'est à cette séparation que l'Angleterre doit la liberté dont elle jouit (IX). Le législateur doit aussi tenir compte du climat et du terrain (XIV-XVIII), qui rend les habitants des pays froids plus indépendants et ceux des pays chauds plus disposés à la servitude (théorie des climats, voir extraits pages 237 à 239) sans que l'esclavage cependant soit jamais justifié. On peut chercher à combattre les effets du climat par les lois, mais on ne peut modifier les mœurs générales que par l'exemple. Pour finir, Montesquieu parle de l'importance des différentes religions.

Cahiers (rédigés entre 1716 et 1755, publiés en 1941)

Ce sont les impressions de Montesquieu notées au jour le jour.

MONTESQUIEU MORALISTE

Bien qu'il se dise « uniquement attentif à regarder les hommes » et bien que l'on trouve dans toute son œuvre, y compris dans *L'esprit des lois* des remarques psychologiques, souvent d'une grande finesse, son étude des caractères et des mœurs est plus spirituelle que profonde.
Dans les *Lettres persanes,* il fait décrire la société de son temps par des étrangers, selon un artifice qu'avait déjà employé un auteur du nom de Dufresny dans *Amusements sérieux et comiques d'un Siamois à Paris* (1699) et bien sûr La Bruyère dans certaines pages de ses *Caractères.* Ce procédé lui permet de montrer la société sous ses principaux aspects (la cour, les salons, les théâtres, les cafés, le monde littéraire, les Parisiens) et de cerner des types caractéristiques. D'une façon générale, il est sévère pour les Français, leurs institutions et leur genre de vie. La sévérité de cette critique n'épargne ni l'Église, ni le roi, mais se tempère d'humour et de gaieté. Les *Lettres persanes* ne sont pourtant que l'écume annonciatrice de son œuvre majeure : *L'esprit des lois.*

SA PENSÉE POLITIQUE

De par sa formation, Montesquieu a médité sur les lois dès sa jeunesse. Il a cherché leur raison d'être. Il a pratiquement consacré toute sa vie à cette étude, non pour faire œuvre subversive mais pour instruire les juristes et les aider dans leur tâche.
Bien qu'il présente ses idées sous une forme systématique (il va du général au particulier), son argumentation est toujours fondée sur des faits d'expérience. C'est là sa grande nouveauté et son grand mérite : renoncer à la spéculation abstraite. Le souci de la réalité concrète apparaît dès le début du livre, dans cette déclaration : « Les lois sont les rapports nécessaires qui dérivent de la nature des choses. » Cela signifie que les lois doivent varier suivant le climat, les mœurs, les religions, les gouvernements. Il n'a pas inventé la théorie selon laquelle les climats

déterminent les caractères des différents peuples, mais c'est à lui qu'elle doit sa fortune. Il constate d'ailleurs que les lois ne sont pas forcément bonnes du fait qu'elles résultent de causes naturelles. Parfois elles ne concordent pas avec les droits de la conscience. Si l'on veut qu'elles se modifient dans le sens de la justice, il faut d'abord éclairer les esprits. C'est ce qu'il a tenté de faire lui-même, animé par un profond respect de la personne humaine. Il condamne la torture, après Montaigne et La Bruyère il est vrai, mais il est le premier à élever contre la traite des Noirs une protestation d'une ironie indignée : « Ceux dont il s'agit sont noirs depuis les pieds jusqu'à la tête ; et ils ont le nez si écrasé qu'il est presque impossible de les plaindre... Il est impossible que nous supposions que ces gens-là soient des hommes, parce que, si nous les supposions des hommes, on commencerait à croire que nous ne sommes pas nous-mêmes chrétiens. » (XV, 5)

LA SAGESSE DE MONTESQUIEU

Bien que novatrice, sa pensée n'outrepasse pas certaines limites. S'il raille[1] la religion comme philosophie, il reconnaît sa valeur comme institution sociale, de même qu'une monarchie équilibrée lui semble préférable à tout autre bouleversement. Montesquieu n'est pas un révolutionnaire ; esprit modéré, il se garde de tout excès et tâche de concilier la liberté avec l'ordre. De ses œuvres et de ses cahiers se dégage d'ailleurs une sagesse personnelle qui évite le piège des passions et des emportements. Il pense que le premier devoir de l'homme est d'accepter son destin et de s'accommoder de la vie : « ce n'est point à cette vie à s'accommoder à nous ». Il a lui-même appliqué cette règle lorsque la maladie l'a rendu presque aveugle. Son existence entière représente un continuel effort de courage et l'on a pu parler d'un « égoïsme sacré qui l'a défendu contre tout ce qui détourne du but, les passions, les affections même, l'amour des faux biens, la douceur du loisir. » (P. Hazard) Cette ténacité ne doit pas nous faire représenter Montesquieu comme un être froid. Par son travail, il a surtout cherché à améliorer le sort des hommes en leur permettant de comprendre le milieu dans lequel ils doivent vivre. Une maxime, en tête de *L'esprit des lois,* résume l'ambition de sa vie : « C'est en cherchant à instruire les hommes que l'on peut pratiquer cette vertu générale qui comprend l'amour de tous. »

1. Se moque de.

L'ART DE MONTESQUIEU

La composition

Ce qui prime dans les *Considérations* comme dans *L'esprit des lois,* c'est le souci de clarté. Ces œuvres sont divisées en de nombreux chapitres et les chapitres eux-mêmes en de nombreux paragraphes. Dès que le développement est un peu long, Montesquieu coupe le chapitre en deux, et beaucoup de chapitres ont pour titre « Continuation du même sujet ». Au début de chaque livre, il est toujours soucieux d'indiquer l'idée générale à venir pour orienter le lecteur. Pourtant, trop de subdivisions arrivent parfois à rompre la suite des idées.

Procédés pour éveiller l'attention

Montesquieu cherche toujours à piquer la curiosité. Il propose des sujets de réflexion, il affectionne les allusions, comme dans ce passage sur la Chine qui est une critique de la monarchie française : « Ce qui perdit les dynasties de Tsin et de Souï » dit un auteur chinois, "c'est qu'au lieu de se borner, comme les Anciens, à une inspection générale, seule digne du souverain, les princes voulurent gouverner tout immédiatement par eux-mêmes." L'auteur chinois nous donne ici la cause de la corruption de presque toutes les monarchies. » (*Esprit des lois,* VIII, 6)

La sobriété

Un style vigoureux et sobre qui se veut accessible domine l'ensemble. Malgré la brièveté des phrases, le rythme y est sensible. L'exemple suivant nous montre aussi comment un mouvement amorcé s'arrête brusquement sur quelques mots décisifs : « Sa puissance (celle de Tarquin) augmenta ; mais ce qu'il y avait d'odieux dans cette puissance devint plus odieux encore ; il usurpa le pouvoir du peuple ; il fit des lois sans lui ; il en fit même contre lui. Il aurait réuni les trois pouvoirs dans sa personne ; mais le peuple se souvint un moment qu'il était législateur, et Tarquin ne fut plus. » (*Esprit des lois* XI, 12)

BIBLIOGRAPHIE
Jean Starobinski, *Montesquieu par lui-même,* Paris, Seuil, 1963.
Georges Berenkassa, *Montesquieu,* Paris, P.U.F., 1968.

LETTRES PERSANES

Réflexion ironique sur les Français

L'idée de faire parler librement et naïvement un étranger de nos mœurs et de déguiser ainsi la satire avait été mise à la mode par les Lettres siamoises *de Dufresny et les* Caractères *de la Bruyère. Le texte reproduit ci-dessous comporte deux aspects : d'une part une réflexion ironique et badine sur la société et les Français, d'autre part une critique sévère de la politique et du gouvernement qui annonce déjà* L'esprit des lois.

De Rica à Ibben, à Smyrne

Nous sommes à Paris depuis un mois, et nous avons toujours été dans un mouvement continuel. Il faut bien des affaires avant qu'on soit logé, qu'on ait trouvé les gens à qui on est adressé, et qu'on se soit pourvu des choses nécessaires qui manquent toutes à la fois.

Paris est aussi grand qu'Ispahan [1] : les maisons y sont si hautes qu'on jugerait qu'elles ne sont habitées que par des astrologues. Tu juges bien qu'une ville bâtie en l'air, qui a six ou sept maisons les unes sur les autres, est extrêmement peuplée ; et que, quand tout le monde est descendu dans la rue, il s'y fait un bel embarras.

Tu ne croiras pas peut-être, depuis un mois que je suis ici, je n'y ai encore vu marcher personne. Il n'y a point de gens au monde qui tirent mieux parti de leur machine [2] que les Français ; ils courent, ils volent ; les voitures lentes d'Asie, le pas réglé de nos chameaux, les feraient tomber en syncope. Pour moi, qui ne suis point fait à ce train [3], et qui vais souvent à pied sans changer d'allure, j'enrage quelquefois comme un chrétien [4], car encore passe qu'on m'éclabousse depuis les pieds jusqu'à la tête, mais je ne puis pardonner les coups de coude que je reçois régulièrement et périodiquement. Un homme qui vient après moi et qui me passe [5] me fait faire un demi-tour ; et un autre qui me croise de l'autre côté me remet soudain où le premier m'avait pris ; et je n'ai pas fait cent pas, que je suis plus brisé que si j'avais fait dix lieues.

Ne crois pas que je puisse, quant à présent, te parler à fond des mœurs et des coutumes européennes : je n'en ai moi-même qu'une légère idée, et je n'ai eu à peine que le temps de m'étonner.

Le roi de France est le plus puissant prince de l'Europe. Il n'a point de mines d'or comme le roi d'Espagne son voisin ; mais il a plus de richesses que lui, parce qu'il les tire de la vanité de ses sujets, plus inépuisable que les mines. On lui a vu entreprendre ou soutenir de grandes guerres, n'ayant d'autres fonds que des titres d'honneur à vendre ; et, par un prodige de l'orgueil humain, ses troupes se trouvaient payées, ses places [6] munies [7] et ses flottes équipées.

D'ailleurs ce roi est un grand magicien : il exerce son empire sur l'esprit même de ses sujets ; il les fait penser comme il veut. S'il n'a qu'un million d'écus dans son trésor, et qu'il en ait besoin de deux, il n'a qu'à leur persuader qu'un écu en vaut deux, et ils le croient. S'il a une guerre difficile à soutenir, et qu'il n'a point d'argent, il n'a qu'à leur mettre dans la tête

1. Capitale de la Perse au XVIIIe siècle.
2. Voiture.
3. Allure.
4. Inversion de « Jurer comme un païen ».
5. Dépasse.
6. Places fortes, forteresses.
7. Munies d'armes.

qu'un morceau de papier est de l'argent, et ils en sont aussitôt convaincus [8]. [...]

Il va même jusqu'à leur faire croire qu'il les guérit de toutes sortes de maux, en les touchant [9], tant est grande la force et la puissance qu'il a sur les esprits.

Ce que je te dis de ce prince ne doit pas t'étonner : il y a un autre magicien plus fort que lui, qui n'est pas moins maître de son esprit, qu'il l'est lui-même de celui des autres. Ce magicien s'appelle le pape : tantôt il lui fait croire que trois ne font qu'un [10] ; que le pain qu'on mange n'est pas du pain, ou que le vin qu'on boit n'est pas du vin ; et mille autre choses de cette espèce. [...]

Je continuerai à t'écrire, et je t'apprendrai des choses bien éloignées du caractère et du génie persan. C'est bien la même terre qui nous porte tous deux ; mais les hommes du pays où je vis, et ceux du pays où tu es, sont des hommes bien différents.

De Paris, le 4 de la lune de Rebiad 2,
Lettres Persanes, XXIV, 1712.

8. Allusion aux difficultés financières de la fin du règne de Louis XIV.
9. Allusion au pouvoir qu'avaient soi-disant les rois de France de guérir certaines maladies en touchant les malades.
10. Allusion à la Sainte-Trinité.

Le pont Neuf et ses bâteliers. *Construit au XVIe siècle sous Henri IV, le Pont Neuf est aujourd'hui le plus vieux pont de Paris. Peinture de Peter Wouvermans. (Musée des Beaux Arts, Copenhague.)*

MONTESQUIEU

La fin d'un règne

L'auteur montre l'incohérence du comportement du roi vieillissant et sa méfiance grandissante vis-à-vis de ceux qui l'entourent. Il présente Louis XIV comme un despote capricieux qui utilise mal les capacités de ses sujets.

Usbek à Ibben, à Smyrne

Le roi de France est vieux. Nous n'avons point d'exemple dans nos histoires d'un monarque qui ait si longtemps régné. On dit qu'il possède à un très haut degré le talent de se faire obéir : il gouverne avec le même génie sa famille, sa cour, son état. On lui a souvent entendu dire que, de tous les gouvernements du Monde, celui des Turcs ou celui de notre auguste sultan lui plairait le mieux, tant il fait cas de la politique orientale.

J'ai étudié son caractère, et j'y ai trouvé des contradictions qu'il m'est impossible de résoudre. Par exemple : il a un ministre qui n'a que dix-huit ans [1], et une maîtresse qui en a quatre-vingts [2] : il aime sa religion, et il ne peut souffrir ceux qui disent qu'il la faut observer à la rigueur ; quoiqu'il fuie le tumulte des villes, et qu'il se communique peu, il n'est occupé, depuis le matin jusques au soir, qu'à faire parler de lui ; il aime les trophées et les victoires, mais il craint autant de voir un bon général à la tête de ses troupes, qu'il aurait sujet de le craindre à la tête d'une armée ennemie. Il n'est, je crois, jamais arrivé qu'à lui d'être, en même temps, comblé de plus de richesse qu'un prince n'en saurait espérer, et accablé d'une pauvreté qu'un particulier ne pourrait soutenir.

Il aime à gratifier ceux qui le servent ; mais il paye aussi libéralement les

1. Un secrétaire d'État n'avait en effet que 18 ans.
2. La dévote madame de Maintenon.

Le vieux roi Louis XIV entouré de ses courtisans dans Le jardin du Grand Trianon. *Détail d'une peinture de Charles Chastelain (1714). (Musée National du château de Versailles.)*

assiduités[3] ou plutôt l'oisiveté[4] de ses courtisans, que les campagnes laborieuses de ses capitaines. Souvent il préfère un homme qui le déshabille[5], ou qui lui donne la serviette lorsqu'il se met à table, à un autre qui lui prend des villes ou lui gagne des batailles. Il ne croit pas que la grandeur souveraine doive être dans la distribution des grâces, et, sans examiner si celui qu'il comble de biens est homme de mérite, il croit que son choix va le rendre tel : aussi lui a-t-on vu donner une petite pension à un homme qui avait fui deux lieues, et un beau gouvernement à un autre qui en avait fui quatre.

Il est magnifique, surtout dans ses bâtiments : il y a plus de statues dans les jardins de son palais que de citoyens dans une grande ville. Sa garde est aussi forte que celle du prince devant qui les trônes se renversent. Ses armées sont aussi nombreuses ; ses ressources, aussi grandes ; et ses finances, aussi inépuisables.

De Paris, le 7 de la lune de Maharram, 1713.
Lettres persanes, XXXVII, 1721.

3. L'empressement des courtisans à Versailles.
4. Les nobles rassemblés à Versailles sous l'œil du roi n'ont aucune fonction productive. La Rochefoucauld regrettait déjà cet état de fait.
5. L'étiquette prévoyait une cérémonie qui s'appelait "le coucher du roi", tout comme il y avait "le lever du roi".

DE L'ESPRIT DES LOIS

La structure des lois

Pour éviter tout malentendu, Montesquieu définit quelques principes de base nécessaires à la bonne compréhension de son ouvrage. Montesquieu, précurseur de l'esprit philosophique en France et grand admirateur de l'Angleterre, donne déjà à la raison une place prépondérante.

La loi, en général, est la raison humaine, en tant qu'elle gouverne tous les peuples de la terre ; et les lois politiques et civiles de chaque nation ne doivent être que les cas particuliers où s'applique cette raison humaine.

Elles doivent être tellement propres au peuple pour lequel elles sont faites, que c'est un très grand hasard si celles d'une nation peuvent convenir à une autre.

Il faut qu'elles se rapportent à la nature[1] et au principe[1] du gouvernement qui est établi, ou qu'on veut établir ; soit qu'elles le forment, comme font les lois politiques ; soit qu'elles le maintiennent, comme font les lois civiles.

Elles doivent être relatives au *physique* du pays ; au climat glacé, brûlant ou tempéré ; à la qualité du terrain, à sa situation, à sa grandeur ; au genre de vie des peuples, laboureurs, chasseurs ou pasteurs ; elles doivent se rapporter au degré de liberté que la constitution peut souffrir ; à la religion des habitants, à leurs inclinations, à leurs richesses, à leur nombre, à leur commerce, à leurs mœurs, à leurs manières. Enfin elles ont des rapports entre elles ; elles en ont avec leur origine, avec l'objet du législateur, avec l'ordre des choses sur lesquelles elles sont établies. C'est dans toutes ces vues qu'il faut les considérer.

C'est ce que j'entreprends de faire dans cet ouvrage. J'examinerai tous ces rapports : ils forment tous ensemble ce que l'on appelle l'Esprit des lois.

De l'esprit des lois, Livre I, chap. 3.

1. « Il y a cette différence entre la nature du gouvernement et son principe, que sa nature est ce qui le fait être tel, et son principe ce qui le fait agir. L'une est sa structure particulière, et l'autre les passions humaines qui le font mouvoir. » (*De l'esprit de lois,* Livre III, chap. 1). L'amour de la patrie ou l'amour de l'égalité dans une démocratie sont des exemples de passions humaines.

Les types de gouvernements

L'auteur distingue trois types de gouvernements : le républicain, le monarchique et le despotique. Le gouvernement républicain peut avoir deux formes selon l'attribution de la souveraineté : Démocratie ou Aristocratie.

Il y a trois espèces de gouvernements, le républicain, le monarchique et le despotique. Pour en découvrir la nature, il suffit de l'idée qu'en ont les hommes les moins instruits. Je suppose trois définitions, ou plutôt trois faits : l'un, que « le gouvernement *républicain* est celui où le peuple en corps [1], ou seulement une partie du peuple, a la souveraine puissance ; le *monarchique,* celui où un seul gouverne, mais par des lois fixes et établies ; au lieu que, dans le *despotique,* un seul, sans loi et sans règle, entraîne tout par sa volonté et par ses caprices. »

Voilà ce que j'appelle la nature de chaque gouvernement. Il faut voir quelles sont les lois qui suivent [2] directement de cette nature, et qui par conséquent sont les premières lois fondamentales.

Lorsque, dans la république, le peuple en corps [1] a la souveraine puissance, c'est une *Démocratie.* Lorsque la souveraine puissance est entre les mains d'une partie du peuple, cela s'appelle une *Aristocratie.*

Le peuple, dans la démocratie, est, à certains égards, le monarque ; à certains autres, il est le sujet.

Dans l'aristocratie, la souveraine puissance est entre les mains d'un certain nombre de personnes. Ce sont elles qui font les lois et qui les font exécuter ; et le reste du peuple n'est tout ou plus à leur égard que comme dans une monarchie les sujets sont à l'égard du monarque.

De l'esprit des lois, Livre II, chap. 1.

1. Dans son ensemble, collectivement.
2. Résultent.

Le principe de la démocratie

Le principe du gouvernement républicain est la vertu, qui n'est ni une vertu morale, ni une vertu chrétienne mais une vertu politique. « Celle-ci est le ressort qui fait mouvoir le gouvernement républicain, comme l'honneur est le ressort qui fait mouvoir la monarchie. J'ai donc appelé vertu politique l'amour de la patrie et de l'égalité. »

Il ne faut pas beaucoup de probité pour qu'un gouvernement monarchique ou un gouvernement despotique se maintienne ou se soutienne. La force des lois dans l'un, le bras du prince toujours levé dans l'autre, règlent ou contiennent tout. Mais, dans un État populaire, il faut un ressort de plus, qui est la Vertu.

Ce que je dis est confirmé par le corps entier de l'histoire [1] et est très conforme à la nature des choses. Car il est clair que dans une monarchie, où celui qui fait exécuter les lois se juge au-dessus des lois, on a besoin de moins de vertu que dans un gouvernement populaire, où celui qui fait exécuter les lois sent qu'il y est soumis lui-même et qu'il en portera le poids.

Il est clair encore que le monarque qui, par mauvais conseil [2] ou par négligence, cesse de faire exécuter les lois, peut aisément réparer le mal : il

1. L'histoire depuis les origines.
2. Dessein.

n'a qu'à changer de Conseil, ou se corriger de cette négligence même. Mais lorsque, dans un gouvernement populaire, les lois ont cessé d'être exécutées, comme cela ne peut venir que de la corruption de la république, l'État est déjà perdu.

Ce fut un assez beau spectacle, dans le siècle passé, de voir les efforts impuissants des Anglais pour établir parmi eux la démocratie. Comme ceux qui avaient part aux affaires n'avaient point de vertu, que leur ambition était irritée par le succès de celui qui avait le plus osé, que l'esprit d'une faction n'était réprimé que par l'esprit d'une autre, le gouvernement changeait sans cesse ; le peuple étonné cherchait la démocratie et ne la trouvait nulle part. Enfin, après bien des mouvements, des chocs et des secousses, il fallut se reposer dans le gouvernement même qu'on avait proscrit.

Quand Sylla voulut rendre à Rome la liberté, elle ne put plus la recevoir ; elle n'avait plus qu'un faible reste de vertu, et, comme elle en eut toujours moins, au lieu de se réveiller après César, Tibère, Caïus, Claude, Néron, Domitien, elle fut toujours plus esclave ; tous les coups portèrent sur les tyrans, aucun sur la tyrannie.

Les politiques grecs, qui vivaient dans le gouvernement populaire, ne reconnaissaient d'autre force qui pût les soutenir que celle de la vertu. Ceux d'aujourd'hui ne nous parlent que de manufactures, de commerce, de finances, de richesses et de luxe même.

Lorsque cette vertu cesse, l'ambition entre dans les cœurs qui peuvent la recevoir, et l'avarice entre dans tous. Les désirs changent d'objets : ce qu'on aimait, on ne l'aime plus ; on était libre avec les lois, on veut être libre contre elles ; chaque citoyen est comme un esclave échappé de la maison de son maître ; ce qui était *maxime,* on l'appelle *rigueur ;* ce qui était *règle,* on l'appelle *gêne ;* ce qui y était *attention,* on l'appelle *crainte.* C'est la frugalité qui y est l'avarice, et non pas le désir d'avoir. Autrefois le bien des particuliers faisait le trésor public ; mais pour lors le trésor public devient le patrimoine des particuliers. La république est une dépouille [3] et sa force n'est plus que le pouvoir de quelques citoyens et la licence [4] de tous.

De l'esprit des lois, Livre III, chapitre III.

3. Héritage, succession.
4. Indiscipline.

De l'influence du froid

Montesquieu n'est pas l'inventeur de la théorie des climats mais c'est lui qui en est le vulgaristeur. Il prétend la fonder non sur la simple spéculation, mais sur l'expérimentation. De celle-ci il déduit l'influence du climat sur le tempérament de l'homme et il l'étend à la psychologie des peuples.

L'air froid resserre les extrémités des fibres extérieures de notre corps ; cela augmente leur ressort, et favorise le retour du sang des extrémités vers le cœur. Il diminue la longueur de ces mêmes fibres ; il augmente donc encore par là leur force. L'air chaud, au contraire, relâche les extrémités des fibres, et les allonge ; il diminue donc leur force et leur ressort.

On a donc plus de vigueur dans les climats froids. L'action du cœur et la réaction des extrémités des fibres s'y font mieux, les liqueurs [1] sont mieux en équilibre, le sang est plus déterminé [2] vers le cœur, et réciproquement le cœur a plus de puissance. Cette force plus grande doit produire bien des effets : par exemple, plus de confiance en soi-même, c'est-à-dire plus de courage ; plus de connaissance de sa supériorité, c'est-à-dire moins de désir de la vengeance ; plus d'opinion de sa sûreté [3], c'est-à-dire plus de franchise, moins de soupçons, de politique et de ruses. Enfin cela doit faire des caractères bien différents. Mettez un homme dans un lieu chaud et enfermé, il souffrira, par les raisons que je viens de dire, une défaillance de cœur très grande. Si, dans cette circonstance, on va lui proposer une action hardie, je crois qu'on l'y trouvera très peu disposé ; sa faiblesse présente mettra un découragement dans son âme ; il craindra tout, parce qu'il sentira qu'il ne peut rien. Les peuples des pays chauds sont timides comme les vieillards le sont ; ceux des pays froids sont courageux comme le sont les jeunes gens. Si nous faisons attention aux dernières guerres [4], qui sont celles que nous avons le plus sous nos yeux, et dans lesquelles nous pouvons mieux voir de certains effets légers, imperceptibles de loin, nous sentirons bien que les peuples du Nord, transportés dans les pays du Midi [5], n'y ont pas fait d'aussi belles actions que leurs compatriotes qui, combattant dans leur propre climat, y jouissaient de tout leur courage. [...]

Dans les pays froids on aura peu de sensibilité pour les plaisirs ; elle sera plus grande dans les pays tempérés ; dans les pays chauds, elle sera extrême. Comme on distingue les climats par les degrés de latitude, on pourrait les distinguer, pour ainsi dire, par les degrés de sensibilité. J'ai vu les opéras d'Angleterre et d'Italie ; ce sont les mêmes pièces et les mêmes acteurs ; mais la même musique produit des effets si différents sur les deux nations, l'une est si calme, et l'autre si transportée, que cela paraît inconcevable.

Il en sera de même de la douleur : elle est excitée en nous par le déchirement de quelque fibre de notre corps. L'auteur de la nature a établi que cette douleur serait plus forte à mesure que le dérangement serait plus grand : or il est évident que les grands corps et les fibres grossières des peuples du Nord sont moins capables de dérangements que les fibres délicates des peuples des pays chauds ; l'âme y est donc moins sensible à la douleur. Il faut écorcher un Moscovite pour lui donner du sentiment.

De l'esprit des lois, Livre XIV, chap. 2.

1. Liquides du corps.
2. Poussé vers.
3. Plus grande conviction qu'on est en sécurité.
4. « Celles pour la succession d'Espagne » (note de Montesquieu).
5. « En Espagne par exemple » note de Montesquieu.

De l'influence de la chaleur

Avec cette délicatesse d'organes que l'on a dans les pays chauds, l'âme est souverainement émue par tout ce qui a du rapport à l'union des deux sexes : tout conduit à cet objet.

Dans les climats du nord, à peine le physique de l'amour a-t-il la force de se rendre bien sensible ; dans les climats tempérés, l'amour, accompagné de mille accessoires, se rend agréable par des choses qui d'abord semblent être lui-même, et ne sont pas encore lui ; dans les climats plus chauds, on aime l'amour pour lui-même ; il est la cause unique du bonheur ; il est la vie.

Dans les pays du midi, une machine délicate, faible, mais sensible, se livre à un amour qui, dans un sérail, naît et se calme sans cesse ; ou bien à un amour qui, laissant les femmes dans une plus grande indépendance, est exposé à mille troubles. Dans les pays du nord, une machine saine et bien constituée, mais lourde, trouve ses plaisirs dans tout ce qui peut remettre les esprits en mouvement : la chasse, les voyages, la guerre, le vin. Vous trouverez dans les climats du nord des peuples qui ont peu de vices, assez de vertus, beaucoup de sincérité et de franchise. Approchez des pays du midi, vous croirez vous éloigner de la morale même : des passions plus vives multiplieront les crimes ; chacun cherchera à prendre sur les autres tous les avantages qui peuvent favoriser ces mêmes passions. Dans les pays tempérés, vous verrez des peuples inconstants dans leurs manières, dans leurs vices même, et dans leurs vertus ; le climat n'y a pas une qualité assez déterminée pour les fixer eux-mêmes.

La chaleur du climat peut être si excessive que le corps y sera absolument sans force. Pour lors l'abattement passera à l'esprit même ; aucune curiosité, aucune noble entreprise, aucun sentiment généreux ; les inclinations y seront toutes passives ; la paresse y sera le bonheur ; la plupart des châtiments y seront moins difficiles à soutenir que l'action de l'âme, et la servitude moins insupportable que la force d'esprit qui est nécessaire pour se conduire soi-même.

De l'esprit des lois, Livre XIV, chap. 2.

Une femme turque vue à travers l'imagination des Européens du XVIIIe siècle. Gravure de Gérard Scotin le vieux (1643-1715). (Bibliothèque Nationale, Paris.)

VOLTAIRE (1694-1778)

Voltaire a exercé sur la littérature et la pensée de son temps une suprématie incontestée. Il a exprimé ses idées sous les formes les plus diverses : théâtre, poésie, contes, œuvres historiques, essais philosophiques, lettres, pamphlets. Il s'est passionné pour les Beaux Arts, la science, la politique, l'économie et la philosophie. Il a étudié la civilisation de son temps, mais aussi celle des siècles passés et des autres pays. Écrivain à la culture encyclopédique et auteur d'une œuvre immense, il s'est aussi engagé personnellement dans la lutte pour la justice et la liberté.

Voltaire portant un bonnet. *Dessin du peintre genevois Jean Huber, qui vécut vingt ans dans l'intimité de l'écrivain. (Musée d'Art et d'Histoire, Genève.)*

LA VIE

La jeunesse (1694-1729)

François-Marie Arouet est né à Paris, dans un milieu bourgeois aisé et cultivé. Ses études chez les Jésuites lui donnent beaucoup de souplesse d'esprit et une aversion profonde pour le jansénisme qui méprise l'homme (voir extrait page 247). Son père le pousse à faire des études de droit, mais il préfère se consacrer à la poésie et fréquente les grands salons parisiens où il brille par son esprit très vif. Une satire politique sur le règne de Louis XIV lui vaut un an de prison à la Bastille (1717-1718). Cela ne l'empêche pas de travailler à son œuvre épique *La Henriade* et à une tragédie, *Oedipe*. En 1718, *Oedipe* est joué à la Comédie française et obtient un grand succès. C'est à ce moment qu'il prend le nom de Voltaire (anagramme en lettres romaines de Arouet le Jeune : AROVET L. I.). Il devient un poète à la mode. Grâce à l'héritage paternel et aux conseils d'amis banquiers, il se lance dans d'avantageuses spéculations financières qui sont le début d'une solide fortune. Voltaire n'est pas un artiste qui méprise l'argent. En 1725, un incident va lui rappeler ses origines roturières[1]. Le chevalier de Rohan, à qui il a répondu, à l'opéra, avec une impertinente fierté (« Je commence mon nom, vous finissez le vôtre. ») le fait bâtonner par ses laquais. Non seulement Voltaire n'obtient pas réparation mais il est

1. Non nobles.

enfermé à la Bastille, puis exilé en Angleterre. Aucun de ses amis nobles et influents n'intervient alors en sa faveur. Ce séjour forcé en Angleterre lui inspire les *Lettres anglaises* ou *Lettres philosophiques* ; il y exprime son admiration pour la bourgeoisie commerçante et financière, l'essor des sciences et de la philosophie et l'esprit de tolérance de ce pays.

Voltaire et madame du Châtelet (1729-1750)

Il rentre en France, mais au bout de quelques années, la condamnation des *Lettres philosophiques*, publiées en 1734, l'oblige à se réfugier en province chez son amie, la marquise du Châtelet, passionnée de sciences jusqu'au pédantisme. C'est une période de travail fécond, où Voltaire entame beaucoup de ses grandes œuvres. Il fonde un théâtre où l'on représente ses comédies. Il mène des recherches historiques, philosophiques et scientifiques ; il s'intéresse en particulier à la physique de Newton et à l'astronomie. C'est aussi là qu'il engage une correspondance avec Frédéric II, roi de Prusse depuis 1740. Voltaire rentre à Paris en 1744. Grâce à sa renommée d'écrivain, il est bien en cour et se voit nommé historiographe du roi. Mais Louis XV sent que ses idées représentent un danger pour son régime, et bientôt c'est la disgrâce. Madame du Châtelet meurt. Voltaire se décide à partir pour Berlin où il est invité par Frédéric II.

Voltaire et Frédéric II : l'intermède prussien (1750-1759)

S'il est accueilli avec beaucoup d'honneurs et si les premiers temps sont sereins, Voltaire ne tarde pas à déchanter. Il se lasse de corriger les poésies du roi et de « laver son linge sale », comme il dit. Il lui en veut d'avoir déclaré en privé : « J'aurai encore besoin de lui un an tout au plus ; on presse l'orange et on jette l'écorce. » Après la brouille, c'est la fuite. Il se réfugie d'abord en Suisse, près de Genève où il travaille à ses contes philosophiques et à sa grande œuvre historique *Le siècle de Louis XIV*. En 1759, il regagne la France et s'installe à Ferney, près de la frontière Suisse.

Le patriarche de Ferney (1759-1778)

Dans ses domaines, Voltaire fait construire un château ; dans le village, il fait construire une église où il a son banc réservé, comme un seigneur. Ferney devient une sorte de cour et l'on appelle Voltaire — qui a 65 ans — « le patriarche ». Ce village devient la capitale européenne de la lutte philosophique. De toutes parts on vient le voir, comme en pèlerinage. Il développe une petite industrie (manufactures horlogères) améliore la condition des paysans. Il entretient une énorme correspondance, écrit d'innombrables pamphlets contre le parti dévot. Il fait campagne en faveur des victimes d'erreurs judiciaires, les Calas, les Sirven. Il connaît l'apothéose finale en venant à Paris assister au couronnement de son buste sur la scène de la Comédie-Française, après la représentation de sa tragédie *Irène*. Il est même nommé directeur de l'Académie française. Il meurt quelques mois plus tard, en 1778, à l'âge de 84 ans. En 1791, en pleine Révolution, ses cendres sont transportées au Panthéon.

PRINCIPALES ŒUVRES

Les Lettres Philosophiques ou Lettres Anglaises (1734)

Elles marquent à la fois le point de départ de sa philosophie et le début de l'influence anglaise en France, au XVIIIe siècle. Elles sont au nombre de vingt-cinq et abordent cinq sujets : la religion, la science et la philosophie, la politique, la littérature et enfin une réflexion critique sur les *Pensées* de Pascal.

— Religion : les sept premières lettres traitent de la religion en Angleterre, de son esprit de tolérance. C'est aussi une critique indirecte de la religion catholique.

— Science et philosophie : Voltaire accorde une grande importance à l'expérience scientifique ; il se méfie de la réflexion abstraite et de la spéculation métaphysique. C'est dans cet esprit qu'il fait l'éloge de l'Anglais Bacon et critique le Français Descartes (voir p. 121). Il essaie ausi de vulgariser les découvertes de Newton.

— Littérature : Voltaire fait l'éloge des tragédies de Shakespeare et en traduit certaines. Il présente au public français quelques auteurs de comédie anglaise et la poésie de Pope.

— Pascal : Voltaire a toujours été choqué par la rigueur de la morale janséniste. Il fait des commentaires critiques sur les *Pensées* de Pascal (voir extrait page 247). Jusqu'à la fin de sa vie, il a travaillé à enrichir cette dernière partie de ses *Lettres.*

Par cette œuvre, Voltaire a moins cherché à faire une description objective de l'Angleterre qu'à faire réfléchir ses concitoyens sur la situation de la France, en leur proposant un modèle de réflexion qui ne soit ni abstrait ni trop lointain.

Les Contes

Voltaire a écrit ces histoires pour distraire les cours princières qu'il avait l'habitude de fréquenter. Il les considérait comme des œuvres mineures, des « bagatelles ». Elles constituent pourtant aujourd'hui la partie la plus vivante de son œuvre. Ce sont des récits où les aventures se succèdent à un rythme rapide sans grand souci de vraisemblance et où la psychologie des héros est à peine esquissée. Cette liberté dans l'écriture a l'avantage de conserver à ses contes leur fraîcheur. Souvent, une réflexion générale fait l'unité de chaque conte ; le thème en est parfois donné dans le sous-titre.

— *Zadig* ou *celui qui dit la vérité* (1747) : Zadig est un jeune Babylonien, riche et plein de qualités. Sa finesse d'observation et de réflexion, son sens de la justice, sa grande culture lui valent successivement d'accéder à de hautes fonctions ou de subir des persécutions. Voltaire veut ici attaquer la monarchie absolue et le fanatisme religieux qui méconnaissent la valeur de la raison.

— *Micromégas* (1752) : habitant de l'étoile Sirius, Micromégas (étymologiquement : petit-grand), est un géant de presque quarante kilomètres de haut. Au cours d'un voyage interplanétaire, il s'arrête sur Saturne et s'étonne de la petite taille de ses habitants, qui ne dépassent pas deux kilomètres. En compagnie de l'un de ces « nains », il arrive sur terre. Le Saturnien, ne voyant rien, conclut aussitôt qu'elle est inhabitée ; découvrant finalement des hommes, il juge que ces créatures microscopiques ne doivent pouvoir ni penser, ni communiquer entre elles. Plus sage, Micromégas se garde de le suivre dans de telles affirmations. C'est l'idée de la relativité de toutes choses qui est exprimée ici. Les sciences et les connaissances dans leur état actuel ne nous livrent que des vérités parcellaires ; il faut donc se méfier des théories qui se disent universelles.

— *Candide* ou *L'optimiste* (1759) : l'histoire de Candide commence en Allemagne, au château du baron de Thunderten-Tronck, où vivent heureux Candide, Cunégonde, la fille du baron, et Pangloss le philosophe. Mais il sont bientôt entraînés dans d'innombrables aventures, qui les séparent. Candide, amoureux fou de Cunégonde, part à sa recherche, accompagné de Pangloss. Les désastres et la cruauté qu'ils rencontrent sur leur chemin sont prétexte à dénoncer tout le mal dont les hommes sont responsables et à réfuter une interprétation de la philosophie de Leibnitz qui dit que le mal n'existe pas, que « tout est bien dans le monde ».

Les ouvrages historiques

Les titres de ses œuvres historiques indiquent que son propos a été de plus en plus vaste : *Charles XII* (1731), *Le siècle de Louis XIV* (1751-1968), *Essai sur les mœurs et l'esprit des nations* (1756).

S'il s'est attaché à la personnalité de Charles XII[1] et de Louis XIV, Voltaire a pensé plus tard que l'histoire ne doit pas se limiter à la vie des rois, de leurs ministres, de leurs généraux et aux récits de leurs guerres. Dès la seconde partie du *Siècle de Louis XIV*, il accorde une place de plus en plus importante aux conditions de vie du peuple, à l'étude des institutions, à la vie économique et religieuse, aux sciences et aux arts. Dans *L'essai sur les moeurs*, il étend son propos à plusieurs siècles et à plusieurs continents (Amérique, Extrême-Orient) en étudiant leurs civilisations. Voltaire pense que c'est le hasard qui domine l'histoire et que souvent des causes infimes expliquent les plus grands événements, même s'il y discerne une lente marche vers le progrès. Il est confiant dans le siècle des Lumière et de l' Encyclopédie, qui doit annoncer des jours meilleurs après le fanatisme religieux qui a marqué la fin du règne de Louis XIV. Malgré une documentation abondante, la philosophie prend le dessus sur les faits ; pour lui, l'histoire de la civilisation n'est qu'une lutte entre le fanatisme et la raison où celle-ci finit par triompher, malgré quelques défaites passagères. Ainsi, tout n'est pas faux dans la boutade de Montesquieu : « Voltaire n'écrira jamais une bonne histoire. Il est comme les moines qui n'écrivent pas pour le sujet qu'ils traitent, mais pour la gloire de leur ordre. Voltaire écrit pour son couvent. » (*Pensées diverses*)

Le dictionnaire philosophique (1764)

Dans son souci de lutter contre l'ignorance, Voltaire a participé à l'élaboration de l'*Encyclopédie*. Puis il a écrit le *Dictionnaire philosophique* ou *La raison par l'alphabet*. Il pensait que cet ouvrage maniable toucherait rapidement un public plus vaste que celui de l'*Encyclopédie,* encore réservée à une élite fortunée. Comme dans un dictionnaire, les mots sont classés par ordre alphabétique, mais chaque mot n'appelle pas une définition ; ils servent de prétexte à Voltaire pour exprimer son opinion sur les grands sujets de l'époque : politique, religion, philosophie. Parfois il utilise même la forme du dialogue pour s'exprimer.

Le théâtre

Toute sa vie, Voltaire s'est passionné pour le théâtre. C'est le théâtre qui lui a valu la célébrité de son vivant (couronnement de son buste à la Comédie-Française) et c'est par le théâtre qu'il croyait avoir fait passer la meilleure partie de ses idées. Il a surtout écrit des tragédies : *Oepide* (1718), *Brutus* (1730), *Zaïre* (1732), *Mahomet* (1742), *Merope* (1743), *Sémiramis* (1748), *L'orphelin de la Chine* (1755) et *Irène* (1778) sont les plus connues.

Voltaire est un disciple convaincu de Racine et un imitateur maladroit de Shakespeare (*Zaïre* est inspiré d'*Othello*). Il a toutefois fait preuve d'originalité dans trois domaines. Il a mis en

1. Roi de Suède du début du siècle qui a fasciné par ses exploits héroïques.

C'est par le théâtre que Voltaire connut la célébrité de son vivant. On le voit ici dans une loge de la Comédie Française, à la fin d'une représentation de sa tragédie Irène, *lorsque le public et les comédiens lui firent un triomphe. Il devait mourir quelques mois plus tard.* Le couronnement de Voltaire, *détail d'une aquarelle de Gabriel de Saint-Aubin, 1778. (Cabinet des dessins, Musée du Louvre, Paris.)*

scène pour la première fois des personnalités de nationalités très diverses : des Arabes (*Mahomet*), des Chinois (*L'orphelin de le Chine*) et des Américains (*Alzire*) ; c'était une hardiesse à une époque qui vivait encore dans l'habitude des personnages de l'Antiquité grecque et romaine. Il a cherché à émouvoir et même à secouer le spectateur en lui présentant des scènes très pathétiques qui se souciaient peu du vraisemblable : « Il n'y a pas de motifs bien nécessaires pour que le tyran Polyphonte veuille absolument épouser Merope. C'est peut-être là un défaut du sujet ; mais je vous avoue que je crois qu'un tel défaut est fort léger, quand l'intérêt qu'il produit est considérable. » (Réponse à M. de la Lindelle au début de *Merope*). La peinture des comportements psychologiques et l'impérieuse nécessité des sentiments qui faisaient le théâtre de Racine a donc disparu, au profit de la seule recherche de l'effet à produire.
Enfin, Voltaire mène toujours ses personnages au lieu de laisser leurs passions les conduire ; quelquefois même, c'est lui qui parle pour eux. Il en vient à considérer le théâtre comme le lieu dramatique où il peut exposer sa philosophie. Voltaire a connu la gloire par le théâtre, mais cet éclat cachait la décadence d'un genre, hérité du XVIIe : la tragédie. C'est la comédie qui va reprendre le flambeau avec Beaumarchais.

La poésie

En 1728, Voltaire publie une grande épopée, *La Henriade* qui nous raconte les luttes religieuses qui précèdent l'avènement d'Henri IV. Elle ne nous intéresse plus guère si ce n'est par le fait que Voltaire, encore une fois, attaque le fanatisme religieux. Il a écrit aussi des poésies galantes et des poésies scientifiques car il ne voyait aucune opposition entre la science et la poésie, témoins ces vers sur la gravitation universelle, à la gloire de Newton :

« Dieu parle et le chaos se dissipe à sa voix :
Vers un centre commun tout gravite à la fois.
Ce ressort si puissant, l'âme de la nature,
Était enseveli dans une nuit obscure ;
Le compas de Newton mesurant l'univers,
Lève enfin ce grand voile et les cieux sont
[ouverts. »

Pamphlets

Ce sont des œuvres brèves où il traite de sujets d'actualité. Elles ont souvent été diffusées clandestinement. La forme varie : anecdotes, dialogues, mémoires, etc. Les plus nombreux sont des pamplets antireligieux, d'autres s'attaquent aux erreurs de la justice. Il a aussi utilisé les pamphlets pour ridiculiser ses adversaires, en particulier Rousseau.

Correspondance

De toutes les œuvres de Voltaire, c'est celle qui, avec les *Contes*, est la plus variée. Il a écrit plus de 10 000 lettres, en rédigeant parfois vingt par jour à Ferney. Elles embrassent la plus grande partie du XVIIIe siècle et tous les sujets y sont abordés. Elles ne peuvent s'étudier qu'en détail. Disons seulement qu'on y retrouve toutes les facettes du personnage : la vivacité, l'enthousiasme, l'humour, l'ironie mordante et même l'attendrissement nostalgique, comme ici à Berlin : « Je vous écris à côté d'un poêle, la tête pesante et le cœur triste, en jetant les yeux sur la rivière de la Spree, parce que la Spree tombe dans l'Elbe, l'Elbe dans la mer, et que la mer reçoit la Seine, et que notre maison de Paris est assez près de cette rivière de Seine ; et je dis : « Ma chère enfant, pourquoi suis-je dans ce palais, dans ce cabinet qui donne sur cette Spree, et non pas au coin de notre feu ? »

(A madame Denis, 1750)

LA PENSÉE DE VOLTAIRE

La philosophie de Voltaire est présente dans tous ses écrits, en vers et en prose. Son génie est d'avoir été un remarquable vulgarisateur des idées de son siècle. Sa pensée propre est plus généreuse que fondamentalement originale.

Dieu

Voltaire admet un Dieu comme la seule explication possible de l'ordre universel ; il appelle ce Dieu « le grand horloger ». Cette croyance vague en un Dieu nécessaire est appelée : déisme. Ainsi Voltaire, tout en combattant les religions trop rigoureuses, ne va pas jusqu'à l'athéisme comme certains encyclopédistes.

Tolérance et liberté

La tolérance est une des grandes passions de Voltaire. Il pense que chaque homme a le droit de vivre à sa guise, pourvu qu'il ne gêne pas son voisin. De là vient la largesse de ses vues ; aucune idée ne vaut qu'on y sacrifie des hommes. Dans son *Traité sur la tolérance*, on trouve une émouvante prière à Dieu :

« PRIÈRE A DIEU. — Tu ne nous as point donné un cœur pour nous haïr et des mains pour nous égorger ; fais que nous nous aidions mutuellement à porter le fardeau d'une vie pénible et passagère ; que les petites différences entre les vêtements qui couvrent nos débiles[1] corps, entre tous nos langages insuffisants, entre tous nos usages ridicules, entre toutes nos lois imparfaites, entre toutes nos opinions insensées... que toutes ces petites nuances qui distinguent les atomes appelés hommes ne soient pas des signaux de haine et de persécution. »

Ce droit à la tolérance et cette liberté qu'il désire en religion, il la désire aussi en politique. Son idéal serait une royauté où la presse serait libre et l'autorité du pouvoir tempérée par une constitution, comme en Angleterre. Après avoir dit qu'un « Anglais, comme homme libre, va au ciel par le chemin qui lui plaît » (*Lettres philosophiques*, V), Voltaire souligne aussi l'avance politique de ce pays : « La nation anglaise est la seule de la terre qui soit parvenue à régler le pouvoir des rois en leur résistant, et qui d'efforts en efforts ait enfin rétabli ce gouvernement sage où le prince, tout puissant pour faire du bien, a les mains liées pour faire du mal. » (Lettre VIII).

Voltaire, apôtre de la tolérance, s'est aussi fait le défenseur des exploités. Dans le passage de Candide *illustré par cette gravure, il dénonce l'exploitation des travailleurs noirs dans les plantations de canne à sucre. Gravure d'après Jean-Michel Moreau, dit Moreau le jeune (1796). (Bilbiothèque Nationale, Paris.)*

Le devoir social

Nous n'avons pas le droit d'être inutile. Notre passage sur terre doit être utile aux autres ; c'est la grande morale des philosophes qui sont des militants. La cause du progrès est entre nos mains, travaillons à la faire avancer, chacun à notre mesure, sans paresse mais sans trop d'ambition. C'est le dernier mot de Candide : « Il faut cultiver notre jardin. »

Une nuance doit être toutefois apportée à cette pensée ; Voltaire distingue deux catégories d'hommes : une élite pensante, internationale, qui a un rôle a jouer dans le développement de la civilisation, et une masse qui ne pense guère et qui est facilement manipulable. Cela ne signifie pas qu'il faille renoncer à « l'éclairer » mais, selon Voltaire, dans l'état actuel des choses, il

1. *Faibles.*

serait absurde de vouloir que les masses encore ignorantes deviennent dirigeantes.

L'ART DE VOLTAIRE

Si les idées de Voltaire sont discutables, on ne peut nier qu'il y ait du génie dans son style.

La clarté

Voltaire a toujours gardé la clarté nécessaire à celui qui s'adresse à un grand public : clarté dans l'exposition, limpidité dans l'argumentation.

L'esprit

Si la clarté accroche le lecteur ou l'auditeur, l'esprit de Voltaire séduit. Il utilise l'ironie, son arme préférée, avec brio. Tantôt il la déguise en naïveté : « Enfin, après avoir examiné le fort et le faible de chaque science, il fut décidé que M. le Marquis apprendrait à danser. » (*Jeannot et Colin*) Tantôt elle devient mordante comme dans l'épigramme ci-dessous :

« L'autre jour, au fond d'un vallon,
Un serpent piqua Jean Freron
Que pensez-vous qu'il arriva ?
Ce fut le serpent qui creva. »

Il excelle à ridiculiser ses adversaires. A Rousseau qui parlait de l'état de nature dans son *Discours sur l'origine de l'inégalité*, il répond en faussant le raisonnement jusqu'à l'absurde et en attirant ainsi les rieurs de son côté : « On n'a jamais employé tant d'esprit à vouloir nous rendre bêtes ; il prend envie de marcher à quatre pattes, quand on lit votre ouvrage. »

Le pittoresque

Bien que l'art de Voltaire soit essentiellement intellectuel, il n'a rien d'abstrait. Voltaire a une imagination précise qui ne se perd pas dans le détail. Il décrit ainsi dans *Candide* les merveilles de l'eldorado : « Le vieillard reçut les deux étrangers sur un sofa matelassé de plumes de colibri[1] et leur fit présenter des liqueurs dans des vases de diamant. » (*Candide*, XVIII). Rien de flou, rien de vague, pas de demi-teintes, son style a souvent été pris pour le modèle de l'art français.

Le style de Voltaire est son meilleur atout et le secret de l'influence considérable qu'il a eue à son époque ; il explique aussi son succès actuel. Par sa plume, il a contribué puissamment à répandre les idées philosophiques et l'esprit critique que rien n'arrête. Il a attaqué l'Ancien Régime et préparé ainsi la révolution, bien qu'il ait détesté toute forme massive de démocratie. Il a attaqué la religion mais fut lui-même l'objet d'un véritable culte qu'il acceptait avec plaisir. Moins profond que brillant, il a été l'anti-Rousseau, le porte-parole de toute une époque.

1. *Oiseau minuscule et rare.*

BIBLIOGRAPHIE
René Pomeau, *Voltaire par lui-même*, Paris, Seuil, 1955.
René Pomeau, *La religion de Voltaire*, Paris, Nizet, 1956, réédition 1969.

Le patriarche de Ferney : image d'un Voltaire actif et attentif à ceux qui travaillent sur ces terres. Peinture de Jean Huber : Voltaire et les paysans. *(Musée des Beaux Arts, Nantes.)*

LETTRES PHILOSOPHIQUES

L'argent, gage de liberté

Dans les* Lettres anglaises, *Voltaire entreprend de mieux faire connaître l'Angleterre à ses concitoyens. Son idée fondamentale est que l'Angleterre est largement en avance sur ses voisins grâce à l'esprit de liberté qui y souffle partout : libertés politique, religieuse et économique. C'est ce dernier point de vue qu'il développe dans cette dixième lettre, reproduite en entier. Il y montre que gagner de l'argent n'est pas une infamie et qu'être bourgeois n'est pas honteux.

Le commerce, qui a enrichi les citoyens en Angleterre, a contribué à les rendre libres, et cette liberté a étendu le commerce à son tour ; de là s'est formée la grandeur de l'État ; c'est le commerce qui a établi peu à peu les forces navales, par qui les Anglais sont les maîtres des mers. Ils ont à présent près de deux cents vaisseaux de guerre ; la postérité apprendra peut-être avec surprise qu'une petite île, qui n'a de soi-même qu'un peu de plomb, de l'étain, de la terre à foulon [1] et de la laine grossière, est devenue par son commerce assez puissante pour envoyer en 1723 [2] trois flottes à la fois en trois extrémités du monde, l'une devant Gibraltar conquise et conservée par ses armes, l'autre à Porto-Bello [3] pour ôter au roi d'Espagne la jouissance des trésors des Indes, et la troisième dans la mer Baltique pour empêcher les puissances du nord de se battre.

Quand Louis XIV faisait trembler l'Italie, et que ses armées déjà maîtresses de la Savoie et du Piémont étaient prêtes de prendre Turin, il fallut que le

1. Argile qui sert à dégraisser les draps.
2. En réalité : 1726.
3. Port d'Amérique centrale.

Le port de Bristol. La prospérité commerciale de l'Angleterre apparaissait à Voltaire comme un modèle à suivre. Peter Monomay : Broad quay. *(Bristol city Art Gallery.)*

prince Eugène[4] marchât du fond de l'Allemagne au secours du duc de Savoie ; il n'avait point d'argent, sans quoi on ne prend ni ne défend les villes ; il eut recours à des marchands anglais ; en une demi-heure de temps, on lui prêta cinquante millions, avec cela il délivra Turin, battit les Français, et écrivit à ceux qui avaient prêté cette somme ce petit billet : « Messieurs, j'ai reçu votre argent et je me flatte de l'avoir employé à votre satisfaction. »

Tout cela donne un juste orgueil à un marchand anglais, et fait qu'il ose se comparer, non sans quelque raison, à un citoyen romain. Aussi le cadet d'un pair du royaume ne dédaigne point le négoce : milord Townshend, ministre d'État, a un frère qui se contente d'être marchand dans la Cité. Dans le temps que milord Oxford gouvernait l'Angleterre, son cadet était facteur[5] à Alep[6], d'où il ne voulut pas revenir, et où il est mort.

Cette coutume, qui pourtant commence trop à se passer, paraît monstrueuse à des Allemands entêtés de leurs quartiers[7] ; ils ne sauraient concevoir que le fils d'un pair d'Angleterre ne soit qu'un riche et puissant bourgeois, au lieu qu'en Allemagne tout est prince ; on a vu jusqu'à trente altesses du même nom, n'ayant pour tout bien que des armoiries et de l'orgueil.

En France est marquis qui veut, et quiconque arrive à Paris du fond d'une province avec de l'argent à dépenser et un nom en *ac* ou en *ille*. peut dire « un homme comme moi, un homme de ma qualité », et mépriser souverainement un négociant ; le négociant entend lui-même parler si souvent avec dédain de sa profession qu'il est assez sot pour en rougir ; je ne sais pourtant lequel est le plus utile à un État, ou un seigneur bien poudré qui sait précisément à quelle heure le roi se lève, à quelle heure il se couche, et qui se donne des airs de grandeur en jouant le rôle d'esclave dans l'antichambre d'un ministre, ou un négociant qui enrichit son pays, donne de son cabinet des ordres à Surate[8] et au Caire, et contribue au bonheur du monde.

Lettres philosophiques ou Lettres anglaises, 1734.

4. Général français passé à l'ennemi parce que Louis XIV ne voulait pas l'employer.
5. Dirigeait une « factorerie », ou comptoir.
6. Ville de la Syrie du Nord.
7. Quartiers de noblesse = titre de noblesse.
8. Ville de l'Inde.

Voltaire contre Pascal

La société anglaise, tournée vers le profit, révèle à Voltaire un nouvel art de vivre. L'homme n'est pas fondamentalement voué aux malheurs et à faire pénitence, il peut connaître sur terre une certaine forme de bien-être. Cette pensée lui fait considérer comme un ennemi Pascal, qui ne voyait que misère dans la condition humaine. Cette 25e lettre, la dernière, est dirigée contre la rigueur du penseur janséniste. Tout en respectant « le génie et l'éloquence de Pascal », il condamne en lui un « misanthrope sublime ». Les lignes en italique reprennent les propos de Pascal.

III. — *Et cependant sans ce mystère*[1] *le plus incompréhensible dc tous, nous sommes incompréhensibles à nous-mêmes. Le nœud de notre condition prend ses retours et ses plis dans l'abîme du péché originel, de sorte que l'homme est plus inconcevable dans ce mystère, que ce mystère n'est inconcevable à l'homme*[2].

Est-ce raisonner que de dire : *L'homme est inconcevable sans ce mystère*

1. Celui de la transmission quasi héréditaire du péché originel.
2. C'est le péché originel qui explique le curieux mélange de grandeur et de misère dans l'homme.

inconcevable ? C'est bien assez de ne rien entendre à notre origine, sans l'expliquer par une chose qu'on n'entend pas. Nous ignorons comment l'homme naît, comment il croît, comment il digère, comment il pense, comment ses membres obéissent à sa volonté : serai-je bien reçu [3] à expliquer ces obscurités par un système inintelligible ? Ne vaut-il pas mieux dire : *je ne sais rien.* Un mystère ne fut jamais une explication ; c'est une chose divine et inexplicable.

V. — *Ne parier point que Dieu est, c'est parier qu'il n'est pas*[4]. Lequel [5] *prendrez-vous donc ? Pesons le gain et la perte en prenant le parti de croire que Dieu est. Si vous gagnez, vous gagnez tout, si vous perdez, vous ne perdez rien. Pariez donc qu'il est sans hésiter. — Oui, il faut gager, mais je gage peut-être trop. — Voyons, puisqu'il y a pareil hasard de gain et de perte, quand vous n'auriez que deux vies à gagner pour une, vous pourriez encore gager.*

Il est évidemment faux de dire : Ne point parier que Dieu est, c'est parier qu'il n'est pas ; car celui qui doute et demande à s'éclairer ne parie assurément ni pour ni contre.

D'ailleurs cet article paraît un peu indécent et puéril ; cette idée de jeu, de perte et de gain ne convient point à la gravité du sujet.

De plus, l'intérêt que j'ai à croire une chose n'est pas une preuve de l'existence de cette chose. Je vous donnerai, me dites-vous, l'empire du monde, si je crois que vous ayez raison. Je souhaite alors de tout mon cœur que vous ayez raison ; mais jusqu'à ce que vous me l'ayez prouvé, je ne peux vous croire.

VI. — *En voyant l'aveuglement et la misère de l'homme, et ces contrariétés* [6] *étonnantes qui se découvrent dans sa nature, et regardant tout l'univers muet, et l'homme sans lumière, abandonné à lui-même, et comme égaré dans ce recoin de l'univers, sans savoir qui l'y a mis, ce qu'il y est venu faire, ce qu'il y deviendra en mourant, j'entre en effroi, comme un homme qu'on aurait emporté endormi dans une île déserte et effroyable, et qui s'éveillerait sans connaître où il est, et sans avoir aucun moyen d'en sortir ; et sur cela j'admire comme on n'entre pas en désespoir d'un si misérable état.*

En lisant cette réflexion je reçois une lettre d'un de mes amis, qui demeure dans un pays fort éloigné.

Voici ces paroles :

« Je suis ici comme vous m'y avez laissé : ni plus gai, ni plus triste, ni plus riche, ni plus pauvre, jouissant d'une santé parfaite, ayant tout ce qui rend la vie agréable, sans amour, sans avarice, sans ambition, et sans envie ; et tant que tout cela durera, je m'appellerai hardiment un homme très heureux. »

Il y a beaucoup d'hommes aussi heureux que lui. Il en est des hommes comme des animaux : tel chien couche et mange avec sa maîtresse ; tel autre tourne la broche et est tout aussi content ; tel autre devient enragé et on le tue.

Pour moi, quand je regarde Paris ou Londres, je ne vois aucune raison pour entrer dans ce désespoir dont parle M. Pascal ; je vois une ville qui ne ressemble en rien à une île déserte ; mais peuplée, opulente, policée [7], et où les hommes sont heureux autant que la nature humaine le comporte.

3. Autorisé.
4. D'après Pascal, celui qui refuse de se prononcer sur l'existence de Dieu vit comme si Dieu n'était pas.
5. Laquelle des deux suppositions ? (existence ou non de Dieu).
6. Contradictions.
7. Bien organisée.

Quel est l'homme sage qui sera plein de désespoir parce qu'il ne sait pas la nature de sa pensée, parce qu'il ne connaît que quelques attributs de la matière [8], parce que Dieu ne lui a pas révélé ses secrets ? Il faudrait autant se désespérer de n'avoir pas quatre pieds et deux ailes. Pourquoi nous faire horreur de notre être ? Notre existence n'est point si malheureuse qu'on veut nous le faire accroire [9]. Regarder l'univers comme un cachot, et tous les hommes comme des criminels qu'on va exécuter, est l'idée d'un fanatique. Croire que le monde est un lieu de délices où l'on ne doit avoir que du plaisir, c'est la rêverie d'un sybarite [10]. Penser que la terre, les hommes et les animaux sont ce qu'ils doivent être dans l'ordre de la Providence, est, je crois, d'un [11] homme sage.

Lettres philosophiques ou *Lettres anglaises,* 1734.

8. Par exemple : l'étendue, la divisibilité.
9. Croire.
10. Qui recherche les plaisirs de la vie.
11. Le propre de.

ZADIG

L'art du conteur

Voltaire croyait qu'il resterait célèbre grâce à son théâtre et considérait ses contes comme des amusements. Mais c'est le contraire qui s'est produit ; son théâtre n'est pratiquement plus joué mais ses contes sont toujours appréciés. Fidèle propagateur de la raison et de l'esprit philosophique, Voltaire montre ici, par l'intermédiaire de son héros, Zadig, qu'il n'y a pas besoin de miracles pour obtenir ce que l'on cherche.

LA DANSE

Le roi Nabussan confia sa peine au sage Zadig.

« Vous qui savez tant de belles choses, lui dit-il, ne sauriez-vous point le moyen de me faire trouver un trésorier qui ne me volât point ?

— Assurément, répondit Zadig : je sais une façon infaillible de vous donner un homme qui ait les mains nettes. »

Le roi, charmé, lui demanda, en l'embrassant, comment il fallait s'y prendre.

« Il n'y a, dit Zadig, qu'à faire danser tous ceux qui se présenteront pour la dignité de trésorier, et celui qui dansera avec le plus de légèreté sera infailliblement le plus honnête homme.

— Vous vous moquez, dit le roi ; voilà une plaisante façon de choisir un receveur de mes finances ! Quoi ! Vous prétendez que celui qui fera le mieux un entrechat [1] sera le financier le plus intègre [2] et le plus habile !

— Je ne vous réponds pas qu'il sera le plus habile, repartit Zadig, mais je vous assure que ce sera indubitablement le plus honnête homme. »

Zadig parlait avec tant de confiance, que le roi crut qu'il avait quelque secret surnaturel pour connaître les financiers.

« Je n'aime pas le surnaturel, dit Zadig ; les gens et les livres à prodiges m'ont toujours déplu : si Votre Majesté veut me laisser faire l'épreuve que je lui propose, elle sera bien convaincue que mon secret est la chose la plus simple et la plus aisée. »

Le jour même, il fit publier, au nom du roi, que tous ceux qui prétendaient

1. Figure de danse.
2. Le plus honnête.

à l'emploi de haut receveur des deniers de Sa gracieuse Majesté Nabussan, fils de Nassunab, eussent à se rendre en habit de soie légère, le premier de la lune du crocodile [3], dans l'antichambre du roi. Ils s'y rendirent au nombre de soixante-quatre. On avait fait venir des violons dans un salon voisin ; tout était préparé pour le bal ; mais la porte de ce salon était fermée, et il fallait, pour y rentrer, passer par une petite galerie assez obscure. Un huissier vint chercher et introduire chaque candidat, l'un après l'autre, par ce passage, dans lequel on le laissait seul quelques minutes. Le roi, qui avait le mot, avait étalé tous ses trésors dans la galerie. Lorsque tous les prétendants furent arrivés dans le salon, Sa Majesté ordonna qu'on les fît danser. Jamais on ne dansa plus pesamment et avec moins de grâce ; ils avaient tous la tête baissée, les reins courbés, les mains collées à leurs côtés.

« Quels fripons [4] ! », disait tout bas Zadig.

Un seul d'entre eux formait des pas avec agilité, la tête haute, le regard assuré, les bras étendus, le corps droit, le jarret ferme [5].

« Ah ! l'honnête homme ! le brave homme ! », disait Zadig.

Le roi embrassa ce bon danseur, le déclara trésorier et tous les autres furent punis et taxés avec la plus grande justice du monde ; car chacun, dans le temps qu'il avait été dans la galerie, avait rempli ses poches et pouvait à peine marcher. Le roi fut fâché pour la nature humaine que, de ces soixante-quatre danseurs, il y eût soixante-trois filous [6]. La galerie obscure fut appelée le « Corridor de la Tentation ».

Zadig (1747).

3. Date fantaisiste, à la manière orientale.
4. Personnes malhonnêtes.
5. Le pas assuré.
6. Personnes malhonnêtes.

CANDIDE

Une satire de l'optimisme

Dans* Candide, *Voltaire se plaît à mélanger avec un humour noir les événements heureux aux aventures les plus tragiques. Le héros, Candide, a été chassé du château d'un baron allemand parce qu'il était amoureux de sa fille, Cunégonde. Enrôlé de force par les armées bulgares, il voit toutes les horreurs de la guerre. Il déserte et passe en Hollande où il se heurte au fanatisme religieux ; il y retrouve son ancien professeur de philosophie, Pangloss. Tous deux sont recueillis par le « charitable anabaptiste [1] **Jacques » avec lequel ils s'embarquent pour le Portugal.**

Pangloss lui expliqua comment tout était on ne peut mieux [2], Jacques n'était pas de cet avis. « Il faut bien, disait-il, que les hommes aient un peu corrompu la nature, car ils ne sont point nés loups, et ils sont devenus loups. Dieu ne leur a donné ni canons de vingt-quatre [3] ni baïonnettes, et il se sont fait des baïonnettes et des canons pour se détruire. Je pourrais mettre en ligne de compte les banqueroutes, et la justice qui s'empare des biens des banqueroutiers pour en fustrer les créanciers [4]. — Tout cela était indispensable, répliquait le docteur borgne [5], et les malheurs particuliers

1. Membre d'une secte protestante qui considérait que le vrai baptême devait avoir lieu à l'âge adulte, quand le baptisé est conscient de l'acte.
2. Pangloss est le disciple d'une variante de la philosophie de Leibnitz et il enseigne, même devant les pires catastrophes, que tout est

Candide au milieu des horreurs de la guerre. Ici se fait jour le pessimisme de Voltaire qui ne croyait pas à la bonté naturelle des hommes. Dessin de Jean-Michel Moreau. (Bibliothèque Nationale, Paris.)

font le bien général, de sorte que plus il y a de malheurs particuliers, et plus tout est bien. » Tandis qu'il raisonnait, l'air s'obscurcit, les vents soufflèrent des quatre coins du monde, et le vaisseau fut assailli de la plus horrible tempête à la vue du port de Lisbonne.

La moitié des passagers, affaiblis, expirants de ces angoisses inconcevables que le roulis [6] d'un vaisseau porte dans les nerfs et dans toutes les humeurs [7] du corps agitées en sens contraire, n'avait pas même la force de s'inquiéter du danger. L'autre moitié jetait des cris et faisait des prières ; les voiles étaient déchirées, les mâts brisés, le vaisseau entrouvert. Travaillait qui pouvait, personne ne s'entendait, personne ne commandait. L'anabaptiste [1] aidait un peu à la manœuvre ; il était sur le tillac [8], un matelot furieux le frappe rudement et l'étend sur les planches ; mais du coup qu'il lui donna, il eut lui-même une si violente secousse qu'il tomba hors du vaisseau, la tête la première. Il restait suspendu et accroché à une partie de mât rompu. Le bon Jacques court à son secours, l'aide à remonter, et de l'effort qu'il fit, il est précipité dans la mer à la vue du matelot, qui le laissa périr sans daigner seulement le regarder. Candide approche, voit son bienfaiteur qui reparaît un moment et qui est englouti pour jamais. Il veut se jeter après lui dans la mer ; le philosophe Pangloss l'en empêche, en lui prouvant que la rade de Lisbonne avait été formée exprès pour que cet anabaptiste s'y noyât. Tandis qu'il le prouvait *a priori*, le vaisseau s'entrouvre, tout périt à la réserve [9] de Pangloss, de Candide et de ce brutal de matelot qui avait

pour le mieux dans le meilleur des mondes possibles.
3. Calibre du canon.
4. Personnes à qui l'on doit de l'argent.
5. Pangloss a perdu un œil.
6. Mouvement d'un bateau de droite à gauche.
7. Liquides.
8. Pont de bateau.
9. Sauf.

noyé le vertueux anabaptiste ; le coquin nagea heureusement jusqu'au rivage, où Pangloss et Candide furent portés sur une planche.

Quand ils furent revenus un peu à eux, ils marchèrent vers Lisbonne ; il leur restait quelque argent, avec lequel ils espéraient se sauver de la faim après avoir échappé à la tempête.

A peine ont-ils mis le pied dans la ville, en pleurant la mort de leur bienfaiteur, qu'ils sentent la terre trembler sous leurs pas ; la mer s'élève en bouillonnant dans le port, et brise les vaisseaux qui sont à l'ancre. Des tourbillons de flammes et de cendres couvrent les rues et les places publiques ; les maisons s'écroulent, les toits sont renversés sur les fondements, et les fondements se dispersent ; trente mille habitants de tout âge et de tout sexe sont écrasés sous des ruines. Le matelot disait en sifflant et en jurant : « Il y aura quelque chose à gagner ici. — Quelle peut être la raison suffisante de ce phénomène ? » disait Pangloss.

Candide ou *L'Optimiste, 1759*
Chap. IV et V.

La sagesse voltairienne

Après avoir subi les rigueurs de l'Inquisition au Portugal, longtemps erré en Amérique, s'être fait tout dérober à Paris, après avoir assisté à l'exécution d'un amiral en Angleterre, Candide, écœuré, part pour Venise où il apprend que Cunégonde est devenue esclave en Turquie. Il se rend à Constantinople pour la racheter, rachète aussi Pangloss, qui a fini comme galérien, et tous les trois s'installent dans une petite ferme proche de Constantinople. Pour passer le temps, ils continuent à philosopher et à discuter de l'homme.

Il y avait dans le voisinage un derviche[1] très fameux qui passait pour le meilleur philosophe de la Turquie ; ils allèrent le consulter ; Pangloss porta la parole, et lui dit : « Maître, nous venons vous prier de nous dire pourquoi un aussi étrange animal que l'homme a été formé.

— De quoi te mêles-tu ? dit le derviche, est-ce là ton affaire ?

— Mais, mon Révérend Père, dit Candide, il y a horriblement de mal sur la terre. — Qu'importe dit le derviche, qu'il y ait du mal ou du bien ? Quand Sa Hautesse[2] envoie un vaisseau en Égypte, s'embarrasse-t-elle si les souris qui sont dans le vaisseau sont à leur aise ou non ? — Que faut-il donc faire ? dit Pangloss. — Te taire, dit le derviche. — Je me flattais, dit Pangloss, de raisonner un peu avec vous des effets et des causes, du meilleur des mondes possibles, de l'origine du mal, de la nature de l'âme et de l'harmonie préétablie[3]. » Le derviche, à ces mots, leur ferma la porte au nez.

Pendant cette conversation, la nouvelle s'était répandue qu'on venait d'étrangler à Constantinople deux vizirs du banc[4] et le muphti[5] et qu'on avait empalé plusieurs de leurs amis. Cette catastrophe faisait partout un grand bruit pendant quelques heures. Pangloss, Candide et Martin[6], en retournant à la petite métairie, rencontrèrent un bon veillard qui prenait le frais à sa porte sous un berceau d'orangers. Pangloss, qui était aussi curieux que raisonneur, lui demanda comment se nommait le muphti qu'on

1. Religieux musulman.
2. Le sultan.
3. Allusion à la théorie de Leibnitz (voir note 2, extrait précédent).
4. Ministre qui assiste au conseil du sultan.
5. Chef de la religion musulmane.
6. Vieux savant qui trouve toujours que tout est au plus mal dans *Candide*.

venait d'étrangler. « Je n'en sais rien, répondit le bonhomme, et je n'ai jamais su le nom d'aucun muphti ni d'aucun vizir. J'ignore absolument l'aventure dont vous me parlez ; je présume qu'en général ceux qui se mêlent des affaires publiques périssent quelquefois misérablement, et qu'ils le méritent ; mais je ne m'informe jamais de ce qu'on fait à Constantinople ; je me contente d'y envoyer vendre les fruits du jardin que je cultive. »

Ayant dit ces mots, il fit entrer les étrangers dans sa maison : ses deux filles et ses deux fils leur présentèrent plusieurs sortes de sorbets qu'ils faisaient eux-mêmes, du kaïmac [7] piqué d'écorces de cédrat confit, des oranges, des citrons, des limons, des ananas, des pistaches, du café de Moka qui n'était point mêlé avec le mauvais café de Batavia [8] et des îles. Après quoi les deux filles de ce bon musulman parfumèrent les barbes de Candide, de Pangloss et de Martin.

« Vous devez avoir, dit Candide au Turc, une vaste et magnifique terre ?

— Je n'ai que vingt arpents [9], répondit le Turc ; je les cultive avec mes enfants ; le travail éloigne de nous trois grands maux : l'ennui, le vice et le besoin. »

Candide, en retournant dans sa métairie, fit de profondes réflexions sur le discours du Turc. Il dit à Pangloss et à Martin : « Ce bon vieillard me paraît s'être fait un sort bien préférable à celui des six rois [10] avec qui nous avons eu l'honneur de souper. — Les grandeurs, dit Pangloss, sont fort dangereuses, selon le rapport de tous les philosophes : car enfin Eglon, roi des Moabites, fut assassiné par Aod ; Absalon fut pendu par les cheveux et percé de trois dards ; le roi Nadab, fils de Jéroboam, fut tué par Baasa ; le roi Ela, par Zambri ; Ochosias, par Jéhu ; Attalia, par Joïada ; les rois Joachim, Jéchonias, Sédécias, furent esclaves. Vous savez comment périrent Crésus, Astyage, Darius, Denys de Syracuse, Pyrrhus, Persée, Annibal, Jugurtha, Arioviste, César, Pompée, Néron, Othon, Vitellius, Domitien, Richard II d'Angleterre, Édouard II, Henri VI, Richard III, Marie Stuart, Charles Ier, les trois Henri de France, l'empereur Henri IV ? Vous savez...

— Je sais aussi, dit Candide, qu'il faut cultiver notre jardin. — Vous avez raison, dit Pangloss : car, quand l'homme fut mis dans le jardin d'Éden, il y fut mis *ut operaretur eum*, pour qu'il travaillât ; ce qui prouve que l'homme n'est pas né pour le repos. — Travaillons sans raisonner, dit Martin ; c'est le seul moyen de rendre la vie supportable. »

Toute la petite société entra dans ce louable dessein ; chacun se mit à exercer ses talents. La petite terre rapporta beaucoup. Cunégonde était à la vérité bien laide ; mais elle devint une excellente pâtissière ; Paquette [11] broda ; la vieille [12] eut soin du linge. Il n'y eut pas jusqu'à frère Giroflée [13] qui ne rendît service ; il fut un très bon menuisier, et même devint honnête homme ; et Pangloss disait quelquefois à Candide : « Tous les événements sont enchaînés dans le meilleur des mondes possibles ; car enfin, si vous n'aviez pas été chassé d'un beau château à grands coups de pied dans le derrière pour l'amour de mademoiselle Cunégonde, si vous n'aviez pas été mis à l'Inquisition, si vous n'aviez pas couru l'Amérique à pied, si vous n'aviez pas donné un bon coup d'épée au baron [14], si vous n'aviez pas perdu tous vos moutons [15] du bon pays d'Eldorado, vous ne mangeriez pas ici des cédrats confits et des pistaches. — Cela est bien dit, répondit Candide, mais il faut cultiver notre jardin. »

Candide, Chapitre XXX, conclusion.

7. Sorte de glace orientale.
8. Capitale de l'île de Java.
9. Environ 9 hectares.
10. Six rois avec lesquels ils ont soupé au Carnaval de Venise.
11. Ancienne femme de chambre chez Cunégonde.
12. Servante de Cunégonde.
13. Moine amoureux de Paquette.
14. Le frère de Cunégonde que Candide a blessé parce qu'il s'opposait à son mariage.
15. Moutons chargés de diamants que Candide ramenait d'Eldorado.

DIDEROT (1713-1784)

Avec le recul du temps, Diderot apparaît comme la figure la plus représentative du XVIII*ᵉ* siècle militant. Courageux, passionné, fourmillant d'idées, il a été l'âme de la lutte philosophique et le directeur de l'*Encyclopédie*, à laquelle il s'est donné corps et âme. Auteur de romans, de pièces de théâtre, d'essais philosophiques, c'est lui qui est également à l'origine d'un genre nouveau : la critique d'art.

LA VIE

Portrait de Diderot par Louis-Michel Van Loo, 1767. (Musée du Louvre, Paris.)

La jeunesse (1713-1749)

Diderot n'est pas issu de la noblesse mais de la bourgeoisie aisée. Son père est coutelier (fabricant de couteaux) dans l'est de la France. On le destine à devenir prêtre, mais, avide de connaissances, il s'en va à Paris ; il apprend l'anglais et les mathématiques, en plus du droit. Son père lui coupe les vivres. Contraint de gagner sa vie, il exerce toutes sortes de métiers, fait des traductions pour les libraires et même des sermons pour les missionnaires. Il connaît la plus extrême misère, sans se laisser aller au désespoir. A trente ans, contre l'avis de son père, il se marie avec une jeune fille aussi pauvre que lui. Un de ses premiers ouvrages, la *Lettre sur les aveugles* (1749), lui vaut plusieurs mois de prison.

Le directeur de l'Encyclopédie (1749-1772)

Par la suite, il se voit confier la direction de l'*Encyclopédie*, tâche immense qui va alors devenir son activité essentielle. C'est l'époque d'une grande amitié avec Rousseau ; ils se brouilleront quelques années plus tard. Diderot trouve encore le temps d'écrire pour le théâtre et de faire pour son ami, l'Allemand Grimm, qui rédige de Paris une *Correspondance* pour plusieurs cours allemandes, le compte rendu des différentes expositions de peinture dans la capitale ; ce sont les *Salons* (1759-1781).

Diderot et Catherine II

Toute cette activité ne l'empêche pas de mener encore une vie modeste. Il cherche à vendre sa bibliothèque. Catherine II, impératrice de Russie, la lui achète un très bon prix, tout en lui en laissant la jouissance avec le titre de bibliothécaire. Débordant de reconnaissance, il ne tarit plus d'éloge sur celle qu'il appelle « la Semiramis [1] du Nord ». Sur son invitation pressante, il décide de se rendre à Saint-Petersbourg (1773) ; il en revient enchanté. Les dernières années de sa vie s'écoulent dans l'aisance. Il entretient avec une jeune femme une relation épistolaire suivie, qui nous renseigne encore davantage sur son caractère et ses préoccupations.

1. Reine légendaire d'Assyrie à qui l'on attribue la fondation de Babylone. Elle aurait surpassé son mari en gloire et en bravoure. Également : tragédie de Voltaire (1748).

PRINCIPALES ŒUVRES

	Œuvres philosophiques	Œuvres romanesques	Œuvres dramatiques	Œuvres esthétiques
1746	Pensées philosophiques			
1748		Les bijoux indiscrets		
1749	Lettre sur les aveugles			
1751	Lettre sur les sourds-muets			
1757			Le fils naturel	
1758			Le père de famille	
1759				Premier Salon
1763				Troisième Salon
1767				Cinquième Salon
1769	Le Rêve de D'Alembert			
1771		Jacques le fataliste		Septième Salon
1773	Paradoxe sur le comédien			
1781				Neuvième Salon
	Plus de 1 000 articles pour l'Encyclopédie (voir p. 219)	2 romans publiés après sa mort : La Religieuse Le neveu de Rameau		

Lettre sur les aveugles à l'usage de ceux qui voient

Dissertant sur la cécité [1], Diderot évoque le cas du mathématicien aveugle Saunderson et lui prête des propos qu'il aurait tenus avant sa mort et qui vont contre la religion.

Le fils naturel ou Les épreuves de la vertu

Dorval, qui est de naissance illégitime (d'où le titre de l'œuvre) et qui en souffre, résiste avec vertu à l'amour qu'il éprouve pour la fiancée de son meilleur ami. Le hasard lui fait bientôt découvrir que cette jeune fille est sa propre sœur. Il trouvera finalement le bonheur auprès d'une autre.

Le neveu de Rameau

C'est un dialogue, ayant une base véridique, entre Jean-François Rameau, bohème parisien et neveu du célèbre musicien, et un philosophe, vraisemblablement l'auteur lui-même. La conversation roule sur tous les grands thèmes de l'époque : le roman, la musique, la morale, la philosophie. Elle est entrecoupée de pantomimes où Diderot raconte comment le neveu de Rameau mime toutes sortes de situations.

Jacques le fataliste

Jacques, en voyage avec son maître, entreprend de lui raconter ses amours ; mais ses confidences sont constamment interrompues par des événements imprévus ou des récits insérés par l'auteur.

LE PHILOSOPHE

Diderot n'a pas élaboré de système philosophique cohérent. C'est à un fourmillement d'idées tout au long de son œuvre qu'il doit son influence.

L'athéisme

Diderot n'est pas déiste comme Voltaire, qui compare Dieu à un « grand horloger ». Il ne reconnaît dans le monde qu'une réalité, la matière, dont il entrevoit les perpétuelles mutations : « Tous les êtres circulent les uns dans les autres... Tout est en un flux perpétuel... Tout animal est plus ou moins homme ; tout minéral est plus ou moins plante ; toute plante est plus ou moins animal... Il n'y a qu'un seul individu, c'est le tout. Naître, vivre et passer, c'est changer de forme. » (*Rêve de d'Alembert*)

La morale naturelle

Dès lors, il n'y a plus de bien, ni de mal. Tout ce que la nature a produit doit nécessairement

1. *État de celui qui est aveugle.*

avoir une utilité puisque cela existe : « Il n'y a ni vice, ni vertu, rien dont il faille récompenser ou châtier. Qu'est-ce donc qui distingue les hommes ? La bienfaisance et la malfaisance. Le malfaisant est un homme qu'il faut détruire et non punir ; la bienfaisance est une bonne fortune, et non une vertu. » (*Lettre à Langlois,* 1756).
Diderot reconnaît la toute-puissance des instincts, sans pratiquer cependant une apologie du vice comme le fera Sade plus tard.

L'HOMME DE THÉÂTRE

Le théâtre traditionnel ne le satisfait pas. Il reproche à la tragédie classique de manquer de naturel dans le choix de ses sujets et aussi dans le style ; quant à la comédie héritée de Molière, il la trouve trop bouffonne pour être capable de transmettre un message. Il crée alors un genre dramatique nouveau, qui porte le nom de drame bourgeois. Il choisit ses sujets dans la vie quotidienne, et au lieu de faire une étude de caractères, il met au premier plan de ses préoccupations les relations sociales et familiales. Le décor, le costume, le langage doivent donner l'illusion de la réalité. Dès 1748, il esquissait une dramaturgie nouvelle : « Il n'y a que le vrai qui plaise et qui touche. Je sais encore que la perfection d'un spectacle consiste dans l'imitation si exacte d'une action, que le spectateur, trompé, sans interruption, s'imagine assister à l'action même. » (*Les bijoux indiscrets*)
Pour être plus proche de la réalité, Diderot prend ses distances par rapport aux classiques en supprimant la versification. Il est vrai que le public a changé : d'aristocratique, il est devenu bourgeois ; il a d'autres soucis : le travail, la famille, la vertu : « C'est toujours la vertu et les gens vertueux qu'il faut avoir en vue quand on écrit. » Mais à trop vouloir démontrer, Diderot a enlevé tout ressort dramatique à ses deux pièces qui n'obtinrent aucun succès. Il a pourtant montré à Beaumarchais la voie d'un nouveau théâtre.

LA MODERNITÉ DU ROMANCIER

Le neveu de Rameau

La forme essentielle de ce roman n'est ni la narration, ni la description, mais le dialogue. Le dialogue entre Moi et Lui, entre le philosophe et le neveu de Rameau, illustre une sorte de joute entre deux points de vue où chacun prend tour à tour l'avantage sans jamais terrasser l'adversaire. Une certaine complicité s'établit même entre les deux personnages. L'œuvre a une apparence décousue car la pensée naît du mouvement même du dialogue : « Comme il n'y a rien de décousu dans la tête d'un homme qui rêve, ni dans celle d'un fou, tout se tient dans la conversation ; mais il serait quelquefois bien difficile de retrouver les chaînes imperceptibles qui ont attiré tant d'idées disparates. Un homme jette un mot qu'il détache de ce qui a précédé et suivi dans sa tête ; un autre en fait autant, et puis, attrape qui pourra ». (*Lettre à Sophie Volland*). Ainsi, le caractère ondoyant de l'œuvre provient directement de la forme du dialogue.
Tout aussi moderne est le fait que Diderot ne fait pas une œuvre qui lui est extérieure mais que, dans ces dialogues, il cherche à redéfinir, au fur et à mesure, son rôle de philosophe : il se met en question. Gœthe a défini ce roman comme « une bombe au milieu de la littérature. »

Jacques le fataliste

Cette œuvre est déroutante parce qu'inclassable. Il s'agit encore d'un dialogue entre un maître et son valet, Jacques. Le maître demande sans cesse à son valet de lui raconter ses amours pour le distraire ; or, jamais il n'y parvient car une multitude d'événements s'intercalent au moment où Jacques va parler. Diderot utilise totalement sa liberté de créateur et semble s'amuser à troubler le lecteur qu'il apostrophe directement : « Ils furent accueillis par un orage qui les contraignit de s'acheminer... — Où ? — Où ? lecteur, vous êtes d'une curiosité bien incommode ! Et que diable cela vous fait-il ? Quand je vous aurai dit que c'est à Pontoise ou à Saint-Germain, à Notre-Dame de Lorette ou à Saint-Jacques de Compostelle, en serez-vous plus avancé ? » Jacques le fataliste peut être défini comme un anti-roman, parce qu'il ne se contente pas de raconter, mais pose des questions sur ce qu'il est et sur le genre romanesque lui-même.

LE CRITIQUE D'ART

Le goût du pathétique

Le goût du dramatique est courant à l'époque. Diderot ne fait pas exception. Il souhaite que l'œuvre d'art soit porteuse d'une émotion. Il apprécie beaucoup les peintures de Greuze, qui débordent de sentiments et montrent des scènes familiales ; c'est ce genre qu'il voulait rendre au théâtre.

Le goût du naturel

Mais le goût du pathétique ne l'empêche pas de rechercher le naturel. Il souhaiterait que le pathétique soit tiré directement de scènes de la vie quotidienne. Ainsi, il trouve les tableaux de Boucher trop maniérés. « Cherchez les scènes publiques ; soyez observateurs dans les rues, dans les jardins, dans les marchés, dans les maisons, et vous y prendrez les idées justes du vrai mouvement dans les actions de la vie. »

(Essai sur la peinture)

L'ART DE DIDEROT

Les diverses productions de Diderot ont les qualités et les défauts de l'improvisation. Elles manquent d'équilibre, de mesure, de fini, mais aucunement de vie, d'éloquence et de poésie.

La vie

Appliquant dans son œuvre le conseil qu'il donne aux artistes, il observe tout autour de lui et, dans ses écrits, il dépeint beaucoup plus qu'il n'analyse.

L'éloquence

Diderot, qui a un caractère passionné, vit tout ce qu'il pense. L'idée le possède, l'enflamme et prend naturellement la forme oratoire. Il n'est pas étonnant que ses deux plus grands romans soient des romans-dialogues.

La poésie

Diderot est, avec Rousseau, celui qui a introduit la musique de la poésie dans la prose. L'exemple qui suit montre le rapport lyrique entre les changements de la nature et la constance humaine. « Le premier serment que se firent deux êtres de chair, ce fut au pied d'un rocher qui tombait en poussière : ils attestèrent de leur constance un ciel qui n'est pas un instant le même ; tout passait en eux, autour d'eux, et ils se croyaient leurs cœurs affranchis de vicissitudes. O enfants ! Toujours enfants !

(*Jacques le fataliste*).

BIBLIOGRAPHIE

Charly Guyot, *Diderot par lui-même,* Paris, Seuil, 1953 (étude courte et intéressante accompagnée de bons textes).

R. Kempf, *Diderot et le roman,* Paris, Seuil, 1964.

René Pomeau, *Diderot,* Paris, P.U.F., « Philosophes », 1967 (excellente approche de la philosophie de Diderot avec des extraits regroupés par rubriques).

Le Louvre est le plus grand musée de Paris. Tous les deux ans s'y tenait une exposition (un salon). Le public aisé (nobles et grands bourgeois) pouvait ainsi admirer les différentes productions en peinture et sculpture... G. de Saint-Aubin : Le salon du Louvre en 1767. *(Collection particulière.)*

LA RELIGIEUSE

Contre les excès de la religion

Une jeune fille est cloîtrée contre son gré. Elle subit toutes sortes de privations et de vexations. Après avoir songé à se suicider, la jeune fille (sœur Suzanne) se ressaisit et décide de mettre par écrit tout ce qui vient de lui être infligé afin qu'on sache un jour la vérité. Elle confie les papiers à une de ses rares amies dans le couvent. La mère supérieure qui a des soupçons veut récupérer les papiers qui l'accusent. Sœur Suzanne refuse. Elle est sévèrement châtiée. Sur ce roman inachevé, écrit en 1760, Diderot disait vingt ans après : « Je ne crois pas qu'on ait pu écrire une plus effroyable satire des couvents.

La supérieure, immobile, me regardait et me disait : « Donne tes papiers, malheureuse, ou révèle ce qu'ils contenaient.

— Madame, lui disaient-elles [1], ne les lui demandez plus, vous êtes trop bonne ; vous ne la connaissez pas ; c'est une âme indocile, dont on ne peut venir à bout que par des moyens extrêmes : c'est elle qui vous y porte ; tant pis pour elle.

— Ma chère mère, lui dis-je, je n'ai rien fait qui puisse offenser ni Dieu, ni les hommes, je vous le jure.

— Ce n'est pas là le serment que je veux.

— Elle aura écrit contre nous, contre vous, quelque mémoire au grand vicaire, à l'archevêque ; Dieu sait comme elle aura peint l'intérieur de la maison ; on croit aisément le mal. Madame, il faut disposer de cette créature, si vous ne voulez pas qu'elle dispose de nous. »

La supérieure ajouta : « Sœur Suzanne, voyez... »

Je me levai brusquement, et je luis dis : « Madame, j'ai tout vu ; je sens que je me perds ; mais un moment plus tôt ou plus tard ne vaut pas la peine d'y penser. Faites de moi ce qu'il vous plaira ; écoutez leur fureur, consommez votre injustice... »

Et à l'instant je leur tendis les bras. Ses compagnes s'en saisirent. On m'arracha mon voile ; on me dépouilla sans pudeur. On trouva sur mon sein un petit portrait de mon ancienne supérieure ; on s'en saisit ; je suppliai qu'on me permît de le baiser encore une fois ; on me refusa. On me jeta une chemise, on m'ôta mes bas, on me couvrit d'un sac, et l'on me conduisit, la tête et les pieds nus, à travers les corridors. Je criais, j'appelais à mon secours ; mais on avait sonné la cloche pour avertir que personne ne parût. J'invoquais le ciel, j'étais à terre, et l'on me traînait. Quand j'arrivai au bas des escaliers, j'avais les pieds ensanglantés et les jambes meurtries ; j'étais dans un état à toucher [2] des âmes de bronze. Cependant l'on ouvrit avec de grosses clefs la porte d'un petit lieu souterrain, obscur, où l'on me jeta sur une natte que l'humidité avait à demi pourrie. Là, je trouvai un morceau de pain noir et une cruche d'eau avec quelques vaisseaux [3] nécessaires et grossiers. La natte roulée par un bout formait un oreiller ; il y avait, sur un bloc de pierre, une tête de mort, avec un crucifix de bois. Mon premier mouvement fut de me détruire ; je portai mes mains à ma gorge ; je déchirai mon vêtement avec mes dents ; je poussai des cris

1. Il s'agit d'autres religieuses.
2. Attendrir.
3. Récipients.

affreux ; je hurlai comme une bête féroce ; je me frappai la tête contre les murs ; je me mis toute en sang ; je cherchai à me détruire jusqu'à ce que les forces me manquassent, ce qui ne tarda pas. C'est là que j'ai passé trois jours ; je m'y croyais pour toute ma vie. Tous les matins une de mes exécutrices venait, et me disait :

« Obéissez à notre supérieure, et vous sortirez d'ici.

— Je n'ai rien fait, je ne sais ce qu'on me demande. Ah ! sœur Saint-Clément, il est un Dieu... »

Le troisième jour, sur les neuf heures du soir, on ouvrit la porte ; c'étaient les mêmes religieuses qui m'avaient conduite. Après l'éloge des bontés de notre supérieure, elles m'annoncèrent qu'elle me faisait grâce, et qu'on allait me mettre en liberté.

« C'est trop tard, leur dis-je, laissez-moi ici, je veux y mourir. »

Cependant elles m'avaient relevée, et elles m'entraînaient ; on me reconduisit dans ma cellule, où je trouvai la supérieure.

« J'ai consulté Dieu sur votre sort ; il a touché mon cœur : il veut que j'aie pitié de vous : et je lui obéis. Mettez-vous à genoux, et demandez-lui pardon. »

Je me mis à genoux, et je dis :

« Mon Dieu, je vous demande pardon des fautes que j'ai faites, comme vous le demandâtes sur la croix pour moi.

— Quel orgueil ! s'écrièrent-elles ; elle se compare à Jésus-Christ, et elle nous compare aux Juifs qui l'ont crucifié.

— Ne me considérez pas, leur dis-je, mais considérez-vous, et jugez.

— Ce n'est pas tout, me dit la supérieure, jurez-moi, par la sainte obéissance, que vous ne parlerez jamais de ce qui s'est passé.

— Ce que vous avez fait est donc bien mal, puisque vous exigez de moi par serment que j'en garderai le silence. Personne n'en saura jamais rien que votre conscience, je vous le jure.

— Vous le jurez ?

— Oui, je vous le jure. »

Cela fait, elles me dépouillèrent des vêtements qu'elles m'avaient donnés et me laissèrent me rhabiller des miens.

La religieuse

LE NEVEU DE RAMEAU

La philosophie en question

Le neveu de Rameau ***met en scène Jean-François Rameau, neveu du grand musicien, au café de la Régence à Paris. Dilettante, beau parleur, parasite, il est dans le texte un personnage cynique, qui affirme représenter « la partie la plus importante de la ville et de la cour. » Dans ce dialogue entre le neveu de Rameau (lui) et le philosophe (moi), c'est l'idéal philosophique qui est remis en question, bien que ce soit plus par jeu que par conviction.***

LUI. — Voilà où vous en êtes, vous autres. Vous croyez que le même bonheur est fait pour tous. Quelle étrange vision ! Le vôtre suppose un certain tour d'esprit romanesque que nous n'avons pas ; une âme singulière, un goût particulier. Vous décorez cette bizarrerie du nom de vertu ; vous l'appelez philosophie. Mais la vertu, la philosophie sont-elles faites pour tout le monde ? En a qui peut. En conserve qui peut. Imaginez l'univers sage et philosophe ; convenez qu'il serait diablement triste. Tenez, vive la philosophie ; vive la sagesse de Salomon : boire de bon vin, se gorger de mets délicats ; se rouler sur de jolies femmes ; se reposer dans des lits bien mollets. Excepté cela, le reste n'est que vanité.

MOI. — Quoi, défendre sa patrie ?

LUI. — Vanité. Il n'y a plus de patrie. Je ne vois d'un pôle à l'autre que des tyrans et des esclaves.

MOI. — Servir ses amis ?

LUI. — Vanité. Est-ce qu'on a des amis ? Quand on en aurait, faudrait-il en faire des ingrats ? Regardez-y bien et vous verrez que c'est presque toujours là ce qu'on recueille des services rendus. La reconnaissance est un fardeau ; et tout fardeau est fait pour être secoué.

MOI. — Avoir un état dans la société et en remplir les devoirs ?

LUI. — Vanité. Qu'importe qu'on ait un état, ou non ; pourvu qu'on soit riche ; puisqu'on ne prend un état que pour le devenir. Remplir ses devoirs, à quoi cela mène-t-il ? A la jalousie, au trouble, à la persécution. Est-ce ainsi qu'on s'avance ? Faire sa cour, morbleu ; faire sa cour ; voir les grands ; étudier leurs goûts ; se prêter à leurs fantaisies ; servir leurs vices ; approuver leurs injustices. Voilà le secret.

MOI. — Veiller à l'éducation de ses enfants ?

LUI. — Vanité. C'est l'affaire d'un précepteur.

MOI. — Mais si ce précepteur, pénétré de vos principes, néglige ses devoirs ; qui est-ce qui en sera châtié ?

LUI. — Ma foi, ce ne sera pas moi, mais peut-être un jour le mari de ma fille ou la femme de mon fils.

MOI. — Mais si l'un et l'autre se précipitent dans la débauche et les vices ?

LUI. — Cela est de leur état.

MOI. — S'ils se déshonorent ?

LUI. — Quoi qu'on fasse, on ne peut se déshonorer quand on est riche.

MOI. — S'ils se ruinent ?

LUI. — Tant pis pour eux. [...] A votre avis, la société ne serait-elle pas fort amusante, si chacun y était à sa chose ?

MOI. — Pourquoi pas ? la soirée n'est jamais plus belle pour moi que quand je suis content de ma matinée.

LUI. — Et pour moi aussi.

MOI. — Ce qui rend les gens du monde si délicats sur leurs amusements, c'est leur profonde oisiveté.

LUI. — Ne croyez pas cela ; ils s'agitent beaucoup.

MOI. — Comme ils ne se lassent jamais, ils ne se délassent jamais.

LUI. — Ne croyez pas cela ; ils sont sans cesse excédés.

MOI. — Le plaisir est toujours une affaire pour eux, et jamais un besoin.

LUI. — Tant mieux, le besoin est toujours une peine.

MOI. — Ils usent tout. Leur âme s'hébète. L'ennui s'en empare. Celui qui leur ôterait la vie, au milieu de leur abondance accablante, les servirait.

Pierre Fresnay interprétant Le neveu de Rameau *en 1963, au théâtre de la Michodière.*

C'est qu'ils ne connaissent du bonheur que la partie qui s'émousse le plus vite. Je ne méprise pas les plaisirs des sens. J'ai un palais aussi, et il est flatté d'un mets délicat, ou d'un vin délicieux. J'ai un cœur et des yeux ; et j'aime à voir une jolie femme. J'aime à sentir sous ma main la fermeté et la rondeur de sa gorge ; à presser ses lèvres des miennes ; à puiser la volupté dans ses regards, et à en expirer entre ses bras. Quelquefois avec mes amis, une partie de débauche, même un peu tumultueuse, ne me déplaît pas. Mais je ne vous le dissimulerai pas, il m'est infiniment plus doux encore d'avoir secouru le malheureux, d'avoir terminé une affaire épineuse, donné un conseil salutaire, fait une lecture agréable ; une promenade avec un homme ou une femme chère à mon cœur ; passé quelques heures instructives avec mes enfants, écrit une bonne page, rempli les devoirs de mon état ; dit à celle que j'aime quelques choses tendres et douces qui amènent ses bras autour de mon col. Je connais telle action, que je voudrais avoir faite pour tout ce que je possède. C'est un sublime ouvrage que *Mahomet ;* j'aimerais mieux avoir réhabilité la mémoire des Calas [1]. Un homme de ma connaissance [2] s'était réfugié à Carthagène. C'était un cadet de famille, dans un pays où la coutume transfère tout le bien aux aînés. Là il apprend que son aîné, enfant gâté, après avoir dépouillé son père et sa mère, trop faciles [3], de tout ce qu'ils possédaient,

1. Diderot préfère le Voltaire qui défend Calas au Voltaire, auteur dramatique, qui parle hautement du fanatisme, comme dans *Mahomet.*
2. Il s'agit de l'écossais Hoop.
3. Faibles.

les avait expulsés de leur château, et que les bons vieillards languissaient indigents, dans une petite ville de la province. Que fait alors ce cadet qui, traité durement par ses parents, était allé tenter la fortune au loin ; il leur envoie des secours ; il se hâte d'arranger ses affaires. Il revient opulent. Il ramène son père et sa mère dans leur domicile. Il marie ses sœurs. Ah, mon cher Rameau, cet homme regardait cet intervalle comme le plus heureux de sa vie. C'est les larmes aux yeux qu'il m'en parlait ; et moi, je sens, en vous faisant ce récit, mon cœur se troubler de joie, et le plaisir me couper la parole.

LUI. — Vous êtes des êtres bien singuliers !

MOI. — Vous êtes des êtres bien à plaindre, si vous n'imaginez pas qu'on s'est élevé au-dessus du sort, et qu'il est impossible d'être malheureux, à l'abri de deux belles actions, telles que celle-ci.

LUI. — Voilà une espèce de félicité avec laquelle j'aurai de la peine à me familiariser, car on la rencontre rarement. Mais à votre compte, il faudrait donc être d'honnêtes gens ?

MOI. — Pour être heureux ? Assurément.

LUI. — Cependant, je vois une infinité d'honnêtes gens qui ne sont pas heureux ; et une infinité de gens qui sont heureux sans être honnêtes.

MOI. — Il vous semble.

Le neveu de Rameau

SALONS

Le critique d'art

Dans la** Correspondance **que Grimm rédigeait pour les cours allemandes à partir de Paris, Diderot faisait les compte-rendus des expositions de peinture qui avaient lieu tous les deux ans au Salon du Louvre. Peu au fait des techniques de la peinture, Diderot s'attache plutôt à ce que représentent les tableaux et notamment à leur aspect moral. Il aime les scènes quotidiennes, pleines de sensibilité. Aussi son admiration est-elle grande pour le peintre Greuze qui peint des scènes familiales touchantes et pathétiques. Diderot présente ici** L'accordée de village **; il s'agit d'une demande en mariage. Après avoir étudié la composition, il passe à la description des personnages.

Le père est un vieillard de soixante ans, en cheveux gris, un mouchoir tortillé autour de son cou ; il a un air de bonhomie qui plaît. Les bras étendus vers son gendre, il lui parle avec une effusion de cœur qui enchante ; il semble lui dire : « Jeannette est douce et sage ; elle fera ton bonheur ; songe à faire le sien… » ou quelque autre chose sur l'importance des devoirs du mariage… Ce qu'il dit est sûrement touchant et honnête. Une de ses mains, qu'on voit en dehors, est hâlée et brune ; l'autre, qu'on voit en dedans, est blanche ; cela est dans la nature [1].

Le fiancé est d'une figure tout à fait agréable. Il est hâlé de visage ; mais on voit qu'il est blanc de peau ; il est un peu penché vers son beau-père ; il

1. Cela est une observation d'après nature. L'observation était une des grandes préoccupations de Diderot qui se définit lui-même souvent comme un peintre.

prête attention à son discours, il en a l'air pénétré ; il est fait au tour [2], et vêtu à merveille, sans sortir de son état [3]. J'en dis autant de tous les autres personnages.

Le peintre a donné à la fiancée une figure charmante, décente et réservée ; elle est vêtue à merveille. Ce tablier de toile blanc fait on ne peut pas mieux ; il y a un peu de luxe dans sa garniture ; mais c'est un jour de fiançailles. Il faut voir comme tous les plis de tous les vêtements de cette figure [4] et des autres sont vrais. Cette fille charmante n'est point droite ; mais il y a une légère et molle inflexion dans toute sa figure et dans tous ses membres qui la remplit de grâce et de vérité. Elle est jolie vraiment, et très jolie. Plus à son fiancé, elle n'eût point été assez décente ; plus à sa mère ou à son père, elle eût été fausse. Elle a le bras à demi passé sous celui de son futur époux, et le bout de ses doigts tombe et appuie doucement sur sa main ; c'est la seule marque de tendresse qu'elle lui donne et peut-être sans le savoir elle-même ; c'est une idée délicate du peintre.

La mère est une bonne paysanne qui touche à la soixantaine, mais qui a de la santé ; elle est aussi vêtue large et à merveille. D'une main elle tient le haut du bras de sa fille ; de l'autre, elle serre ce bras au-dessus du poignet : elle est assise ; elle regarde sa fille de bas en haut ; elle a bien quelque peine à la quitter ; mais le parti est bon. Jean est un brave garçon, honnête et laborieux ; elle ne doute point que sa fille ne soit heureuse avec lui. La gaieté et la tendresse sont mêlées dans la physionomie de cette bonne mère.

Pour cette sœur cadette qui est debout à côté de la fiancée, qui l'embrasse et qui s'afflige sur son sein, c'est un personnage tout à fait intéressant. Elle est vraiment fâchée de se séparer de sa sœur, elle en pleure ; mais cet incident n'attriste pas la composition ; au contraire, il ajoute à ce qu'elle a de touchant. Il y a du goût, et du bon goût, à avoir imaginé cet épisode.

Salons de 1761.

2. Bien bâti.
3. Etat social.
4. Personnage.

Jean-Baptiste Greuze (1725-1805), **L'accordée de village, 1761.** ***(Musée du Louvre, Paris.)***

ROUSSEAU (1712-1778)

*Bien que Rousseau soit peut-être l'auteur le plus intéressant du XVIII*e *siècle, il ne s'est pas senti à sa place dans son époque. Mal à l'aise dans un monde aux manières aristocratiques, né en Suisse, vivant en France, rêvant de république sous une monarchie, il ne ressemblait à personne ; il a ouvert des chemins nouveaux dans les domaines de la philosophie, de la morale et de la littérature.*

LA VIE

Une enfance instable (1712-1728)

Rousseau est né à Genève en 1712, d'une famille protestante d'origine française. Il perd sa mère en venant au monde. Son père, un horloger, se révèle incapable d'assurer son éducation et passe avec lui des nuits entières à lire des romans de Plutarque [1]. Obligé de quitter Genève, il met l'enfant en pension chez le pasteur Lambercier. Jean-Jacques, qui a alors onze ans, passe deux années heureuses au milieu de la campagne, au pied des Alpes ; mais il est ensuite placé dans différents endroits où l'on ne s'occupe guère de lui. Un soir, en rentrant trop tard d'une promenade, il trouve les portes de Genève fermées ; il décide alors de partir à l'aventure sur les routes de France.

Portrait de Jean-Jacques Rousseau par Maurice Quentin de la Tour, XVIIIe siècle. (Musée Lécuyer, Saint-Quentin.)

Les Charmettes

A seize ans, il est recueilli, près d'Annecy, par une jeune femme récemment convertie au catholicisme : madame de Warens. Cette rencontre le marquera toute sa vie. Elle l'envoie à Turin [2] où il reçoit le baptême : Rousseau est maintenant catholique. Commence alors une vie de vagabondage pendant laquelle il exerce différents métiers. Il a vingt ans lorsqu'il retourne s'installer avec madame de Warens dans une maison de campagne près de Chambéry : les Charmettes. Il y connaît une période de bonheur intense auprès de celle qu'il appelle désormais « Maman » avec une tendresse quelque peu incestueuse. Rousseau profite aussi de cette pause pour parfaire sa culture d'autodidacte. Il lit beaucoup, compose de la musique, s'intéresse aux sciences. Mais ce bonheur n'a qu'un temps.

1. Moraliste et historien grec de l'Antiquité.
2. Le duché de Savoie appartient alors au royaume de Piémont-Sardaigne dont la capitale est à Turin.

Les Charmettes, où Jean-Jacques connut quelques années de bonheur avec madame de Warens. Aquarelle anonyme du XVIIIe siècle. (Bibliothèque Nationale, Paris.)

Madame de Warens se lasse du jeune homme qui doit quitter définitivement les Charmettes en 1740.

L'essai de vie mondaine (1741-1749)

Rousseau part pour Paris. Il y présente sans succès un nouveau système de notation musicale de son invention. Il vit modestement de leçons de musique, mais peu à peu il fait la connaissance de personnes influentes. En 1744, il collabore à un opéra avec Voltaire et fréquente les salons. Ami intime de Diderot, il écrit des articles sur la musique pour *l'Encyclopédie*. Pendant toute cette période, il écrit et compose beaucoup pour essayer de se faire connaître. C'est aussi à cette époque qu'il se lie avec une servante d'auberge dont il aura cinq enfants, tous confiés aux Enfants trouvés.

La gloire (1749-1755)

Rousseau devient célèbre avec le thème qu'il développe en 1750 dans le *Discours sur les sciences et les arts* : « L'homme est naturellement bon, c'est la société qui déprave les mœurs. » Il entreprend alors de réformer sa vie en accord avec sa doctrine : simplicité, pauvreté, vertu. Il gagne modestement sa vie en copiant de la musique. Il écrit un opéra, *Le devin du village*, qui est très apprécié, mais désormais il fuit le succès. Quatre ans plus tard, il approfondit sa réflexion amorcée dans le premier discours ; c'est le *Discours sur l'origine de l'inégalité* (1754). Celui-ci lui vaut beaucoup d'ennemis, parce qu'il s'en prend une nouvelle fois à la société. Rousseau quitte alors Paris, se retire à Genève et revient au protestantisme.

La retraite féconde (1756-1762)

Invité par madame d'Epinay, il s'installe dans la propriété de l'Ermitage, au nord de Paris. Rousseau y retrouve la nature comme aux Charmettes, et le calme propre à l'activité littéraire. Il travaille simultanément à *L'Émile*, au *Contrat social* et à *La nouvelle Héloïse*. En 1758, il s'installe non loin de l'Ermitage, à Montmorency, invité cette fois par le Maréchal de Luxembourg. Il y connaît quatre années de tranquillité relative. En 1758, il publie la *Lettre à d'Alembert* qui condamne le théâtre. Il s'attire ainsi beaucoup d'ennemis, car le théâtre est très à la mode au XVIIIe siècle. Puis il fait paraître coup sur coup *La nouvelle Héloïse*, le *Contrat social* et *L'Émile* qui, dans des registres différents, développent l'idée centrale de la bonté de l'homme dans l'état de nature.

L'errance du proscrit (1762-1770)

Ce système, où l'homme doit tout à la nature et où la religion n'est que l'expression d'instincts profonds, paraît dangereuse aux autorités catholiques. Le Parlement condamne *L'Émile* en 1762. Jugé indésirable partout, abandonné de ses amis, Rousseau connaît huit années d'exil qui le mènent de Suisse en Angleterre, et enfin de nouveau à Paris en 1770. Il s'installe dans un petit appartement où il vit pauvrement.

La solitude et l'apaisement

Bouleversé par un délire de persécution, se croyant partout attaqué, il entreprend de se justifier et commence à écrire les *Confessions*. Conformément à sa volonté, elles ne sont publiées qu'après sa mort. Dans le même esprit de justification, il compose aussi trois étranges dialogues :

Rousseau, juge de Jean-Jacques (1772-1776). Son seul ami reste Bernardin-de-Saint-Pierre, l'auteur de *Paul et Virginie*. Finalement, il prend le parti de ne plus penser à ses ennemis ; il vit désormais pour lui seul. Entre 1776 et 1778, il compose les *Rêveries du promeneur solitaire*. En mai 1778, il accepte l'hospitalité qu'on lui offre au château d'Ermenonville, non loin de Paris. Il y meurt subitement le 2 juillet suivant. Il fut enterré là-bas, sur l'île des Peupliers.

PRINCIPALES ŒUVRES

Discours sur les sciences et les arts (1750)

C'est la réponse à une question mise au concours par l'Académie de Dijon : « Si le rétablissement des sciences et des arts ont contribué à épurer les mœurs ? » En une vingtaine de pages, Rousseau soutient la thèse que le développement de la civilisation, en introduisant le luxe, a corrompu les peuples et les a éloignés de la nature.

Discours sur l'origine de l'inégalité parmi les hommes (1755)

En 1754, la même Académie met une nouvelle question, double cette fois, au concours : « Quelle est l'origine de l'inégalité parmi les hommes, et si elle est autorisée par la loi naturelle ? » Dans sa réponse, qui est la suite logique du premier *Discours*, Rousseau distingue tout de suite entre inégalité naturelle et inégalité sociale. L'inégalité naturelle existe mais elle n'engendre pas l'oppression parce que l'homme primitif vit en solitaire et non en société. Mais lorsque l'homme s'est fixé pour faire de l'agriculture et qu'il a acquis des terres, les autres propriétaires sont devenus pour lui des concurrents et des ennemis. Chacun a travaillé, non seulement pour satisfaire ses besoins, mais pour faire du profit. Les profits étant inégaux suivant le sol, les saisons, la capacité de travail de chacun, et toute sorte d'accident, le sort des hommes est devenu inégalitaire. Pour soutenir son argumentation, Rousseau n'utilise pas de faits historiques ou scientifiques qui ne pourraient d'ailleurs livrer que des témoignages incertains sur l'origine de l'humanité. Il laisse parler son imagination, fait des hypothèses et reconstitue, par le raisonnement, l'évolution de l'homme telle qu'il la conçoit. Ses conclusions sont très hardies pour l'époque et certaines phrases ont déjà des accents révolutionnaires : « ...il est manifestement contre la loi de nature, de quelque manière qu'on la définisse, qu'un enfant commande à un vieillard, qu'un imbécile conduise un homme sage, et qu'une poignée de gens regorge de superfluités tandis que la multitude affamée manque du nécessaire. »

Lettre à d'Alembert sur les spectacles (1758)

Voltaire et les philosophes encourageaient l'art dramatique ; dans un article de l'*Encyclopédie,* d'Alembert se posait la question de savoir pourquoi il n'y avait pas de théâtre à Genève. Citoyen de cette ville, Rousseau se sent concerné et répond à d'Alembert en posant le problème des rapports entre théâtre et morale : le but du théâtre n'est pas l'utilité morale mais la distraction et les plaisirs mauvais. Les comédies de Molière surtout sont immorales car on applaudit le plus adroit et non le plus honnête, dont on se moque.

Julie ou La nouvelle Héloïse (1761)

Il s'agit d'un roman par lettres entre cinq personnages : Julie et Saint-Preux qui s'aiment ; Claire, l'amie de Julie ; Milord Edouard, l'ami de Saint-Preux ; monsieur de Wolmar, le mari de Julie. C'est un roman d'amour, c'est aussi un traité de morale : comment concilier l'amour et le devoir ? Le roman doit son titre à la tragique histoire d'amour, au Moyen Age, entre la jeune Héloïse et le théologien Abélard.

A Clarens, une petite ville au pied des Alpes, un jeune homme sans noblesse, Saint-Preux, s'éprend de Julie, dont il est le professeur. Mais le père de Julie s'oppose à leur mariage et obtient d'elle qu'elle épouse monsieur de Wolmar, homme de bien, plus âgé qu'elle. Malgré un long voyage autour du monde, Saint-Preux ne peut oublier Julie et un jour il annonce son retour. Comptant sur la loyauté de son épouse, monsieur de Wolmar fait venir le jeune homme à Clarens et entreprend de le guérir. Une vie en commun s'organise, dans le respect et la confiance mutuels ; mais la situation est douloureuse pour les deux anciens amants. Un jour, en voulant sauver un de ses enfants, Julie se jette à l'eau, prend froid et meurt. Saint-Preux sombre dans le désespoir.

Rousseau essaie de montrer qu'il est possible, malgré la passion, d'échapper aux corruptions sociales et de respecter la vertu, au contact de la nature. La fin tragique de l'œuvre montre cependant les limites d'une telle entreprise. Dès sa parution, l'œuvre connut un immense succès.

Le contrat social (1762)

Ce n'est que le fragment d'un vaste ouvrage que Rousseau avait entrepris sur les institutions politiques.

Livre I : le seul fondateur légitime de tout pouvoir est le pacte social où chaque citoyen renonce à ses droits naturels au profit de la communauté qui, en retour, garantit la personne et les biens de chacun.

Livre II : la souveraineté appartient au peuple, limitée par les droits légitimes de chaque particu-

lier. Ma liberté s'arrête où commence celle d'autrui. Les lois assurent l'expression de la volonté générale aux problèmes de la vie collective.
Livre III : la forme idéale de gouvernement est la démocratie, mais elle est difficile.
Livre IV : diverses considérations sur les institutions particulières (tribunat, dictature, censure).
Le *Contrat social* n'est pas une recette de gouvernement. Il répond aux aspirations intellectuelles de Rousseau de concilier la volonté individuelle de bonheur avec les contraintes de la vie sociale.

L'Émile ou De l'éducation (1762)

L'Émile est un roman pédagogique dont le titre reprend le nom du héros. Le livre n'offre pas de recettes pratiques mais représente les « rêveries d'un visionnaire sur l'éducation ». Il s'agit d'abord de préserver la liberté naturelle de l'enfant ; puis, sans aller trop vite, d'en faire un homme libre et vertueux.
L'enfant est confié à un excellent précepteur. Il grandit à la campagne, soigneusement tenu à l'écart de la société et des livres. Son éducation progressive s'adresse d'abord aux sens, puis à l'intelligence, puis à la sensibilité. A douze ans, Émile est sain, vigoureux et heureux de vivre. A quinze ans, « Émile a peu de connaissances, mais celles qu'il a sont véritablement siennes. » A dix-huit ans seulement, Émile sera initié aux problèmes religieux, sans qu'on lui impose pourtant aucune religion. Enfin, Émile fait la connaissance de Sophie, jeune fille élevée naturellement comme lui. Après un grand voyage de deux ans, indispensable pour parfaire sa connaissance des hommes, Émile l'épousera. Ils ont un enfant. Le rôle du précepteur est terminé.

Les confessions (1765-1770)

En 1764 paraît une brochure anonyme qui attaque Rousseau dans sa vie privée. Pour se justifier, il décide de dévoiler l'histoire entière de sa vie, afin de prouver à la postérité la pureté de ses intentions.
Rousseau prétend se raconter avec une sincérité totale ; mais en l'absence d'un journal tenu au jour le jour durant toute sa vie, Rousseau manque évidemment de points de repère précis. Il y a donc des erreurs, des oublis, des embellissements par le souvenir. Qu'importe au fond ! Le plus important reste l'extrême attention avec laquelle Rousseau cherche à expliquer son comportement et ses réactions. Le livre devient ainsi un témoignage exceptionnel sur la psychologie de l'homme. Il est sans doute l'ouvrage le plus connu et le plus lu de Rousseau.

Les rêveries du promeneur solitaire (1776-1778)

C'est la dernière œuvre de sa vie, au moment où il était abandonné de tous. Il décide d'écrire pour lui seul. Le ton est apaisé et mélancolique. Les analyses sur son âme, plus abstraites que dans les *Confessions*, sont de véritables réflexions philosophiques sur la vie. L'amour qu'il a pour la nature est sensible dans beaucoup de pages et Rousseau s'y montre un brillant écrivain. Certains passages ont la grâce d'une poésie en prose.

L'HOMME

Difficulté de vivre avec les autres

Rousseau s'est toujours senti incompris de ses contemporains, et s'il a, un temps, cherché la gloire, ce fut pour compenser son extrême difficulté à s'intégrer dans un groupe et s'y faire accepter. Son goût pour la rêverie lui faisait mal admettre les contraintes sociales et son extrême sensibilité le rendait susceptible jusqu'au délire de persécution.

Amour de la nature

Mal à l'aise en société, il a besoin du contact de la nature pour trouver son équilibre et se sentir heureux. La nature exerce sur lui une influence réconfortante et il a tout le loisir de s'abandonner à ses rêveries. Ses contemplations du grand spectacle de la nature l'amènent parfois jusqu'à l'extase où il pressent la présence divine.

Attachement à la religion

Il se sent chrétien et considère l'Évangile comme « le plus sublime de tous les livres ». De ce fait, il est peu aimé des philosophes. Pourtant, son christianisme n'est pas dogmatique. Il ne croit ni à la révélation, ni au péché originel, ni à l'enfer. De ce fait, il est peu aimé du clergé catholique. Sa foi est celle d'un être extrêmement sensible qui dans la nature, au-delà de la simple apparence des choses, devine l'indicible présence d'un Dieu.

LA PENSÉE

Bien que l'œuvre de Rousseau, dans le style et dans la présentation, comporte deux côtés opposés (la rêverie et la logique) toute sa pensée se regroupe dans la cohérence d'un système (« Toutes mes idées se tiennent », écrit Rousseau). La doctrine de Rousseau se résume en ce principe : « La nature a fait l'homme heureux et bon, mais la société le déprave et le rend malheureux. »

Bonté de l'homme

Rousseau est convaincu que l'homme est par lui-même capable de vertu et que toutes les passions, prises dans leur tendance primitive, sont naturellement et nécessairement bonnes. « Tout est bien sortant des mains de l'Auteur des choses. »

Supériorité de l'état de nature sur l'état social

Tout le bien chez l'homme vient de la nature, tout le mal vient de la société. L'homme est né libre, la société en a fait un esclave. L'homme est naturellement vertueux, la société le corrompt. L'homme est fait pour le bonheur, la société le rend misérable et amer. Et plus la civilisation progresse, plus la dépravation augmente, plus les inégalités deviennent scandaleuses. Ces idées s'opposent radicalement à celles de Voltaire et du clan des philosophes.

Impossibilité de revenir à l'état de nature

« La nature ne rétrograde pas... Jamais on ne remonte vers le temps d'innocence et d'égalité, quand une fois on s'en est éloigné. » Il est donc faux de dire que Rousseau ait voulu nous ramener à l'état sauvage et nous faire « marcher à quatre pattes » comme le prétendaient certains philosophes mal intentionnés. On peut simplement essayer d'améliorer l'état social en rapprochant de la nature la condition des gens civilisés, en choisissant des unités politiques plus petites que les grands États existants ; chacun pourrait alors participer activement à la vie communautaire dans le respect des intérêts d'autrui.

L'ART DE ROUSSEAU

Rousseau n'est pas un écrivain froid ; il ne prend la plume que dominé par sa sensibilité extrême, et tout son art n'a pour but que de communiquer au lecteur l'émotion qu'il éprouve.

Le sens dramatique

Il n'est pas spirituel comme Voltaire ou vif comme Diderot. Son art consiste à raconter pour émouvoir. Lorsque Julie va mourir, dans *La nouvelle Héloïse*, tout est conçu pour rendre la scène plus poignante : courage de Julie qui se sait perdue, désarroi de sa cousine Claire, arrivée de Saint-Preux désespéré... Même dans une anecdote aussi banale que celle de monsieur Lambercier détruisant l'aqueduc que le jeune Jean-Jacques a construit avec son cousin, la scène décrite par Rousseau dans les *Confessions* prend des allures dramatiques (voir extrait page 282).

L'éloquence

Si les scènes qui font appel à la sensibilité portent en elles-mêmes leur pouvoir captivant, la présentation des idées a besoin du secours de l'éloquence. On trouve dans Rousseau tous les procédés oratoires : prosopopée (voir extrait page 269), apostrophes, interrogations répétées : « S'il n'y a rien de moral dans le cœur de l'homme, d'où lui viennent donc ces transports d'admiration pour les actions héroïques, ces ravissements d'amour pour les grandes âmes ? Cet enthousiasme de la vertu, quel rapport a-t-il avec notre intérêt privé ? Pourquoi voudrais-je être Caton qui déchire ses entrailles plutôt que César triomphant ? » (*Émile,* livre IV). Quelquefois, la phrase se ramasse, l'ironie se fait dure, pour mieux frapper l'adversaire ; c'est ainsi qu'il écrit à un archevêque : « Que vous en discourez à votre aise, vous autres hommes constitués en dignité : ne reconnaissant de droits que les vôtres, ni de lois que celles que vous imposez, loin de vous faire un devoir d'être justes, vous ne vous croyez pas même obligés d'être humains. » (Lettre à Christophe de Beaumont).

L'harmonie

Dans sa fougue et sa spontanéité, Diderot avait déjà restitué à la prose la cadence oratoire. Rousseau, en musicien qu'il est, lui donne une qualité nouvelle, indispensable à qui veut agir sur les cordes de la sensibilité : l'harmonie. Le rythme un peu alangui, les sonorités pleines et douces prolongées par des e muets en donnent ici un exemple : « En sortant d'une longue et douce rêverie, me voyant entouré de verdure, de fleurs, d'oiseaux, et laissant errer mes yeux au loin sur les romanesques rivages qui bordaient une vaste étendue d'eau claire et cristalline, j'assimilais à mes fictions tous ces aimables objets, et me trouvant enfin ramené par degrés à moi-même et à ce qui m'entourait, je ne pouvais marquer le point de séparation des fictions aux réalités, tant tout concourait également à me rendre chère la vie recueillie et solitaire que je menais dans ce beau séjour. » (*Rêveries,* 5e promenade)

Le caractère difficile de Rousseau l'a éloigné peu à peu de tous ses contemporains philosophes. Mais aujourd'hui, c'est son œuvre qui apparaît comme la plus féconde. Il s'est attaché avec passion à la question du devenir de l'homme et à donné un nouvel élan à la philosophie, la politique et la pédagogie. Par sa sensibilité extrême, son goût sans partage pour la nature et l'harmonie de certaines pages, il annonce déjà le romantisme.

BIBLIOGRAPHIE

Jean Guehenno, *Jean-Jacques, Histoire d'une conscience*, Paris, Gallimard, 1948-1952, 3 vol., réédition 1962 (un classique sur Rousseau)

Jean Starobinski, *Jean-Jacques Rousseau, la transparence et l'obstacle,* Paris, Plon 1957, réédité et augmenté chez Gallimard en 1971 (une excellente étude thématique).

George May, *Rousseau par lui-même,* Paris, Seuil, 1961.

Jean Rivelaygue, *Rousseau,* Paris, Didot et Didier, 1970 (un choix des meilleures critiques sur l'œuvre de Rousseau).

DISCOURS SUR LES SCIENCES ET LES ARTS

Les méfaits de la civilisation

Dans son premier Discours *(1750), qui lui valut la célébrité, Rousseau soutient que* la civilisation corrompt les mœurs. *Dans ce passage devenu célèbre sous le nom* de Prosopopée[1] de Fabricius, *il fait remarquer le contraste entre la Rome de Fabricius, modeste et vertueuse, et la Rome de l'Empire.*

Socrate avait commencé dans Athènes, le vieux Caton continua dans Rome de se déchaîner contre ces Grecs artificieux et subtils qui séduisaient la vertu et amollissaient le courage de ses concitoyens. Mais les sciences, les arts et la dialectique prévalurent encore : Rome se remplit de philosophes et d'orateurs ; on négligea la discipline militaire, on méprisa l'agriculture, on embrassa des sectes, et l'on oublia la patrie. Aux noms sacrés de liberté, de désintéressement, d'obéissance aux lois, succédèrent les noms d'Épicure, de Zénon, d'Arcésilas[2]. Depuis que les savants ont commencé à paraître parmi nous, disaient leurs propres philosophes, les gens de bien se sont éclipsés. Jusqu'alors les Romains s'étaient contentés de pratiquer la vertu ; tout fut perdu quand ils commencèrent à l'étudier.

O Fabricius[3] ! qu'eût pensé votre grande âme, si, pour votre malheur, rappelé à la vie, vous eussiez vu la face pompeuse de cette Rome sauvée par votre bras, et que votre nom respectable avait plus illustrée que toutes ses conquêtes ? « Dieux ! eussiez-vous dit, que sont devenus ces toits de chaume et ces foyers rustiques qu'habitaient jadis la modération et la vertu? Quelle splendeur funeste a succédé à la simplicité romaine ? Quel est ce langage étranger ? quelles sont ces mœurs efféminées ? que signifient ces statues, ces tableaux, ces édifices ? Insensés, qu'avez-vous fait ? Vous, les maîtres des nations, vous vous être rendus les esclaves des hommes frivoles[4] que vous avez vaincus ! Ce sont des rhéteurs[5] qui vous gouvernent ! C'est pour enrichir des architectes, des peintres, des statuaires et des histrions[6], que vous avez arrosé de votre sang la Grèce et l'Asie ! Les dépouilles de Carthage sont la proie d'un joueur de flûte[7] ! Romains, hâtez-vous de renverser ces amphithéâtres ; brisez ces marbres, brûlez ces tableaux, chassez ces esclaves qui vous subjugent, et dont les funestes arts vous corrompent. Que d'autres mains s'illustrent par de vains talents ; le seul talent digne de Rome est celui de conquérir le monde, et d'y faire régner la vertu. Quand Cinéas[8] prit notre sénat pour une assemblée de rois, il ne fut ébloui ni par une pompe vaine, ni par une élégance recherchée ; il n'y entendit point cette éloquence frivole, l'étude et le charme des hommes futiles. Que vit donc Cinéas de si majestueux ? O citoyens ! il vit un spectacle que ne donneront jamais vos richesses ni tous vos arts, le plus beau spectacle qui ait jamais paru sous le ciel : l'assemblée de deux cents hommes vertueux, dignes de commander à Rome, et de gouverner la terre. »

Discours sur les sciences et les arts, première partie

1. Figure de rhétorique par laquelle l'auteur introduit une autre personne qu'il fait parler à sa place ; ici Fabricius.
2. Trois philosophes grecs.
3. Général romain du IIIe siècle avant J.-C., célèbre par sa pauvreté et son désintéressement.
4. Pas sérieux.
5. Grecs qui étaient les professeurs d'éloquence des hommes d'Etat romains.
6. Bouffons ; acteurs jouant des farces grossières.
7. Tout le butin que Rome a retiré des guerres contre Carthage sert à payer des artistes grecs.
8. Ambassadeur de Pyrrhus à Rome.

ROUSSEAU

DISCOURS SUR L'ORIGINE DE L'INÉGALITÉ

L'origine de la propriété

Dans ce second essai philosophique (1754) Rousseau tente de retracer par la seule logique de l'imagination la génèse de l'inégalité politique et sociale. Après avoir imaginé, comme point de départ de la société, un état de nature « qui n'existe plus, qui n'a peut-être point existé », il voit les hommes arriver à un état intermédiaire, à mi-chemin entre l'innocence primitive et sereine et l'égoïsme agressif. Cette période est encore celle du bonheur. Mais peu à peu, les hommes ne se contentent plus de vivre au jour le jour. Alors naît le besoin de propriété.

Tant que les hommes se contentèrent de leurs cabanes rustiques, tant qu'ils se bornèrent à coudre leurs habits de peaux avec des épines ou des arêtes, à se parer de plumes et de coquillages, à se peindre le corps de diverses couleurs, à perfectionner ou embellir leurs arcs et leurs flèches, à tailler avec des pierres tranchantes quelques canots de pêcheurs, ou quelques grossiers instruments de musique, en un mot, tant qu'ils ne s'appliquèrent qu'à des ouvrages qu'un seul pouvait faire, et qu'à des arts [1] qui n'avaient pas besoin du concours de plusieurs mains, ils vécurent libres, sains, bons et heureux autant qu'ils pouvaient l'être par leur nature [2] et continuèrent à jouir entre eux des douceurs d'un commerce indépendant [3], mais dès l'instant qu'un homme eut besoin du secours d'un autre, dès qu'on s'aperçut qu'il était utile à un seul d'avoir des provisions pour deux, l'égalité disparut, la propriété s'introduisit, le travail devint nécessaire et les vastes forêts se changèrent en des campagnes riantes qu'il fallut arroser de la sueur des hommes, et dans lesquelles on vit bientôt l'esclavage et la misère germer et croître avec les moissons.

1. Activités.
2. Rousseau postule que l'homme est naturellement bon.
3. Douceurs procurées par l'indépendance de leurs relations.

La métallurgie et l'agriculture furent les deux arts dont l'invention produisit

Des "sauvages" tels que se les représentaient les Français du XVIIIe siècle : Sauvages jouant aux osselets. *Gravure aquarellée de Grasset de Saint-Sauveur extraite des Tableaux cosmographiques de l'Europe, de l'Asie, de l'Afrique et de l'Amérique, 1787. (Bibliothèque Nationale, Paris.)*

cette grande révolution. Pour le poète, c'est l'or et l'argent ; mais pour le philosophe, ce sont le fer et le blé qui ont civilisé les hommes et perdu le genre humain [...]. Dès qu'il fallut des hommes pour fondre et forger le fer, il fallut d'autres hommes pour nourrir ceux-là [...].

De la culture des terres s'ensuivit nécessairement leur partage, et de la propriété une fois reconnue les premières règles de justice : car, pour rendre à chacun le sien [4] il faut que chacun puisse avoir quelque chose ; de plus, les hommes commençant à porter leurs vues dans l'avenir [5], et se voyant tous quelques biens à perdre, il n'y en avait aucun qui n'eût à craindre pour soi la représaille [6] des torts qu'il pouvait faire à autrui. Cette origine est d'autant plus naturelle, qu'il est impossible de concevoir l'idée de la propriété naissant d'ailleurs [7] que de la main-d'œuvre [8] ; car on ne voit pas ce que, pour s'approprier les choses qu'il n'a point faites, l'homme y peut mettre de plus que son travail. C'est le seul travail qui, donnant droit au cultivateur sur le produit de la terre qu'il a labourée, lui en donne par conséquent sur le fonds [9] au moins jusqu'à la récolte, et ainsi d'année en année ; ce qui, faisant une possession continue, se transforme aisément en propriété.

Discours sur l'origine de l'inégalité

4. Rendre à chacun sa part.
5. A faire des prévisions. Auparavant, ils vivaient au jour le jour et heureux.
6. Rispote violente à une action mauvaise (s'emploie aujourd'hui seulement au pluriel).
7. D'une autre source.
8. Travail effectué avec les mains.
9. Le sol, la terre.

LETTRE A D'ALEMBERT

Une alternative au théâtre

D'Alembert, dans l'article « Genève » de l'*Encyclopédie*, attaque le pouvoir genevois qui refuse l'installation d'un théâtre dans la ville. Citoyen de Genève, Rousseau se sent attaqué et répond l'année suivante. Il refuse le théâtre, spectacle fait pour quelques-uns et qui se déroule dans un endroit sombre et clos, à l'opposé de tout ce qu'il y a de naturel. Il propose à la place l'organisation de fêtes en plein air où chacun pourrait participer, être à la fois acteur et spectateur au lieu de se contenter de rester un auditeur passif.

Quoi ! Ne faut-il donc aucun spectacle dans une République ? Au contraire, il en faut beaucoup. C'est dans les Républiques qu'ils sont nés, c'est dans leur sein qu'on les voit briller avec un véritable air de fête. A quels peuples convient-il mieux de s'assembler souvent et de former entre eux les doux liens du plaisir et de la joie, qu'à ceux qui ont tant de raisons de s'aimer et de rester à jamais unis ? Nous avons déjà plusieurs de ces fêtes publiques ; ayons-en davantage encore, je n'en serai que plus charmé. Mais n'adoptons point ces spectacles exclusifs [1] qui renferment tristement un petit nombre de gens dans un antre [2] obscur ; qui les tiennent craintifs et immobiles dans le silence et l'inaction; qui n'offrent aux yeux que cloisons, que pointes de fer, que soldats, qu'affligeantes images de la servitude et de l'inégalité. Non, peuples heureux, ce ne sont pas là vos fêtes ! C'est en plein air, c'est sous le ciel qu'il faut vous rassembler et vous livrer au doux sentiment de votre bonheur.

Que vos plaisirs ne soient efféminés ni mercenaires [3], que rien de ce qui

1. Réservés à certaines personnes.
2. Caverne, grotte ; ici : endroit sombre.
3. Inspirés par la seule considération du gain (terme vieilli).

La plantation du mai : *il était courant, dans certaines régions d'Europe, de célébrer le printemps (ou parfois le début de l'été) en plantant un arbre ou un mât décoré. Cette cérémonie était l'occasion d'une fête en plein air où tout le monde participait. Tableau attribué à Pierre-Antoine Quillard, École de Watteau. (Musée du Louvre, Paris.)*

sent la contrainte et l'intérêt ne les empoisonne, qu'ils soient libres et généreux comme vous, que le soleil éclaire vos innocents spectacles ; vous en formerez un vous-même, le plus digne qu'il puisse éclairer.

Mais quels seront enfin les objets de ces spectacles ? Qu'y montrera-t-on ? Rien, si l'on veut. Avec la liberté, partout où règne l'affluence, le bien-être y règne aussi. Plantez au milieu d'une place un piquet couronné de fleurs, rassemblez-y le peuple, et vous aurez une fête. Faites mieux encore : donnez les spectateurs en spectacle ; rendez-les acteurs eux-mêmes ; faites que chacun se voie et s'aime dans les autres, afin que tous en soient mieux unis. Je n'ai pas besoin de renvoyer aux jeux des anciens Grecs : il en est de plus modernes, il en est d'existants encore, et je les trouve précisément parmi nous. Nous avons tous les ans des revues ; des prix publics ; des rois de l'arquebuse, du canon, de la navigation. On ne peut trop multiplier des établissements si utiles* et si agréables ; on ne peut trop avoir de semblables rois. Pourquoi ne ferions-nous pas, pour nous rendre dispos et robustes, ce que nous faisons pour nous exercer aux armes ? La République a-t-elle moins besoin d'ouvriers que de soldats ? Pourquoi, sur le modèle des prix militaires, ne fonderions-nous pas d'autres prix de gymnastique, pour la lutte, pour la course, pour le disque [4] pour divers exercices du corps ? Pourquoi n'animerions-nous pas nos bateliers pour des joutes [5] sur le lac ? Y aurait-il au monde un plus brillant spectacle que de voir, sur ce vaste et superbe bassin, des centaines de bateaux, élégamment équipés, partir à la fois au signal donné, pour aller enlever un drapeau arboré au but, puis servir de cortège au vainqueur revenant en triomphe recevoir le prix mérité. Toutes ces sortes de fêtes ne sont dispendieuses [6] qu'autant qu'on le veut bien, et le seul concours les rend assez magnifiques.

Lettre à d'Alembert sur les spectacles, 1758

4. Lancement du disque.
5. Concours sur l'eau.
6. Chères.

(*) Il ne suffit pas que le peuple ait du pain et vive dans sa condition. Il faut qu'il y vive agréablement : afin qu'il en remplisse mieux les devoirs, qu'il se tourmente moins pour en sortir et que l'ordre public soit mieux établi. Les bonnes mœurs tiennent plus qu'on ne pense à ce que chacun se plaise dans son état. Le manège et l'esprit d'intrigue viennent d'inquiétude et de mécontentement : tout va mal quand l'un aspire à l'emploi d'un autre. Il faut aimer son métier pour le bien faire. L'assiette de l'État n'est bonne et solide que quand, tous se sentant à leur place, les forces particulières se réunissent et concourent au bien public ; au lieu de s'user l'une contre l'autre comme elles font dans tout État mal constitué. Cela posé, que doit-on penser de ceux qui voudraient ôter au peuple les fêtes, les plaisirs et toute espèce d'amusement, comme autant de distractions qui le détournent de son travail ? Cette maxime est barbare et fausse. Tant pis, si le peuple n'a de temps que pour gagner son pain, il lui en faut encore pour le manger avec joie autrement il ne le gagnera pas longtemps. Ce Dieu juste et bienfaisant, qui veut qu'il s'occupe, veut aussi qu'il se délasse ; la Nature lui impose également l'exercice et le repos, le plaisir et la peine. Le dégoût du travail accable plus les malheureux que le travail même. Voulez-vous donc rendre un peuple actif et laborieux ? Donnez-lui des fêtes, offrez-lui des amusements qui lui fassent aimer son état et l'empêchent d'en envier un plus doux. Des jours ainsi perdus feront mieux valoir tous les autres. Présidez à ses plaisirs pour les rendre honnêtes, c'est le vrai moyen d'animer ses travaux.

(note de Rousseau)

LA NOUVELLE HÉLOISE

Le peintre de l'émotion amoureuse

Le jeune Saint-Preux a été précepteur dans une famille noble à Vevey, sur les bords du lac de Genève, et il s'est épris de son élève Julie. Saint-Preux n'est pas noble et le père de Julie s'oppose à leur mariage. Quelque temps plus tard, il marie Julie à monsieur de Wolmar, beaucoup plus âgé qu'elle. Pour oublier, Saint-Preux entreprend un long voyage, mais en vain. Il revient alors en Suisse sur l'invitation de monsieur de Wolmar qui veut essayer, en homme de bien, de le guérir de sa passion.

Plus j'approchais de la Suisse, plus je me sentais ému. L'instant où, des hauteurs du Jura, je découvris le lac de Genève fut un instant d'extase et de ravissement. La vue de mon pays, de ce pays si chéri, où des torrents de plaisirs avaient inondé mon cœur ; l'air des Alpes si salutaire et si pur ; le doux air de la patrie, plus suave que les parfums de l'Orient ; cette terre riche et fertile, ce paysage unique, le plus beau dont l'œil humain fut jamais frappé ; ce séjour charmant auquel je n'avais rien trouvé d'égal dans le tour du monde, l'aspect d'un peuple heureux et libre, la douceur de la saison, la sérénité du climat, mille souvenirs délicieux qui réveillaient tous les sentiments que j'avais goûtés : tout cela me jetait dans des transports [1] que je ne puis décrire et semblait me rendre à la fois la jouissance de ma vie entière.

En descendant vers la côte, je sentis une impression nouvelle dont je n'avais aucune idée ; c'était un certain mouvement d'effroi qui me resserrait le cœur et me troublait malgré moi. Cet effroi, dont je ne pouvais démêler la cause, croissait [2] à mesure que j'approchais de la ville : il ralentissait mon empressement d'arriver, et fit enfin de tels progrès, que je m'inquiétais autant de ma diligence [3] que j'avais fait jusque-là de ma lenteur. En entrant à Vevey, la sensation que j'éprouvai ne fut rien moins qu'agréable : je fus saisi d'une violente palpitation qui m'empêchait de respirer ; je parlais d'une voix altérée [4] et tremblante, j'eus peine à me faire entendre en demandant M. de Wolmar, car je n'osai jamais nommer sa femme.

On me dit qu'il demeurait à Clarens. Cette nouvelle m'ôta de dessus la poitrine un poids de cinq cents livres ; et, prenant les deux lieues qui me restaient à faire pour un répit [5] je me réjouis de ce qui m'eût désolé dans un autre temps ; mais j'appris avec un vrai chagrin que Mme d'Orbe [6] était à Lausanne. J'entrai dans une auberge pour reprendre les forces qui me manquaient : il me fut impossible d'avaler un seul morceau ; je suffoquais en buvant et ne pouvais vider un verre qu'à plusieurs reprises. Ma terreur redoubla quand je vis mettre les chevaux pour repartir. Je crois que j'aurais donné tout au monde pour voir briser une roue en chemin. Je ne voyais plus Julie ; mon imagination troublée ne me présentait que des objets confus ; mon âme était dans un tumulte universel. Je connaissais la douleur et le désespoir, je les aurais préférés à cet horrible état. Enfin je puis dire n'avoir de ma vie éprouvé d'agitation plus cruelle que celle où je me trouvai durant ce court trajet, et je suis convaincu que je ne l'aurais pu supporter une journée entière.

En arrivant, je fis arrêter à la grille et, me sentant hors d'état de faire un pas, j'envoyai le postillon [7] dire qu'un étranger demandait à parler à M. de Wolmar. Il était à la promenade avec sa femme. On les avertit, et ils vinrent par un autre côté, tandis que, les yeux fichés sur l'avenue, j'attendais dans des transes [8] mortelles d'y voir paraître quelqu'un.

La nouvelle Héloïse, quatrième partie, lettre VI à Milord Edouard (extrait).

1. Sentiments violents.
2. Grandissait.
3. Empressement.
4. Changée, modifiée.
5. Pause.
6. La cousine de Julie.
7. Cocher, conducteur de voiture à cheval.
8. Inquiétude, angoisse.

Douleurs et douceurs de la vertu

Saint-Preux est maintenant installé à Clarens avec monsieur de Wolmar et Julie. A l'occasion d'une promenade en bateau sur le lac de Genève, Julie et Saint-Preux se retrouvent seuls. La douceur du souvenir alliée à la douceur de la nature qui les entoure transforment le désir de Saint-Preux en un véritable tourment. Mais peu à peu la douleur s'estompe et fait place à une attitude plus sereine.

Revenus lentement au port [1] après quelques détours, nous nous séparâmes. Elle voulut rester seule, et je continuai de me promener sans trop savoir où j'allais. A mon retour, le bateau n'étant pas encore prêt ni l'eau tranquille [2] nous soupâmes tristement, les yeux baissés, l'air rêveur, mangeant peu et parlant encore moins. Après le souper, nous fûmes nous asseoir sur la grève [3] en attendant le moment du départ. Insensiblement la lune se leva, l'eau devint plus calme, et Julie me proposa de partir. Je lui donnai la main pour entrer dans le bateau ; et, en m'asseyant à côté d'elle, je ne songeai plus à quitter sa main. Nous gardions un profond silence. Le bruit égal et mesuré des rames m'excitait [4] à rêver. Le chant assez gai des bécassines* me retraçant les plaisirs d'un autre âge, au lieu de m'égayer, m'attristait. Peu à peu je sentis les doux rayons de la lune, le frémissement argenté dont l'eau brillait autour de nous, le concours des plus agréables sensations, la présence même de cet objet chéri [5], rien ne put détourner de mon cœur mille réflexions douloureuses.

Je commençai par me rappeler une promenade semblable faite autrefois avec elle durant le charme de nos premières amours. Tous les sentiments délicieux qui remplissaient alors mon âme s'y retracèrent pour l'affliger ; tous les événements de notre jeunesse, nos études, nos entretiens, nos lettres, nos rendez-vous, nos plaisirs,

E tanta fede, e si dolci memorie,
*E si lungo costume***

Ces foules de petits objets qui m'offraient l'image de mon bonheur passé, tout revenait, pour augmenter ma misère présente, prendre place en mon souvenir. Ç'en est fait, disais-je en moi-même ; ces temps, ces temps heureux ne sont plus ; ils ont disparu pour jamais. Hélas ! ils ne reviendront plus ; et nous vivons, et nous sommes ensemble, et nos cœurs sont toujours unis ! Il me semblait que j'aurais porté plus patiemment sa mort ou son absence, et que j'avais moins souffert tout le temps que j'avais passé loin d'elle. Quand je gémissais dans l'éloignement, l'espoir de la revoir soulageait mon cœur ; je me flattais [6] qu'un instant de sa présence effacerait toutes mes peines ; j'envisageais au moins dans les possibles [7] un état moins cruel que le mien. Mais se trouver auprès d'elle, mais la voir, la toucher, lui parler, l'aimer, l'adorer, et presque en la possédant encore, la sentir perdue à jamais pour moi ; voilà ce qui me jetait dans des accès de fureur et de rage qui m'agitèrent par degrés jusqu'au désespoir. Bientôt je commençai de rouler dans mon esprit des projets funestes, et, dans un transport [8] dont je frémis en y pensant, je fus violemment tenté de la précipiter avec moi dans les flots, et d'y finir dans ses bras ma vie et mes longs tourments. Cette horrible tentation devint à la fin si forte, que je fus obligé de quitter brusquement sa main pour passer à la pointe du bateau.

Là mes vives agitations commencèrent à prendre un autre cours ; un sentiment plus doux s'insinua [9] peu à peu dans mon âme, l'attendrissement surmonta le désespoir, je me mis à verser des torrents de larmes, et cet état, comparé à celui dont je sortais, n'était pas sans quelques plaisirs. Je pleurai fortement, longtemps, et fus soulagé. Quand je me trouvai bien remis, je revins auprès de Julie ; je repris sa main. Elle tenait son mouchoir ; je le sentis fort mouillé. « Ah ! lui dis-je tout bas, je vois que nos cœurs n'ont jamais cessé de s'entendre ! — Il est vrai, dit-elle d'une voix altérée [10] ; mais que ce soit la dernière fois qu'ils auront parlé sur ce ton.

La Nouvelle Héloïse, quatrième partie,
Lettre XVII à Milord Edouard (extrait).

1. Julie et Saint-Preux ont traversé le lac de Clarens à Meillerie ; puis ils ont fait une longue promenade dans la montagne qui domine le lac.
2. Le matin, le bateau avait dû affronter une violente tempête.
3. Le rivage.
4. M'incitait à.
5. Désigne l'être aimé, comme chez les classiques.
6. Je m'imaginais.
7. Dans les choses possibles.
8. Sentiment violent.
9. S'établit.
10. Changée, émue.

* « La bécassine du lac de Genève n'est point l'oiseau qu'on appelle en France du même nom. Le chant plus vif et plus animé de la nôtre donne au lac, durant les nuits d'été, un air de vie et de fraîcheur qui rend ses rives encore plus charmantes » (Note de Rousseau).

** « Et cette foi si pure, et ces doux souvenirs, et cette longue familiarité ». (Traduction de Rousseau d'une citation de Métastase.)

La fin d'un amour

C'est la dernière lettre de Julie à Saint-Preux. Après avoir plongé dans le lac pour sauver un de ses enfants, Julie est tombée gravement malade. Elle sait maintenant qu'elle va mourir. Elle accepte la mort comme une délivrance qui met un terme à l'insupportable tension qui existait entre l'amour et la vertu : elle ne pouvait, en effet, s'empêcher d'aimer Saint-Preux, mais ne pouvait pas non plus renoncer à être vertueuse, par respect pour son mari.

Il faut renoncer à nos projets. Tout est changé, mon bon ami : souffrons ce changement sans murmure ; il vient d'une main plus sage que nous. Nous songions à nous réunir : cette réunion n'était pas bonne. C'est un bienfait du ciel de l'avoir prévenue ; sans doute il prévient des malheurs.

Je me suis longtemps fait illusion. Cette illusion me fut salutaire [1] ; elle se détruit au moment que je n'en ai plus besoin. Vous m'avez crue guérie, et j'ai cru l'être. Rendons grâce à celui qui fit durer cette erreur autant qu'elle était utile : qui sait si, me voyant si près de l'abîme, la tête ne m'eût point tourné ? Oui, j'eus beau vouloir étouffer le premier sentiment qui m'a fait vivre, il s'est concentré dans mon cœur. Il s'y réveille au moment qu'il n'est plus à craindre ; il me soutient quand mes forces m'abandonnent ; il me ranime quand je me meurs. Mon ami, je fais cet aveu sans honte ; ce sentiment resté malgré moi fut involontaire ; il n'a rien coûté à mon innocence ; tout ce qui dépend de ma volonté fut pour mon devoir : si le cœur qui n'en dépend pas fut pour vous, ce fut mon tourment et non pas mon crime. J'ai fait ce que j'ai dû faire ; la vertu me reste sans tache, et l'amour m'est resté sans remords.

J'ose m'honorer du passé ; mais qui m'eût pu répondre de l'avenir ? Un jour de plus peut-être, et j'étais coupable ! Qu'était-ce de la vie entière passée avec vous ? Quels dangers j'ai courus sans le savoir ! A quels dangers plus grands j'allais être exposée ! Sans doute je sentais pour moi les craintes que je croyais sentir pour vous. Toutes les épreuves ont été faites ; mais elles pouvaient trop revenir. N'ai-je pas assez vécu pour le bonheur et pour la vertu ? Que me restait-il d'utile à tirer de la vie ? En me l'ôtant, le ciel ne m'ôte plus rien de regrettable, et met mon honneur à couvert [2]. Mon ami, je pars au moment favorable, contente de vous et de moi ; je pars avec joie, et ce départ n'a rien de cruel. Après tant de sacrifices, je compte pour peu celui qui me reste à faire : ce n'est que mourir une fois de plus. [...]

Je n'ai qu'un mot à vous dire sur mes enfants. Je sais quels soins va vous

1. M'a sauvé.
2. Protège mon honneur.

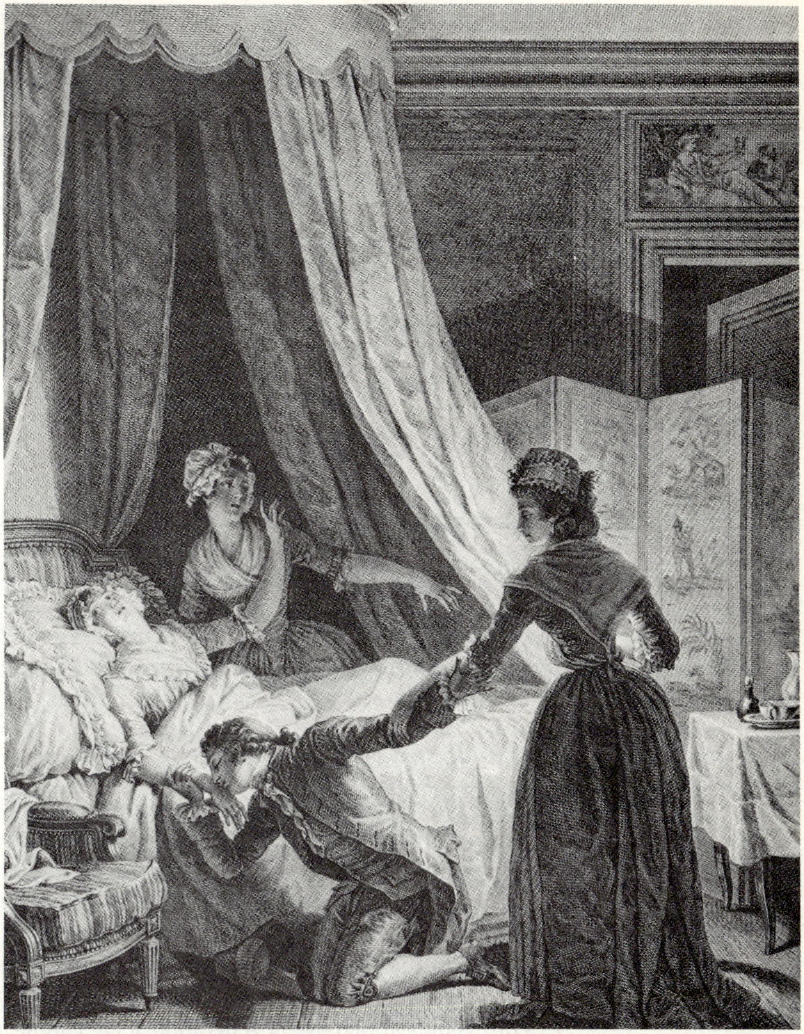

Julie sur son lit de mort. Illustration pour la Nouvelle Héloïse *gravée d'après un dessin de N.A Monsian, 1793. (Bibliothèque Nationale, Paris.)*

coûter leur éducation ; mais je sais bien aussi que ces soins ne vous seront pas pénibles. Dans les moments de dégoût inséparables de cet emploi, dites-vous : ils sont les enfants de Julie ; il ne vous coûtera plus rien. M. de Wolmar vous remettra les observations que j'ai faites sur votre mémoire et sur le caractère de mes deux fils. Cet écrit n'est que commencé : je ne vous le donne pas pour règle, et je le soumets à vos lumières. N'en faites point des savants, faites-en des hommes bienfaisants et justes. Parlez-leur quelquefois de leur mère... vous savez s'ils lui étaient chers... Dites à Marcellin qu'il ne m'en coûta pas de mourir pour lui. Dites à son frère que c'était pour lui que j'aimais la vie. Dites-leur... Je me sens fatiguée. Il faut finir cette lettre. En vous laissant mes enfants, je m'en sépare avec moins de peine ; je crois rester avec eux.

Adieu, adieu, mon doux ami... Hélas ! j'achève de vivre comme j'ai commencé. J'en dis trop peut-être en ce moment où le cœur ne déguise plus rien... Eh ! pourquoi craindrais-je d'exprimer tout ce que je sens ? Ce n'est plus moi qui te parle ; je suis déjà dans les bras de la mort. Quand tu verras cette lettre, les vers rongeront le visage de ton amante, et son cœur où tu ne seras plus. Mais mon âme existerait-elle sans toi ? sans toi quelle félicité goûterais-je ? Non, je ne te quitte pas, je vais t'attendre. La vertu qui nous sépara sur la terre nous unira dans le séjour éternel. Je meurs dans cette douce attente : trop heureuse d'acheter au prix de ma vie le droit de t'aimer toujours sans crime, et de te le dire encore une fois !

La nouvelle Héloïse,
Sixième partie, Lettre XII

L'ÉMILE

Se mettre à la portée de l'enfant

Dans l'*Émile*, Rousseau suit le développement d'un élève idéal, orphelin, riche et noble, de sa naissance jusqu'à sa vingtième année. Dans cette éducation, la pratique tient une grande place : « Je hais les livres, affirme l'auteur ; ils n'apprennent qu'à parler de ce qu'on ne sait pas. » Aux livres et à l'étude dans une pièce fermée, il faut préférer l'examen sur le terrain, au milieu de la nature.

Rendez votre élève attentif aux phénomènes de la nature, bientôt vous le rendrez curieux ; mais, pour nourrir sa curiosité, ne vous pressez jamais de la satisfaire. Mettez les questions à sa portée, et laissez-les lui résoudre. Qu'il ne sache rien parce que vous le lui avez dit, mais parce qu'il l'a compris lui-même ; qu'il n'apprenne pas la science, qu'il l'invente. Si jamais vous substituez dans son esprit l'autorité à la raison [1], il ne raisonnera plus ; il ne sera plus que le jouet de l'opinion des autres.

Vous voulez apprendre la géographie à cet enfant, et vous lui allez chercher des globes, des sphères, des cartes : que de machines ! Pourquoi toutes ces représentations ? que ne commencez-vous par lui montrer l'objet même, afin qu'il sache au moins de quoi vous lui parlez !

Une belle soirée on va se promener dans un lieu favorable, où l'horizon bien découvert laisse voir à plein [2] le soleil couchant, et l'on observe les objets qui rendent reconnaissable le lieu de son coucher. Le lendemain, pour respirer le frais, on retourne au même lieu avant que le soleil se lève. On le voit s'annoncer de loin par les traits de feu qu'il lance au-devant de lui. L'incendie augmente, l'orient paraît tout en flammes : à leur éclat on attend l'astre longtemps avant qu'il se montre : à chaque instant on croit le voir paraître ; on le voit enfin. Un point brillant part comme un éclair et remplit aussitôt tout l'espace ; le voile des ténèbres s'efface et tombe. L'homme reconnaît son séjour [3] et le trouve embelli. La verdure a pris durant la nuit une vigueur nouvelle ; le jour naissant qui l'éclaire, les premiers rayons qui la dorent, la montrent couverte d'un brillant réseau de la rosée qui réfléchit à l'œil la lumière et les couleurs. Les oiseaux en chœur

1. Si vous remplacez la raison par l'autorité.
2. En plein, complètement.
3. La terre.

se réunissent et saluent de concert le Père de la vie ; en ce moment pas un seul ne se tait, leur gazouillement [4], faible encore, est plus lent et plus doux que dans le reste de la journée, il se sent [5] de la langueur [6] d'un paisible réveil. Le concours de tous ces objets porte aux sens une impression de fraîcheur qui semble pénétrer jusqu'à l'âme. Il y a là une demi-heure d'enchantement auquel nul homme ne résiste : un spectacle si grand, si beau, si délicieux, n'en laisse aucun de sang-froid.

Plein de l'enthousiasme qu'il éprouve, le maître veut le communiquer à l'enfant : il croit l'émouvoir en le rendant attentif aux sensations dont il est ému lui-même. Pure bêtise ! c'est dans le cœur de l'homme qu'est la vie du spectacle de la nature ; pour le voir, il faut le sentir. L'enfant aperçoit les objets : mais il ne peut apercevoir les rapports qui les lient, il ne peut entendre la douce harmonie de leur concert. Il faut une expérience qu'il n'a point acquise, il faut des sentiments qu'il n'a point éprouvés, pour sentir l'impression composée qui résulte à la fois de toutes ces sensations. [...]

Ne tenez point à l'enfant des discours qu'il ne peut entendre... Point de descriptions, point d'éloquence, point de figures, point de poésie. Il n'est pas maintenant question de sentiment ni de goût. Continuez d'être clair, simple et froid ; le temps ne viendra que trop tôt de prendre un autre langage.

Dans cette occasion, après avoir bien contemplé avec lui le soleil levant, après lui avoir fait remarquer du même côté les montagnes et les autres objets voisins, après l'avoir laissé causer là-dessus tout à son aise, gardez quelques moments le silence comme un homme qui rêve, et puis vous lui direz : « Je songe qu'hier au soir le soleil s'est couché là, et qu'il s'est levé là ce matin, comment cela peut-il se faire ? » N'ajoutez rien de plus : s'il vous fait des questions, n'y répondez point ; parlez d'autre chose. Laissez-le à lui-même [7] et soyez sûr qu'il y pensera.

L'Émile, Livre III

4. Le chant des oiseaux.
5. Il est encore marqué par.
6. La douceur.
7. Laissez-le avec ses pensées.

La marche à pied

D'un bout à l'autre de l'Émile, Rousseau veut éviter de donner à ses idées sur l'éducation des enfants une expression trop abstraite. Suivant les méthodes qu'il recommande, il multiplie les récits, les tableaux, les anecdotes. Il parle ici des avantages de la marche à pied. Il est intéressant de comparer ce texte avec celui de Montaigne p. 112.

Je ne connais qu'une manière de voyager plus agréable que d'aller à cheval [1], c'est d'aller à pied. On part à son moment [2], on s'arrête à sa volonté, on fait tant et si peu d'exercice qu'on veut. On observe tout le pays, on se détourne à droite, à gauche ; on examine tout ce qui nous flatte ; on s'arrête à tous les points de vue. Aperçois-je une rivière, je la côtoie ; un bois touffu, je vais sous son ombre ; une grotte, je la visite ; une carrière, j'examine les minéraux. Partout où je me plais, j'y reste ; à l'instant que je m'ennuie, je m'en vais. Je ne dépends ni des chevaux, ni du postillon. Je n'ai pas besoin de choisir des chemins tout faits, des routes

1. Comme Montaigne.
2. Au moment où on veut.

commodes ; je passe partout où un homme peut passer, je vois tout ce qu'un homme peut voir ; et, ne dépendant que de moi-même, je jouis de toute la liberté dont un homme peut jouir. Si le mauvais temps m'arrête et que l'ennui me gagne, alors je prends des chevaux. Si je suis las... Mais Émile ne se lasse guère ; il est robuste ; et pourquoi se lasserait-il ? Il n'est point pressé. S'il s'arrête, comment peut-il s'ennuyer ? Il porte partout de quoi s'amuser. Il entre chez un maître [3], il travaille ; il exerce ses bras pour reposer ses pieds.

Voyager à pied, c'est voyager comme Thalès, Platon et Pythagore [4]. J'ai peine à comprendre comment un philosophe peut se résoudre à voyager autrement, et s'arracher à l'examen des richesses qu'il foule aux pieds [5] et que la terre prodigue à sa vue. Qui est-ce qui, aimant un peu l'agriculture, ne veut pas connaître les productions particulières au climat des lieux qu'il traverse et la manière de les cultiver ? Qui est-ce qui, ayant un peu de goût pour l'histoire naturelle, peut se résoudre à passer un terrain sans l'examiner, un rocher sans l'écorner, des montagnes sans herboriser, des cailloux sans chercher des fossiles ? Vos philosophes de ruelles [6] étudient l'histoire naturelle dans des cabinets [7], ils ont des colifichets [8], ils savent des noms et n'ont aucune idée de la nature. Mais mon cabinet est plus riche que ceux des rois ; ce cabinet est la terre entière. Chaque chose y est à sa place ; le naturaliste qui en prend soin a rangé le tout dans un fort bel ordre : Daubenton [9] ne ferait pas mieux.

Combien de plaisirs différents on rassemble par cette agréable manière de voyager ! sans compter la santé qui s'affermit, l'humeur qui s'égaie. J'ai toujours vu ceux qui voyageaient dans de bonnes voitures bien douces, rêveurs, tristes, grondants et souffrants ; et les piétons toujours gais, légers et contents de tout. Combien le cœur rit quand on s'approche du gîte ! Combien un repas grossier [10] paraît savoureux ! Quel bon sommeil on fait dans un mauvais lit ! Quand on ne veut qu'arriver, on peut courir en chaise de poste [11] : mais quand on veut voyager, il faut aller à pied.

L'Émile, Livre V

3. Patron d'atelier.
4. Trois philosophes grecs.
5. Sur lesquelles il marche.
6. Petit salon précieux.
7. Petite pièce d'étude.
8. Petits objets sans grande valeur.
9. Médecin, ami de Buffon, responsable du Cabinet d'Histoire Naturelle.
10. Simple.
11. Voiture à cheval.

LES CONFESSIONS

Réponse à la persécution

C'est la première page des* Confessions. *Le ton est la fois solennel et agressif. Rousseau commence cet ouvrage, qui ne doit être publié qu'après sa mort, pour montrer qu'il ne fut pas si mauvais que l'ont prétendu certains. Il veut se livrer dans son entière vérité. Il a aussi conscience de faire œuvre profondément originale : ni mémoires, ni journal, des confessions à l'humanité toute entière.

Je forme une entreprise qui n'eut jamais d'exemple et dont l'exécution n'aura point d'imitateur. Je veux montrer à mes semblables un homme dans toute la vérité de la nature ; et cet homme ce sera moi.

Moi, seul. Je sens mon cœur et je connais les hommes. Je ne suis fait comme aucun de ceux que j'ai vus ; j'ose croire n'être fait comme aucun de ceux qui n'existent. Si je ne vaux pas mieux, au moins je suis autre. Si la nature a bien ou mal fait de briser le moule dans lequel elle m'a jeté [1], c'est ce dont on ne peut juger qu'après m'avoir lu.

Que la trompette du Jugement dernier sonne quand elle voudra, je viendrai, ce livre à la main, me présenter devant le souverain juge. Je dirai hautement : « Voilà ce que j'ai fait, ce que j'ai pensé, ce que je fus. J'ai dit le bien et le mal avec la même franchise. Je n'ai rien tu [2] de mauvais, rien ajouté de bon, et s'il m'est arrivé d'employer quelque ornement indifférent, ce n'a jamais été que pour remplir un vide occasionné par mon défaut de mémoire ; j'ai pu supposer vrai ce que je savais avoir pu l'être, jamais ce que je savais être faux. Je me suis montré tel que je fus ; méprisable et vil quand je l'ai été, bon, généreux, sublime, quand je l'ai été : j'ai dévoilé mon intérieur tel que tu l'as vu toi-même. Être éternel, rassemble autour de moi l'innombrable foule de mes semblables ; qu'ils écoutent mes confessions, qu'ils gémissent de mes indignités, qu'ils rougissent de mes misères. Que chacun d'eux découvre à son tour son cœur aux pieds de ton trône avec la même sincérité ; et puis qu'un seul te dise, s'il ose : *Je fus meilleur que cet homme-là.* »

Les confessions, Livre premier

1. De m'avoir crée (en brisant le moule).
2. Passé composé du verbe taire.

Une sensibilité précoce

Rousseau nous parle ici de son enfance à Genève et des nuits passées à lire avec son père. Ce contact avec les livres lui a fait découvrir tous les sentiments avant d'en avoir éprouvé aucun et a développé chez l'enfant une sensibilité extrême.

Je sentis avant de penser : c'est le sort commun de l'humanité. Je l'éprouvai plus qu'un autre. J'ignore ce que je fis jusqu'à cinq ou six ans ; je ne sais comment j'appris à lire ; je ne me souviens que de mes premières lectures et de leur effet sur moi : c'est le temps d'où je date sans interruption la conscience de moi-même. Ma mère [1] avait laissé des romans. Nous nous mîmes [2] à les lire après souper, mon père et moi. Il n'était question d'abord que de m'exercer à la lecture par des livres amusants ; mais bientôt l'intérêt devint si vif, que nous lisions tour à tour sans relâche, et passions les nuits à cette occupation. Nous ne pouvions jamais quitter qu'à la fin du volume. Quelquefois mon père, entendant le matin les hirondelles, disait tout honteux : « Allons nous coucher ; je suis plus enfant que toi. »

En peu de temps j'acquis, par cette dangereuse méthode, non seulement une extrême facilité à lire et à m'entendre, mais une intelligence unique à mon âge sur les passions. Je n'avais aucune idée des choses, que tous les sentiments m'étaient déjà connus. Je n'avais rien conçu, j'avais tout senti. Ces émotions confuses, que j'éprouvais coup sur coup, n'altéraient point la raison que je n'avais pas encore ; mais elles m'en formèrent une d'une autre trempe, et me donnèrent de la vie humaine des notions bizarres et romanesques, dont l'expérience et la réflexion n'ont jamais bien pu me guérir.

Les confessions, Livre premier

1. La mère de Rousseau est morte à sa naissance (voir p. 264).
2. Passé composé du verbe mettre.

ROUSSEAU

Le sens du dramatique

A onze ans, le jeune Jean-Jacques est mis en pension non loin de Genève, chez le pasteur Lambercier. Celui-ci vient de planter un noyer sur la terrasse. Fort impressionnés, les enfants veulent à leur tour planter un arbre, un saule, mais l'arrosage pose un problème. Pendant quelques jours, ils réussissent à lui donner de l'eau sans se faire remarquer, mais ce n'est là qu'une solution provisoire. Ils décident une action radicale.

La nécessité, mère de l'industrie, nous suggéra une invention pour garantir l'arbre et nous [1] d'une mort certaine : ce fut de faire par-dessous terre une rigole [2] qui conduisît secrètement au saule une partie de l'eau dont on arrosait le noyer. Cette entreprise, exécutée avec ardeur, ne réussit pourtant pas d'abord. Nous avions si mal pris la pente, que l'eau ne coulait point ; la terre s'éboulait et bouchait la rigole [2], l'entrée se remplissait d'ordures ; tout allait de travers. Rien ne nous rebuta : *Omnia vincit labor improbus* [3]. Nous creusâmes davantage et la terre et notre bassin, pour donner à l'eau son écoulement ; nous coupâmes des fonds de boîtes en petites planches étroites, dont les unes mises de plat à la file, et d'autres posées en angle des deux côtés sur celles-là, nous firent un canal triangulaire pour notre conduit. Nous plantâmes à l'entrée de petits bouts de bois minces et à clairevoie [4] qui, faisant une espèce de grillage ou de crapaudine [5], retenaient le limon

1. Exagération dramatique qui veut dire que si l'arbre avait péri, ils en seraient morts de chagrin.
2. Une petite tranchée.
3. « Un travail acharné a raison de tout » Virgile. Géorgiques I.
4. Espacées.
5. Plaque placée à l'entrée d'un conduit pour empêcher les crapauds et aussi les ordures d'y entrer.

Le pasteur Lambercier découvre et détruit l'aqueduc. Illustration pour les Confessions, *gravée d'après un dessin de J.-J. Le Barbier l'Aîné, 1783. (Bibliothèque Nationale, Paris.)*

et les pierres sans boucher le passage à l'eau. Nous recouvrîmes soigneusement notre ouvrage de terre bien foulée [6] ; et le jour où tout fut fait, nous attendîmes dans des transes d'espérance [7] et de crainte l'heure de l'arrosement. Après des siècles d'attente, cette heure vint enfin ; M. Lambercier vint aussi à son ordinaire assister à l'opération, durant laquelle nous nous tenions tous deux derrière lui pour cacher notre arbre, auquel très heureusement il tournait le dos.

A peine achevait-on de verser le premier seau d'eau que nous commençâmes d'en voir couler dans notre bassin. A cet aspect la prudence nous abandonna ; nous nous mîmes à pousser des cris de joie qui firent retourner M. Lambercier, et ce fut dommage, car il prenait grand plaisir à voir comment la terre du noyer était bonne et buvait avidement son eau. Frappé de la voir se partager entre deux bassins, il s'écrie à son tour, regarde, aperçoit la friponnerie [8], se fait brusquement apporter une pioche, donne un coup, fait voler deux ou trois éclats de nos planches, et criant à pleine tête : « Un aqueduc ! un aqueduc ! » il frappe de toutes parts des coups impitoyables, dont chacun portait au milieu de nos cœurs. En un moment, les planches, le conduit, le bassin, le saule, tout fut détruit, tout fut labouré, sans qu'il y eût, durant cette expédition terrible, nul autre mot prononcé, sinon l'exclamation qu'il répétait sans cesse. « Un aqueduc ! » s'écriait-il en brisant tout, « un aqueduc ! un aqueduc ! »

On croira que l'aventure finit mal pour les petits architectes. On se trompera : tout fut fini. M. Lambercier ne nous dit pas un mot de reproche, ne nous fit pas plus mauvais visage, et ne nous en parla plus ; nous l'entendîmes même un peu après rire auprès de sa sœur à gorge déployée, car le rire de M. Lambercier s'entendait de loin, et ce qu'il y eut de plus étonnant encore, c'est que, passé le premier saisissement, nous ne fûmes pas nous-mêmes fort affligés. Nous plantâmes ailleurs un autre arbre, et nous nous rappelions souvent la catastrophe du premier, en répétant entre nous avec emphase [9] « Un aqueduc ! un aqueduc ! »

Les confessions, Livre premier

6. Bien tassée.
7. Dans l'inquiétude et l'espérance.
8. Le vol.
9. Avec solennité.

La naissance du désir amoureux

Rousseau, adolescent, est à la campagne avec deux jeunes filles. Après le repas, ils décident de manger des cerises sur un arbre en guise de dessert. Les hasards de la cueillette donnent à ce jeu innocent une tournure sentimentale qui, longtemps après, confère encore au souvenir une note nostalgique.

Je montai sur l'arbre, et je leur en jetais des bouquets dont elles me rendaient [1] les noyaux à travers les branches. Une fois, Mlle Galley, avançant son tablier et reculant la tête, se présentait si bien, et je visai si juste, que je lui fis tomber un bouquet dans le sein ; et de rire. Je me disais en moi-même : « Que mes lèvres ne sont-elles des cerises ! Comme je les leur jetterais ainsi de bon cœur. »

La journée se passa de cette sorte à folâtrer [2] avec la plus grande liberté, et toujours avec la plus grande décence. Pas un seul mot équivoque, pas une

1. Lançaient.
2. S'agiter gaiement.

La cueillette. *Dessin de J.-M. Moreau le Jeune pour illustrer les* Confessions, *XVIIIe siècle. (Bibliothèque Nationale, Paris.)*

seule plaisanterie hasardée ; et cette décence, nous ne nous l'imposions point du tout, elle venait toute seule, nous prenions le ton que nous donnaient nos cœurs. Enfin ma modestie, d'autres diront ma sottise, fut telle que la plus grande privauté [3] qui m'échappa fut de baiser une seule fois la main de Mlle Galley. Il est vrai que la circonstance donnait du prix à cette légère faveur. Nous étions seuls, je respirais avec embarras, elle avait les yeux baissés. Ma bouche, au lieu de trouver des paroles, s'avisa de se coller sur sa main, qu'elle retira doucement après qu'elle fut baisée, en me regardant d'un air qui n'était point irrité. Je ne sais ce que j'aurais pu lui dire : son amie entra, et me parut laide en ce moment.

Enfin elles se souvinrent qu'il ne fallait pas attendre la nuit pour rentrer en ville. Il ne nous restait que le temps qu'il fallait pour arriver de jour et nous nous hâtâmes de partir en nous distribuant [4] comme nous étions venus. Si j'avais osé, j'aurais transposé cet ordre ; car le regard de Mlle Galley

3. Hardiesse.
4. En nous répartissant. J.-J. Rousseau était monté en venant sur le cheval de l'autre jeune fille.

m'avait vivement ému le cœur ; mais je n'osai rien dire, et ce n'était pas à elle de le proposer. En marchant nous disions que la journée avait tort de finir, mais loin de nous plaindre qu'elle eût été courte, nous trouvâmes que nous avions eu le secret de la faire longue, par tous les amusements dont nous avions su la remplir.

Je les quittai à peu près au même endroit où elles m'avaient pris. Avec quel regret nous nous séparâmes ! Avec quel plaisir nous projetâmes de nous revoir ! Douze heures passées ensemble nous valaient des siècles de familiarité. Le doux souvenir de cette journée ne coûtait rien à ces aimables filles ; la tendre union qui régnait entre nous trois valait des plaisirs plus vifs, et n'eût pu subsister avec eux : nous nous aimions sans mystère et sans honte, et nous voulions nous aimer toujours ainsi. L'innocence des mœurs a sa volupté, qui vaut bien l'autre, parce qu'elle n'a point d'intervalle et qu'elle agit continuellement. Pour moi, je sais que la mémoire d'un si beau jour me touche plus, me charme plus, me revient plus au cœur que celle d'aucuns plaisirs que j'aie goûtés en ma vie.

Les confessions, Livre quatrième

Le bonheur aux Charmettes

Rousseau a vingt ans lorsqu'il s'installe avec madame de Warens — qu'il appelle Maman — aux Charmettes, une maison de campagne près de Chambéry. De cette période, Rousseau n'a retenu que le bonheur intense qui l'habitait. Bien longtemps après, le souvenir de ce bonheur sans tache réussit encore à embellir ses vieux jours.

Ici commence le court bonheur de ma vie ; ici viennent les paisibles, mais rapides moments qui m'ont donné le droit de dire que j'ai vécu. Moments précieux et si regrettés ! ah ! recommencez pour moi votre aimable cours, coulez plus lentement dans mon souvenir, s'il est possible, que vous ne fîtes réellement dans votre fugitive succession. Comment ferai-je pour prolonger à mon gré ce récit si touchant et si simple, pour redire toujours les mêmes choses, et n'ennuyer pas plus mes lecteurs en les répétant que je ne m'ennuyais moi-même en les recommençant sans cesse ? Encore si tout cela consistait en faits, en actions, en paroles, je pourrais le décrire et le rendre en quelque façon ; mais comment dire ce qui n'était ni dit, ni fait, ni pensé même, mais goûté, mais senti, sans que je puisse énoncer d'autre objet de mon bonheur que ce sentiment même ? Je me levais avec le soleil, et j'étais heureux ; je me promenais, et j'étais heureux ; je voyais Maman, et j'étais heureux ; je la quittais, et j'étais heureux ; je parcourais les bois, les coteaux, j'errais dans les vallons, je lisais, j'étais oisif ; je travaillais au jardin, je cueillais les fruits, j'aidais au ménage, et le bonheur me suivait partout : il n'était dans aucune chose assignable [1], il était tout en moi-même, il ne pouvait me quitter un seul instant.

Rien de tout ce qui m'est arrivé durant cette époque chérie, rien de ce que j'ai fait, dit et pensé tout le temps qu'elle a duré, n'est échappé de ma mémoire. Les temps qui précèdent et qui suivent me reviennent par

1. Précise.

intervalles ; je me les rappelle inégalement et confusément : mais je me rappelle celui-là tout entier comme s'il durait encore. Mon imagination, qui dans ma jeunesse allait toujours en avant, et maintenant rétrograde, compense par ces doux souvenirs l'espoir que j'ai pour jamais perdu. Je ne vois plus rien dans l'avenir qui me tente ; les seuls retours du passé peuvent me flatter, et ces retours si vifs et si vrais dans l'époque dont je parle me font souvent vivre heureux malgré mes malheurs.

Les confessions, Livre sixième

LES RÊVERIES DU PROMENEUR SOLITAIRE

Le goût de l'analyse intérieure

L'auteur habite à Paris depuis 1770. Souvent il fait des promenades dans la campagne environnante. Il a décidé d'oublier ses ennemis et consacre ses rêveries au souvenir et à la contemplation de la nature. Il ne manque pas de faire une comparaison entre l'automne et sa propre situation. Les accents nostalgiques (« Qu'ai-je fait ici-bas ? ») annoncent déjà la tonalité romantique.

Depuis quelques jours on avait achevé la vendange ; les promeneurs de la ville s'étaient déjà retirés ; les paysans aussi quittaient les champs jusqu'aux travaux d'hiver. La campagne, encore verte et riante mais défeuillée en partie et déjà presque déserte, offrait partout l'image de la solitude et des approches de l'hiver. Il résultait de son aspect un mélange d'impression douce et triste, trop analogue à mon âge et à mon sort pour que je n'en fisse pas l'application. Je me voyais au déclin d'une vie innocente et infortunée, l'âme encore pleine de sentiments vivaces, et l'esprit encore orné de quelques fleurs, mais déjà flétries par la tristesse et desséchées par les ennuis. Seul et délaissé, je sentais venir le froid des premières glaces, et mon imagination tarissante ne peuplait plus ma solitude d'êtres formés selon mon cœur. Je me disais en soupirant : « Qu'ai-je fait ici bas ? J'étais fait pour vivre, et je meurs sans avoir vécu. Au moins ce n'a pas été ma faute, et je porterai à l'auteur de mon être, sinon l'offrande des bonnes œuvres qu'on ne m'a pas laissé faire, du moins un tribut de bonnes intentions frustrées, de sentiments sains, mais rendus sans effets, et d'une patience à l'épreuve des mépris des hommes. » Je m'attendrissais sur ces réflexions ; je récapitulais les mouvements de mon âme dès ma jeunesse, et pendant mon âge mur, et depuis qu'on m'a séquestré de la société des hommes, et durant la longue retraite dans laquelle je dois achever mes jours. Je revenais avec complaisance sur toutes les affections de mon cœur, sur ses attachements si tendres, mais si aveugles, sur les idées moins tristes que consolantes dont mon esprit s'était nourri depuis quelques années, et je me préparais à les rappeler assez pour les décrire avec un plaisir presque égal à celui que j'avais pris à m'y livrer.

Les rêveries du promeneur solitaire, 2e promenade

LE THÉÂTRE DU XVIIIe SIÈCLE

Le théâtre reste un genre très vivant au XVIIIe siècle, mais deux auteurs seulement sont passés à la postérité.
Marivaux a essentiellement produit des comédies d'amour d'une grande finesse. Beaumarchais est le créateur d'un genre où le comique s'allie à une critique sociale parfois violente.

Marivaux (1688-1763)

LA VIE

Né en 1688 à Paris dans une famille aisée, Marivaux passe sa jeunesse dans le Massif central avant de retourner à Paris étudier le droit. Il fréquente des salons littéraires et fait la connaissance de personnalités et d'écrivains de l'époque ; il commence à composer quelques pièces de théâtre. Mais, ruiné par un désastre financier, il est contraint d'écrire pour gagner sa vie. Il dirige un journal pendant plusieurs années, mais c'est surtout le théâtre qui l'intéresse.
La plupart de ses comédies sont destinées au Théâtre-Italien, une grande troupe parisienne. Ce théâtre en effet, qui n'était pas soumis à la tradition et aux règles classiques, lui permettait la plus grande liberté. Au Théâtre-Italien en outre, il trouve une interprète idéale qui a contribué au succès de ses pièces : Gianetta Benozzi, dite Silvia.
Il se marie en 1717, mais sa femme meurt très tôt. Il fréquente de nouveau les salons, surtout celui de madame de Tencin. C'est l'époque où Marivaux se tourne vers le roman. Après son élection à l'Académie française en 1742, il se retire peu à peu de la scène littéraire. Lorsqu'il meurt en 1763, ses contemporains l'ont presque oublié.

Portrait de Marivaux en 1753 par Louis-Michel van Loo. (Bibliothèque - Musée de la Comédie-Française, Paris.)

PRINCIPALES ŒUVRES

Marivaux est resté célèbre pour ses pièces de théâtre, mais il a aussi composé deux romans remarquables vers la fin de sa vie.

La double inconstance (1723)

Parmi les nombreuses comédies d'amour écrites par Marivaux, c'est une des plus réussies.
Silvia, jeune fille de condition modeste, est enlevée par un prince amoureux d'elle. Mais voulant rester fidèle à son fiancé, Arlequin, elle repousse le prince. Celui-ci se déguise en simple officier et réussit à plaire à Silvia. Pendant ce temps, Arlequin se laisse gagner par une servante du prince, Flaminia. Finalement Silvia et Arlequin s'avouent leur double « inconstance », leur infidélité mutuelle : Silvia épouse le prince et Arlequin Flaminia.

L'île des esclaves (1725)

Cette pièce fait partie des pièces philosophiques et sociales dans l'œuvre de Marivaux. Esclaves et maîtres y échangent leurs rôles. Les différences sociales n'ont pas de fondement, telle est la leçon de Marivaux.

Le jeu de l'amour et du hasard (1730)

Nouvelle comédie d'amour, c'est sans doute la plus connue des pièces de Marivaux.
Silvia, que l'on veut marier à Dorante, prend la place de sa femme de chambre pour observer son prétendant à son insu. Mais Dorante a eu la même idée. Ils tombent amoureux l'un de l'autre sous ce déguisement et finissent par se marier.

L'école des mères (1732)

Comédie morale où Marivaux retrouve des thèmes de Molière, comme la jalousie, l'amour impossible d'un vieil homme pour une jeune fille. Un mariage malheureux est évité par la force de l'amour.

Les fausse confidences (1736)

Araminte, une jeune et jolie veuve, ne comprend pas que Dorante, jeune homme de bonne famille est amoureux d'elle. Le valet de Dorante fait à la dame la « fausse confidence » de cet amour : Dorante et Araminte se marient.

La vie de Marianne ou les aventures de la Comtesse de ... (1731-1741)

Ce roman inachevé décrit la vie et les problèmes sentimentaux d'une orpheline à Paris. C'est une peinture des mœurs de la société parisienne du XVIIIe siècle.

Le paysan parvenu (1735-1736)

Dans cette histoire inachevée, Marivaux décrit la réussite sociale d'un paysan intelligent et séduisant.
Mais c'est dans ses comédies que se révèle pleinement le talent de Marivaux.

L'ART DE MARIVAUX

Les thèmes

Quelques-unes des œuvres de Marivaux ont une vocation sociale et s'efforcent de démontrer que les hommes sont tous égaux, qu'ils soient maîtres ou domestiques, princes ou paysans. On trouve également des pièces encore conformes aux leçons du XVIIe siècle dans la mesure où Marivaux y manifeste une volonté d'éduquer moralement le spectateur.
Mais le thème privilégié de Marivaux, celui qui est représenté dans la majorité des 32 comédies qu'il nous a laissées, est l'amour ou plus précisément la psychologie amoureuse. Il décrit les moindres nuances de ce sentiment, qui est le moteur de toute action dramatique. C'est par cela qu'il se distingue de Molière pour qui la psychologie des personnages était plus importante que celle du sentiment amoureux. Par sa peinture de la passion, il serait plutôt à rapprocher de Racine, à cette différence près que le bonheur des personnages de Marivaux n'est jamais sérieusement menacé.

Les structures

L'action dramatique chez Marivaux ressemble beaucoup à un jeu. En effet, l'auteur semble s'amuser à dresser des obstacles totalement artificiels qui retardent le triomphe de l'amour. La plupart du temps, les héros sont séparés par des hésitations passagères, des doutes vite supprimés sur la fidélité de l'autre. Un des procédés les plus utilisés par Marivaux est le déguisement : en changeant de vêtement, on change de condition, tout cela pour savoir si l'amour est plus fort que les différences de rang social.
A aucun moment toutefois, le spectateur ne peut craindre une évolution tragique : l'amour triomphe toujours, toutes les pièces se terminent par un mariage ou connaissent une fin heureuse.

Le marivaudage

Le théâtre de Marivaux a donné naissance à l'expression « marivaudage », discussion frivole tenue dans un langage très maniéré et située dans un univers artificiel.
Il est vrai que le cadre dans lequel se déroulent les comédies de Marivaux est purement imaginaire et ne correspond à aucune réalité concrète. Les philosophes contemporains de Marivaux, Voltaire en tête, ont critiqué cette absence de réalisme. Pourtant, en abandonnant tout souci réaliste, Marivaux peut, dans son décor de fantaisie, se concentrer sur l'étude psychologique. La critique littéraire actuelle lui rend d'ailleurs justice : cet artifice a permis à ses pièces de dépasser leur époque.
Le langage de Marivaux est très subtil et d'une

grande élégance, ce qui ne l'empêche pas de faire parler avec naturel ses personnages de valet. Toutefois, il est certain que le style de Marivaux n'est pas libre d'une certaine préciosité, le vocabulaire est très recherché : Voltaire fut très sévère pour ce qu'il qualifiait d'excès du langage.
On a pu reprocher à ses personnages un comportement maniéré : pour plaire à tout prix à leur amant(e), ils finissent par perdre leur spontanéité. En fait, c'est une très grande sensiblité qui se cache derrière ce masque.

Par son intérêt pour l'âme humaine, le théâtre de Marivaux reste proche du classicisme ; par son langage très subtil et délicat, il rappelle les recherches des précieux ; par ses idées sociales et philosophiques, il annonce certaines formes du théâtre moderne, tel celui de Giraudoux.

BIBLIOGRAPHIE
Marcel Arland, *Marivaux,* Paris, Gallimard, 1950 (très utile pour une initiation).
Paul Gazagne, *Marivaux par lui-même,* Paris, Seuil, 1954.
F. Deloffre, *Marivaux et le marivaudage,* Paris, Belles Lettres, 1955 (une étude menée par un spécialiste des œuvres de Marivaux).

Une scène de marivaudage. Fête champêtre *par J.-B. Pater, XVIIIe siècle. (Musée Boymans-van Beuningen, Rotterdam.)*

LE JEU DE L'AMOUR ET DU HASARD

Un jeu de cache-cache

Silvia, fille de M. Orgon, doit avoir une entrevue avec Dorante, jeune homme que son père veut lui faire épouser. Désireuse d'observer son prétendant à son insu, elle change de costume avec sa servante Lisette. Dorante, pour le même motif, a fait de même avec son valet Pasquin. Il en résulte une situation complexe et plaisante qui donne tout son sel au dialogue ainsi faussé. Ici, Dorante avoue finalement à Silvia, qu'il prend toujours pour la servante, son véritable nom.

SILVIA, *seule ; DORANTE, qui vient peu après.*

SILVIA. — Ah ! que j'ai le cœur serré ! Je ne sais ce qui se mêle à l'embarras où je me trouve ; toute cette aventure-ci m'afflige : je me défie de tous les visages ; je ne suis contente de personne, je ne le suis pas de moi-même.

DORANTE. —Ah ! je te cherchais, Lisette.

SILVIA. — Ce n'était pas la peine de me trouver, car je te fuis, moi.

DORANTE, *l'empêchant de sortir.* — Arrête donc, Lisette ; j'ai à te parler pour la dernière fois ; il s'agit d'une chose de conséquence qui regarde tes maîtres.

SILVIA. — Va la dire à eux-mêmes ; je ne te vois jamais, que tu ne me chagrines ; laisse-moi.

DORANTE. —Je t'en offre autant ; mais écoute-moi, te dis-je ; tu vas voir les choses bien changer de face, par ce que je te vais dire.

SILVIA. — Eh bien ! parle donc ; je t'écoute, puisqu'il est arrêté que ma complaisance pour toi sera éternelle.

DORANTE. — Me promets-tu le secret ?

SILVIA. — Je n'ai jamais trahi personne.

DORANTE. — Tu ne dois la confidence que je vais te faire, qu'à l'estime que j'ai pour toi.

SILVIA. — Je le crois, mais tâche de m'estimer sans me le dire ; car cela sent le prétexte.

DORANTE. — Tu te trompes, Lisette ; tu m'as promis le secret ; achevons. Tu m'as vu dans de grands mouvements [1] ; je n'ai pu me défendre de t'aimer.

SILVIA. — Nous y voilà ; je me défendrai bien de t'entendre, moi ; adieu.

DORANTE. — Reste : ce n'est plus Bourguignon qui te parle.

SILVIA. — Eh ! qui es-tu donc ?

DORANTE. — Ah, Lisette ! c'est ici que tu vas juger des peines qu'a dû ressentir mon cœur.

SILVIA. — Ce n'est pas à ton cœur que je parle, c'est à toi.

DORANTE. — Personne ne vient-il ?

SILVIA. — Non.

DORANTE. — L'état où sont toutes les choses me force à te le dire ; je suis trop honnête homme pour n'en arrêter le cours.

SILVIA. — Soit.

1. Troubles de sentiments.

Les maîtres déguisés en valets. Jacques Toja et Geneviève Casile dans Le jeu de l'amour et du hasard. *Comédie-Française, 1968. (Décors et costumes J. Dupont.)*

Les valets déguisés en maîtres. Paule Noelle et Jean-Paul Roussillon dans Le jeu de l'amour et du hasard. *Comédie-Française, 1968. (Décors et costumes J. Dupont.)*

DORANTE. — Sache que celui qui est avec ta maîtresse n'est pas ce qu'on pense.

SILVIA, *vivement.* — Qui est-il donc ?

DORANTE. — Un valet.

SILVIA. — Après ?

DORANTE. — C'est moi qui suis Dorante.

SILVIA, *à part.* — Ah ! je vois clair dans mon cœur.

DORANTE. — Je voulais sous cet habit pénétrer un peu ce que c'était que ta maîtresse, avant de l'épouser. Mon père, en partant, me permit ce que j'ai fait, et l'événement m'en paraît un songe. Je hais la maîtresse dont je devais être l'époux, et j'aime la suivante qui ne devait trouver en moi qu'un nouveau maître. Que faut-il que je fasse à présent ? Je rougis pour elle de le dire ; mais ta maîtresse a si peu de goût, qu'elle est éprise de mon valet au point qu'elle l'épousera, si on la laisse faire. Quel parti prendre ?

SILVIA, *à part.* — Cachons-lui qui je suis... *(Haut.)* Votre situation est neuve assurément ! Mais, monsieur, je vous fais d'abord mes excuses de tout ce que mes discours ont pu avoir d'irrégulier dans nos entretiens.

DORANTE, *vivement.* — Tais-toi, Lisette ; tes excuses me chagrinent, elles me rappellent la distance qui nous sépare, et ne me la rendent que plus douloureuse.

SILVIA. — Votre penchant pour moi est-il sérieux ? M'aimez-vous jusque-là ?

DORANTE. — Au point de renoncer à tout engagement [2] puisqu'il ne m'est pas permis d'unir mon sort au tien ; et, dans cet état, la seule douceur que je pouvais goûter, c'était de croire que tu ne me haïssais pas [3].

SILVIA. — Un cœur qui m'a choisie dans la condition [4] où je suis est assurément bien digne qu'on l'accepte, et je le payerais volontiers du mien si je ne craignais pas de le jeter dans un engagement qui lui ferait tort.

DORANTE. — N'as-tu pas assez de charmes, Lisette ? y ajoutes-tu encore la noblesse avec laquelle tu me parles ?

SILVIA. —J'entends quelqu'un. Patientez encore sur l'article de votre valet ; les choses n'iront pas si vite ; nous nous reverrons, et nous chercherons els moyens de vous tirer d'affaire.

DORANTE. — Je suivrai tes conseils. *(Il sort.)*

SILVIA. — Allons, j'avais grand besoin que ce fût là Dorante.

Le jeu de l'amour et du hasard, acte II, scène 12.

2. A tout autre mariage.
3. Allusion possible au mot de Chimène à Rodrigue dans *Le Cid* : « Va, je ne te hais point » pour dire : « Je t'aime ».
4. Condition sociale.

La volonté d'une femme

Silvia s'empresse d'aller raconter cette aventure à son père, M. Orgon et à son frère Mario, qui tous deux étaient dans le secret, d'ailleurs.

M. ORGON. — Je ne suis pas fâché qu'il soit la dupe de son propre stratagème ; et, d'ailleurs, à le bien prendre, il n'y a rien de plus flatteur ni de plus obligeant pour lui que tout ce que tu as fait jusqu'ici, ma fille ; mais voilà assez.

MARIO. — Mais où en est-il précisément, ma sœur ?

SILVIA. — Hélas ! mon frère, je vous avoue que j'ai lieu d'être contente.

MARIO. — Hélas ! mon frère, dit-elle ! Sentez-vous cette paix douce qui se mêle à ce qu'elle dit ?

M. ORGON. — Quoi ! ma fille, tu espères qu'il ira jusqu'à t'offrir sa main dans le déguisement où te voilà ?

SILVIA. — Oui, mon cher père, je l'espère.

MARIO. — Friponne que tu es ! Avec ton cher père, tu ne nous grondes plus à présent, tu nous dis des douceurs.

SILVIA. — Vous ne me passez rien.

MARIO. — Ah ! ah ! je prends ma revanche ; tu m'as tantôt chicané sur mes expressions ; il faut bien à mon tour que je badine un peu sur les tiennes ; ta joie est bien aussi divertissante que l'était ton inquiétude.

M. ORGON. — Vous n'aurez point à vous plaindre de moi, ma fille ; j'acquiesce à tout ce qui vous plaît.

SILVIA. — Ah ! monsieur, si vous saviez combien je vous aurai d'obligation ! Dorante et moi, nous sommes destinés l'un à l'autre. Il doit m'épouser ; si vous saviez combien je lui tiendrai compte de ce qu'il fait aujourd'hui pour moi, combien mon cœur gardera le souvenir de l'excès de tendresse qu'il me montre ! Si vous saviez combien tout ceci va rendre notre union aimable ! Il ne pourra jamais se rappeler notre histoire, sans m'aimer ; je n'y songerai jamais, que je ne l'aime. Vous avez fondé notre bonheur pour la vie, en me laissant faire ; c'est un mariage unique ; c'est une aventure dont le seul récit est attendrissant ; c'est le coup de hasard le plus singulier, le plus heureux, le plus...

MARIO. — Ah ! ah ! ah ! que ton cœur a de caquet [1], ma sœur ! Quelle éloquence !

M. ORGON. — Il faut convenir que le régal [2] que tu te donnes est charmant, surtout si tu achèves.

SILVIA. — Cela vaut fait [3] ; Dorante est vaincu ; j'attends mon captif.

MARIO. — Ses fers seront plus dorés qu'il ne pense, mais je lui crois l'âme en peine, et j'ai pitié de ce qu'il souffre.

SILVIA. — Ce qui lui en coûte à se déterminer ne me le rend que plus estimable. Il pense qu'il chagrinera son père en m'épousant ; il croit trahir sa fortune et sa naissance ; voilà de grands sujets de réflexions ; je serai charmée de triompher. Mais il faut que j'arrache ma victoire, et non pas qu'il me la donne ; je veux un combat entre l'amour et la raison.

MARIO. — Et que la raison y périsse.

M. ORGON. — C'est-à-dire que tu veux qu'il sente toute l'étendue de l'impertinence [4] qu'il croira faire. Quelle insatiable vanité d'amour-propre !

MARIO. — Cela c'est l'amour-propre d'une femme ; et il est tout des plus unis [5].

Le jeu de l'amour et du hasard, acte III, scène 4 (extrait).

1 Que ton cœur est bavard.
2. Divertissement.
3. Cela est comme si c'était fait.
4. Au sens du XVIIe siècle : action insensée.
5. Simple, naturel.

Gianetta Benozzi dans le rôle de Silvia, peinte par de Troy. Elle était l'interprète favorite de Marivaux. (Collection particulière.)

Beaumarchais (1737-1799)

LA VIE

Fils d'un horloger parisien, Pierre-Auguste Caron réussit, grâce à l'invention d'un nouveau mécanisme de montre, à s'introduire à la cour du roi Louis XV. Un mariage lui donne des terres et son nouveau nom, M. de Beaumarchais. Après avoir été le professeur de harpe des filles du roi, il se lance dans la carrière des finances, aidé par son ami Pâris-Duverney.
Celu-ci meurt en 1770. Le testament qui donne ses biens à Beaumarchais est contesté. Le procès tourne mal pour ce dernier, qui attaque alors dans un violent pamphlet[1] (*Mémoires à consulter* 1773-1774) la justice et les juges de son procès. Ceux-ci sont condamnés, mais Beaumarchais perd ses droits de citoyen, tout en devenant très populaire. Le gouvernement l'utilise comme agent secret à l'étranger, où il se livre aussi au trafic d'armes. Ces activités ne l'empêchent pas d'écrire *Le barbier de Séville.*
A son retour en France, il crée la Société des auteurs dramatiques, fait publier les œuvres complètes de Voltaire et connaît la réussite totale avec *Le mariage de Figaro* (1784), malgré l'opposition du nouveau roi, Louis XVI.
Sa richesse lui vaut des ennuis sous la Révolution et il doit s'exiler à Hambourg. Il rentre en France en 1796 où il meurt trois ans plus tard, fatigué par une vie aventureuse.

Portrait de Beaumarchais, vers 1760 par Jean-Marc Nattier. (Collection particulière.)

PRINCIPALES ŒUVRES

L'œuvre littéraire de Beaumarchais est essentiellement théâtrale.
Parmi d'autres pièces moins réussies, il nous a laissé deux œuvres importantes : *Le barbier de Séville* et *Le mariage de Figaro,* qui forment une trilogie avec *La mère coupable.*

Le barbier de Séville ou La précaution inutile (1775)

Bien que le sujet ne soit pas nouveau, la pièce a connu un vif succès. Elle contient déjà des éléments d'une critique sociale radicale. Le coup de génie de Beaumarchais a été la création de Figaro, le valet intelligent et habile qui ne se croit pas inférieur aux nobles.
Le comte Almaviva aime la jeune Rosine, mais elle est prisonnière du vieux Bartholo qui veut l'épouser. Le barbier Figaro, ancien valet du comte, promet de l'aider dans sa tentative d'approcher Rosine. Il lui conseille de se déguiser en cavalier mais Bartholo renvoie le comte. Le nouveau costume suggéré par Figaro, celui de maître de musique, réussit. Après une suite de malentendus, les deux amoureux mettent leurs noms sur le contrat de mariage que le vieux Bartholo avait préparé pour lui-même : ils profitent ainsi de la « précaution inutile ».

La folle journée ou Le mariage de Figaro (1778)

Cette comédie en cinq actes est la suite de l'histoire du *Barbier de Séville.* Elle contient une critique qui laisse présager le mouvement révolutionnaire. C'est pourquoi elle a longtemps été interdite par la censure de Louis XVI (jusqu'en 1784), c'est pourquoi aussi elle a connu un véritable triomphe. Mozart a repris cette comédie pour en faire l'opéra : *Le nozze di Figaro.*
Le comte Almaviva tombe amoureux de Suzanne, une servante de sa femme, que Figaro doit épouser. Il cherche à empêcher ce mariage par tous les moyens ; Figaro lutte lui aussi avec beaucoup d'habileté contre son maître. Finalement, par le jeu d'un double déguisement, Suzanne et la comtesse réussissent à forcer le comte à accepter le mariage.

1. Texte court mais très critique, attaquant les institutions, l'autorité, la religion ou des personnalités.

L'ART DE BEAUMARCHAIS

Le contenu critique

Beaumarchais démontre déjà son talent de critique dans les *Mémoires à consulter.* Dans ses pièces, il va au-delà des attaques contre les juges pour s'élever à un niveau plus politique : en effet, il annonce par la bouche de Figaro la révolution proche, le soulèvement du Tiers état [1] contre les classes privilégiées. On peut donc dire que *Le mariage de Figaro* est historiquement le témoignage littéraire le plus net de l'état d'esprit des Français quelques années à peine avant la Révolution.

Les ressources du comique

Le théâtre de Beaumarchais n'est pas seulement une attaque de la société de son temps ; il a surtout une vocation comique et doit être vivant. Pour ce faire, Beaumarchais utilise tous les moyens possibles. Il n'est pas important à ses yeux que ses pièces soient neuves par leur sujet. Il emprunte certaines idées à Molière, certaines intrigues à des auteurs mineurs du XVIIe siècle. Il serait faux cependant de voir en Beaumarchais un simple imitateur.

Au contraire, il retravaille la matière première trouvée ailleurs et lui donne une vie nouvelle : il introduit un rythme très soutenu dans les scènes, en ajoutant sans cesse des éléments nouveaux qui modifient l'action. Dans l'acte III du *Mariage de Figaro,* le procès fait à Figaro est continuellement interrompu par des jeux de scène, des jeux de mots, des coups de théâtre[2]. Souvent, Beaumarchais introduit dans les dialogues des strophes chantées. L'essentiel pour lui est de créer un théâtre vivant.

C'est pourquoi les personnages importants comme le barbier, mais aussi les femmes, sont doués d'une grande facilité d'expression et d'esprit de répartie [3]. Les dialogues entre Figaro et son maître, entre Figaro et Suzanne sont très vifs, car les personnages se parlent du tac au tac. Beaumarchais sacrifie souvent la vraisemblance pour obtenir ces effets de style, mais son instinct théâtral lui permet cet écart par rapport aux règles. Le succès toujours actuel de ses deux pièces principales lui donne raison.

Homme d'action à la vie aventureuse, Beaumarchais a créé avec *Le Barbier de Séville* et *Le Mariage de Figaro* deux chefs-d'œuvre. Chefs-d'œuvre comiques par les personnages et les dialogues, chefs-d'œuvre satiriques par les critiques sociales et le contenu révolutionnaire.

1. Voir introduction pages 214-215.
2. Retournement brutal et inattendu d'une situation, pour relancer l'action et augmenter le suspense.
3. Facilité à donner une réponse rapide et juste, même dans une situation gênante.

BIBLIOGRAPHIE

J. Scherer, *La dramaturgie de Beaumarchais,* Paris, Nizet, 1954.
R. Pomeau, *Beaumarchais,* Paris, Hatier, Coll. « L'homme et l'œuvre », 1956.

Mademoiselle Contat dans le rôle de Suzanne dans Le mariage de Figaro. *Gouache anonyme. (Musée Carnavalet, Paris.)*

LE BARBIER DE SÉVILLE

La passion rapproche les classes

Le comte Almaviva vient de retrouver son ancien valet, Figaro, et lui avoue son amour pour une jeune orpheline appelée Rosine. Celle-ci est tenue enfermée par le vieux Bartholo. Lorsque commence cette scène, Figaro vient d'annoncer le mariage proche de Bartholo avec Rosine. Il propose au comte de se déguiser en soldat (cavalier) pour aprocher Rosine.

Le barbier de Séville : *le comte Almaviva et Figaro. (Jacques Toja et Jean Piat à la Comédie-Française en 1955.)*

LE COMTE, *vivement.* — Jamais. Ah ! quelle nouvelle ! J'étais résolu de tout oser pour lui présenter mes regrets, et je la trouve libre ! Il n'y a pas un moment à perdre ; il faut m'en faire aimer, et l'arracher à l'indigne engagement qu'on lui destine. Tu connais donc ce tuteur ?

FIGARO. — Comme ma mère.

LE COMTE. — Quel homme est-ce ?

FIGARO, *vivement.* — C'est un beau, gros, court, jeune vieillard, gris pommelé, rusé, rasé, blasé, qui guette, et furette, et gronde, et geint tout à la fois.

LE COMTE, *impatienté.* — Eh ! je l'ai vu. Son caractère ?

FIGARO. — Brutal, avare, amoureux et jaloux à l'excès de sa pupille, qui le hait à la mort.

LE COMTE. — Ainsi, ses moyens de plaire sont...

FIGARO. — Nuls.

LE COMTE. — Tant mieux. Sa probité ?

FIGARO. — Tout juste autant qu'il en faut pour n'être point pendu.

LE COMTE. — Tant mieux. Punir un fripon en se rendant heureux...

FIGARO. — C'est faire à la fois le bien public et particulier : chef-d'œuvre de morale, en vérité, monseigneur !

LE COMTE. — Tu dis que la crainte des galants lui fait fermer sa porte ?

FIGARO. — A tout le monde ; s'il pouvait la calfeutrer...

LE COMTE. — Ah ! diable, tant pis. Aurais-tu de l'accès chez lui ?

FIGARO. — Si j'en ai ! *Primo,* la maison que j'occupe appartient au docteur, qui m'y loge *gratis...*

LE COMTE. — Ah ! Ah !

FIGARO. — Et moi, en reconnaissance, je lui promets dix pistoles d'or par an, *gratis* aussi...

LE COMTE, *impatienté.* — Tu es son locataire ?

FIGARO. — De plus, son barbier, son chirurgien, son apothicaire ; il ne se donne pas dans sa maison un coup de rasoir, de lancette ou de piston, qui ne soit de la main de votre serviteur.

LE COMTE, *l'embrasse.* — Ah ! Figaro, mon ami, tu seras mon ange, mon libérateur, mon dieu tutélaire.

FIGARO. — Peste ! comme l'utilité vous a bientôt rapproché les distances ! Parlez-moi des gens passionnés !

LE COMTE. — Heureux Figaro, tu vas voir ma Rosine ! tu vas la voir ! Conçois-tu ton bonheur ?

FIGARO. — C'est bien là un propos d'amant ! Est-ce que je l'adore, moi ? Puissiez-vous prendre ma place ! Il me vient une idée : le régiment de Royal-Intant arrive en cette ville.

LE COMTE. — Le colonel est de mes amis.

FIGARO. — Bon. Présentez-vous chez le docteur en habit de cavalier, avec un billet de logement ; il faudra bien qu'il vous héberge ; et moi, je me charge du reste.

LE COMTE. — Excellent !

FIGARO. — Il ne serait même pas mal que vous eussiez l'air entre deux vins...

LE COMTE. — A quoi bon ?

FIGARO. — Et le mener un peu lestement sous cette apparence déraisonnable.

LE COMTE. — A quoi bon ?

FIGARO. — Pour qu'il ne prenne aucun ombrage, et vous croie plus pressé de dormir que d'intriguer chez lui.

Le barbier de Séville, acte I, scène 4 (extrait).

Mais cette ruse échoue. Ce n'est qu'un second déguisement et une ruse de Figaro qui viendront à bout de la méfiance de Bartholo.

LE MARIAGE DE FIGARO

Une satire de la justice

Le comte Almaviva et Figaro, d'alliés qu'ils étaient dans Le barbier de Séville, *sont devenus des rivaux qui se disputent Suzanne, la femme de chambre de la comtesse. Pour tenter d'éliminer Figaro en tant que futur époux de Suzanne, le comte favorise un procès dirigé contre Figaro : Marceline, une femme employée à son château, veut se faire épouser par Figaro s'il ne peut pas lui rendre l'argent qu'il lui a emprunté autrefois. Dans cette scène, le procès débute solennellement et Figaro reconnaît le personnage de Brid'oison, juge bégayant ; il tente de le gagner à sa cause par la flatterie. Ce passage fournit l'occasion d'une satire de la justice de l'époque, dont Beaumarchais a lui-même été la victime.*

BARTHOLO, MARCELINE, BRID'OISON, FIGARO *rentre en se frottant les mains.*

MARCELINE, *montrant Figaro.* — Monsieur, contre ce malhonnête homme.

FIGARO, *très gaiement, à Marceline.* — Je vous gêne peut-être. Monseigneur revient dans l'instant, Monsieur le Conseiller.

BRID'OISON. — J'ai vu ce ga-arçon-là quelque part ?

FIGARO. — Chez Madame votre femme, à Séville, pour la servir, Monsieur le Conseiller.

BRID'OISON. — Da-ans quel temps ?

FIGARO. — Un peu moins d'un an avant la naissance de Monsieur votre fils le cadet, qui est un bien joli enfant, je m'en vante.

Le mariage de Figaro : *Figaro et le juge Brid'oison. (Alain Pralon et Georges Chamarat à la Comédie-Française en 1977.)*

BRID'OISON. — Oui, c'est le plus jo-oli de tous. On dit que tu-u fais ici des tiennes ?

FIGARO. — Monsieur est bien bon. Ce n'est là qu'une misère.

BRID'OISON. — Une promesse de mariage ! A-ah, le pauvre benêt [1].

FIGARO. — Monsieur...

BRID'OISON. — A-t-il vu mon-on secrétaire, ce bon garçon ?

FIGARO. — N'est-ce pas Double-main, le greffier [2] ?

BRID'OISON. — Oui, c'è-est qu'il mange à deux rateliers [3].

FIGARO. — Manger ! je suis garant qu'il dévore. Oh ! que oui, je l'ai vu, pour l'extrait [4], et pour le supplément d'extrait [4] ; comme cela se pratique, au reste.

BRID'OISON. — On-on doit remplir les formes.

FIGARO. — Assurément, Monsieur : si le fond des procès appartient aux plaideurs [5], on sait bien que la forme est le patrimoine [6] des tribunaux.

BRID'OISON. — Ce garçon-là n'è-est pas si niais que je l'avais cru d'abord. Hé bien, l'ami, puisque tu en sais tant, nou-ous aurons soin de ton affaire.

FIGARO. — Monsieur, je m'en rapporte à votre équité [7], quoique vous soyez de notre Justice.

BRID'OISON. — Hein ? ... Oui, je suis de la-a Justice. Mais si tu dois, et que tu ne payes pas ?

FIGARO. — Alors Monsieur voit bien que c'est comme si je ne devais pas.

BRID'OISON. — San-ans doute. — Hé mais qu'est-ce donc qu'il dit ?

Le mariage de Figaro, acte III, scène 13.

1. Naïf, nigaud, homme sans grande intelligence.
2. Secrétaire chargé des écritures lors d'un procès.
3. Manger à tous les rateliers = être opportuniste et corrompu.
4. Procédures juridiques.
5. Le plaignant, personne qui porte plainte.
6. La propriété, la spécialité.
7. Sens de l'égalité, de la justice.

Finalement, la tentative du comte échoue : Marceline reconnaît soudain en Figaro son fils, elle ne peut donc l'épouser.

Le théâtre politique

Suzanne, la fiancée de Figaro, vient de donner un rendez-vous au comte Almaviva qui la courtise. Il s'agit en fait d'une ruse, mais Figaro ne le sait pas et il se croit trompé par le comte. Il laisse alors éclater sa jalousie dans ce monologue célèbre qui commence par une violente attaque contre la noblesse. Puis il raconte sa vie, « bizarre suite d'événements », disant qu'il a dû se battre pour subsister, alors qu'aux nobles tout est donné par la naissance : titre, fortune, sécurité. Toute cette tirade est sous-tendue par une grande revendication : plus de liberté. Cette revendication est exprimée au centre du monologue par la phrase devenue une maxime : « Sans la liberté de blâmer, il n'est point d'éloge flatteur. » Du point de vue de la forme, ce monologue est exceptionnellement long pour le théâtre français. Mais Beaumarchais sait le maintenir très vivant par les ruptures et les changements de tons.

FIGARO, *seul, se promenant dans l'obscurité, dit du ton le plus sombre.* — O femme ! femme ! femme ! créature faible et décevante !... nul animal créé ne peut manquer à son instinct : le tien est-il donc de tromper ?... Après m'avoir obstinément refusé quand je l'en pressais devant sa maîtresse ; à l'instant qu'elle me donne sa parole, au milieu même de la cérémonie. Il riait en lisant, le perfide ! et moi comme un benêt... Non, monsieur le comte, vous ne l'aurez pas... vous ne l'aurez pas. Parce que vous êtes un grand seigneur, vous vous croyez un grand génie !... Noblesse, fortune, un rang, des places, tout cela rend si fier ! Qu'avez-vous fait pour tant de biens ? Vous vous êtes donné la peine de naître, et rien de plus. Du reste, homme assez ordinaire ; tandis que moi, morbleu ! perdu dans la foule obscure, il m'a fallu déployer plus de science et de calculs, pour subsister seulement, qu'on n'en a mis depuis cent ans à gouverner toutes les Espagnes [1] : et vous voulez jouter [2]. On vient... c'est elle... ce n'est personne. — La nuit est noire en diable, et me voilà faisant le sot métier de mari, quoique je ne le sois qu'à moitié ! (*Il s'assied sur un banc*) Est-il rien de plus bizarre que ma destinée ? Fils de je ne sais pas qui, volé par des bandits, élevé dans leurs mœurs, je m'en dégoûte et veux courir une carrière [3] honnête ; et partout je suis repoussé ! J'apprends la chimie, la pharmacie, la chirurgie, et tout le crédit d'un grand seigneur peut à peine me mettre à la main une lancette [4] vétérinaire ! — Las d'attrister des bêtes malades, et pour faire un métier contraire [5] je me jette à corps perdu dans le théâtre : me fussé-je mis une pierre au cou [6] ! Je broche [7] une comédie dans [8] les mœurs du sérail [9]. Auteur espagnol, je crois pouvoir y fronder [10] Mahomet sans scrupule : à l'instant un envoyé... de je ne sais où se plaint que j'offense dans mes vers la Sublime-Porte [11], la Perse, une partie de la presqu'île de l'Inde, toute l'Égypte, les royaumes de Barca [12], de Tripoli, de Tunis, d'Alger et de Maroc : et voilà ma comédie flambée, pour plaire aux princes mahométans, dont pas un, je crois, ne sait lire, et qui nous meurtrissent l'omoplate, en nous disant : *chiens de chrétiens.* — Ne pouvant avilir l'esprit, on se venge en le maltraitant. — Mes joues creusaient, mon terme était échu : je voyais de loin arriver l'affreux recors [13] la plume fichée dans sa perruque : en frémissant je m'évertue. Il s'élève [14] une question sur la nature des richesses ; et, comme il n'est pas nécessaire de tenir les choses pour en raisonner, n'ayant pas un sou, j'écris sur la valeur de l'argent et sur son produit net : sitôt je vois du fond d'un fiacre baisser pour moi le pont d'un château fort, à l'entrée duquel je laissai l'espérance et la liberté [15]. (*Il se lève*). Que je voudrais bien tenir un de ces puissants de quatre jours [16], si légers sur le mal qu'ils ordonnent, quand une bonne disgrâce a cuvé [17] son orgueil ! Je lui dirais... que les sottises imprimées n'ont d'importance qu'aux lieux où l'on en gêne le cours ; que, sans la liberté de blâmer, il n'est point d'éloge flatteur ; et qu'il n'y a que les petits hommes qui redoutent les petits écrits (*Il se rassied*). Las de nourrir un obscur pensionnaire, on me met un jour dans la rue ; et comme il faut dîner, quoiqu'on ne soit plus en prison, je taille encore ma plume, et demande à chacun de quoi il est question : on me dit que, pendant ma retraite économique [18], il s'est établi dans Madrid un système de liberté sur la vente des productions, qui s'étend même à celles de la presse ; et que, pourvu que je ne parle en mes écrits ni de l'autorité, ni du culte, ni de la politique, ni de la morale, ni des gens en place, ni des corps en crédit, ni de l'Opéra, ni des autres spectacles, ni de personne qui tienne à quelque chose, je puis

1. Tous les royaumes qui composent l'Espagne.
2. Vous mesurer avec moi.
3. Exercer une profession.
4. Instrument de chirurgie servant à faire des saignées.
5. Pour réjouir les hommes bien portants.
6. Emploi vieilli du plus-que-parfait du subjonctif pour exprimer le regret : j'aurais mieux fait de me mettre.
7. J'écris à la hâte.
8. Sur.
9. Palais des sultans turcs.
10. Attaquer.
11. La cour du sultan de Turquie.
12. Royaume arabe.
13. Juge.
14. On propose.
15. Cette formule désigne la prison de Paris, la Bastille, qui fut détruite pendant la Révolution.
16. Nobles au pouvoir très passager. Allusion à la rapide succession des ministères sous Louis XVI.
17. Calmé.
18. Formule ironique pour désigner la prison où l'on est logé et nourri.

tout imprimer librement, sous l'inspection de deux ou trois censeurs. Pour profiter de cette douce liberté, j'annonce un écrit périodique, et, croyant n'aller sur les brisées d'aucun autre, je le nomme *Journal inutile.* Pou-ou ! je vois s'élever contre moi mille pauvres diables à la feuille [19], on me supprime [20], et me voilà derechef sans emploi ! — Le désespoir m'allait saisir ; on pense à moi pour une place, mais par malheur j'y étais propre : il fallait un calculateur, ce fut un danseur qui l'obtint. Il ne me restait plus qu'à voler ; je me fais banquier de pharaon [21] : alors, bonnes gens ! je soupe en ville, et les personnes dites *comme il faut* [22] m'ouvrent poliment leur maison [23] en retenant pour elles les trois quarts du profit. J'aurais bien pu me remonter ; je commençais même à comprendre que, pour gagner du bien, le savoir-faire vaut mieux que le savoir. Mais comme chacun pillait autour de moi, en exigeant que je fusse honnête, il fallut bien périr encore. Pour le coup je quittais le monde, et vingt brasses d'eau [24] allaient m'en séparer, lorsqu'un dieu bienfaisant m'appelle à mon premier état [25]. Je reprends ma trousse et mon cuir anglais [26], puis, laissant la fumée [27] aux sots qui s'en nourrissent, et la honte au milieu du chemin, comme trop lourde à un piéton, je vais rasant de ville en ville, et je vis enfin sans souci. Un grand seigneur passe à Séville ; il me reconnaît, je le marie [28] ; et pour prix d'avoir eu par mes soins son épouse, il veut intercepter la mienne ! Intrigue, orage à ce sujet. Prêt à tomber dans un abîme, au moment d'épouser ma mère, mes parents m'arrivent à la file. (*Il se lève en s'échauffant*). On se débat, c'est vous, c'est lui, c'est moi, c'est toi, non, ce n'est pas nous ; eh ! mais qui donc ? (*Il retombe assis*). O bizarre suite d'événements ! Comment cela m'est-il arrivé ? Pourquoi ces choses et non pas d'autres ? Qui les a fixées sur ma tête ? Forcé de parcourir la route où je suis entré sans le savoir, comme j'en sortirai sans le vouloir, je l'ai jonchée [29] d'autant de fleurs que ma gaieté me l'a permis : encore je dis ma gaieté sans savoir si elle est à moi plus que le reste, ni même quel est ce *moi* dont je m'occupe : un assemblage informe de parties inconnues ; puis un chétif être imbécile [30], un petit animal folâtre ; un jeune homme ardent au plaisir, ayant tous les goûts pour jouir, faisant tous les métiers pour vivre ; maître ici, valet là, selon qu'il plaît à la fortune ; ambitieux par vanité, laborieux par nécessité, mais paresseux... avec délices ! orateur selon le danger ; poète par délassement ; musicien par occasion ; amoureux par folles bouffées, j'ai tout vu, tout fait, tout usé. Puis l'illusion s'est détruite, et, trop désabusé... Désabusé... ! Suzon [31], Suzon, Suzon ! que tu me donnes de tourments !... J'entends marcher... on vient. Voici l'instant de la crise [32]. (*Il se retire près de la première coulisse à sa droite*).

Le mariage de Figaro, acte V, scène 3.

19. Écrivains sans talent payés à la page (la feuille) pour écrire des articles dans les journaux. La fin du XVIIIe siècle marque les débuts de la presse.
20. On supprime mon journal.
21. Le pharaon était un jeu de hasard où celui qui jouait le banquier était opposé à tous les autres joueurs et avait de multiples occasions de tricher.
22. Qui font partie de la bonne société.
23. De nombreuses maisons se transformaient à l'époque en maison de jeu.
24. Trente mètres environ ; ici : et j'allais me noyer.
25. Celui de barbier-chirurgien-vétérinaire.
26. Tendu sur une palette, il sert à affûter les rasoirs.
27. La gloriole, les vanités du monde.
28. Voir *Le barbier de Séville*, acte I, scène 2.
29. Recouverte.
30. Faible.
31. Diminutif du prénom de sa fiancée, Suzanne.
32 Le moment décisif ; le terme est emprunté au vocabulaire de la tragédie.

LACLOS (1741-1803)

Tout comme pour l'Abbé Prévost, auteur de Manon Lescaut, *et Bernardin de Saint-Pierre, auteur de* Paul et Virginie, *il aura suffit à Laclos d'un seul livre pour assurer sa renommée : ce sont* Les liaisons dangereuses. *Ouvrage fascinant, ambigu, scandaleux, il est considéré comme le chef-d'œuvre du roman par lettres.*

LA VIE

Choderlos de Laclos est né dans une famille bourgeoise. Son père, qui occupe des fonctions importantes dans l'administration royale, est anobli. Laclos devient officier, mais étant de noblesse récente, il ne peut atteindre le grade que mérite sa compétence. Il se tourne alors vers les lettres, publie dans des périodiques et écrit des livrets d'opéra. En 1782, il publie *Les liaisons dangereuses,* signées de ses seules initiales. Le succès éclatant de ce roman ne s'est depuis jamais démenti. Devenu célèbre, il quitte l'armée et se mêle à la vie mondaine et littéraire. Lorsque la Révolution arrive, Laclos milite au Club des Jacobins. En 1792, il s'engage de nouveau dans l'armée et on le voit général à Valmy, lorsque les troupes révolutionnaires françaises arrêtent les armées coalisées des princes européens. En 1793, accusé de sympathie pour les royalistes, il est emprisonné et ne doit son salut qu'à la chute de Robespierre. Il vit alors en bon époux et en père attentif jusqu'à ce que Bonaparte lui rende son grade de général. Il participe à la campagne d'Italie et meurt pendant le siège de Tarente.

Choderlos de Laclos : *gravure d'après Carmontelle. (Bibliothèque Nationale, Paris.)*

LES LIAISONS DANGEREUSES

L'intrigue

Le vicomte de Valmont a décidé de séduire madame de Tourvel, une jeune dévote récemment mariée et dont le mari est momentanément absent. Valmont fait part de son projet à la marquise de Merteuil qui n'est autre que son ancienne amante. Celle-ci va mener le jeu et diriger par ses lettres les menées de Valmont. Elle lui propose de séduire en plus la toute jeune Cécile de Volanges, à peine sortie du couvent où elle vient d'achever son éducation pour épouser Danceny. La perspective de cette double conquête séduit Valmont. Il arrive à ses fins.

Mais il se laisse attendrir par la passion que ne tarde pas à lui témoigner madame de Tourvel. La marquise de Merteuil l'oblige alors à rompre, parce qu'il ne respecte plus le code libertin. Il écrit une lettre de rupture à laquelle madame de Tourvel ne survivra pas (voir extrait page 307). Mais Valmont se révolte contre tant de cynisme. La lutte devient alors inévitable entre les deux libertins. La marquise de Merteuil révèle

Fragonard (1732-1806), peintre de la sensualité. Le verrou, *peint vers 1780. (Musée du Louvre, Paris.)*

à Danceny le rôle ignoble joué par Valmont pour séduire sa fiancée. Les deux hommes se battent en duel ; Valmont est blessé à mort. La marquise, quant à elle, n'échappe pas au déshonneur ; elle finit ses jours dans la pauvreté, le visage défiguré par la petite vérole[1].

Les personnages de Valmont et de Merteuil

Valmont apparaît comme un séducteur sans scrupules. Tel un conquérant, il essaye de briser la résistance des femmes vertueuses. En beaucoup d'endroits, ses lettres révèlent un penchant pour les images militaires : « C'est une victoire complète, achetée par une campagne pénible et décidée par de savantes manœuvres[2] ». Mais ce conquérant a la faiblesse de tomber un jour amoureux d'une de ses victimes, contre toutes les règles du libertinage : « Je ne sortis de ses bras que pour tomber à ses genoux, pour lui jurer un amour éternel ; et il faut tout avouer, je pensais ce que je disais ». (CXXV).

En fait, le type parfait du libertin est ici incarné par une femme : la marquise de Merteuil. C'est elle le véritable meneur de jeu. « Eve satanique », sa fierté est de « ne jamais laisser prise sur elle par personne ». Elle mène la danse avec une intelligence froide et une terrible lucidité qui lui viennent d'une maîtrise parfaite de ses sentiments et d'une observation attentive de ceux qui l'entourent. Poussée par une révolte contre la condition féminine, elle se déclare « née pour venger son sexe » et exploite sans scrupules les faiblesses d'autrui. Son machiavélisme, son cynisme, son refus de tomber dans les pièges de la tendresse et de l'affection sont devenus chez elle une seconde nature et en font un personnage

1. Variole, maladie grave qui laisse des cicatrices sur la peau.
2. Laclos était un militaire de carrière.

beaucoup plus dangereux que son complice masculin. Car Valmont n'est lui-même qu'un pion qu'elle guide à distance, et elle ne manque pas de lui faire sentir sa supériorité : « Vous n'avez pas le génie de votre état[1] ; vous n'en savez que ce que vous en avez appris, et vous n'inventez rien. » (CVI). Dans la rivalité qui se crée entre eux deux, le mépris n'est pas absent.

LE LIBERTINAGE MIS À NU

Dans *Les liaisons dangereuses,* Laclos entreprend la peinture d'un comportement social, le libertinage[2], symbole d'une classe en pleine décadence, l'aristocratie. La marquise de Merteuil, le type parfait du libertin, considère le monde comme un gigantesque théâtre où elle se délecte à monter des intrigues et à prévoir des mises en scène. Elle joue avec les gens, calcule toutes les situations, construit les événements. Tout est prémédité, formidablement organisé par l'intelligence cynique de la marquise.
Or, ce roman de la prévision bascule par la faiblesse de Valmont qui succombe à l'imprévu, l'amour. Il avoue même avant de mourir : « On n'est heureux que par l'amour ». C'est la revanche de la passion sur le calcul. L'amoncellement des punitions qui s'abattent sur les deux personnages dans les dernières pages du roman montre que les libertins ont perdu et que le naturel reprend ses droits. Cette condamnation par l'auteur (déjà inscrite dans le titre) fait pendant à l'avertissement de l'éditeur qui prend lui aussi, au début de l'ouvrage, ses distances par rapport aux personnages : « Il est impossible de supposer qu'ils aient vécu dans notre siècle ; dans ce siècle de philosophie, où les lumières, répandues de toutes parts, ont rendu comme chacun sait, tous les hommes si honnêtes et toutes les femmes si modestes et si réservées. » Il reste que la présentation du libertinage dans *Les liaisons dangereuses* est parfois bien séduisante et le livre qui veut avoir un caractère moral ne manque pas d'ambiguïté.

LE ROMAN PAR LETTRES

Au XVIIIe siècle, le roman par lettres est un genre très conventionnel. Les quelques exemples qui nous en restent (*Clarisse Harlowe* de Richardson en Angleterre, *Werther* de Goethe en Allemagne, *La nouvelle Héloïse* de Rousseau et *Les liaisons dangereuses* en France) ne traduisent pas la floraison de la production de l'époque. Celui de Laclos est sans doute le plus achevé, le plus brillant.

L'art de Laclos est d'avoir poussé le roman par lettres jusqu'à sa perfection en utilisant toutes les possibilités du genre. Les lettres répondent à quatre fonctions :
— Dans ses lettres, la marquise de Merteuil établit le plan des intrigues, prévoit leur déroulement comme il s'agissait d'une mécanique bien huilée. La première fonction de la correspondance, principalement entre Merteuil et Valmont, est donc d'être le moteur de l'intrigue.
— Les lettres nous informent de ce qui s'est passé. Elles nous indiquent où en est l'action. La deuxième fonction de la correspondance est d'être un compte-rendu. Écrits par divers personnages, ces compte-rendus permettent d'éclairer le même événement de façon différente, comme dans un subtil jeu de miroirs.
— Les lettres nous renseignent non seulement sur les événements extérieurs mais aussi sur ce que ressentent les personnages qui agissent. Elles nous dévoilent la complexité de la psychologie humaine. La troisième fonction est une fonction d'analyse menée avec beaucoup de précision.
— Par leur correspondance, la marquise de Merteuil et Valmont revivent tout ce qu'ils ont projeté et accompli. L'écriture amplifie le plaisir des libertins, c'est la quatrième fonction des lettres. Pour eux, la jouissance qu'ils éprouvent dans la confidence est tout aussi importante que la jouissance qu'ils éprouvent dans l'accomplissement d'un acte lui-même.

La morale des *Liaisons dangereuses* inscrit l'œuvre dans le courant de pensée de cette fin de siècle : la nature corrompue ne peut conduire qu'au mal et tous les rouages de l'intelligence mènent l'homme à sa perte, s'il refuse d'écouter son cœur. Mais la possibilité qu'offre Laclos de ne pas réduire l'œuvre à une morale a assuré son succès jusqu'à aujourd'hui.

1. Celui de libertin.
2. Au début du siècle, le libertin désigne encore quelqu'un qui s'oppose à la religion. Mais le sens a évolué et désigne à l'époque de Laclos un personnage au « regard froid » (Sade) qui agit avec détermination et méthode contre la morale et la vertu.

BIBLIOGRAPHIE
Roger Vailland, *Laclos par lui-même,* Paris, Seuil, 1953.
Laurent Versini, *Laclos et la tradition,* Paris, Klincksiek, 1968 (sur les techniques littéraires du roman).

LES LIAISONS DANGEREUSES

Double jeu

Valmont écrit à la chaste madame de Tourvel, qu'il veut séduire. Cette lettre exprime la plus violente passion. L'amoureux y apparaît tour à tour enflammé, soumis, désespéré. C'est le style tourmenté mais conventionnel du discours amoureux.
Mais on peut lire la lettre d'une toute autre façon quand on imagine la situation de Valmont. Il est en effet entre les bras d'une « courtisane », Émilie, qui a eu la complaisance, dit Valmont à la marquise de Merteuil (dans la lettre XLVII), « de me servir de pupître pour écrire à ma belle Dévote, à qui j'ai trouvé plaisant d'envoyer une lettre écrite du lit et presque d'entre les bras d'une fille ».

C'est après une nuit orageuse, et pendant laquelle je n'ai fermé l'œil ; c'est après avoir été sans cesse ou dans l'agitation d'une ardeur dévorante, ou dans l'entier anéantissement de toutes les facultés de mon âme, que je viens chercher auprès de vous, Madame, un calme dont j'ai besoin, et dont pourtant je n'espère pas jouir encore. En effet, la situation où je suis en vous écrivant, me fait connaître, plus que jamais, la puissance irrésistible de l'amour ; j'ai peine à conserver assez d'empire [1] sur moi pour mettre quelque ordre dans mes idées ; et déjà je prévois que je ne finirai pas cette Lettre, sans être obligé de l'interrompre. Quoi ! ne puis-je donc espérer que vous partagerez quelque jour le trouble que j'éprouve en ce moment ? J'ose croire cependant que, si vous le connaissiez bien, vous n'y seriez pas entièrement insensible. Croyez-moi, Madame, la froide tranquillité, le sommeil de l'âme, image de la mort, ne mènent point au bonheur ; les passions actives peuvent seules y conduire ; et malgré les tourments que vous me faites éprouver, je crois pouvoir assurer sans crainte, que, dans ce moment, je suis plus heureux que vous. En vain m'accablez-vous de vos rigueurs désolantes ; elles ne m'empêchent point de m'abandonner entièrement à l'amour et d'oublier dans le délire qu'il me cause, le désespoir auquel vous me livrez. C'est ainsi que je veux me venger de l'exil auquel vous me condamnez. Jamais je n'eus tant de plaisir en vous écrivant ; jamais je ne ressentis, dans cette occupation, une émotion si douce, et cependant si vive. Tout semble augmenter mes transports [2] : l'air que je respire est brûlant de volupté ; la table même sur laquelle je vous écris, consacrée pour la première fois à cet usage devient pour moi l'autel sacré de l'amour, combien elle va s'embellir à mes yeux ! j'aurai tracé sur elle le serment de vous aimer toujours ! Pardonnez, je vous en supplie, au désordre de mes sens. Je devrais peut-être m'abandonner moins à des transports que vous ne partagez pas : il faut vous quitter un moment pour dissiper une ivresse qui s'augmente à chaque instant, et qui devient plus forte que moi.
Je reviens à vous, Madame, et sans doute j'y reviens toujours avec le même empressement. Cependant le sentiment du bonheur a fui loin de moi ; il a fait place à celui des privations cruelles. A quoi me sert-il de vous parler de mes sentiments, si je cherche en vain les moyens de vous convaincre ? Après tant d'efforts réitérés [3], la confiance et la force m'abandonnent à la

1. Assez de contrôle.
2. Violents sentiments, en général amoureux.
3. Répétés.

fois. Si je me retrace encore les plaisirs de l'amour, c'est pour sentir plus vivement le regret d'en être privé. Je ne me vois de ressource que dans votre indulgence, et je sens trop, dans ce moment combien j'en ai besoin pour espérer de l'obtenir. Cependant jamais mon amour ne fut plus respectueux, jamais il ne dut moins vous offenser ; il est tel, j'ose le dire, que la vertu la plus sévère ne devrait pas le craindre : mais je crains moi-même de vous entretenir plus longtemps de la peine que j'éprouve. Assuré que l'objet qui la cause ne la partage pas, il ne faut pas au moins abuser de ses bontés ; et ce serait le faire, que d'employer plus de temps à vous retracer cette douloureuse image. Je ne prends plus que celui de vous supplier de me répondre, et de ne jamais douter de la vérité de mes sentiments.

Les liaisons dangereuses, Lettre XLVIII

Une femme occupée à cacheter une lettre. *Peinture de Jean Baptiste Chardin (1733). (Stiftung Preussischer Kulturbesitz, Berlin-Ouest.)*

Une leçon de libertinage

Valmont a mené à bien sa tentative de séduction auprès de madame de Tourvel. Mais le séducteur a été pris à son propre piège : il en est tombé amoureux. Sa confidente, la marquise de Merteuil, n'apprécie pas ce qu'elle considère comme une faiblesse de la part d'un libertin. Par désir de s'affirmer supérieure à Valmont, pour le convaincre du ridicule de sa situation, elle lui envoie un modèle de lettre de rupture, assorti d'une menace à peine voilée au cas où il persisterait dans cet amour. Valmont recopie la lettre et l'envoie à madame de Tourvel, abdiquant ainsi toute indépendance. Madame de Tourvel, accablée et désespérée, mourra de honte et de chagrin.

Un homme de ma connaissance s'était empêtré [1], comme vous, d'une femme qui lui faisait peu d'honneur. Il avait bien, par intervalle, le bon esprit de sentir que, tôt ou tard, cette aventure lui ferait tort : mais quoiqu'il en rougît, il n'avait pas le courage de rompre. Son embarras était d'autant plus grand, qu'il s'était vanté à ses amis d'être entièrement libre ; et qu'il n'ignorait pas que le ridicule qu'on a, augmente toujours en proportion qu'on s'en défend. Il passait ainsi sa vie, ne cessant de faire des sottises, et ne cessant de dire après : *Ce n'est pas ma faute.* Cet homme avait une amie qui fut tentée un moment de le livrer au public [2] en cet état d'ivresse [3], et de rendre ainsi son ridicule ineffaçable : mais pourtant, plus généreuse que maligne, ou peut-être encore par quelque autre motif, elle voulut tenter un dernier moyen, pour être, à tout événement dans le cas de dire comme son ami : *Ce n'est pas ma faute.* Elle lui fit donc parvenir sans aucun autre avis, la lettre qui suit, comme un remède dont l'usage pourrait être utile à son mal.

« On s'ennuie de tout, mon Ange, c'est une loi de la nature ; ce n'est pas ma faute.

« Si donc je m'ennuie aujourd'hui d'une aventure qui m'a occupé entièrement depuis quatre mortels mois, ce n'est pas ma faute.

« Si, par exemple, j'ai eu juste autant d'amour que toi de vertu, et c'est sûrement beaucoup dire, il n'est pas étonnant que l'un ait fini en même temps que l'autre. Ce n'est pas ma faute.

« Il suit de là, que depuis quelque temps je t'ai trompée : mais aussi, ton impitoyable tendresse m'y forçait en quelque sorte ! Ce n'est pas ma faute.

« Aujourd'hui, une femme que j'aime éperdument exige que je te sacrifie. Ce n'est pas ma faute.

« Je sens bien que voilà une belle occasion de crier au parjure [4] : mais si la Nature n'a accordé aux hommes que la constance, tandis qu'elle donnait aux femmes l'obstination, ce n'est pas ma faute.

« Crois-moi, choisis un autre Amant, comme j'ai fait [5] une autre Maîtresse. Ce conseil est bon, très bon ; si tu le trouves mauvais, ce n'est pas ma faute.

« Adieu, mon Ange, je t'ai prise avec plaisir, je te quitte sans regret : je te reviendrai peut-être. Ainsi va le monde. Ce n'est pas ma faute. »

Les liaisons dangereuses, lettre CXLI.

1. S'était embarrassé.
2. De dire à tout le monde comment il se comportait.
3. D'ivresse amoureuse.
4. De crier à la trahison.
5. Comme j'ai choisi.

SADE (1740-1814)

Il est difficile de voir en Sade un écrivain comme les autres; son imagination débordante touche en effet un domaine semé d'interdits : la sexualité. On le traite tour à tour de pervers ou de génie, avec beaucoup d'excès dans les deux sens. Son œuvre constitue pourtant un maillon indispensable à la bonne compréhension du siècle des philosophes. L'érotisme n'est qu'une face d'une œuvre où s'entremêlent philosophie, morale et politique.

LA VIE

Après ses études, Sade entre dans l'armée où il fait carrière. Emprisonné en 1763, puis en 1768 pour moeurs dissolues et pour cruauté, il doit fuir en Italie pour éviter une nouvelle condamnation. Il n'en est pas moins brûlé en effigie à Aix pour crime contre nature et pour empoisonnement.

Emprisonné à nouveau en 1772, il s'évade et revient dans son château, en Provence. A l'origine de plusieurs scandales, il est de nouveau arrêté et fait plusieurs séjours dans les prisons de Vincennes et de la Bastille à Paris. Il ne sera libéré qu'en 1789.

Au début de la Révolution, il joue un certain rôle politique, mais il est arrêté sous la Terreur (en 1793) et échappe de justesse à la guillotine. Après la Révolution, il est interné à l'hospice de Charenton, considéré arbitrairement comme fou. Sur soixante-quatorze ans de sa vie, le marquis de Sade en a passé trente en prison.

PRINCIPALES ŒUVRES

L'œuvre du marquis de Sade est considérable car il n'a jamais cessé d'écrire. Elle comprend des nouvelles, des contes, des romans, des essais philosophiques et une énorme correspondance qui nous permet de suivre sa vie presqu'au jour le jour. Beaucoup de manuscrits (notamment des pièces de théâtre) ont été détruits par la police.

Les œuvres les plus importantes sont :

— *Les 120 jours de Sodome*

— *Aline et Valcour* ou le *Roman philosophique* (1795)

— *La Philosophie dans le boudoir* [1] (1795)

— *Justine ou Les malheurs de la vertu*

— *Histoire de Juliette, sa sœur*

— *Les Crimes de l'amour* (1800)

LA PENSÉE

La pensée de Sade plonge ses racines dans l'univers philosophique du XVIIIe siècle, mais elle les plonge si profondément qu'elle arrive à des couches que nul autre avant lui n'avait osé explorer. Le visage de Sade est donc double : il est à la fois un auteur bien ancré dans le mouvement des idées de son époque et un auteur qui les bouleverse totalement.

Un matérialiste

Comme beaucoup de ses contemporains, notamment Diderot, le marquis de Sade est un adepte du matérialisme, c'est-à-dire qu'il reconnaît comme loi suprême celle de la matière. Dans cette matière perpétuellement en mouvement, les individualités s'effacent : « Rien ne naît, rien ne périt essentiellement ; tout n'est qu'action et réaction de la matière... C'est une variation infinie ; mille et mille portions de différentes

1. *Petit salon attenant à l'appartement d'une dame.*

matières qui paraissent sous toutes sortes de formes, s'anéantissent et se rencontrent, sous d'autres, pour se perdre et se remontrer encore. » (*Histoire de Juliette ou les prospérités du vice,* IV)
C'est au nom du matérialisme que Sade fait l'éloge des passions en termes chers aux philosophes de son temps (voir p. 221) : « On déclame contre les passions, sans songer que c'est à leur flambeau que la philosophie allume le sien, que c'est à l'homme passionné que l'on doit le renversement total de toutes les imbécillités religieuses qui si longtemps empestèrent le monde. » (*Ibid.*, I)

La cruauté remplace la bonté

Mais Sade se détache des philosophes en ne proclamant pas avec eux la bonté originelle de l'homme, mais en affirmant que la nature humaine est fondamentalement cruelle : « La cruauté est dans la nature ; nous naissons tous avec une dose de cruauté que la seule éducation modifie... La cruauté n'est autre chose que l'énergie de l'homme que la civilisation n'a point encore corrompue : elle est donc une vertu et non pas un vice. » (*La philosophie dans le boudoir,* III) C'est un renversement radical par rapport à l'optimisme général du XVIIIe siècle.
Sade fait aussi l'éloge du bonheur (voir p. 222). Toutefois, dans cette recherche de la plénitude, le modèle proposé n'est pas la vertu (comme chez Rousseau) mais le crime (voir extrait page 310) ; la destruction est le relais nécessaire de la transformation incessante de la nature : « Si je voyais qu'il n'y eût de possibilité pour moi d'être heureuse que dans l'excès des crimes les plus atroces, je les commettrais tous à l'instant sans frémir, certaine que la première loi que m'indique la nature est de me délecter, n'importe aux dépens de qui. » (*Juliette,* I.) A ce niveau, plus rien n'empêche les personnages de Sade de donner libre cours à toutes leurs pulsions, puisqu'ils ne font que suivre en cela l'appel de la nature. Ils ne connaissent pas le remords mais sont guidés par une lucidité exempte de toute mauvaise conscience. Si Diderot indiquait encore avec scrupule toutes les règles que doit suivre le philosophe matérialiste pour ne pas tomber dans l'excès et pouvoir fonder la vie en société, pour Sade, la liberté de l'individu déborde tout cadre social. Les personnages de Sade sont des solitaires qui, pour leurs seuls plaisirs, n'hésitent pas à condamner les plus faibles.

BIBLIOGRAPHIE

Maurice Blanchot, « La raison de Sade » dans *Lautréamont et Sade, Paris,* Édition de Minuit, 1963, réédition 1969.

Gilbert Lély, *Sade,* Paris, Gallimard, Coll. « Idées », 1964 (une des meilleures études sur Sade).

Jean-Jacques Brochier, *Sade,* Éditions Universitaires, 1966 (bonne et courte initiation à la lecture de Sade).

Béatrice Didier, *Sade, une écriture du désir,* Paris, Denoël-Gontier, 1976.

Annie Le Brun, *Soudain un bloc d'abîme, Sade* (introduction aux œuvres complètes), Pauvert, 1987.

JUSTINE

L'apologie du crime

Thérèse, de son vrai nom Justine, est une jeune fille de bonne famille que le sort jette sans défenses dans le monde. Elle est contrainte de gagner sa vie, mais, naïve et inexpérimentée, elle tombe toujours dans les mains de personnages sans scrupules. Elle a été recueillie par un jeune comte qui l'a sauvée — involontairement — des mains de brigands. La tante de ce jeune homme est bonne et généreuse, et elle lui donne une place dans son château. Thérèse croit enfin être arrivée au bout de ses peines, quand le jeune homme lui demande de lui rendre un horrible service.

— Écoute-moi, Thérèse, me dit-il avec un peu d'embarras... j'ai des choses de la plus grande conséquence à te dire ; jure-moi que tu ne t'en révéleras jamais rien.

— Oh ! monsieur, répondis-je, pouvez-vous me croire capable d'abuser de votre confiance ?

— Tu ne sais pas ce que tu risquerais si tu venais à me prouver que je me suis trompé en te l'accordant ?

— Le plus affreux de tous mes chagrins serait de l'avoir perdue, je n'ai pas besoin de plus grandes menaces...

— Eh bien, Thérèse, j'ai condamné ma tante à la mort... et c'est ta main qui doit me servir.

— Ma main ! m'écriai-je en reculant d'effroi... Oh ! monsieur, avez-vous pu concevoir de semblables projets ?... Non, non ; disposez de ma vie, s'il vous la faut, mais n'imagez jamais obtenir de moi l'horreur que vous me proposez.

— Écoute, Thérèse, me dit le comte, en me ramenant avec tranquillité ; je me suis bien douté de tes répugnances, mais, comme tu as de l'esprit, je me suis flatté de les vaincre... de te prouver que ce crime, qui te paraît si énorme, n'est au fond qu'une chose toute simple.

Deux forfaits[1] s'offrent ici, Thérèse, à tes yeux peu philosophiques : la destruction d'une créature qui nous ressemble, et le mal dont cette destruction s'augmente, quand cette créature nous appartient de près. A l'égard du crime de la destruction de son semblable, sois-en certaine, chère fille, il est purement chimérique. Le pouvoir de détruire n'est pas accordé à l'homme ; il a tout au plus celui de varier les formes ; mais il n'a pas celui de les anéantir : or toute forme est égale aux yeux de la nature ; rien ne se perd dans le creuset immense où ses variations s'exécutent ; toutes les portions de matières qui y tombent en rejaillissent incessamment sous d'autres figures, et quels que soient nos procédés sur cela, aucun ne l'outrage sans doute, aucun ne saurait l'offenser. Nos destructions raniment son pouvoir ; elles entretiennent son énergie, mais aucune ne l'atténue ; elle n'est contrariée par aucune... Eh ! qu'importe à sa main toujours créatrice que cette masse de chair conformant[2] aujourd'hui un individu bipède[3] se reproduise demain sous la forme de mille insectes différents ? Osera-t-on dire que la construction de cet animal à deux pieds lui coûte plus que celle

1. Mauvaises actions.
2. Ayant la forme de.
3. Individu à deux pieds : l'homme.

d'un vermisseau, et qu'elle doit y prendre un plus grand intérêt ? Si donc ce degré d'attachement, ou bien plutôt d'indifférence, est le même, que peut lui faire que par le glaive [4] d'un homme un autre homme soit changé en mouche ou en herbe ? Quand on m'aura convaincu de la sublimité de notre espèce, quand on m'aura démontré qu'elle est tellement importante à la nature, que nécessairement ses lois s'irritent de cette transmutation [5], je pourrai croire alors que le meurtre est un crime ; mais quand l'étude la plus réfléchie m'aura prouvé que tout ce qui végète sur ce globe, le plus imparfait des ouvrages de la nature, est d'un égal prix à ses yeux, je n'admettrai jamais que le changement d'un de ces êtres en mille autres puisse en rien déranger ses vues. Je me dirai : tous les hommes, tous les animaux, toutes les plantes croissant, se nourissant, se détruisant, se reproduisant par les mêmes moyens, ne recevant jamais une mort réelle, mais une simple variation dans ce qui les modifie ; tous, dis-je, paraissant aujourd'hui sous une forme, et quelques années ensuite sous une autre, peuvent, au gré de l'être qui veut les mouvoir, changer mille et mille fois dans un jour, sans qu'une seule loi de la nature en soit un instant affectée, que dis-je ? sans que ce transmutateur ait fait autre chose qu'un bien, puisqu'en décomposant des individus dont les bases redeviennent nécessaires à la nature, il ne fait que lui rendre par cette action, improprement qualifiée de criminelle, l'énergie créatrice dont l'a privée nécessairement celui qui, par une stupide indifférence, n'ose entreprendre aucun bouleversement. O Thérèse, c'est le seul orgueil de l'homme qui érigea le meurtre en crime. Cette vaine créature, s'imaginant être la plus sublime du globe, se croyant la plus essentielle, partit de ce faux principe pour assurer que l'action qui la détruirait ne pouvait qu'être infâme ; mais sa vanité, sa démence ne changea rien aux lois de la nature ; il n'y a point d'être qui n'éprouve au fond de son cœur le désir le plus véhément [6] d'être défait de ceux qui le gênent, ou dont la mort peut lui apporter du profit ; et de ce désir à l'effet, t'imagines-tu, Thérèse, que la différence soit bien grande ? Or, si ces impressions nous viennent de la nature, est-il présumable qu'elles l'irritent ? Nous inspirerait-elle ce qui la dégraderait ? Ah ! tranquillise-toi, chère fille, nous n'éprouvons rien qui ne lui serve ; tous les mouvements qu'elle place en nous sont les organes de ses lois ; les passions de l'homme ne sont que les moyens qu'elle emploie pour parvenir à ses desseins. A-t-elle besoin d'individus ? elle nous inspire l'amour, voilà des créations ; les destructions lui deviennent-elles nécessaires ? Elle place dans nos cœurs la vengeance, l'avarice, la luxure, l'ambition, voilà des meurtres ; mais elle a toujours travaillé pour elle, et nous sommes devenus, sans nous en douter, les crédules agents de ses caprices.

Justine ou *Les malheurs de la vertu*

4. Épée. Ici : arme meurtrière.
5. Transformation, métamorphose.
6. Fort, violent.

CHÉNIER (1762-1794)

Si le XVIe siècle a marqué l'âge d'or de la poésie française, le XVIIe n'a connu que la magnifique exception de La Fontaine ; quant au XVIIIe siècle, il ne nous a laissé que les œuvres d'André Chénier, qui mourut prématurément ; il fut guillotiné sous la Révolution à l'âge de trente-deux ans.

Portrait de André-Marie Chénier par Joseph Benoit Suvée fait à la prison Saint-Lazare, huit jours avant son exécution (1794). (Collection du comte Louis de Pange.)

LA VIE

Né à Constantinople, André Chénier se passionne très tôt pour la Grèce dont sa mère se prétend originaire. Installée à Paris, elle tient un salon où Chénier rencontre une élite cultivée qui fera naître en lui l'envie d'écrire. Il s'engage dans l'armée mais sa sa santé l'oblige à revenir à la vie civile. Il part en voyage en Italie.

En 1787, il devient secrétaire d'ambassade à Londres où il commence deux grands poèmes : *L'Hermès* et *L'Amérique*. La Révolution l'incite à revenir en France, mais très vite, les excès et les violences l'écœurent. Après avoir pris la défense de Louis XVI, il est considéré comme suspect.

Arrêté en mars 1794, il finit sous la guillotine quelques mois plus tard. On dit que sur la charrette qui le menait à la mort, il récitait des vers de Racine ; puis, montant sur l'échafaud, il dit en se frappant le front : « Mourir ? J'avais pourtant quelque chose là-dedans. »

PRINCIPALES ŒUVRES

Seules des œuvres mineures furent publiées de son vivant. Ce n'est qu'au XIXe siècle que les milieux littéraires découvrent ce poète.

Les Bucoliques ou Idylles

Ce sont de petits poèmes décrivant la vie campagnarde et évoquant les dieux de la mythologie. Quelques-uns sont restés célèbres, en particulier *La jeune Tarentine*.

Élégies

Chénier reprend les thèmes de la poésie de son temps où l'homme de la ville se sent attiré par la nature. Le poète y chante ses amours, ses regrets, sa mélancolie. Le style est pseudo-classique.

Hermès et l'Amérique

Ce sont de grands projets poétiques. Chénier voulait créer une poésie moderne qui tienne compte des progrès de la civilisation. Ces deux épopées sont restées inachevées, mais Chenier a terminé le poème qui devait servir d'introduction : *L'invention.* Chénier, qui a su si bien imiter et parfois même pasticher les Anciens, demande qu'on renonce à reprendre leurs sujets et leurs thèmes pour d'autres plus modernes.

Les Iambes

Enfermé en prison, Chénier compose une élégie un peu fade pour une jeune femme qu'il y rencontra ; c'est *La jeune captive.* Mais il écrit aussi les *Iambes*, satire politique où le poète ne se fait l'imitateur de personne. C'est la protestation d'une âme libre contre l'arbitraire révolutionnaire.

L'ART POÉTIQUE DE CHÉNIER

La synthèse du beau et du nouveau

Fortement influencé par la culture et la poésie grecques, il s'efforce d'imiter dans leurs formes les créations des Anciens. Il met également en scène des figures mythologiques ou des personnages de la Grèce antique. Mais la vie moderne du XVIIIe siècle, les découvertes et les progrès de la science sont pour lui des événements que la poésie aussi doit traiter. C'est le sens du vers célèbre dans *L'invention.*

« Sur des pensers nouveaux, faisons des vers [antiques »

où il cherche à faire la synthèse entre la modernité des thèmes et l'imitation des Anciens.

Chénier précurseur

Assez souvent, Chénier cherche l'épithète précise qui fait l'image, il aime les noms étrangers pour leurs sonorités évocatrices. Le passage suivant en fournit plusieurs exemples :

« Les Ménades couraient en longs cheveux épars
Et chantaient Évius, Bacchus et Thyonie...
Et la voix des rochers répétait leurs chansons ;
Et le rauque tambour, les sonores cymbales
Les hautbois tortueux, et les doubles crotales
Qu'agitaient en dansant sur ton bruyant chemin
Le faune, le satyre et le jeune sylvain...

(*Bacchus,* fragments)

Il y a là des effets de pittoresque et d'harmonie vraiment nouveaux.

De plus, Chénier manie l'alexandrin avec beaucoup de nuances. Il en varie les coupes, use fréquemment du rejet, donne déjà l'exemple de quelques-unes des libertés romantiques. On peut le vérifier dans le passage suivant qui raconte la lutte de Thésée contre un centaure :

« Lorque le fils d'Égée,/invicible,/sanglant,
L'aperçoit,/à l'autel prend un chêne brûlant,
Sur sa croupe indomptée avec un bruit terrible
S'élance,/va saisir sa chevelure horrible,
L'entraîne,/et quand sa bouche,/ouverte avec [effort,
Crie,/il y plonge ensemble et la flamme et la [mort. »

(*L'aveugle*).

Les innovations poétiques de Chénier lui ont valu le qualificatif de pré-romantique. Grâce à lui, la poésie, paralysée par l'imitation servile des Anciens, retrouve des qualités concrètes et pittoresques et des accents personnels. Mais on peut opposer à cela autant d'exemples où Chénier reste soigneusement fidèle à la tradition. En fait, la Révolution n'a pas laissé à ce poète le temps de faire ses preuves et on ne peut dire si sa gloire a gagné ou perdu à sa mort prématurée.

BIBLIOGRAPHIE
Jean Fabre, *Chénier,* Paris, Hatier, « Connaissance des lettres », 1955, réédition 1965.

CHÉNIER

IAMBES

Fureur contre l'injustice

Après avoir suivi avec enthousiasme les progrès de la Révolution, Chénier n'éprouve plus qu'horreur pour ses barbaries et ses exécutions sommaires. Arrêté, il est emprisonné à Paris.

Il sait maintenant que les bourreaux peuvent venir le chercher d'un moment à l'autre. Le cœur soulevé par la haine et le mépris, il lance des vers enflammés contre les responsables (« ces pervers ») des massacres révolutionnaires.

Les iambes sont des vers grecs ou latins dont le rythme fait alterner des vers de 12 et de 8 syllabes.

Comme un dernier rayon, comme un dernier zéphyre
  Anime la fin d'un beau jour,
Au pied de l'échafaud j'essaie encor ma lyre ;
  Peut-être est-ce bientôt mon tour.(...)
S'il est écrit aux cieux [1] que jamais une épée
  N'étincellera dans mes mains,
Dans l'encre et l'amertume une autre arme trempée
  Peut encor servir les humains.
Justice, Vérité, si ma main, si ma bouche,
  Si mes pensers les plus secrets,
Ne froncèrent jamais votre sourcil farouche,
  Et si les infâmes progrès,
Si la risée atroce, ou, plus atroce injure,
  L'encens de hideux scélérats,
Ont pénétré vos cœurs d'une large blessure,
  Sauvez-moi. Conservez un bras
Qui lance votre foudre, un amant qui vous venge.
  Mourir sans vider mon carquois [2],
Sans percer, sans fouler, sans pétrir dans leur fange
  Ces bourreaux barbouilleurs de lois [3] !
Ces vers cadavéreux de la France asservie,
  Egorgée ! O mon cher trésor,
O ma plume ! fiel, bile, horreur, dieux de ma vie !
  Par vous seuls je respire encor ;
Comme la poix [4] brûlante agitée en ses veines
  Ressuscite un flambeau mourant
Je souffre ; mais je vis. Par vous, loin de mes peines,
  D'espérance un vaste torrent
Me transporte. Sans vous, comme un poison livide [5],
  L'invisible dent du chagrin,
Mes amis opprimés, du menteur homicide
  Les succès, le sceptre d'airain [6],
Des bons proscrits par lui la mort ou la ruine,
  L'opprobre [7] de subir sa loi,
Tout eût tari ma vie ; ou contre ma poitrine

1. Dans les astres.
2. Étui pour mettre les flèches ; ici, mourir sans avoir donné toutes mes possibilités.
3. Les révolutionnaires, notamment Robespierre et Saint-Just.
4. Sorte de résine que les assiégés d'un château déversaient brûlante sur les assiégeants.
5. Qui rend livide.
6. Le pouvoir tyrannique.
7. La honte.

Dirigé mon poignard. Mais quoi !
Nul ne resterait donc pour attendrir l'histoire
Sur tant de justes massacrés,
Pour consoler leurs fils, leurs veuves, leur mémoire !
Pour que des brigands abhorrés [8]
Frémissent aux portraits noirs de leur ressemblance,
Pour descendre jusqu'aux enfers
Nouer le triple nœud, le fouet de la vengeance
Déjà levé sur ces pervers,
Pour cracher sur leurs noms, pour chanter leur supplice !...
Allons, étouffe tes clameurs ;
Souffre, ô cœur gros de haine, affamé de justice.
Toi, vertu, pleure, si je meurs.

Iambes, extraits

8. Que l'on a en horreur.

Ravitaillement des prisonniers à Saint-Lazare *par Hubert Robert. Saint-Lazare servait de prison politique sous la Révolution. Chénier y fut incarcéré de mars à juillet 1794. (Musée Carnavalet, Paris.)*

INDEX

Les chiffres en caractères gras renvoient au chapitre propre à chaque auteur.

TABLE DES MATIÈRES

RÉFÉRENCES DES PHOTOGRAPHIES

p. 4 Ph. © Bibl. Nat./Arch. Photeb
p. 8 Ph. © Bibl. Nat./Arch. Photeb
p. 9 Ph. © Yan/Rapho
p. 11 Ph. © Bibl. Nat./Arch. Photeb
p. 12 Ph. © Bibl. Royale Albert-Ier/Arch. Photeb
p. 13 Ph. © Bibl. Nat./Arch. Photeb
p. 14 en haut à gauche Ph. H. Josse © Arch. Photeb
en bas à droite Ph. © Musée royal des Beaux-Arts - Anvers/Photeb
p. 15 Ph. © Bibl. Nat./Arch. Photeb
p. 20 Ph. © Bibl. Nat./Arch. Photeb
p. 21 Ph. © Bibl. Nat./Arch. Photeb
p. 23 Ph. © Staatsbibliothek Preussischer Kulturbesitz - Berlin
p. 25 Ph. © Bibl. Nat./Arch. Photeb
p. 27 Ph. S. Guiley-Lagache © Arch. Photeb/T
p. 30 Ph. S. Guiley-Lagache © Arch. Photeb/T
p. 31 Ph. © Bibl. Nat./Arch. Photeb
p. 33 Ph. © Bibl. Nat./Arch. Photeb
p. 35 Ph. © Bibl. Nat./Arch. Photeb
p. 37 2 photos © Bibl. Nat./Arch. Photeb
p. 38 Ph. © Bibl. Nat./Arch. Photeb
p. 43 Ph. © Bibl. Nat./Arch. Photeb
p. 44 Ph. © Bibl. Nat./Arch. Photeb
p. 45 Ph. © The British Library/Arch. Photeb
p. 49 Bibliothèque Nationale, Paris, Ph. © Bibl. Nat./Arch. Photeb
p. 50 Ph. © Bibl. Nat./Arch. Photeb
p. 55 Bibliothèque Nationale, Paris, Ph. © Bibl. Nat./Arch. Photeb
p. 56 Ph. © Lauros - Giraudon/Photeb
p. 58 Ph. © Bibl. Nat./Photeb
p. 59 Ph. © Bibl. Nat./Arch. Photeb/T
p. 60 Ph. © La photothèque française/Arch. Photeb
p. 65 Ph. H. Josse © Arch. Photeb
p. 66 Ph. © Bibl. Nat./Arch. Photeb
p. 70 Ph. © J. Verroust/Arch. Photeb
p. 74 Ph. © Bibl. Nat./Arch. Photeb
p. 77 Ph. © Bibl. Nat./Photeb
p. 79 Ph. © Bibl. Nat./Arch. Photeb
p. 80 Ph. L. Joubert © Arch. Photeb
p. 81 Ph. © Bibl. Nat./Arch. Photeb
p. 82 Ph. © Bibl. Nat./Photeb
p. 85 Ph. © Bibl. Nat./Arch. Photeb
p. 87 Ph. Jeanbor © Photeb/T
p. 89 Ph. Jeanbor © Arch. Photeb
p. 90 Ph. © Arch. Photeb
p. 92 Ph. © Bibl. Nat./Arch. Photeb
p. 94 Ph. G. Reinhold © Arch. Photeb
p. 95 Ph. R. Kleinhempel © Arch. Photeb
p. 97 Ph. © Bibl. Nat./Arch. Photeb
p. 100 Ph. © Alinari - Viollet/Photeb
p. 103 Ph. © B. Biraben/Arch. Photeb
p. 105 Bibliothèque municipale, Bordeaux, Ph. © B. Biraben/T
p. 107 Ph. H. Josse © Arch. Photeb
p. 111 Ph. G. Dagli Orti © Arch. Photeb
p. 113 Ph. © Bibl. Nat./Photeb
p. 114 Ph. © Bibl. Nat./Arch. Photeb
p. 116 Ph. L. Joubert © Arch. Photeb
p. 118 Ph. J.-L. Charmet © Arch. Photeb
p. 119 Windsor Castle, photo copyright reserved
p. 120 Ph. H. Josse © Arch. Photeb
p. 121 Ph. H. Josse © Arch. Photeb/T
p. 123 Ph. © Arch. Photeb/T
p. 124 Ph. © Bibl. Nat./Arch. Photeb
p. 129 Ph. H. Josse © Arch. Photeb
p. 132 Ph. H. Josse © Arch. Photeb
p. 135 Ph. © A. Varda/Arch. Photeb
p. 139 Ph. © A. Varda/Photeb
p. 142 Ph. © R. Pic/Arch. Photeb
p. 143 Ph. © IBM/Arch. Photeb
p. 144 Ph. © Bibl. Nat./Arch. Photeb
p. 145 Ph. L. Joubert © Arch. Photeb
p. 146 Ph. H. Josse © Arch. Photeb
p. 149 Ph. © New Orleans Museum of Art - La Nouvelle Orléans/Photeb
p. 152 Ph. J. Dubout © Arch. Photeb
p. 153 Ph. L. Joubert © Arch. Photeb
p. 156 Ph. © Agence Bernand/Arch. Photeb
p. 158 en haut Ph. © studio Lipnitzki/Arch. Photeb
en bas Ph. © X-D.R./Arch. Photeb
p. 161 Ph. © S.F.P./Arch. Photeb
p. 168 Ph. J. Arlaud © Arch. Photeb
p. 171 Ph. © Bibl. Nat./Photeb
p. 172 Ph. © Bibl. Nat./Photeb
p. 173 Ph. © Bibl. Nat./Photeb
p. 177 Ph. H. Josse © Arch. Photeb
p. 178 Ph. H. Josse © Arch. Photeb
p. 181 Ph. © R. Pic/Arch. Photeb
p. 189 Ph. © La Photographie Nouvelle, Paris D.R./Arch. Photeb
p. 190 Ph. H. Josse © Arch. Photeb
p. 191 Ph. Jeanbor © Arch. Photeb
p. 195 Ph. Jeanbor © Arch. Photeb
p. 197 Ph. © Giraudon/Arch. Photeb
p. 198 Ph. Studio Moreau © Arch. Photeb
p. 201 Ph. © X-D.R./Arch. Photeb
p. 202 Ph. H. Josse © Arch. Photeb
p. 204 Ph. H. Josse © Arch. Photeb
p. 205 Ph. © Bibl. Nat./Photeb
p. 206 Ph. I. Delmas © Arch. Photeb
p. 210 Ph. H. Josse © Arch. Photeb
p. 212 Ph. © Crown Copyright/Arch. Photeb
p. 214 Ph. © Bibl. Nat./Arch. Photeb
p. 215 Ph. © Bibl. Nat./Arch. Photeb
p. 216 Ph. © Bulloz/Arch. Photeb
p. 218 en haut Ph. J. Freeman © Arch. Photeb
en bas Ph. © Bibl. Nat./Arch. Photeb
p. 219 Ph. Jeanbor © Arch. Photeb
p. 220 Ph. L. de Selva © Arch. Photeb
p. 222 Ph. © Giraudon/Photeb
p. 224 Ph. © Giraudon/Photeb
p. 229 Ph. © B. Biraben/Arch. Photeb
p. 233 Ph. L. Joubert © Arch. Photeb
p. 234 Ph. H. Josse © Arch. Photeb
p. 239 Ph. © Bibl. Nat./Photeb
p. 240 Ph. © Bibl. Nat./Arch. Photeb
p. 243 Ph. © Bulloz/Photeb
p. 244 Ph. © Bibl. Nat./Arch. Photeb
p. 245 Ph. © Arch. Photeb
p. 246 Ph. © Bristol city Art Gallery-Bristol/Photeb
p. 251 Ph. © Bibl. Nat./Arch. Photeb
p. 254 Ph. Scala © Arch. Photeb
p. 257 Ph. © Bulloz/Photeb
p. 261 Ph. © Agence Bernand/Arch. Photeb
p. 263 Ph. S. Guiley Lagache © Arch. Photeb
p. 264 Ph. © Arch. Photeb
p. 265 Ph. Jeanbor © Arch. Photeb
p. 270 Ph. Jeanbor © Arch. Photeb
p. 272 Ph. H. Josse © Arch. Photeb
p. 277 Ph. © Bibl. Nat./Arch. Photeb
p. 282 Ph. © Bibl. Nat./Photeb
p. 284 Ph. © Bibl. Nat./Arch. Photeb
p. 287 Ph. J. Dubout © Arch. Photeb
p. 289 Ph. © Giraudon/Photeb
p. 291 2 photos © Agence Bernand/Photeb © by SPADEM 1984
p. 293 Ph. © Bulloz/Arch. Photeb/T
p. 294 Ph. S. Guiley Lagache © Arch. Photeb
p. 295 Ph. Jeanbor © Arch. Photeb
p. 296 Ph. © Agence Bernand/Arch. Photeb/D.R.
p. 298 Ph. © Agence Bernand/Arch. Photeb/D.R.
p. 302 Ph. © Arch. Photeb/T
p. 303 Ph. H. Josse © Arch. Photeb
p. 306 Ph. © Giraudon/Arch. Photeb
p. 312 Ph. © Bulloz/Arch. Photeb
p. 315 Ph. Jeanbor © Arch. Photeb

Imprimerie G. Canale & C. S.p.A. - Turin

Dépôt légal : septembre 1990

Imprimé en Italie

Dépôt légal 1re édition : avril 1984